발달단계별 부모역할을 중심으로

예비부모교육

발달단계별 부모역할을 중심으로

예비부모교육

박용석

동문사

큰 소리 치지 마세요

어른이 아이에게 큰 소리 친다.
아이에게 큰 소리 칠 수 있는 것은
어른이 아이보다 크기 때문이며
어른이 아이보다 많이 알기 때문이며
어른이 아이를 가르치는 자라는 사실
때문이다.

왜 아이에게 큰 소리 치는가.
아이를 위해서란다.
아이를 올바로 가르치고
바른길로 인도하기 위해서란다.
정말 아이를 위해서 가르친다는 이유로
큰 소리는 정당화될 수 있는가.

어른의 큰 소리 앞에서 아이들은
어쩔 수 없이 순종할 수밖에 없다.
큰 소리가 좋아서,
큰 소리의 가르침이 옳아서
그들이 순종하는 것은 아니다.
단지 아이라는 이유 때문에
순종하는 것일 뿐이다.
그들 스스로 이해할 수 있는 것은
큰 소리 치지 않아도 이미 받아들인다.

큰 소리는
강제를 뜻한다.
위협을 담고 있다.

처벌을 예고한다.
두려움을 심어준다.
그것은 일면 억지이며
정서적, 정신적 폭력이다.

어른들의 큰 소리를 들으며 자라는 아이들은,
큰 소리에 익숙해진 아이들은
불안과 미움을 가슴 한구석에 키우며
무디고 거친 정서를 만들면서
큰 소리 치는 어른들이 되어간다.

아이들에게 큰 소리를 자주 하는 어른들은
자신들이 세워 놓은 기준만을,
자신들이 지켜 온 편함만을 고집하고
아이들의 세계를 존중하면서
아이들과 공존할 줄 모르는
어른답지 못한 어른들이며
미숙한 인간들이다.

참된 가르침은
조용히 가르치는 것.
행동으로 보여주는 것.
마음으로 전해지는 것.
스스로 깨달을 때까지 기다려 주는 것.
그래서 참된 교육에는
큰 소리가 없다.

- 박 용 석

머리말

아기는 이 세상에 태어났을 때 생존 욕구를 포함한 사랑과 인정에의 욕구로 가득 차 있다. 아기는 배고플 때 누군가가 즉시 먹여주어야 하고, 목마를 때 물을 주어야 하며, 배설을 했을 때 바로 기저귀를 갈아주어 불편함을 없애주어야 한다. 또한 아기는 엄마의 따뜻한 품을 통해 정서적 안정을 얻고자 하고 다양한 자극에 반응하면서 흥미와 생기를 느끼고자 한다. 이러한 욕구들은 아기의 기본적 욕구들이며 이런 욕구들이 주양육자인 부모에 의해 신속하고도 적절히 충족될 때, 아기는 자신이 관심과 애정을 잘 받고 있다고 느끼면서 부모에 대해 믿음을 갖게 되고, 이는 부모로 대표되는 세상에 대한 신뢰로 확장된다. 아울러 부모가 주는 충분한 사랑과 관심은 아기 자신에 대한 신뢰로 이어져 자기애의 중요한 기초가 만들어지게 된다. 아기는 자신이 사랑받을만한 가치 있는 존재라는 것을 무의식적으로 느끼기 때문이다.

이와는 반대로 부모가 아이의 욕구에 민감하고 세심하게 반응해 주지 않는 행위가 반복될 경우, 아기는 부모를 믿을 수 없는 대상으로 지각하게 되고 이는 세상에 대한 불신으로 확장되며. 동시에 관심과 애정을 받지 못하는 자신에 대한 불신으로까지 이어져 다가올 모든 인간관계에 부정적인 영향을 주게 된다.

여기서 신뢰하는 대상에 대한 애착형성은 아기의 안정적인 정서 형성에 결정적으로 작용하며, 반대로 대상에 대한 불신으로 인한 안정애착의 실패는 정서적 불안정함을 무의식 속에 형성하게 되어 향후 아기의 인성과 사회성 발달에 매우 부정적으로 작용할 것이다.

아기는 돌을 전후하여 걷게 되면 주변 세계를 탐색하기 시작한다. 주변 세계는 아기에게는 온통 호기심의 대상들로 채워져 있으며 타고난 호기심을 가진 아기는 마음껏 주변 세계를 만지고 느끼고 알고자 한다. 이 탐색 욕구가 부모가 만들어 준 안전한 환경에서 충분히 해소되는 아기들은 스스로 자율성이 발달해 가는 성격의 기초를 만들어 가지만, 탐색행동이 자주 저지되고 꾸지람으

로 이어지면 아기는 자신이 무언가를 잘못하고 있다는 부정적 자아인식이 조금씩 형성되면서 이후의 적극적, 능동적인 성격 형성에 지장을 초래할 수 있게 된다.

아기가 유치원에 갈 3세 무렵부터 아이는 무엇이든 자기 혼자 해보려는 자기 주도성이 자라기 시작한다. 이때도 아이가 미숙하더라도 주도적으로 하려는 것들을 부모가 지지하고 격려할 때 아이의 주도성은 온전히 발달해 갈 수 있게 된다. 반대로 부모의 지지와 격려를 충분히 받지 못한 아이들은 소극성과 의존성을 키우며 위축된 자아가 형성될 수도 있다.

초등학교에 들어가면 그 전과는 전혀 다른 세상이 아이를 기다리고 있다. 해야 할 새로운 과제들은 많아지고 다양한 친구들과 관계 맺기 등의 사회성발달 과제들도 쉽지만은 않다. 아이는 이들 과제들을 성공적으로 해내기 위한 도전과 인내, 성실성을 발달시켜야 하며, 이러한 여러 과제들을 성공적으로 해내는 경험이 쌓일 때 아이는 발달상의 거의 모든 것을 결정하다시피 하는 자아존중감을 잘 형성할 것이다. 이를 위해서 부모의 이해와 지지, 칭찬과 격려는 필수적이다.

루소가 '제2의 탄생'이라고 한 사춘기가 되면 부모의 적극적 역할은 멈추게 된다. 청소년이 된 아이는 자아와 인생에 대해 성찰하고 고민하는 불안정한 질풍노도의 시기를 경험한다. 하지만 아기 때부터 부모와 자신에 대해 믿음을 형성하고 자율성과 주도성을 발달시키며 높은 자아존중감을 가진 아이들은 사춘기를 성공적으로 통과할 것이다.

이처럼 한 아기가 세상에 태어나 청소년이 되기까지의 길다면 긴 성장과 발달의 과정에서 신뢰감, 자율성, 자아존중감 등의 긍정적인 특성들을 얼마나 갖게 되는가에 가장 적극적이고 근본적인 역할을 하는 존재가 바로 부모이다.

문제는 이러한 바람직한 부모역할이 저절로 할 수 있게 되는 것이 아니라는 점이다. 생물학적인 부모는 일단 큰 문제만 없다면 누구나 될 수 있지만, 자녀를 균형 있는 인성을 가진 훌륭한 인간으로 성장하게 하는 부모역할 하기는 저

절로 얻어지는 것이 아니라 부모되기 전부터 바람직한 부모되기 공부를 해야 하고, 부모가 되어서도 시행착오를 거치며 부단히 성찰하고 노력하는 부모가 될 때만 가능하다는 사실이다.

이런 맥락에서 본 책은 부모되기 공부를 하고자 하는 예비부모들에게 한 아이가 성장 발달하는 과정과 단계에 대한 지식과 함께 성장 단계마다 특히 어디에 초점을 맞추어서 부모역할을 해야 하는지에 관한 기본지식을 제공하고자 집필되었다. 아무쪼록 본 책이 예비부모들과 이미 어린아이를 둔 부모들에게도 작은 도움이 되기를 바라마지 않는다.

본 책이 나오기까지 여러분들의 도움이 있었습니다. 사랑하는 가족들, 특히 자료정리에 결정적인 도움을 준 혜원과 혜민에게 깊은 고마움의 말을 전합니다. 아울러 본 책이 출판되기까지 큰 도움을 주신 동문사 이중수 사장님, 유재영 상무님 그리고 편집진 여러분께 심심한 감사를 드립니다.

저자

차 례

1장

부모역할과 부모교육

1장 부모역할과 부모교육

일반적으로 부모는 성인남녀가 서로 사랑을 하고 결혼을 하여 자녀를 갖게 되면 주어지는 지위 같은 것이며 혈연에 의해 이루어진다. 다만 현대사회에서는 혈연관계를 넘어서는 다양한 부모-자녀 관계가 존재하며, 이런 다양성에도 불구하고 자녀에게 미치는 부모의 역할에 따른 영향력은 그 어떤 다른 영향보다 지대하다고 할 수 있다. 부모는 자녀가 최초로 만나는 삶의 환경이면서 가장 지속적이고 근본적인 영향을 자녀에게 주는 원천이다. 문제는 좋은 부모는 저절로 되지 않는다는 점이며 이런 이유로 부모가 되고자 하는 사람들은 올바른 부모역할이란 무엇이며 이를 위한 부모교육의 성격과 내용은 무엇이 되어야 하는지에 대한 학습이 필연적으로 요구된다.

1. 부모역할

1) 부모기의 정의

부모기(parenthood)는 성인 남녀의 결혼과 함께 자녀를 출산하는 시기로 부터 시작된다. 즉, 부모역할을 하는 시기가 부모기이다. 그러나 부모가 교육받지 않고 생물학적으로 자녀를 출산하여 부모가 됐다는 사실만으로 자연스럽게 부모역할을 잘 수행할 수는 없음을 현실은 보여준다. 바람직한 부모가 갖추어야 할 소양이나 지식 및 양육 방법을 배우는 것이 바로 부모역할 교육이라고 할 수 있으며, 부모기와 부모역할교육은 불가분리의 관계에 있음을 알 수 있다.

현대사회는 부모를 하나의 직종(occupation)으로 보고 전문적 준비와 자격이 필요하다는 관점으로 확대되고 있으며 관련 연구자들은 전문훈련의 중요성을 강조하면서 효과적인 부모역할 기술(effective parenting skill)이 필요함을 역설하였다.

따라서 부모기는 부모로서의 역량을 나타낼 수 있는 시기로 정의되며 다음과 같은 의미로 함축된다(이선애 외, 2015: 12).

① 다각적인 인성과 성품이 갖춰지는 시기
② 가치체계가 풍요롭게 형성되는 시기
③ 신체적, 사회 · 도덕적, 정서적, 언어적, 인지적인 면에서 성숙하는 시기
④ 개인의 흥미, 태도, 능력에 있어서 부모역할을 수행할 수 있는 시기

2) 부모역할(Parenting)의 개념

일찍이 모리슨(Morrison, 1978)은 부모역할의 개념을 "자녀의 임신, 출산, 양육과정에 대해서 구체적인 계획을 수립하고 자신들의 능력을 잘 발휘할 수 있도록 적절한 지식과 기술을 발전시켜 나가는 일과 그 과정에서 생겨나는 여러 가지 요구를 충족시켜 나가는 일"이라고 정의하였다. 과거에는 신체적 보살핌(physical care)과 보호(protection)를 행하는 것이 양육의 핵심적인 역할이었다.

한편 브룩스(Brooks, 1981)는 부모역할(parenting)이란 자녀의 발달과 성장을 따라가면서 아동이 필요로 하는 영양, 보호, 지도 등을 위한 과정을 이행하는 것뿐만 아니라 부모-자녀가 상호 변화되어 가는 것으로 자녀만 성장 발달하는 것이 아니라 부모 역시 아동과 더불어 인간관계의 기능을 향상시켜 나간다고

하였다.

결국 부모역할의 과정은 지속적으로 성장, 발달하는 아동의 욕구를 충족시키고 그들의 능력이 발휘되는 과정이기 때문에 부모와 자녀 사이의 끊임없는 상호작용이며 부모와 자녀를 동시에 변화시킨다는 개념으로 볼 수 있다. 이러한 상호작용적인 변화에 초점을 두어 햄머와 터너(Hammer & Turner, 1985; 1996)는 부모되기 또는 부모역할의 개념을 '부모가 되어가는 과정이나 상태(a process or the state of being a parent)'라고 정의하기도 하였다.

부모의 역할은 아이가 태어나기 전 임신 기간부터 시작하여 그 아이가 성인이 될 때까지 오랜 기간 해야 하는 역할이다. 더욱이 자녀의 성장에 따라 부모-자녀 관계는 다양한 형태로 상호작용하며 변화한다. 부모들은 가족관계, 부모 자신의 문제, 유아의 문제를 사회적, 문화적, 교육적 측면에서 다각적으로 반영하여 부모역할을 수행하는 것이 필요하게 된다.

3) 부모역할의 영향 요인

여러 환경 요인 가운데 아동의 성장 과정에서 무엇보다도 필요한 것은 부모-자녀 간의 강한 정서적 유대감이다. 대부분의 부모들은 자녀와 강한 정서적 유대감을 형성하고 있지만, 그 정도에서는 차이를 보이며 이러한 차이를 결정하는 주요 요인으로 벨스키(Belsky, 1984)는 부모의 성격이나 개인적 자원, 자녀의 특성 그리고 사회적 환경의 세 가지 요인을 만들었다. 이를 살펴보면 다음과 같다(정옥분 · 정순화, 2016: 30-35 참조).

(1) 부모의 특성

부모의 성격특성이나 자녀 양육에 대한 신념과 태도, 가족에서의 경험과 같은 부모 요인들은 부모역할에 많은 영향을 미치게 된다.

여러 학자들은 부모역할에서 개인의 성격이 결정적인 역할을 한다고 하였다. 부모의 성격 요인과 양육 행동 간의 관계가 중요한 연구영역으로 대두된 것은 5요인 성격이론을 수용하면서부터이다. 성격의 5요인 가운데 신경증 점수가 낮고 외향성이나 순응성, 경험에 대한 개방성, 성실성 점수가 높은 부모들이 자녀에 대해 보다 지지적이고 민감하고, 반응적이며, 지적인 자극을 많이 제공하는 것으로 나타났다(Vondra, Sysko, & Belsky, 2005).

특히, 부모의 민감성 수준은 여러 연구들에서 부모역할에 지대한 영향을 미치는 요인으로 밝혀지고 있다. 출생 초기 어머니의 민감성은 모-자녀 간 애착형성에 영향을 미치며(Bermier, Matte-Gagne, Belanger, & Whipple, 2014), 출생 이후 첫 3년간의 어머니의 민감성은 사회적, 학업적 유능성에 장기적인 영향을 미치는 것으로 나타났다(Raby, Roisman, Fraley, Simpson, 2015). 민감한 부모역할은 아동의 자기조절능력을 향상시키고 나아가 자기표현 문제를 감소시키는 것으로 나타났다(Sulik, Blair, Mills-Koonce, Berry, Greenbregm & The Family Life Project Inverstigators, 2015). 아동기 부모의 민감성은 자녀의 사회적 유능성을 높여주며, 이후 성인기의 건강에도 보호요인으로 작용하는 것으로 나타났다(Boyer & Nelson, 2015). 나아가 민감한 부모역할은 부모 간 폭력이 자녀의 심리적 적응에 미치는 영향에 완충 역할을 함으로써 폭력가정에서 성장하는 취약성을 약화시켜 주는 보호요인으로 작용하는 것으로 나타났다(Manning, Davies, & Ciccetti, 2014).

부모의 신념이나 태도와 같은 사회인지적 요인도 부모의 행동에 많은 영향을 미치게 된다. 부모의 신념은 부모가 진실이라고 믿는 생각이나 지식으로서, 자녀 양육방법, 아동발달, 부모-자녀 관계나 형제자매 관계 등의 다양한 측면에 대한 부모의 생각을 포함하는 것이다.

부모의 태도는 신념에 근거한 것으로, 자녀를 칭찬하거나 체벌을 사용하는 것과 같이 대상에 대한 긍정적 부정적 평가 차원이 첨가된 것이다. 사회적 환경의 영향을 많이 받는다는 신념을 가지고 있는 어머니는 그렇지 않은 어머니보다 부모–자녀 간의 상호작용에서 어머니가 사용하는 언어의 양이나 종류가 많고 다양한 것으로 나타났다(Donahue, Pearl, & Herzog, 1997). 또한 부모의 태도에서 권위 있는 (authoritative) 양육 태도를 가진 어머니는 권위주의적(authoritarian) 양육태도를 가진 어머니보다 모–자녀 간 상호작용이 많은 것으로 나타났으며, 이러한 양육태도의 차이는 사회경제적 지위와 밀접한 관련이 있다(Benasich & Brooks-Gunn, 1996).

부모역할은 자신이 출생한 가족에서의 경험과도 관련이 있다. 그들 자신의 부모와 안정된 관계를 형성하였던 성인들은 그들의 자녀와도 안정된 애착을 형성하고 양육하는 경향이 있다. 이처럼 부모역할은 자신의 부모에 대한 동일시를 통해 한 세대에서 다음 세대로 전해지게 된다(van IJzendoom, 1992).

(2) 자녀의 특성

부모의 역할은 부모가 가지고 있는 특성의 영향을 받을 뿐만 아니라 자녀의 특성도 부모의 행동에 영향을 미친다. 자녀의 성별이나 출생순위, 기질 등은 부모역할에 영향을 미치는 중요한 요인이다. 또한 발달상의 문제를 가지고 있는 아동의 경우 부모역할은 상당히 많은 영향을 받게 된다. 최근에는 자녀의 성별에 무관하게 동일한 기준으로 양육하려는 경향을 보이고 있으나 자녀의 성별은 부모역할에 많은 영향을 미치는 요인이다. 또한 출생순위별로도 부모의 양육행동에는 큰 차이가 있으며, 이로 인해 출생순위에 따라 성격에서 차이를 보이게 된다.

(3) 사회적 환경

부모–자녀 간의 상호작용이 이루어지는 사회적 맥락도 부모역할에 영향을 미치는 요인이다. 부모역할은 부부관계나 자녀양육을 위한 지원망 등의 영향을 받으며, 나아가 사회경제적 지위나 종교, 문화적 요인의 영향을 받기도 한다.

배우자의 지지나 사회적 지원망의 범위가 넓은 어머니들은 자녀에게 보다 지지적인 양육태도를 보이는 것으로 나타났다. 이러한 관련성은 자신의 친구나 배우자와 좋은 관계를 유지할 줄 아는 사람들은 그들 자녀와의 관계에서도 존중을 표하고 반응하며 인내심을 보인다고 볼 수 있으며, 동시에 정서적인 요구 상황에 보다 효율적으로 대처하는 것으로 보인다(Vondra et al., 2005). 이와는 달리 만성적인 스트레스에 노출되는 것은 부모역할을 수행하는 것을 어렵게 하는 대표적인 요인이다(Cardermil, Reivich, & Seligman, 2002; Munoz et al., 1995).

4) 부모됨의 동기 및 부모역할의 어려움

(1) 부모됨의 동기

부모역할은 다른 어떤 직업과 달리 연습이 없고 일생 동안 지속되면서 끊임없는 변화와 다양한 기술을 필요로 한다. 부모는 자녀로 인해 기쁨과 만족을 얻고 다른 한 인간을 완전히 돌보면서 새로운 견지에서 자기 자신을 바라보고 자신의 인생을 더 잘 이해할 수 있게 된다.

일반적으로 부모됨(parenthood)의 동기는 실제로 부모가 되기 이전의 심리적인 동기로서 이는 획득되고 선택되는 것이며 각 개인마다 다르다. 다양한 피임법의 개발로 원하지 않는 경우에는 자녀를 낳지 않음으로써 부모가 되는 것을 피할 수도 있다.

부모가 된다는 것에 대해 일찍이 비버스(Veevers, 1973)는 도덕성을 실천하는 것이고 시민으로서의 책임을 이행하는 것이며, 결혼생활에서의 만족감을 표현하는 것으로 이혼을 방지해 주기도 한다고 설명하였다. 그는 부모가 된다는 것은 본능적으로 자연스러운 것이며 신체적 성숙을 나타내는 것이므로 부모기는 사회적인 성숙과 개인적인 안정을 나타낸다고 설명하였다.

이러한 여러 가지 부모됨의 동기들은 현대 사회로 접어들면서 계속 변화되어 가는데, 코완과 코완(Cowan & Cowan, 1992)은 현대의 미국 부부들을 대상으로 부모가 되는 것에 대한 장단점을 조사함으로써 이러한 이유에 대하여 다음과 같이 설명하고 있다.

〈표 1-1〉 부모됨의 장점과 단점

장 점	단 점
• 애정과 온정을 주고받을 수 있다. • 자녀들이 부모에게 주는 자극과 즐거움을 경험해볼 수 있다. • 한 사회의 책임감 있고 성숙한 구성원으로 인식된다. • 삶을 보다 의미 있게 해 주는 새로운 성장과 학습 기회를 경험할 수 있다. • 대를 이어 준다. • 성취감을 느끼고 창의적이 된다. • 덜 이기적이 되고 희생하는 것을 배운다. • 부모의 일을 도와주고 가족의 수입을 향상시킨다.	• 자유가 없고 의무감으로 구속을 받는다. • 재정적인 부담이 크다. • 자녀들의 건강, 안전, 복지에 대해 걱정하게 된다. • 어머니가 취업하는 것을 어렵게 한다. • 자녀들을 기르면서 범죄, 전쟁, 오염 등의 문제에 봉착하게 된다. • 부부가 함께 보내는 시간이 줄어든다. • 사생활이 줄어든다. • 부모가 잘못하지 않았다 할지라도 자녀가 잘못될까 봐 두렵다.

(출처 : 조성연, 2006: 29)

(2) 부모역할의 어려움

현대사회에서는 부모역할을 하는 데 어려움이 크다. 우리 사회는 초혼 연령이 상승하고 개인주의적이면서 부부만의 시간을 갖기를 원하며, 대를 잇기 위한 자녀출산에 대한 의무나 책임감도 줄어들고 자기계발을 위한 더 많은 시간을 요구하면서 출산율이 급감하고 자녀교육을 위한 사교육비 지출이 엄청나게 높다. 이러한 막대한 경제적 지출뿐 아니라 부모가 된다는 것은 많은 심리적 어려움을 수반하기도 한다.

우리나라의 경우 많은 사교육비의 지출을 부추기는 사람들은 주로 수도권의 아파트에 살면서 한두 명의 자녀를 둔 20대 후반에서 30대 전반의 맞벌이 부부들로 이들은 자녀를 보살피는 시간이 모자라는 대신 돈을 들여서라도 남다르게 키우려 하거나 부모 부재를 물질로 보상하려는 태도를 지님으로써 상대적으로 교육비에 과다지출을 하는 경향이 있다(조성연, 2006: 32).

이러한 막대한 경제적 지출뿐만 아니라 부모가 된다는 것은 많은 심리적 어려움을 수반하기도 한다. 정현숙 외(2002: 29-34)는 부모역할에 대한 어려움을 몇 가지로 지적하였다. 즉, 부모됨의 선택의 어려움, 여성의 역할변화로 인한 어려움, 사회의 기대에 대한 부담감, 사회정책의 부재로 인한 어려움, 새로운 역할모델에 대한 요구와 가족구조의 다양성으로 인한 어려움이다. 이러한 어려움들에도 불구하고 여전히 많은 사람들은 부모가 되고자 한다. 그러므로 현대사회에서 부모가 된다는 것은 많은 경제적, 정서적 비용을 수반하므로 부모가 되기 전에 충분한 준비와 부부간의 합의가 필요하다.

2. 부모교육

1) 부모교육의 정의

부모교육(parent education)의 개념은 부모－자녀 간 상호작용의 질을 개선하여 그들의 행동을 긍정적으로 변화시키기 위한 의식적이고 목적지향적인 학습활동이다. 유아교육사전에서는 부모교육을 '자녀의 양육이나 교육, 가정생활의 개선 등에 관한 지식을 얻거나 일반적인 교양을 높이기 위한 교육'이라고 설명한다(한국유아교육학회, 1996).

즉, 부모교육이란 부모가 생각하고 느끼고 행동하는 습관에 의문을 갖게 하고, 자녀를 양육할 때 적절하고 새로운 방법을 개발하도록 돕는 데 의미가 있다. 따라서 부모의 의무 · 책임 · 기술을 포함하여 전반적인 수행력을 길러준다.

시대가 변함에 따라 부모교육의 내용이나 방법이 달라질 수 있지만 부모교육의 본질은 변하지 않는다. 부모교육은 자녀라는 어린 인격체와의 상호작용을 통해 자녀의 지 · 덕 · 체가 조화롭게 성장하는 데 필요한 기본지식, 가치관과 태도를 부모가 내면화하도록 체계적으로 조력하는 과정이다. 이는 시대가 빠르게 변해도 변할 수 없는 부모교육의 본질이라고 할 수 있다.

〈표 1-2〉 **부모교육 정의**

구분	내용
Etaugh(1980)	부모역할의 지침과 정보를 제공하는 모든 종류의 활동과 경험
Brooks(1993)	가족에게 아동양육방법에 대한 지식을 제공하고 변화시키려는 조직화되고 체계적인 노력
Cataldo(1987)	부모와 아이들을 돌보는 사람들에게 자녀를 건강하게 양육할 수 있는 방법을 가르쳐주고 자신감을 증진시키기 위해 제안된 프로그램, 자원 서비스 또는 자원(resource)
Grotberg(1983)	부모로서의 역할기능을 원활하게 수행할 수 있도록 부모에게 정보나 지식을 전달하고 기술을 가르치는 활동
Harman & Brim (1990)	부모를 직접적인 대상으로 하여 자녀의 발달 및 성장을 도모하고 효과적 부모역할에 도움을 주는 조직적인 교육활동
이재연 · 김경희 (2003)	부모는 자녀에 대한 이해와 지식을 증진시켜 사고와 감정, 행동에서 습관적인 방법을 돌이켜 검토해 봄과 동시에 자녀를 양육하는 새로운 방법을 습득하도록 도와주는 다양한 교육적 경험

(출처 : 이선애 외, 2015: 30)

부모교육의 용어도 다양하게 표현되고 혼용되어 부모참여, 부모교육, 부모개입, 부모역할 등으로 쓰이고 있다. 많은 학자가 정의하고 있는 부모교육을 살펴보면 다음과 같다(이선애 외, 2015: 31).

스티븐슨(Stevens, 1978)은 부모참여란 유아교육 프로그램의 계획 · 실천 · 평가 · 수정 등 모든 중요한 과정과 단계에 부모가 참여하는 것으로 특히, 부모의 의사결정권이 강조되며 부모교육은 부모참여를 위한 전략으로써 부모역할의 기능을 활성화하는 구체적인 실천방법으로 개념화하고 부모참여는 좀 더 포괄적인 개념으로 구분하고 있다.

페어슨과 로빈슨(Pherson & Robinson, 1990)은 부모교육을 부모와 자녀 각 상호작용의 질을 개선하고, 부모와 자녀의 행동을 긍정적으로 변화시키기 위한 의도적이고 목적지향적인 학습활동이라고 정의하였다.

모리슨(Morrison, 1978)은 부모개입이란 부모역할의 가능성을 실현하는 과정으로 그들의 정신력, 가능성, 부모로서의 능력을 발견하도록 이끄는 것이며 부모역할하기는 부모로서의 상태와 부모로서 수행해야 할 과정으로 정의하였다.

브룩스(Brooks, 1991)는 부모역할하기는 모든 부모가 자녀의 성장을 위해 돕는 영양 공급, 보호와 발달단계를 통해 그때그때 필요한 새로운 생활을 안내하는 등의 부모과업을 의미한다. 이러한 부모역할하기는 부모-자녀 간의 계속 진행되는 일련의 상호적용의 과정으로서 이 과정은 자녀의 성장과 더불어 부모와 자녀를 모두 변하게 한다고 하였다. 부모역할하기라는 용어는 최근에 등장하여 널리 사용되고 있다.

부모역할하기(parenting)는 부모가 자녀의 발달을 돕는 일련의 계속적인 과정으로 발달단계에 따라 자녀를 양육하고 지도하는 과정이다. 이는 부모와 자녀 사이의 지속적인 상호작용의 과정으로 부모와 자녀를 모두 변화시키는 것이다. 부모역할은 어머니 역할(mothering)과 아버지 역할(fathering)로 세분하여 사용하기도 하지만 최근에는 여성의 취업으로 일과 가정의 양립을 위한 사회환경을 조성하기 위해 공동양육(coparenting)이라는 용어를 사용한다.

이렇듯 부모교육과 혼용하여 쓰고 있는 용어들은 다소 내용적으로 상통하고 있으며 다각적으로 접근한 결과들로서 부모교육의 의미를 다양하게 한다.

2) 부모교육의 기본 전제

부모와 자녀의 관계란 부모가 자녀의 제 발달에 중요한 영향을 준다는 전제이고, 학습자로서의 부모란 부모를 교육해야 자녀에게 긍정적인 효과가 나타날 것이라는 전제이다. 이와 같은 전제를 바탕으로 하만과 브림(Haman & Brim)은 부모교육에 대해 다음과 같은 세 가지 기본전제로 나누어 논의하고 있다(유효순 · 지성애, 2004: 25-29).

(1) 자녀에게 미치는 부모의 영향

부모교육의 기본 가정 중 하나는 바로 부모가 자녀의 성장과 발달에 중요한 영향을 주는 사람이라는 것이다. 이러한 가정을 전제로 할 때 제기되는 질문은

"부모가 정말 아동에게 중요한 영향을 주는가"와 "다른 요인과의 관계는 어떠한가"이다. 아동환경을 이루고 있는 변인들이 부모 이외에 유전, 또래, 대중매체 등 다양하여 이들 변인을 독립적으로 본다는 것은 쉽지 않다. 그럼에도 불구하고 여러 연구들을 토대로 볼 때 어머니나 아버지 모두 자녀의 성장과 발달에 지대한 역할을 한다는 것이다.

이를 방증하는 연구는 한부모 가정의 아동발달에 대한 연구결과에서 증거를 찾아볼 수 있다. 연구결과들은 부모 부재로 인해 자녀가 직·간접적으로 영향을 받고 있음을 나타내고 있다. 이와 같이 부모가 자녀에게 중요한 영향을 주며, 더구나 어머니만이 아니라 아버지도 아동발달에 중요하다는 지적은 부모교육에서 어느 한쪽 부모라도 소홀히 해서는 안 된다는 사실을 시사해 준다.

(2) 초기 아동기 양육 효과의 지속성

두 번째 전제는 아동의 성장 및 발달에 부모의 영향 정도가 클 뿐 아니라 지속성이 있다는 것이다. 프로이트의 정신분석이론이나 행동주의적 견해에서는 일반적으로 초기 유아기 경험의 효과는 지속적이라고 주장한다. 최근 연구에서는 평생발달에 초점을 둔다. 여기에서는 성장, 발달, 변화란 인간 삶의 모든 단계에서 이루어진다고 보며, 연속적인 여러 사건들이 행동에 미치는 영향을 강조한다.

그럼에도 초기 유아기에 미친 부모 영향의 중요성이 감소되는 것은 아니다. 다만, 여기에서의 강조는 부모교육이 시기에 따라 내용에 세심한 고려가 필요하다는 점이다. 아동의 각 성장단계는 각각 다른 욕구를 가지며, 이에 따라 부모의 배려도 달라야 한다. 또한 이러한 모든 배려에는 부모의 사랑과 일관성이 있어야 하며, 각 아동마다 개별화되어야 한다. 이는 발달에 있어서 정서적, 인지적, 신체적 측면은 다양한 자극에 의해 영향을 받으며, 이 자극들은 각 발달단계에 따라 다르기 때문이다.

(3) 부모교육 대상자로서의 부모

성인교육의 한 형태로서의 부모교육은 참여 부모의 지식, 태도 형성에 미치는 영향 요인들을 포함한다. 참여자로서 부모를 고려하는 경우 일반적으로 부모들이 학습능력이 부족하다는 점이다. 부모가 학습을 잘 하지 못한다는 것은 다음과 같은 이유 때문이다.

첫째, 자기 부모의 자녀양육 방법을 그대로 답습하는 경향이 있다는 것이다. 자녀양육방식은 관찰학습이라는 기제를 통하여 한 세대에서 다음 세대로 전달된다.

둘째, 성인이 되어 이미 가지고 있는 태도나 행동을 버리고 새로운 것을 배우기가 매우 어렵다는 것이다. 일부 연구에서는 22세 이후에는 학습능력이 떨어진다고 주장하는 반면, 또 다른 연구에서는 69세까지 아주 서서히 감소한다는 주장도 있다.

최근의 부모교육은 자녀를 둔 부모뿐 아니라 청소년들도 대상으로 한다. 청소년을 대상으로 하는 부모교육은 예비부모교육의 하나이며, 10대 미혼모의 증가로 그 중요성이 더 커지고 있다. 물론 예비부모들을 대상으로 하는 교육은 성인 부모를 대상으로 하는 경우와 다소 다른 전제를 한다. 즉, 이들은 성인보다 가능성이 더 큰 학습자이기 때문에 교육내용과 교육과정에서 보다 많은 흥미가 있어야 한다는 점이다.

3) 부모교육의 필요성

일반적으로 부모교육이란 현재 부모거나 미래 부모가 될 사람들이 부모로서의 건전한 가치관과 인격형성을 도모하고 자녀양육에 대한 올바른 지식과 기술을 습득하여 자녀의 바람직한 성장발달을 도와주기 위해 받는 교육이다. 중세 때 코메니우스(Comenius)가 모성교육의 필요성을 주장한 이래 자녀양육에 대한 부모역할의 중요성은 꾸준히 강조되어 왔다. 1960년 이후 각국 정부들이 아동교육에 관심을 갖게 되고 아동발달과 부모-자녀 관계에 대한 연구들이 축적됨에 따라 부모교육의 필요성은 더욱 분명해졌다.

부모교육의 필요성은 시대적 · 사회적 요구에 따라 다르다. 오늘날 부모들은 미래사회의 급속한 환경 변화에 대처하는 능력을 지니고, 책임감 있는 유능한 자녀로 키우기 위해 자녀에게 필요한 자질이 무엇인지를 결정하는 것이 필요하다.

부모교육의 필요성을 아동, 부모, 사회적 측면에서 설명하면 다음과 같다(이선애 외, 2015: 39-42).

(1) 아동 측면

영유아의 성장과 발달에 영향을 주는 요인을 밝힌 많은 연구에 의하면, 영유아기는 부모가 아동의 신체 · 인지 · 언어 · 사회 · 정서 등 발달의 모든 영역에 영향을 미치고 그 영향이 일생 동안 지속된다는 것이 과학적으로 입증되었다.

영유아의 성장발달에 부모의 양육태도와 가치관이 절대적으로 영향을 미치기 때문에 부모교육의 필요성은 더욱 강조되고 있다. 따라서 영유아의 성장과 발달을 돕기 위해 효율적으로 자녀를 양육할 수 있도록 도움을 주는 부모교육이 필요하다.

(2) 부모 측면

① 부모 자신의 성숙을 위해 부모교육이 필요하다.

부모는 출산과 양육과정에서 인성이 성숙되어 갈 수 있지만 반대로 좌절과 갈등으로 인해 스트레스를 경험하면서 힘들어질 수도 있다. 따라서 부모교육을 통해 도움을 받고 건전한 가치관과 인격을 형성하여 자녀교육의 올바른 지식을 습득하는 것은 부모 자신의 성숙을 위해 필요하다.

② 급속한 가족체계의 변화로 젊은 부모들이 주변 어른들에게 자녀양육의 도움을 받을 수 없게 되면서 부모 스스로 책임을 수행해야 할 상황에 부딪히게 되었다. 따라서 부모교육을 통해 자녀양육과 관련 지식과 기술을

배우면서 부모들이 자신감을 갖고 효과적으로 대처할 수 있는 방법을 배우게 된다.

③ 여성의 사회 참여가 늘어나면서 일과 가정의 양립을 위한 사회환경을 조성하기 위해 부모교육을 통해 공동양육의 중요성을 강조함으로써 아버지들도 자녀양육에 적극 참여하고 가사를 분담하도록 하여 적극적으로 아버지 역할을 수행하도록 해야 한다.

(3) 사회적 측면

① 국가에서 인적 투자의 효율성을 고려해 볼 때 부모교육이 필요하다.
경제적인 측면에서 보면 국가는 사회구성원이 어릴 때 적은 비용을 들여 부모교육을 함으로써 아동이 건강하게 성장 · 발달하는 것을 도와주어, 질 높은 인적 자원을 확보하고 사회발전의 원동력을 얻을 수 있다. 최상의 아동복지는 가족복지이며 이는 부모역할을 지지해 줄 때 가능하다. 사회적으로 문제를 지닌 청소년과 성인을 교화하고 치료하는 데 드는 비용을 절감할 수 있고 사회보장제도에 의존하여 생활하게 되는 비용을 절감할 수 있다는 측면에서도 투자 가치가 있다.

② 미래사회에 적응할 수 있는 자녀로 키우기 위해 부모교육이 필요하다.
현대사회는 급속히 변하고 있고, 변화의 속도는 앞으로 더욱 가속화될 전망이다. 사회화를 담당하는 부모들이 해야 할 일은 자녀들이 미래사회의 사회질서를 따르고 사회발전에 기여할 수 있도록 준비시키는 일이다. 미래사회를 살아갈 자녀들에게 필요한 것이 무엇이고 어떻게 준비시켜야 할 것인지에 관한 도움을 주기 위해서 부모교육이 필요하다.

③ 현대사회에는 다양한 형태의 가족이 있으며, 각 가족이 요구하는 부모역할이 다르기 때문에 가족유형에 적합한 부모교육이 필요하다.
현대사회가 정보화됨에 따라 높은 이혼, 실직, 가족구성원에 대한 유기와 폭력, 가출 등으로 인하여 한부모가정, 재결합부모가정, 다문화가정 등 다양한 가족이 발생하고 있다. 예전에는 가족의 외형적 모습만 보고 판단하

여 정상가족과 비정상가족으로 구분하였으나 최근에는 가족구성원의 내적인 소통관계를 보고 건강한 가족으로 개념화하므로 다양한 가족의 의사소통을 향상시키기 위해 자녀의 성장발달을 지원하는 부모교육이 필요하다.

4) 부모교육의 목표

부모교육은 부모가 자녀발달에 결정적 영향을 끼치며, 부모를 교육하면 자녀에게 그 효과가 나타난다는 전제하에서 출발한다. 부모교육의 궁극적인 목적은 부모가 자녀를 이해하고 지도하는 데 필요한 지식 · 능력 · 태도 등을 익히도록 부모를 도와주는 데 있다. 즉, 부모는 자녀의 성장과 발달에 영향을 미치는 중요한 인적 환경이라고 인식하여 보호자, 교육자로서의 역할을 수행할 수 있도록 자녀의 성장발달과 교육에 대해 이해하고, 적절한 양육지식과 기술습득을 제공하여 부모 자신의 자아존중감을 증진시켜 부모와 자녀 관계에 궁극적인 변화를 주는 것이다.

부모교육의 궁극적인 목표는 부모가 자녀의 발달특성을 이해하고 자녀를 양육하는 데 필요한 지식이나 기술 · 태도 등을 습득하도록 도와주는 것이다. 이러한 목표를 위해 좀 더 세부적인 하위목표들이 설정되며, 어떤 하위목표에 중점을 둘 것인지는 집단의 구성이나 가치관 등과 같은 여러 하위 요인에 의해 결정된다.

부모교육의 전반적인 목표는 다음과 같이 설정할 수 있다(이선애 외, 2015: 37).

첫째, 부모의 자아존중감이나 부모의 발달적 욕구를 적극적으로 고려해야 한다. 부모교육의 목표는 부모가 자녀의 발달적 욕구를 효율적으로 충족시켜줄 수 있도록 도와주는 것이지만, 부모교육의 주체는 부모 자신임을 잊지 말아야 한다. 부모의 자아존중감은 수용적인 양육태도나 부모역할의 만족감, 부모역할 수행능력과 정적인 상관관계를 보인다는 사실에 비추어 볼 때 부모의 자아존중감을 향상시키는 것은 부모교육에서 우선적으로 고려해야 할 요인이다.

둘째, 부모역할을 수행할 수 있는 역량을 배양하고 이를 통해 부모역할에 자신감을 갖게 하는 것이다. 자녀양육과 관련된 지식의 제공이나 정보교환, 기술습득, 문제해결능력을 향상시킴으로써 전문가로서 부모의 역량을 배양한다. 이는 효율적인 부모역할의 수행에 필수요인이며, 부모는 이를 통해 부모역할에 대해 자신감을 갖게 되며 좀 더 안정적으로 부모역할을 수행하게 된다.

셋째, 부모역할에 대한 가치관이나 신념의 확립이 우선적으로 고려되어야 한다. 전문가로서 부모의 역량을 배양하는 것은 안정적인 부모역할의 수행에 필수적인 요인이지만 그보다는 가치관이나 신념의 확립과 결부되어 있다. 부모교육이 지나치게 세부적이고 기술적인 측면에 치중하기보다는 확고한 자녀양육관을 확립하는 것이 우선적인 과제이다.

넷째, 부모교육이 부모-자녀 관계라는 좁은 의미에서 벗어나 좀 더 넓은 인간관계의 차원에서 조명되어야 한다. 기존의 부모교육이 '어떻게 하면 내 아이를 잘 키울 수 있는가'에 초점을 맞추었다면, 앞으로의 부모교육은 부모-자녀 관계가 가족의 기능을 강화시키고 사회의 발전에 기여할 수 있는 거시적인 안목에서 이루어져야 한다.

다섯째, 사회 변화를 고려한 미래지향적 부모교육이 이루어져야 한다. 미래사회에서 요구되는 창의적인 인간상, 급변하는 사회에 효율적으로 대처해 나갈 수 있는 융통성 있는 인간상에 초점을 맞춘 부모교육이 필요하다.

5) 현대 부모의 과업

부모교육학자들은 현대 부모의 처한 상황과 여건을 볼 때 가장 필요한 것으로 부모교육과 훈련의 필요성을 강조한다. 특히 현대 사회에서 약화되는 가족의 기능을 강화하는 건강한 가족을 만들기 위한 부모교육의 방향을 제시하고 있다.

건강한 가족을 만들기 위한 부모들의 과업을 제시하면 다음과 같다(김연진 · 이상희, 2007: 47-49; 이영석 외, 1999: 272-276).

(1) 바람직한 대화의 기술을 익혀야 한다

부모-자녀 관계는 물론 가족 구성원들 간의 효과적인 의사소통기술을 습득하는 일은 매우 중요하다.

(2) 자녀에게 애정과 긍정적 격려를 하도록 한다

현대 부모는 과거 부모에 비해 자녀의 양육과정에 참여하는 시간이 제한되어 있다. 부모와 충분한 애정의 결속관계가 형성되기 전에 다른 양육자에게 단기적, 장기적으로 양육되는 경우가 많다. 부모는 자녀와 애정적 관심, 애정적 수용의 자세를 가져야 한다.

(3) 자녀의 성장과 안녕에 대한 사명감을 가진다

부모는 자녀의 정신적인 성장, 안전한 삶을 보장해야 하는 책무의식을 가져야 한다. 항상 자녀의 욕구가 성장발달단계마다 상이하다는 인식을 갖고 각 자녀의 발달단계 욕구에 부응하는 부모의 역할과 기능이 무엇인지를 연구하고 찾아서 대처하는 부모의 역량을 갖추어야 한다.

특히 자녀의 발달과정 단계마다 예상되는 건강, 영양, 위생, 보건, 안전 등을 해치는 심리적 · 물리적 환경 등을 사전에 면밀히 검토하여 예방하고 문제가 발생할 경우에는 즉각적인 해결을 서둘러야 한다.

(4) 적절한 문제해결 기술을 갖추도록 한다

자녀의 문제행동에 적절하게 대처하는 기법을 익힌다. 그에 앞서 자녀의 문제행동을 정확하게 진단할 수 있는 전문성을 갖도록 한다.

(5) 자녀의 문제행동을 가족 맥락 속에서 보려는 관점을 가진다

아동의 문제행동은 아동 자체에서만 해결책을 찾으려 하지 말고 가족 전체, 사회의 맥락 속에서 그 행동의 의미와 개선책을 갖추어야 한다. 한 자녀의 문제행동은 그 당시 행동의 수정으로 끝나서는 안 되며, 가족 전체의 치료 또는 가족 구성원 간의 관계 개선을 통해 그 해결책이 모색되도록 한다.

(6) 부모의 권위를 회복한다

부모는 자녀의 성장과 안녕의 모든 것을 책임지는 의무와 권리를 갖는다. 자녀양육의 이러한 의무를 충실히 이행하기 위해서는 그에 준하는 권리와 그 권리행사를 위한 권위가 인정되어야 하고 그 권위가 자녀로부터 존중받아야 한다. 그러기 위해서는 부모가 자녀교육에 대한 올바른 신념과 지식을 갖고 있어야 하며, 동시에 자녀의 권리도 존중해 주어야 자녀도 부모의 권위를 스스로 존중한다는 사실을 인식하여야 한다.

(7) 자녀가 지킬 수 있는 명확한 기준들을 선정한다

현대 부모는 가족원 모두가 준수해야 할 명확한 기준과 원칙을 선정해야 한다. 정해진 기준과 원칙은 가족회의를 통하여 합의하여 모든 가족원들이 수용하도록 한다.

(8) 긍정적, 낙천적, 진취적인 삶의 가치들을 추구한다

예기치 않은 어떤 고난, 불행에 직면하더라도 더욱 더 가족의 사랑과 결속이 굳건해지고 이를 슬기롭게 극복해 갈 수 있는 긍정적이고 진취적인 가치관의 정립이 필요하다.

어린이에게 시간을 선물하세요

지난 2주 동안 얼마나 행복했나요?

한국을 포함한 15개국 어린이들에게 던져진 질문입니다. 집과 학교, 가족과 친구 등 일상에서 느끼는 행복에 대해 14개국 어린이들은 10점 만점에 8점 이상의 점수를 주었습니다. 그런데 한 나라의 어린이들만 7.5라는 낮은 점수를 주었는데요. 바로 한국의 어린이들입니다.

왜 우리나라 어린이들은 자신이 덜 행복하다고 느끼는 것일까요?

연구진은 각 나라 어린이들이 어떤 물건을 소유하고 있는지도 물었습니다. 컴퓨터, 자동차, 학교에 입고 갈 좋은 옷 등 제시된 9개 물건 중 한국 어린이들이 소유하고 있는 것은 8.5개였습니다. 평균 8.8개를 소유한 노르웨이 어린이들과 함께 가장 많은 물건을 소유한 어린이들이었습니다. 하지만 자신이 소유한 물건에 대한 만족도는 덜 가진 나라의 어린이들보다 낮았습니다.

더욱이 자기 자신에 대한 만족도는 최하위였는데요. 외모에 대한 만족도는 평균 8.44점보다 낮은 7.22점, 신체에 대한 만족도 역시 8.47점보다 낮은 7.38점을 스스로에게 부여했습니다. 다른 나라 어린이들에 비해 자신을 긍정적으로 평가하는 데 인색한 것입니다.

하지만 우리나라 어린이들이 다른 나라 어린이들보다 가장 높은 만족도를 보인 항목이 있습니다. 바로 가족입니다. 그러나 가족을 중요하게 여기는 어린이들의 마음과 달리 가족과 함께 즐거운 시간을 보내지는 못했습니다.

2015년, OECD 발표한 〈삶의 질 보고서〉를 통해 우리나라 어린이들이 어떤 일상을 원하는지 짐작해볼 수 있습니다. 어린이들이 부모와 함께 보내는 시간은 OECD 국가 평균 151분으로 2시간 30분이 넘었습니다. 하지만 우리나라 어린이들은 부모와 함께하는 시간이 1시간도 채 안 되는 평균 48분에 불과했습니다. 특히 아빠가 자녀와 교감하는 시간은 하루 6분, 함께 놀아주거나 신체적으로 돌봐주는 시간은 단 3분에 지나지 않았습니다. OECD 평균 47분과 비교하면 턱없이 부족한 시간이었습니다.

(출처: EBS뉴스G 학교의 내일을 묻다, 2021)

2장

발달과 발달이론들

2장 발달과 발달이론들

발달심리학은 전 생애를 통하여 일어나는 인간의 성장과 변화, 그리고 안정을 연구하는 학문이다. 인간의 발달을 연구하는 학자들은 다양한 관점에서 발달의 현상에 접근한다. 각각의 관점은 하나 혹은 그 이상의 이론을 포함하고 있으며 다양한 영역을 설명하고 다른 목적을 가지고 있다. 앞으로 살펴볼 프로이트의 정신분석이론이나 피아제의 인지발달이론 등은 설명이 주된 목적이라면 스키너식 접근과 행동수정이론의 일차적 목적은 행동의 예측과 통제이다. 각 이론들은 저마다의 설명력과 유용성을 가지고 있으며 이들 이론들을 통해 인간의 발달과정을 이해하는 것은 성장 단계마다 요구되는 올바른 자녀 양육에 필요한 기본 지식을 갖게 한다.

1. 발달의 개념

발달(development)의 개념은 어원적으로는, 잠재하고 있는 본질(가능성)이 처음 그 모습을 드러내는 현상을 뜻하는 것이지만, 발달에 관한 생각은 다음과 같이 학자에 따라 다르게 정의되기도 한다(강봉규, 2016: 23-25 참조).

1) 발달의 정의

홀링워스(L. S. Hollingworth)는 "발달이란 개인의 생활사의 여러 가지 변화를 의미하는 것이며 발달의 궁극적 목표는 죽음이다. 발육과 쇠퇴가 포함된다."라고 진술하고 있다. 홀링워스의 발달관은 인간의 탄생으로부터 노년기, 다시 인간의 죽음에 이르기까지 인생의 전 과정에 걸친 여러 가지 변화를 발달의 대상으로 삼고 있다.

코프카(K.Koffka)는 발달에는 학습(Learning)과 성장(Growth)의 두 가지 형이 있음을 지적하고, '생활체나 그 기관이 양적으로는 증대하고, 구조적으로는 정밀화되고, 기능적으로는 유능화 되는 현상'을 발달이라고 정의하고 있다.

이와 달리 독일의 발달심리학자 베르너(H. Werner)는 발달의 본질은 '분화(Differenzierung)와 중심화(Zentralisierung)'의 진행이라고 보고 있다. 즉, 발달은 전체적 미분화의 상태에서 차차 분화하며 동시에 중심화(계층적 통합)하는 과정이라고 발달을 개념화하고 있다.

한편, 헐록(E. B. Hurlock)은 발달에 대해서, '크기의 변화(changes in size), 비율의 변화(changes in proportion), 새로운 특징의 획득(acquisition of new features), 낡은 특징의 소실(disappearance of features) 등으로 나누고 이들이 서로 작용해서 일어나는 과정'을 발달이라고 하였다. 발달에는 본질적으로 서로 다른 두 가지의 과정이 있는 바, 이 과정은 모든 연령층에서 항상 동시에 일어난다. 즉, 진화(새로운 특성의 발달)와 퇴화(낡은 특성의 소실)이다. 초기엔 진화가 우세하지만, 후기에는 퇴화가 우세하게 된다. 헐록의 발달에 대한 정의도 발달을 전 생애의 계속적인 변화라는 관점에서 진술하고 있다.

2) 성장과 발달

헐록(E. B. Hurlock, 1984)에 의하면 "성장은 크기의 증대(increase in size)를 의미하고 일정한 시기가 되면 멈추나 발달은 질서정연하고 일관성 있는 형태의 진보적인 변화의 연속으로서 전 생애의 주기를 통해 일어나는 계속적인 변화"라고 하였다. 크로우(L. D. Crow, 1997)도 "성장은 특별한 측면이나 부분적인 측면에 있어서의 변화를 내포하고 발달은 전체적인 측면에 있어서의 변화의 전망(the perspective of changes)을 뜻하며, 또한 성장이라는 용어가 성숙(maturation)에 사용된다면 발달은 환경적 영향 또는 학습에 의해서 일어나는 변화에 사용된다."라고 말하였다.

이처럼 발달은 성장 및 성숙을 포함하면서 환경과 학습에 의한 변화를 뜻하는 다면적이고 포괄적인 개념이며 최근에는 성장을 이와 같이 좁은 의미로 한정하지 않고 넓은 의미의 발달과 동의어로 사용하기도 한다.

3) 성숙과 학습

성장 · 발달의 일반적 원리는 성숙(maturation)과 학습(learning)이다. 성숙이란 비교적 훈련이나 경험과는 관계없이 계통적 · 규칙적으로 진행되어 가는 성장과정이라 할 수 있다. 즉, 성숙은 수정란에서부터 시작하여 출생과 더불어 계속되며 성장을 거듭함에 따라 노쇠하여 죽음에 이르게 될 때까지의 신체적인 변화과정을 일차적으로 의미한다. 이에 비해 학습이란 일반적으로 경험의 결과에 의한 행동과 태도의 변화를 말하며 인간의 발달은 신체적인 성숙을 바탕으로 학습에 의한 다면적인 변화의 과정을 지칭한다고 할 수 있다.

2. 발달의 일반적인 원리

1) 발달은 분화와 통합의 과정이다

신생아의 신체 어느 지점에 자극을 주면 그 부분뿐만 아니라 온몸 전체가 반응하는 것을 볼 수 있다. 이러한 미분화 상태이던 것이 차츰 시간이 지날수록 필요한 부분만 반응을 하게 되는 분화가 일어나지만 필요에 따라 여러 가지 요소들을 통합하기도 한다. 예를 들어 출생 후의 초기에 있어서 유아는 손을 뻗치는 특수한 반응을 할 수 있기 전에 팔을 흔드는 일반적인 운동이 관찰된다. 즉, 미분화된 전신운동(mass action)으로부터 특수한 부분의 특수운동(specific action)으로 분화되는 것이다. 또한, 달리기를 할 수 있는 것은 팔과 다리의 균형 잡힌 움직임 그리고 이를 지원하는 심장박동과 호흡의 증대 등 몸의 여러 가지 부분들이 통합으로 가능한 것이다.

2) 발달에는 일정한 방향이나 순서가 있다

아동이 태어나면 머리 쪽에서 팔과 다리로, 중심 부분에서 말초 부분으로 그리고 전체운동에서 미세 운동의 방향으로 그 발달이 일어난다. 언어발달이 일어문에서 시작하여 이어문 그리고 다어문 등의 순서로 발달하듯이 인지발달에서도 감각운동기, 구체적 조작기 그리고 형식적 조작기의 순서로 발달한다.

발달이 진행되는 순서 또는 방향에는 세 가지 기본적인 법칙이 있다(강봉규, 2016: 45).

첫째, 머리－다리의 방향(cephalo-caudal direction : head-foot)으로서 예를 들어 태아는 아랫부분보다 먼저 머리의 발달이 진행되며 또한 팔이 손보다 먼저 발달한다. 즉, 머리 부분에서 다리 부분으로 발달이 진행되어 감을 말한다.

둘째, 근처－원처의 방향(proximo distal direction) 또는 중추에서 말초의 방향으로 이동하는 것으로 신경 계통에 있어서도 예를 들면 대뇌 등이 먼저 발달하고 점차로 말초신경이 늦게 발달하는 것이다.

셋째, 전신운동에서 특수운동(mass-specific direction)의 방향으로서 큰 근육에서부터 작은 근육으로 발달해 가는 것이다.

3) 발달에는 개인 간 및 개인 내의 차이가 있다

개인 간의 차이는 같은 나이의 유아라 해도 남아와 여아의 키와 몸무게가 다를 수 있으며 같은 남아라도 이러한 것들의 개인차가 있을 수 있다. 일반적인 발달 속도 역시 모든 아동은 출생 초기에 그 속도가 빠르다가 차츰 느려지지만, 사춘기가 되어 다시 활발해지기도 하며 영양이나 학습의 정도에 따라 달라지는 경향이 있다.

4) 발달은 모든 영역 간에 서로 관련되어 있다

뇌의 한 부분이 손상을 당하면 다른 부분이 이를 맡아 그 기능을 대신해 주듯이 시각에 장애가 오면 청각이 예민해지는 등 다른 감각기관이 이를 보완해 준다. 마찬가지의 원리로 어느 한 영역이 지나치게 약하면 다른 영역에도 부정적인 영향을 미치게 될 가능성이 있으며 그 반대도 마찬가지이다.

5) 발달은 연속적인 과정이다

발달은 수태의 순간부터 죽을 때까지 연속적인 과정이다. 또, 어떤 때에는 완만하게 어떤 때에는 급속도로 발달이 다른 속도로 이루어지고 있다. 발달이 연속적이기 때문에, 어떤 단계에서 일어난 현상은 다음의 단계에 영향을 줄 수 있다고 할 수 있다.

가정에 있어서의 정서적인 긴장은, 유아의 인성발달에 영향을 줄 수 있다. 즉, 어떤 종류의 성격 장애로서 작용할 것으로 생각될 수 있다. 이것은 아동의 후기의 가정환경에 스트레스나 긴장이 비교적 사라진 경우에 있어서도 초기의 정서적 긴장의 영향이 남아 있을 수 있음을 시사하는 것이다.

6) 발달은 성숙과 학습의 상호작용이다

출생 후의 성숙과 학습은 밀접한 관계를 가지고 있어서 한쪽이 다른 쪽에 영향을 주게 된다. 성장과 운동능력 사이에는 높은 상관관계가 있으며 이는 신체의 전체적인 발달에 따라서 성장되어 온 신체 각 부분을 완만하게 사용할 수 있는 능력이 생겼음을 시사하는 것이다.

즉, 발달단계의 특징은 성숙과 학습이라는 두 가지 요인 간의 상호작용 결과로 형성된다. 여기서, 성숙이란 말은 성장의 결과로 나타나는 변화를 지칭하는 것이며, 학습은 주로 후천적 경험의 결과로 나타나는 변화를 뜻한다.

7) 발달은 가소성의 원리에 기초한다

인간은 근본적으로 미완성적 존재로서 풍부한 가소성(plasticity)을 가졌다. 인간은 자연의 모태에서 출생한 대로는 미완성의 존재이고, 문화의 모태 안에서 완성되어 간다.

다른 동물들은 본능에 따라서 살아갈 수 있는 반면에 인간은 미약한 본능만을 가졌지만 타고난 가소성으로 인해 주어진 문화 안에서 학습의 과정을 통해 동물이 갖지 못한 정신능력과 창조능력을 개발하며 자신을 완성해가는 존재이다. 인간발달은 이 가소성을 어떻게 적용하는가에 따라서 그 수준과 질이 좌우된다.

3. 발달이론들

1) 프로이트의 심리성적 발달

오스트리아의 정신의학자였던 프로이트(S. Freud, 1856~1939)에 의해 정립된 정신분석이론은 행동주의 이론, 인본주의 이론과 함께 심리학의 3대 이론 중에서 제1 세력에 해당되는 이론이다. 정신분석이론은 인간의 정신구조와 기능에 무의식의 힘이 강하게 작용하고 있음을 강조하고, 인간의 사고와 행동을 지배하는 무의식의 기전을 연구하는 정신역동적 접근법(psychodynamic process)에 기초한 성격이론이다.

정신분석이론은 프로이트가 50여 년에 걸쳐 끊임없이 수정하여 이루어 놓은 이론으로써 세 가지의 요소로 구성되어 있다. 즉, 구조적 요소, 역동적 요소 및 연속적인 요소이다. 구조적 요소는 기본적인 심리구조들의 상호의존과 발달에 대한 효과를 설명해 주고, 역동적 요소는 인간의 정신을 유동적 에너지 체계로 특징 지우며, 연속적 요소는 각기 다른 신체의 민감 부위, 발달과업, 심리적 갈등에 초점을 맞춰 한 발달단계에서 다음 발달단계로의 발달을 강조한다.

(1) 구조적 요소

구조적 요소의 세 부분인 원초아, 자아, 초자아는 목표 대상의 획득과 궁극적인 긴장감소를 목적으로 서로 아주 밀접하게 관련되어 있다. 인간의 행동은 거의 이 세 체계 간의 상호작용에 의해 나타난다.

① 원초아(Id)

원초아(原初我, Id)란 신생아부터 존재하는 정신 에너지의 초기 저장고로서 이 원초아로부터 나중에 자아와 초자아가 분화된다. 원초아는 본능적 욕구인 성욕과 공격욕을 관장하며, 원시적인 쾌락추구의 충동을 만족시키려고 한다. 즉, 쾌락원리(pleasure principle)에 의해 지배받으므로 쾌락적 욕망은 욕구충족

실행을 통해서 고통스러운 것은 회피하면서 긴장해소라는 일차 목표를 달성하여 쾌락을 얻고자 한다.

전적으로 쾌락원리에 의해 통제되는 원초아 에너지는 현실과 환상을 구별하지 못한다. 예컨대, 원초아가 배고픔을 느껴 긴장 상태에 놓이게 될 때 음식에 대한 심상이나 환상을 떠올려서 긴장을 해소하려고 하고 고통을 멈추려 한다. 그러나 욕구 대상의 심상이나 환상을 떠올렸다고 해서 나중까지 그 욕구가 충족되거나 긴장이 완전히 해소되지는 않는다. 이와 같이 현실에 대해 고려하지 못하고 다만 심상에 의한 비현실적인 방법으로 욕구를 충족시키려는 시도를 일차 과정(primary process)이라고 부른다. 원초아와 관련된 정신 에너지는 무의식적인 것이므로 사람들은 이를 의식하지 못한다. 또한 원초아의 무의식적 충동은 전 생애 동안 활동적이지만, 건전한 발달이 진행됨에 따라 원초아와 관련된 정신 에너지는 점점 적은 비율을 차지하게 되고, 사회적으로 보다 적응적인 자아 및 초자아와 관련된 정신 에너지가 증가하게 된다.

② 자아

프로이트는 개인의 모든 욕구를 만족시키는데 원초아 혼자 힘으로는 감당할 수 없기 때문에 자아(自我, ego)가 발달하기 시작한다고 주장하였다. 자아는 현실에 비춰 적절한 환경조건이 마련될 때까지 원초아의 욕구충족과 긴장 방출을 보류하며, 현실적인 합당한 방법으로 만족을 얻을 수 있는 방도를 모색하고 계획한다. 원초아는 유기체 내부에서 일어나는 욕구나 긴장에 관여하는 데 비해 자아는 현실 여건을 고려할 수 있다. 그러므로 자아는 현실원리(reality principle)를 따르며, 이러한 과정을 이차 과정(secondary process)이라고 한다. 예컨대, 배고픈 욕구를 가질 때 원초아에 지배된 유아는 울음으로써 긴장감소를 유도하나 자아가 발달하게 되면 냉장고를 열려고 하거나 먹을 것을 달라고 요구하기도 한다. 이와 같이 자아는 원초아처럼 쾌락원리를 취하지 않아도 현실원리에 의해 긴장을 감소시킬 수 있으며 이로 인해 쾌락을 얻게 된다.

③ 초자아

초자아(超自我, superego)는 원초아의 자유분방한 쾌락추구에 반대하여 생긴 정신 에너지이다. 초자아의 목적은 부적절한 원초아의 충동을 억제시키고 이상을 추구하는 것으로서, 부모의 권위에 대한 동화(同化) 및 내면화(內面化)에 의해 이루어지거나 또한 사회적·윤리적 규준을 표상함으로써 이루어진다. 주로 초자아는 부모와 여러 경험을 나누는 동안 부모와의 갈등 해결 과정에서 발달하며 주로 부모가 주는 보상과 벌을 통해서 점차 발달되어 간다.

프로이트는 초자아와 관련된 정신 에너지가 자아 이상(自我理想)과 양심(良心)으로 구성된다고 보았다. 양심은 잘못된 행위에 대해서 처벌을 받거나 비난받은 경험에서 생기는 죄책감과 결부된 것으로 보통 부모의 제재를 내면화한 것이다. 자아 이상은 아동이 도덕적으로 옳다고 생각하는 판단을 의미하는 것으로 올바른 행동에 대한 보상을 통해 형성된다.

이와 같이 양심과 자아 이상으로 구성되는 초자아는 외부, 주로 부모로부터 주어지는 상과 벌을 통한 보상체계 및 가치체계가 내면화된 것이다. 따라서 초자아는 성격의 세 체계 중에서 인간행동의 도덕적 규제를 관장하는 곳이라 할 수 있다.

(2) 역동적 요소

① 본능

프로이트는 인간 유기체를 복잡한 에너지 체계로 생각하고 정신 에너지와 신체 에너지는 서로 전환될 수 있다고 가정하였다. 그리고 정신 에너지와 신체 에너지 사이에서 교량역할을 하는 것을 본능(instinct)이라 여겼다. 그는 에너지의 일차원을 본능 혹은 학습되지 않은 심리적 욕구라고 가정하였다. 본능은 유기체의 생물학적 요구 및 신진대사 과정에 있으며 두 가지 강력한 본능으로 구분된다.

하나는 에로스(eros)라는 생명 탄생 및 유지(維持)를 목적으로 하는 본능인데, 이와 같은 성(性)적 본능은 주요한 삶의 본능으로서 종(種)의 생존을 위해 필요하다. 이는 개인의 생존에 필요한 배고픔이나 배설과 같은 본능과는 다른 것으로서 특별한 형태 에너지인 리비도(libido)를 방출한다.

또 다른 강력한 본능은 타나토스(thanartos)로 죽음과 공격성을 나타낸다. 프로이트는 사람이란 결국에는 모두 죽으므로 어떠한 면에서는 생의 목표가 죽음이라고 생각하게 되었다. 또한 공격이란 죽음의 본능에 내포된 자기 파괴의 욕구가 외부의 다른 대상물에게 나타난 것으로 보았다. 죽음의 본능이 직접 죽음의 형태로 나타나지 않는 것은 삶의 본능이 지니는 힘이 강하거나 성격 내부에서 일어나는 어떤 것에 의해 죽음의 본능이 저지되기 때문이라고 하였다.

② 정신 에너지

프로이트에 의하면 정신 에너지는 첫째, 생물학적 기초를 갖고 늘 어떤 형태로든 이용 가능하며, 둘째, 폐쇄체계이기 때문에 체계 내에서의 총에너지 양은 변하지 않으며, 셋째, 체계 전반에 걸친 에너지 분배는 생물학적 요구, 개인의 발달단계, 과거 경험, 현재 환경 등과 같은 요인에 의해 결정된다고 하였다.

정신 에너지의 중요한 특성 중 하나는 그것이 무의식(無意識)의 일부라는 것이다. 무의식은 프로이트가 인간행동을 개념화하는 데 가장 중요한 요소 중 하나로서, 개인의 의식수준 혹은 사고 가능한 수준이 아닌, 무의식 수준의 정신 에너지가 행동에 영향을 미친다고 보았다.

③ 방어기제

역동적인 측면은 정신 에너지의 분배 및 전환을 다루는 것으로 생애 초기의 첫 5~6년 동안 정신 에너지는 원초아에서 자아와 초자아로 분배된다. 자아의 출현으로 가장 두드러진 기제가 방어기제(防禦機制)이다. 방어기제는 자아가 합리적인 방법으로 자신이 느끼는 불안감을 이기지 못할 때 자신이 의식하지 못하는 가운데 비현실적인 방법으로 불안감을 제거하려 한다. 방어기제는 불안으로 인해 건강한 심리발달을 저해할 위험으로부터 자기 자신을 보호하기 위한 것으로서 주로 현실을 왜곡시키면서 불안감을 감소시키는 기술이다. 방어기제는 정신 에너지를 이동시키거나 변화시키는 등 성격을 재구성하는 데 도움을 준다.

이외에 방어기제는 이용 가능한 모든 정신 에너지가 불안에 투자되지 못하게 하여 성장에 필요한 에너지를 남겨두는 것이다. 우리는 방어기제가 무의식 수준에서 이루어지므로 그 기능을 인식하지 못하지만, 미래 발달을 위해 충분한 에너지를 저장하기 위해서는 방어기제가 필요하다. 그러므로 방어기제는 반드시 해로운 것이라고 할 수 없다. 방어기제의 종류는 다음과 같다(이경희, 2001: 115-116).

가. 합리화(合理化, rationalization)

스트레스 상황의 실제를 부인해서 스트레스 상황에 대처하는 것이다. 예컨대, 여우가 맛있어 보이는 포도송이에 손이 닿지 않게 되자 포도가 신 것이라고 간주하여 아쉬움을 달래는 이솝우화가 이에 해당된다.

나. 억압(抑壓, repression)

내면의 동기를 의식적 사고영역(思考領域)에서 전혀 의식할 수 없는 영역으로 추방하는 것을 말한다. 예컨대, 새로 동생을 본 맏아이의 경우, 모든 사람들이 아기에게 계속적인 관심을 갖자 아기로 인해 심한 질투가 생겨서 아기가 없어져 버리면 좋겠다고 생각하나, 이 욕망을 철저히 억압해서 전혀 의식하지 못하게 되는 경우이다.

다. 승화(昇華, sublimation)

무의식적으로 내면의 동기를 자기 자신 및 사회가 용납할 수 있는 다른 동기로 변형하는 것으로서, 부끄러운 동기를 보다 점잖은 형태로 표현하는 것을 말한다. 예컨대, 셰익스피어나 미켈란젤로와 같은 예술가들은 성충동(性衝動)은 예술적 창조력으로 승화시킨 것으로 보며, 또한 외과의사, 검사, 교사 등은 공격 충동을 사회적으로 용납될 수 있는 욕구로 승화시킨 것으로 본다.

라. 동일시(同一視, identification)

불안을 느끼지 않을 것 같은 위대한 인물이나 집단의 속성을 갖춤으로써 불안을 감소시키는 또 다른 방법이다. 예컨대, 붙임성이 없어서 불안해하는 여자 아이는 인기가 대단한 친구와 동일시함으로써 불안을 감소시킨다.

마. 반동형성(反動形成, reaction formation)

불안을 야기한 진짜 동기와는 정반대되는 동기를 갖고 있는 것처럼 행동한다. 예컨대, 다른 사람들에 대해 지나치게 점잖은 행동을 보이고 관심을 표방하는 것은 그가 내면에 적대감을 갖고 있고 그 적대감 때문에 불안해하고 있다는 사실을 은폐하기 위한 방어행동으로 나타나는 경우이다.

바. 투사(投射, projection)

자기에게 불안을 야기하는 내면의 동기나 생각들을 다른 사람에게 떠넘기는 것을 말한다. 투사는 방어기제 중 가장 강력한 기제 중의 하나로서, 불안을 감소시키는 효과가 크지만 자기 자신과 타인에 대한 진실을 심하게 왜곡시킬 위험성이 있다. 예컨대, 아이들은 가끔 뭐가 먹고 싶을 때 자기가 그런 것이 아니라 마치 다른 아이가 먹고 싶은 것처럼 둘러대어 말하는 것을 볼 수 있다.

사. 퇴행(退行, regression)

나이가 어린 사람처럼 행동하는 것으로서, 예컨대, 유아가 동생을 얻게 되면 무의식적으로 대소변 실수를 하거나 어린 시절의 버릇을 다시 나타낸다든가 젖병을 빨려고 하는 행동들을 통해 동생이 받는 사랑을 얻고자 퇴행적 행동을 하는 경우 등이다.

(3) 연속적 요소

프로이트에 의하면 아동들은 성적 본능에 의해 그 에너지가 일생을 통하여 정해진 일정한 순서에 따라 옮겨감으로써 성장한다고 하였다. 프로이트는 주로 성적 본능 에너지를 리비도라 하고, 이 리비도는 일생을 통하여 정해진 일정한 순서에 따라 상이한 신체 부위에 집중된다고 주장하고 리비도가 집중적으로 모이는 신체 부위를 성감대(性感帶, erogenous zone)라고 하였다. 프로이트는 유아가 피부접촉을 통해 흥분하는 능력을 갖고 태어나며, 피부 긴장이 일어날 때 직접적인 피부접촉을 통해 긴장감소를 원한다고 하였다.

그의 '성' 개념은 매우 폭이 넓다. 성(性)이란 단순히 성교(性交)라는 성행위(性行爲)만이 아니라 신체에 쾌감(快感)을 일으키는 모든 것을 포함한다. 특히 아동기 성적인 감정은 매우 일반적이다. 쾌감을 느끼기 위해 빠는 행위, 다른 사람의 신체를 꼬집거나 하는 잔인한 행동까지도 모두 이에 포함된다.

프로이트와 그의 추종자들은 임상경험을 토대로 발달단계에 따라 성감대가 변한다는 자신들의 주장을 고수하였으며, 이와 같은 심리성적 발달이 어떤 아동에게서나 보편적으로 일어난다고 주장하였다. 각 단계는 대부분의 아동에게서 비슷한 시기에 같은 순서로 일어난다.

(4) 심리성적 발달단계

① 구강기(생후 1년)

생후 1년 동안 유아의 성감대는 구강으로, 성욕은 주로 입과 입술에 집중되어 있다. 구강기의 유아는 주로 수유를 통해 먹고 · 마시고 · 삼키고 · 빠는 것으로 쾌감을 경험한다. 따라서 구강기 성격형성은 구강을 통한 욕구 만족의 여부에 의해 결정되는 것이다. 이러한 구강기의 욕구 만족은 자신과 타인과의 신뢰감 형성에 기초로 작용해서 자신의 구강 욕구를 만족시켜 주는 양육자와 애착을 형성하게 된다. 따라서 부모의 적절한 보살핌을 받지 못해서 구강 만족이 결핍 또는 과잉만족이 되는 경우에는 구강기 고착 현상이 출현하면서 성격적 결함과 함께 그다음 발달단계 이행에 지장을 초래하게 된다. 특히 구강기 고착 경험은 이후의 성격발달에 지속적으로 영향을 미치게 된다.

구강기 고착의 성격특성은 생후 6개월까지 빨기의 구강기 전기 단계와 이가 나기 시작하면서 깨무는 구강기 후기 단계에 따라 구강 수동형과 공격형의 두 가지 성격 유형으로 나타난다. 구강기 전기에 고착되면 구강 수동형 성격특성으로 지나치게 낙천적이고 수동적이며, 성격이 미성숙하고 의존적이다. 반대로 구강기 후기에 고착되면 구강공격형 성격이 형성되어 논쟁적이고 타인을 지배하거나 이용하려는 경향과 함께 적대적 · 공격적인 특성을 보인다. 또한 구강기 고착 행동의 특성에는 관심추구 및 질투행동, 과음과 과식행동, 흡연행동, 손톱 깨무는 행동 등이 있다.

② 항문기(1~3세)

두 번째 단계인 항문기는 성적 에너지가 항문에 집중되는 시기로 이 시기에 유아는 외부로부터 배설 통제훈련을 받게 된다. 이와 함께 유아는 적절한 시간과 허용된 장소에 따라 배설기능을 지연 또는 지체시키는 법을 학습해야 하기 때문에 배변의 보유와 배출에 관심이 집중된다. 따라서 항문기의 성격형성은 부모의 배변훈련이 좌우한다.

부모가 유아발달을 고려해서 적절한 시기에 배변훈련을 시작해서 유아가 자연스럽게 이를 성취하면 이 시기에 가장 중요한 발달과제인 독립심과 자율성을 획득해서 창의적이고 생산적인 성격이 형성될 수 있다. 그러나 부모의 지나치게 엄격하고 강압적 · 처벌적 훈련방식은 유아로 하여금 공포심과 불안감을 초래할 뿐만 아니라 항문기에 고착되면서 고집이 세고 인색하며, 지나치게 청결을 추구하는 결벽증의 강박적 성격이 형성된다. 이와는 상반되게 부모의 배변훈련 태도가 지나치게 관대한 경우에는 지나치게 무기력하고 의존적인 성격으로 발달한다.

③ 남근기(3~6세)

이 시기에 유아는 자신의 성기에 관심을 갖게 되면서 남녀의 생식기와 성별에 대한 호기심과 함께 생식기의 자극을 통해 쾌감을 느끼기도 한다. 이 시기에 성적 감정과 행동에 대해 부모가 지나치게 통제하게 되면 유아의 성 정체성 발달에 문제가 발생해서 성역할의 혼란 및 성적 불구를 초래할 수 있다.

프로이트는 유아의 성 개념 형성과정에서 발생하는 성적 갈등은 이성 부모에 대한 연모감정으로 표현되면서 느끼게 되는 감정으로 이를 콤플렉스라고 정의하였다. 그 예로 남근기의 남아들은 어머니에 대해 성적으로 접근하려는 욕망과 애착을 느끼는 동시에 아버지를 경쟁상대로 생각하는 오이디푸스 콤플렉스를 경험하게 된다. 반대로 여아들은 아버지에 대한 연모감정으로 인해 어머니를 경쟁상대로 생각하게 되는 엘렉트라 콤플렉스를 경험하게 된다. 이러한 이성 부모에 대한 애정 감정과 동성 부모에 대한 적대감은 유아에게 갈등과 불안을 초래해서 유아는 이를 해결하기 위해 동일시의 기제를 사용하게 된다. 유아는 동일시를 통해 동성 부모의 가치관을 내면화하면서 초자아가 발달하는 동시에 동성 부모의 행동과 태도를 모방하게 되면서 성 정체성과 양심, 도덕성이 발달하게 된다. 그러므로 부모의 지나친 비현실적 도덕기준으로 유아의 자발적인 초자아 발달을 억제, 방해하게 되면 죄의식과 자존심·자부심이 결여되는 남근기 고착 성격이 형성된다. 남근기 고착 성격의 특성으로 남자 성인의 경우 경솔하고 야심적이며, 지나치게 남자다움을 강조하고 강인함을 나타내려는 경향이 있다. 여자의 경우에는 순진하고 결백을 강조하지만, 성적으로 난잡하고 유혹적이며, 경박한 특성을 보이게 된다.

④ 잠복기(6~12세)

프로이트에 의하면 성격은 구강기·항문기·남근기에 이미 형성되며, 잠복기에는 성적 충동이나 환상들이 무의식에 잠재되면서 평온함을 유지하게 된다고 하였다. 또한 성적 에너지 역시 신체 내부에서 외부환경으로 향하게 되면서 아동들은 학교활동과 운동, 친구들과의 관계 형성에 집중하게 되고 사회적으로 승인되는 타인중심·사회중심의 태도와 기술을 배우게 된다. 따라서 잠복기의 아동들은 동성 친구와 안정된 우정 관계를 형성하면서 자신의 행동을 조절하고 침착성을 유지한다. 그러나 잠복기의 평온함을 성취하지 못해 이 시기에 고착되면 성인기 대인관계가 불안정해서 정서적으로 고립되고 성격적으로 불안하고 공격적인 특성을 보이게 된다.

⑤ 생식기(12세~성인기)

프로이트의 심리성적 발달의 마지막 단계인 생식기는 부모로부터 완전히 독립해서 자신의 미래에 대한 설계를 하고 자율적인 성인으로 발달하기 위해 준비하는 시기이다. 또한 사춘기의 시작과 함께 성숙한 성적 관계를 형성하는 시기로 성적 관심은 이성으로 향하게 되고 이성 배우자와의 결혼생활을 통해 정상적인 성생활을 유지하며, 사회적 성인으로 발전하기 위해 노력하게 된다. 그러나 청소년들과 미혼 성인들은 성적 충동과 관심이 가장 활발한 시기이기 때문에 사회적인 제한과 도덕적 규율 사이에서 갈등과 혼란을 경험하기도 한다.

〈표 2-1〉 프로이트의 심리성적(성격) 발달의 5단계

심리성적 단계	연령	리비도(성적 에너지)의 중심	발달내용
구강기	출생~1세	구강	수유와 이유를 통한 구강 자극의 충족 여부와 양육자와의 상호작용에 초점, 부모의 양육방식에 의한 인간에 대한 신뢰감 형성이 성격발달에 주요 영향 요인으로 작용
항문기	1~3세	항문	항문의 자과 배변작용과의 상호작용에 초점, 부모의 배변훈련방식이 유아의 성격과자율성 및 독립심 발달에 영향요인으로 작용
유아생식기 (남근기)	3~6세	생식기	자신의 생식기에 대한 관심과 자극을 통한 성 개념 발달과 이성 부모와의 동일시를 통한 성역할 발달에 초점, 초자아 발달과 함께 도덕과 양심의 발달이 중심
잠복기	6~12세	리비도가 무의식에 잠재, 외부 활동의 증가	일시적으로 성적 활동이 잠재되면서 외부생활에 관심과 활동에 초점, 동성관계 형성과 신체적 · 지적 · 사회성 발달이 중심
생식기	12세~성인기	성적 기능의 성숙, 이성관계 형성	사춘기 시작, 성적 기능의 성숙으로 이성관계 형성과 사회적 관계 확대, 결혼 및 취업활동을 통해 독립적인 성인생활 준비 및 완성

(출처: 강경미, 2013: 63)

프로이트(Sigmund Freud, 1856-1939)

프로이트는 오스트리아의 신경학자로 1859년 가족이 빈으로 이주한 후 평생을 오스트리아에서 보냈다. 의과대학에서 신경의학(neurology)을 공부하였고, 이후 히스테리 증상에 대해 연구하였는데, 환자들이 최면(hypnosis)을 통해 무의식으로 억압된 감정을 드러내도록 함으로써 히스테리 증상 치료에 성공하였다. 그러나 최면이 모든 환자에게 효과적이지 않다는 것을 깨닫고, 마음속에 떠오르는 생각을 자유롭게 이야기함으로써 무의식 속의 사고와 감정에 도달하게 하는 자유연상법(free association)을 개발하여 환자들을 치료하였다. 1896년 이 치료법을 '정신분석'이라고 명명한다. 1900년 이후 꿈, 착각, 해학과 같은 정상심리도 연구하고 소아성욕론도 주장하였다. 주요 저서로는 『히스테리의 연구』(1895), 『꿈의 해석』(1900), 『성(性)이론에 관한 3가지 논문』(1905), 『정신분석입문』(1917) 등 다수가 있다.

2) 에릭슨의 심리사회적 발달(psychosocial development)

프로이트의 심리성적 발달이론은 같은 정신분석학파의 학자들 사이에서조차 많은 논란을 불러왔다. 그들은 무의식적 힘이 발달에 영향을 주는 것에는 어느 정도 동의하지만, 본능적 충동을 지나치게 강조하고, 특히 어린 시절의 트라우마가 언제나 성인기의 정서적 불안정성으로 지속된다는 프로이트의 주장에 반박을 하였다. 신프로이트학파(neo-Freudians)로 불리는 이들 중 한 사람인 에릭슨(Erik Erikson, 1902~1994)은 프로이트 이론의 기본 가정들 위에, 아이들이 해당 나이에 받게 되는 문화적 요구와 그 과제의 성공적 수행을 도와줄 주위와의 사회적 관계의 영향을 강조한 심리사회적 발달(psychosocial development)이론을 제안하였다. 즉, 2세 아동에게는 배변훈련이라는 문화적 요구가 주어지고, 이 과제를 성공적으로 수행하기 위해서는 부모의 도움이 필요하다는 것이다(신명희, 2016b: 29).

그의 이론에 따르면, 개인은 여덟 개의 심리사회적 발달단계를 거치는데, 각 단계는 개인과 사회적 환경 사이에서 일어나는 갈등 혹은 위기(crisis)로 정의된다. 이런 위기를 만족스럽게 해결해야 건강한 발달이 이루어진다. 이 단계들은 두 가지 기본 태도로 명명되는데, 각 단계에서 위기를 어떻게 극복하느냐에 따라 어느 한쪽 결과가 나타난다(Erikson, 1980).

유아가 각 단계의 심리적 위기를 성공적으로 극복하는 것은 거의 대부분이 유아와 부모 또는 유아와 교사 사이의 상호작용에 달려 있다. 각 발달단계에는 중요한 사회적 대행자(social agent)가 있으며, 이들에 의하여 사회적 요구가 주어지게 된다고 하였다. 영 · 유아기에는 부모가, 학령기 때는 이웃이나 또래 집단이, 청소년기에는 친구나 역할 모델이, 성인기에는 연인이나 배우자가 주요 사회적 대행자라고 할 수 있다.

한 단계의 심리적 위기를 성공적으로 해결하지 못하게 되면 다음 단계의 심리적 위기를 해결하는 데 방해가 된다. 에릭슨은 각 단계의 과제가 완전히 성취되지 않고 항상 조금씩 잠재물이 남게 된다고 생각하였다. 현 단계에서 발달과제의 수행 여부는 전 단계의 심리 · 사회적 위기 해결 여부에 따라 크게 영향을 받게 된다.

에릭슨이 제시한 단계별 사회성 발달특징을 정리하면 다음과 같다(이경희, 2001: 134-7).

① 기본 신뢰감 대 불신감(basic trust vs. mistrust : 0~1세)

이 단계의 과제는 세상에 대한 영아의 기대와 영아 자신의 능력에 대한 기본적 신뢰감 발달이라고 할 수 있다. 이 시기에 영아의 성공적 발달 또는 실패는 주요 양육자의 태도가 결정적 영향을 미치는 데, 양육자가 영아의 요구에 민감하고 적절하게 반응하여 유아의 욕구를 충족시킬 때 영아는 양육자와 세상에 대한 신뢰감과 동시에 자신이 인정받고 사랑받을만한 존재라는 자기 신뢰감을 형성하게 된다. 확고한 신뢰감을 가지고 생후 첫해를 보낸 영아는 자애롭고 예측 가능하며 신뢰 있게 반응하는 부모를 둔 영아들이다.

또 신뢰감이 형성된 영아는 이 신뢰감을 바탕으로 다른 사람과도 좋은 관계를 갖게 된다. 신뢰감을 형성하지 못한 영아는 불신감을 가지고 다른 모든 관계에 대처하게 되며, 주변 세상과 주변 사람들에게 신뢰감이 형성된 영아는 세상에 대해 안정감을 갖게 되고, 이는 성인이 된 후 정체감(identity)의 기본이 된다.

② 자율성 대 수치심 또는 의심(autonomy vs. shame and doubt : 2~3세)

에릭슨은 독립심과 자율성의 기초를 형성하는 주요 요소로 이 시기 유아의 운동성 발달을 강조하였다. 이 시기에 유아는 걷기 시작하면서 새롭고 보다 행동 지향적인 체험을 추구하게 되는데, 이는 유아에게 이중의 요구를 하게 된다. 하나는 자기조절에 대한 요구이며 다른 하나는 주변 사람들(주로 부모)로부터 자신의 조절력을 인정받고자 하는 요구이다. 그러나 유아의 독립심과 자율성을 얻고자 하는 노력이 부모에게 인정받지 못하거나 반복적으로 실패하게 되면 기본적인 자기 조절감과 자기 자신감 대신에 지나친 수치심과 의심을 가져올 수 있다.

③ 주도성 대 죄의식(initiative vs. guilt : 4~5세)

이 시기에 유아는 신체적·정신적으로 좀 더 성숙하고 더욱 균형 갖춘 모습을 보이게 되며, 자율적이고 솔선수범하여 새로운 것을 추구하고 계획하며 과제와 목표수행에 적극적이고 보다 능동적으로 행동한다. 유아는 이 시기에 새로운 인지기술을 사용하여 그 주변 세상을 다루고자 한다. 혼자서 거리에 나가려 하고 장난감을 분해해 보고 그것을 원상대로 복구할 수 없음을 알고는 어머니에게 내던져 버리기도 한다. 이때는 부모에게는 공격적으로 보일 수 있는 활동과 행동이 넘치는 시기이다.

유아가 자신의 능력 이상의 일을 하려고 시도하는 경우들에 대해서 부모가 너무 심하게 제지하거나 처벌하는 것 모두 유아에게 불균형과 지나친 죄의식을 유발할 수 있는 위험요인이 될 수 있다.

④ 근면성(자신감) 대 열등감(industry(competence) vs. inferiority : 6~12세)

학교에 입학하는 것은 이 단계의 변화로 들어가게 하는 주요 원동력이 된다. 아동은 이때 읽고 계산하는 것을 배우거나 다른 특별한 기술로 인정을 받고 싶은 욕망을 갖게 된다.

따라서 이 시기의 과제는 사회가 아동에게 요구하는 일련의 능력을 발전시키는 것이다. 그렇지 못할 경우에 아동은 기대하는 기술을 발전시키지 못하고 대신에 열등감을 갖게 될 수 있다.

이 시기의 성공적인 과제수행은 아동에게 자신감을 심어준다. 이 단계의 아동에게는 삶을 살아가는 기본적 방식에 대한 교육을 필요로 하게 되는데 학교수업, 집 안 청소, 예체능 활동, 자신이 책임질 수 있는 일을 맡기, 운동이나 여러 가지 손기술을 익히는 놀이 등 다양한 활동을 통해서 성인의 삶을 위한 준비를 하게 된다.

⑤ 정체성 대 역할혼돈(identity vs. role confusion : 13~18세)

사춘기에 달성해야 하는 과제는 자기 정체감과 자신이 습득해야 하는 역할을 재검증하게 된다. 정체성 형성의 주체는 의식적·무의식적 모든 측면에서의 자아라 할 수 있다. 이 시기에 자아는 좋아하는 대상을 동일시하고, 사회적 환경에 적응하여 위협과 불안에 방어할 수 있는 능력을 갖게 된다. 이러한 자아 특성의 모든 요소는 개인의 심리·사회적 정체성(psychosocial identity) 확립을 위해 조립되고 통합된다.

역할혼돈이 일어났을 때 청소년들은 일관성이 없고 예측불허의 행동을 보일 수 있으며 스스로 퇴행하고 있다고 느낄 수 있다. 이는 일종의 위기감으로, 청소년들은 고립감·불안감을 느낄 수 있으며 우유부단해지거나 심지어 저항감을 불러일으킬 수도 있다.

⑥ 친밀성 대 고립감(intimacy vs. isolation : 19~25세)

이 시기의 주요과제는 타인과 자신의 정체성을 통합하여 친밀감을 나눌 수 있는 관계를 형성하는 것이다. 이 시기의 위험요소는 친밀성을 유지하지 못함으로써 관계를 회피하는 데서 비롯된 고립감이다.

친밀감은 사람과 사람 사이의 일반적인 형태의 친밀감이다. 성숙한 성인은 다른 사람과의 친밀한 상호작용에 참여할 것이 기대된다. 중요한 것은 신뢰할 만하다고 생각되는 다른 사람에게 자신을 아낌없이 주려고 한다는 것이다. 그래서 에릭슨은 개인의 감정, 신념 체계, 가치, 목표는 그가 친밀하게 느끼는 사람에게 투자된다고 하였다.

타인과의 관계에서 거의 혹은 전혀 친밀감을 갖지 못한 결과는 배척감 또는 '고립감'이다. 소외감은 낮은 자존감으로 나타날 수 있다. 이는 개인의 자아개념에 해롭고, 다른 단계로의 진행을 방해한다.

⑦ 생산성 대 침체감(generativity vs. stagnation : 26~40세)

성년기 자녀 양육과 차세대에 대한 교육·지도·감독을 함으로써 인류 사회의 문화를 전달 발전시키는 단계라 할 수 있다. 성공적인 직업 및 친밀한 인간관계가 순조롭게 진행되고 있는 사람들에게 적절한 과업은 삶의 유형 또는 역할을 정의하는 데 필요한 것이라면 어떤 것이든 생산하는 것이다. 다음 발달단계로 계속 진행되지 못하는 사람들은 개인적 욕구에 지나치게 집착하게 되거나 타인의 욕구를 무시하여 점차 '침체'하게 된다.

⑧ 자아통합감 대 절망감(ego integrity vs. despair : 41세 이상)

중년기 이후는 통합의 단계로, 자신의 존재에 대한 성공과 실패를 받아들임으로써 도달하게 되는 단계로 설명될 수 있다. 인간은 이전의 일곱 단계로부터 유익한 교훈을 얻을 수 있으며, 자신의 삶이 보다 큰 범위 내에서 어떤 질서와 의미를 갖고 있는지 인식할 수 있게 된다.

에릭슨은 성공적으로 갈등을 해결하고 인생을 보낸 후 그들이 의미 있고, 생산적이고 가치 있는 삶을 살아왔다고 인식하는 노년기의 사람들을 묘사하기 위해 '자아통합'이라는 용어를 사용하였다. 개인이 '자신의 과거를 갖는 것'과 반드시 자신에 국한된 것이 아닌, 인간 자아에 대한 새로운 애정을 느끼고, 창출하는 것의 중요성을 강조한다. 중년기 이후는 젊은이에게 지혜를 나누어 줄 수 있으며 과거에 일어난 일에 대한 관조를 하게 된다.

〈표 2-2〉 에릭슨의 심리사회적 발달단계

심리사회적 위기	연령	주요사회적 관계	주요 특징	바람직한 결과
신뢰 대 불신	0~1세	어머니(양육자)	양육자의 일관되고 적절한 돌봄과 사랑은 기본적인 신뢰감을 형성하고, 거부적이고 부적절한 돌봄은 불신을 야기한다.	신뢰, 희망
자율성 대 수치 및 의심	2세	부모	자기 능력으로 기능을 발휘하도록 허용, 격려할 때 자율성이 발달한다. 과잉보호나 도움의 결핍은 환경을 통제하는 능력에 의심을 갖게 하여 수치심이 형성된다.	의지

심리사회적 위기	연령	주요사회적 관계	주요 특징	바람직한 결과
주도성 대 죄의식	3~5세	가족	탐색할 수 있는 자유를 허용하고 질문에 충실히 답해 줄 때 주도성이 발달한다. 활동을 제한하고 간섭하고 질문을 귀찮게 여기면 죄책감이 형성된다.	목적, 의도
근면성 대 열등감	6~11세	이웃, 학교	성취할 기회를 부여하고, 성취한 것을 인정, 격려하면 근면성이 발달한다. 성취할 기회를 갖지 못하거나 결과에 비난을 받고 귀찮은 존재로 취급되면 열등감이 형성된다.	기술, 유능감
정체감 대 역할 혼미	청소년기	또래집단, 리더십 모델	자신의 존재, 가치에 대한 인식이 정체감을 발달시킨다. 신체적 불안감, 성역할과 진로선택의 불안정은 역할혼미를 초래한다.	성실, 충성
친밀성 대 고립	성인 전기	친구, 연인, 회사동료	타인과 친밀한 인간관계를 유지하는 능력을 발달시킨다. 친밀한 관계 형성에 실패하면 고립감을 느끼게 된다.	사랑
생산성 대 침체	성인 중기	노동의 분화와 가사의 분담	다음 세대의 지도과정에 참여하고 생산적 활동을 통해 타인과 사회를 위해 노력할 때 생산성이 발달한다. 이러한 활동에 참여하지 못할 때 침체감에 빠진다.	배려
통합성 대 절망	노년기	인류	자신의 인생이 만족스러웠다고 회상하고, 자신을 수용하고, 인생에 대한 관조를 할 수 있을 때 통합성이 형성된다. 인생을 후회하고 죽음을 두려워할 때 절망감에 빠진다.	지혜

(출처: 신명희 외, 2016b: 35)

프로이트의 견해와는 달리, 에릭슨은 성장과 변화는 일생을 통하여 계속된다는 전(全) 생애 발달단계를 제안하였다. 또한 특정 단계에서 위기극복에 실패했더라도 그다음 발달단계로 발달이 진행되며, 특정 위기에 언급된 시기는 그 위기를 해결하기에 가장 적절한 시기를 나타낸 것으로, 그때만 가능한 것은 아니라는 점에서 프로이트의 결정론적 견해와 차이를 보인다.

에릭슨의 일생을 통한 발달의 견해는 다른 연구들이 검증하기 어려운 애매한 부분이 있음도 지적되지만 비교적 충분한 지지를 받고 있는 매우 중요한 제안이다.

에릭슨(Erik Erikson, 1902~1944)

에릭슨은 덴마크계 미국인 발달심리학자이자 정신분석학자다. 그는 독일 프랑크푸르트에서 덴마크인 부모(어머니는 유대인)에게서 태어났다. 3세 때 아버지가 사망한 후 어머니의 재혼으로 유대인 의부를 갖게 된다. 어린 시절 그는 주위의 유대계인과 구별되는 덴마크인 용모로 인해 정체성 문제를 심하게 겪었고, 이 때문에 자아정체성이 그의 이론에서 중심이 되었던 것으로 보인다. 오스트리아 빈(Wien)의 사립학교에서 교사를 하게 되면서 프로이트의 딸인 안나 프로이트(Anna Freud)를 알게 되었고, 이후 정신분석학자가 되었다. 히틀러의 탄압으로 유럽을 떠나 미국에 정착한 후 아동분석가로 활동하고 인디언에 관한 문화인류학적 연구를 하였으며, 예일 대학교와 하버드 대학교에서 교수로 재직했다. 프로이트의 이론을 바탕으로 사회 속에서의 개인의 성격발달에 대한 이론을 만들 수 있었던 것은 이민과 강제이주, 인디언 문화 연구 등 그의 개인적인 체험에서 각 문화 사이의 비교 연구가 있었기 때문이다. 주요 저서로는 「아동기와 사회(1950)」, 「정체성과 생애주기(1959)」, 「통찰과 책임(1964)」, 「새로운 정체성의 차원들(1974)」, 「완성된 생애주기(1982)」 등이 있다.

3) 행동주의 이론

'행동주의'라는 용어를 처음 만든 미국 최초의 심리학자 중 한 사람인 왓슨(John B. Watson, 1878~1958)은 행동주의적 관점을 다음과 같이 표현했다.

> "나에게 열두 명의 건강한 아이들과 그 아이들을 키울 나의 특수한 세계를 주면 그중 어떤 아이든 아무나 선택하여 그 아이의 재능, 기호, 능력, 적성, 인종에 상관없이 내가 선택할 전문가, 의사, 변호사, 예술가, 사업가, 심지어 거지나 도둑으로도 만들 수 있음을 보장한다(Watson, 1970)."

그는 환경을 구성하고 있는 자극들을 주의 깊게 연구하는 것으로 발달을 완전히 이해할 수 있으며, 환경을 효과적으로 조절하는 것으로 어떤 행동도 만들 수 있다고 주장하였다.

행동주의 심리학자들은 발달을 이해하기 위하여 유기체 내부의 무의식 과정을 들여다보기보다는, 관찰하고 측정할 수 있는 행동과 환경의 외부 자극들을 실마리로 삼을 것을 제안한다.

그들은 발달을 경험이 축적된 결과로 보고, 발달의 변화는 질적이기보다는 양적 개념으로 설명된다고 주장한다. 예를 들어, 아동의 진전된 문제해결능력은 문제에 관련된 사고의 질적 변화가 아니라 더 커진 정신능력의 결과라는 것이다(Feldman, 2003). 그러나 경험이 어떻게 발달을 형성하는가를 설명하는 방식은 학자마다 다르다.

(1) 고전적 조건화 이론(classical conditioning theory)

러시아의 생리학자인 파블로프(Ivan Pavlov, 1849~1936)는 개의 타액분비실험 중에 개가 음식을 주는 실험자의 발소리에도 타액이 분비되는 현상에서 고전적 조건화(classical conditioning)의 개념을 설정하였다. 타액 분비를 유발하지 않는 발소리가 무조건 타액 분비가 일어나는 음식물과 결합되어 발소리만으로도 타액이 분비되었던 것이다.

아무런 반응을 유발하지 않는 중성 자극(발소리)이 무조건 반응(타액 분비)을 일으키는 무조건 자극(음식물)과 결합되어 유기체가 중성 자극에도 특정한 반응을 보일 때 고전적 조건화는 일어난다. 이때 중성 자극은 조건자극이 되고, 조건자극에 의한 반응을 조건반응이라 한다.

이유가 분명하지 않은 많은 종류의 특정 정서 반응은 대부분 고전적 조건화의 과정으로 우리에게 학습된 것이다. 맛있는 음식을 이야기하는 것으로도 우리는 입안에 침이 고인다. 실험실과 달리, 일상생활에서의 고전적 조건화는 단 한 번의 경험으로도 일어난다. 이러한 차이점은 '생태학적 관련성'이 있는 자극이 조건자극의 기능을 더 잘한다는 가정을 불러왔다(Domjan et al., 2004).

고전적 조건화가 이루어진 자극은 다른 비슷한 자극으로 전이가 되는 일반화의 현상이 일어나는데, 뱀에게 물렸던 끔찍한 기억은 뱀과 비슷한 물체에도 공포반응을 일으키는 것과 같은 경우다.

파블로프(Ivan Petrovich Pavlov, 1849~1936)

파블로프는 러시아 출생의 생리학자다. 상트페테르부르크대학교에서 화학과 생리학을 공부하였고, 상트페테르부르크의 임피리얼 의학 아카데미에서 의사 자격을 취득하였다. 1890년부터 1924년까지 임피리얼 의학 아카데미에서 생리학 교수로 재직하였다. 파블로프는 개의 타액 분비 반응을 통해 소화 문제를 연구하다가 실험실의 개가 음식물이 제공되지 않은 상황에서도 타액을 분비하는 것을 우연히 발견하게 되었다. 그 후 파블로프(Pavlov)는 음식물이 제공되지 않아도 발소리만을 듣고 개의 타액이 분비될 수 있다는 조건형성을 설명하고자 일련의 실험을 실시하였다. 1904년 소화의 생리학에 관한 공로를 인정받아 노벨 생리의학상을 수상하였으며, 주요 저서로는 「동물의 고등신경계 활성에 관한 객관적인 20년 연구 경험」(1923), 「뇌의 커다란 반구에 관한 연구 강의」(1927), 「조건반사」(1927) 등이 있다.

(2) 조작적 조건화 이론(operant conditioning theory)

특정 자극에 대하여 일어나는 반응 행동의 학습과는 달리, 자발적으로 일어난 어떤 행동이 그 결과에 따라 강화가 되거나 혹은 약화가 되는 과정이 조작적 조건화(operant conditioning)이다. 미국의 심리학자인 스키너(B. F. Skinner, 1904~1990)는 특별히 고안된 스키너 상자 안의 쥐가 지렛대를 누를 때마다 음식을 제공하는 실험을 통해 조작적 조건화의 학습이론을 정립하였다. 이 실험에서 쥐의 지렛대를 누르는 행동은 먹이라는 긍정적 결과를 통해 학습된 행동이 된 것이다(Skinner, 1953).

사람들이 어떤 행동을 계속하거나 하지 않게 되는 것은 그 행동의 결과가 강화되거나 처벌받기 때문이다. 예를 들어, 숙제를 잘해서 칭찬을 받은 아이는 계속해서 숙제를 잘하려고 하고, 음주운전으로 처벌을 받은 운전자는 이후로는 술을 마시면 운전을 하지 않으려고 한다. 강화는 조작적 조건화에서 핵심이 되는 개념으로, 특정 행동의 증가와 관련이 있다. 좋아하는 자극을 제공하였을 때 행동의 빈도가 증가하는 강화를 정적 강화라 하고, 혐오 자극을 제거하였을 때 행동의 빈도가 증가하는 강화를 부적 강화라 한다. 정적 강화는 상의 개념과 비슷하다. 반면에 처벌은 특정 행동을 소거하거나 억제하는 것으로, 혐오

자극을 제공하는 정적 처벌과 선호자극을 제거하는 부적 처벌로 사용된다.

조작적 조건화의 원리는 바람직한 새로운 행동을 만들거나, 반대로 바람직하지 못한 행동을 수정할 때도 사용된다. 행동조형(shaping)과 행동수정(behavior modification) 프로그램을 적용한 사례들은 일상생활에서 수도 없이 찾아볼 수 있는데, 서커스에서 동물의 행동을 조율하는 조련사는 먹이나 채찍을 사용하여 원하는 동물의 행동을 만들어 간다. 보험회사는 자동차 사고나 도난으로 인한 보험금을 줄이기 위해 에어백과 도난방지장치를 설치한 가입자에게 보험료를 할인해 준다. 교사나 부모들은 아이들이 잘못할 때 긍정적 강화를 차단하는 타임아웃(time-out: 상황에서 물러서기)을 사용한다(신명희 외, 2016b: 38-9).

스키너(Barrhus Frederic Skinner, 1904~1990)

스키너는 미국의 심리학자이다. 뉴욕 해밀턴 대학교에서 영문학을 공부하고, 하버드 대학교에서 심리학 박사학위를 취득하였다. 미네소타 대학교, 인디애나 대학교를 거쳐 1948년부터 1974년까지 하버드 대학교 교수로 재직하였다. 그는 왓슨과 함께 행동주의 심리학을 이끈 주요 인물로서 20세기 가장 영향력 있는 심리학자로 손꼽힌다. 스키너 상자와 누적기록장치를 제작하여 유기체의 조작적 행동형성 과정을 설명하는 조작적 조건형성이론을 주창하였다. 그의 이론은 심리학을 비롯하여 여러 다른 분야에도 지대한 영향을 미쳤으며, 특히 오늘날 교육 현장에서도 조작적 조건형성이론에 근거한 교수방법이 사용되고 있다. 그중 교수기계(teaching machine)를 통해 프로그램 수업방법을 소개한 바 있다. 행동과학에 대한 공로를 높이 평가받아 1968년 미국 국립과학협회로부터 공로상을 받았으며, 1971년과 1990년에 미국심리학회로부터 각각 골든 메달과 평생 공로상을 받았다. 주요 저서로는 「유기체 행동론」(1938), 「월든 II」(1948), 「과학과 인간행동」(1953), 「강화계획」(1957), 「자유와 존엄을 넘어서」(1970) 등이 있으며, 총 21권의 저서와 180건의 논문이 있다.

(3) 사회인지 학습이론(social-cognitive learning theory)

학습이론가인 반두라(Albert Bandura, 1925~)는 학습이 항상 강화를 요구하는 것만은 아니고 다른 사람의 행동을 관찰하는 것으로도 학습된다는 관찰학습의 개념으로 사회인지학습(social-cognitive learning)이론을 주장하였다(Baudura,

1977, 1994). 그는 인간의 많은 행동은 강화와 처벌에 의한 직접 조건화로 학습되기보다는 다른 사람의 행동을 관찰하고 모방하거나 혹은 다른 사람이 수행한 행동의 결과에 제공되는 강화와 벌을 관찰하면서 다음 행동에 대한 기대와 신념을 가지게 되는 대리조건형성의 과정으로 학습된다고 하였다. 예를 들어, 과속으로 단속에 걸린 운전자를 보며 내 차의 속도를 줄이고, 연예인이 입은 옷이 백화점 판매대에서 매진되는 현상이다.

행동을 보여주는 사람 또는 그 행동에 대해 본보기가 되는 사람을 모델이라고 한다. 모델의 효과는 모델의 능력, 매력, 신분과 관련이 있고, 나이, 성별도 중요한 요인이 된다. 부모, 운동선수, 연예인들은 종종 아이들의 강력한 모델이 된다.

그러나 모델을 통한 학습은 자동적으로 일어나지는 않는다. 다른 사람을 관찰하고 배우는 것은 두 가지의 인지적 요소에 달려 있는데, 먼저 관찰자는 모델의 행동에 주의를 집중해야 하고(attention), 그 본 것을 기억해야 한다(retention). 뿐만 아니라, 관찰자는 그 행동을 신체적으로 모방할 수 있어야 하고, 무엇보다 관찰하고 수행하도록 동기유발이 되어야 한다. 이렇게 관찰학습은 주의집중(attention), 파지(retention), 재생(reproduction) 그리고 동기화(motivation)의 4단계로 일어난다. 학습된 행동이 실제 행동으로 연결되는가는 모델의 행동이 보상 또는 처벌을 받는지, 그리고 관찰자가 그 행동에 의해 보상받을 것을 기대하는지에 따라 크게 달라진다(Bandura, 1977a).

반두라에 의하면, 아이들은 모델을 통하여 행동뿐만 아니라 아이디어, 내적 기준, 기대, 자아개념도 배운다. 동시에, 자기가 무엇을 할 수 있는지에 대한 확신, 자아효능감(self-efficacy)도 획득한다. 자아효능감은 모델의 행동을 관찰하고 모방하는 과정에서 형성되어 행동에 지속적으로 영향을 준다(Bandura, 1986, 1977b).

반두라(Albert Bandura, 1925~)

반두라는 심리학자로 캐나다 앨버타 먼데어에서 출생하였다. 브리티시컬럼비아 대학교에서 심리학을 전공하였으며, 아이오와 대학교에서 석사와 박사학위를 취득하였다. 1953년부터 스탠퍼드 대학교에서 학생들을 가르치기 시작하여 지금까지 재직하고 있다. 인간의 행동과 사회모델의 역할과의 관계에 관심을 가지고 사회학습과 공격성에 대한 연구를 시작하였으며, 이후 인간의 사고와 동기, 행동이 사회적 상황의 영향과 밀접한 관계가 있다는 사회학습이론을 주창하였다. 또한 공포장애를 가지고 있는 환자의 신념이 환자 자신의 공포를 증가시키는 것과 연관이 있음을 발견함으로써 자아효능감이란 개념을 처음 소개하였다. 1986년 「사고와 행동의 사회적 기초: 사회인지이론」에서 인간은 대리적 조건형성, 자기조절, 자기반성을 통해 환경에 적응한다고 주장하였다. 주요 저서로는 「청소년의 공격성」(1959), 「공격성: 사회학습분석」(1973), 「사회학습과 성격발달」(1963), 「사회학습이론」(1977), 「사회인지이론」(1989) 등이 있다.

4) 인본주의 이론

인본주의 이론은 심리학에 현상학과 실존주의·인본주의 철학을 접목해서 내담자의 성장 가능성과 함께 인간존재의 긍정적인 변화와 발전을 강조한 접근법이다. 따라서 인본주의 이론은 정신분석이나 행동주의 이론과 같이 인간이 생물학적 본능이나 환경에 의해 지배 또는 결정되는 것이 아니라 계속해서 발전·변화하는 존재로 잠재능력을 최대한 발휘해서 자아실현 할 수 있다고 주장한다. 이와 함께 현재 개인에게 주어진 자유와 책임감을 올바로 활용해서 제한된 삶에서 초래되는 불안을 극복하고, 의미 있고 진실한 현존의 삶을 살아가도록 하는 것을 중시한다.

인본주의 이론의 대표적인 학자는 자아실현을 목표로 인간의 욕구를 생리적 욕구에서 자아실현 욕구까지 단계별로 욕구 위계론을 설명한 매슬로(Maslow)와 인간에 대한 현상학적·인본주의적 입장에서 내담자의 긍정적인 인간성과 잠재적 능력에 초점을 맞추고 완전히 기능하도록 돕는 인간중심 상담이론을 개발한 로저스(Rogers)가 있다(강경미, 2013: 78-81).

(1) 매슬로의 욕구위계 이론

매슬로(A. Maslow, 1908~1970)는 인간을 '결핍을 느끼는 동물'로 묘사하고 출생 시부터 생존적 욕구와 자아실현적 욕구를 동시에 가지고 있다고 하였다. 그러므로 자아실현을 지속적으로 추구하는 욕구를 가지고 있는 인간의 행동은 개인적 실현 경향성을 충족하기 위한 동기에 의해 유발된다고 하였다. 또한 매슬로에 의하면 인간의 욕구는 강도와 중요성에 따라 일련의 계층적 단계로 구성되어 있으며, 가장 낮은 단계인 생리적 욕구로 시작해서 안전욕구, 소속과 사랑욕구, 자기존중 욕구, 자아실현 욕구의 전체 5단계로 발달한다고 하였다. 그리고 이러한 욕구의 순서는 낮은 단계의 욕구가 만족되어야만 그다음 단계의 욕구로 발전할 수 있으며, 또한 상위층으로 올라갈수록 성취하기 어렵다.

① 1단계: 생리적 욕구

인간의 욕구 중에서 가장 기본적이고 강력한 욕구로 유기체의 생명유지와 연관되어 있으며, 음식 · 물 · 수면 · 배설 · 활동 · 성 등의 생리적인 욕구들로 구성되어 있다. 따라서 이러한 생리적 욕구들은 다른 욕구들을 추구하기 전에 반드시 먼저 충족되어야 한다.

② 2단계: 안전 욕구

개인적으로 생리적 욕구가 기본적으로 만족되면 자연스럽게 그다음 단계인 안전욕구를 추구하게 된다. 안전욕구는 신체적 · 심리적으로 안정되고 보호받기 위해 확실하고 조직화된 환경을 추구하는 욕구이다. 안전욕구는 유아와 아동들이 어른에 대한 상대적 열등감과 무력감으로 무조건 의존하려는 경향성과 함께 가장 많이 추구하는 욕구이다. 이 외에도 안전욕구는 전쟁과 범죄 · 천재지변 · 사회적 혼란 등 이와 유사한 위기사태에 직면했을 때도 출현한다.

③ 3단계: 소속과 사랑의 욕구

생리적 욕구와 안전의 욕구가 충족되면 관심을 갖게 되는 소속과 사랑의 욕구는 가족이나 사회단체나 집단에 소속되고 타인과의 애정적 관계 형성을 추구하는 욕구이다. 또한 사랑에 대한 욕구는 타인과 서로 사랑을 받고 주는 관계에서 자신의 존재가치를 소중하게 여기고 싶은 욕구를 의미한다.

④ 4단계: 자기존중 욕구

전 단계에서 소속과 애정의 욕구가 충족되면 타인으로부터 인정받고 존중받기를 원하는 자존의 욕구가 발생한다. 자존욕구는 자기 스스로 자신에 대해 가치 있다고 생각할 뿐만 아니라 타인으로부터 받게 되는 명성 · 인정 · 수용 · 지위 · 평판 등의 존경이 포함되어 있다. 따라서 자기존중의 욕구가 충족되기 위해서는 자신이 중요한 타인들로부터 인정받고 존중받고 있기 때문에 자신이 가치 있는 사람이라는 것을 경험해야 한다. 또한 타인과 세상이 자신을 필요로 한다는 느낌을 통해 힘과 능력을 획득할 수 있어야 한다.

⑤ 5단계: 자아실현 욕구

이상 네 단계의 욕구가 모두 충분하게 만족되면 최종적으로 자아실현의 욕구가 출현한다. 자아실현 욕구는 자신이 원하는 사람이 되기 위해 개인의 능력과 잠재력을 모두 발휘하여 자아를 성취하려는 욕구이다. 따라서 자아실현의 단계에 도달한 사람은 자신의 능력과 재능, 잠재력을 충분히 발휘하기 위해 노력하게 된다. 이와 같이 인간이 자신의 능력과 잠재력을 실현하려는 충동은 자연스럽고 필수적인 것임에도 불구하고 자아실현의 욕구를 달성할 수 있는 사람은 극소수에 불과한 것으로 나타났다.

(2) 로저스의 인본주의 이론

로저스(C. Rogers)는 인본주의 철학에 입각해서 인간은 선하며 신뢰할 존재이며, 근본적으로 합리적 · 사회적 · 전인적 · 현실적이라고 하였다. 또한 인간은 어느 순간에 결정되는 존재가 아니라 끊임없이 변화하는 존재이며, 자신을 실현하기 위한 기본적 동기와 함께 자기의 잠재능력을 개발해서 자아를 실현하고자 하는 의지를 가지고 있다고 하였다(Rogers, 1980).

로저스는 인간에 대해 현상학적인 입장에서 전체적으로 기능하는 유기체로서 보고 인간은 자기 고유의 주관적인 경험으로 이루어진 '현상학적 장'을 통해 자신을 가장 잘 이해하고 있다고 주장하였다.

① 현상학적 장

로저스의 인간중심 이론에 영향을 미친 현상학의 기본 이론은 '모든 개인은 변화하는 경험의 세계 속에 존재하며, 현상의 장을 경험하고 지각하는 대로 반응한다'는 것이다(Fischer & Fischer, 1983). 이러한 이론을 기초로 로저스(1961)는 개인이 지각하고 경험하는 모든 것은 유기체의 현상학적 장이라고 하였다. 또한 행동이란 현상을 경험하고 지각할 때에 발생하는 욕구를 만족하기 위한 개인의 목표지향적인 시도라고 본다. 따라서 인본주의에서 내담자의 현상학적 장은 지금 여기에서의 주관적인 경험의 세계를 의미한다. 그러므로 개인의 발달 현상을 이해하기 위해서는 개인의 고유한 경험과 지각의 준거 틀로 작용하는 현상학적 장에 근거해야 하는 것이다.

② 자아

자아는 개인이 현재 자신을 바라보는 현상적 장의 부분으로 외적 대상을 지각하고 경험하면서 의미를 부여하는 의식적인 자각을 포함하고 있다. 로저스는 자아가 끊임없이 변화하는 실체라는 점에서 불안정하며 계속해서 형성되는 과정에 있다고 하였다. 그러나 비록 자아가 개인의 현상학적 장의 일부로 계속해서 변화하지만 개인마다 일정한 양식으로 조직화 되고 통합된 형태를 유지하고 있기 때문에 자아는 세상에 대한 지각과 행동의 근거가 된다.

③ 자아실현화 경향성

로저스는 인간은 자아를 유지 · 향상시키며 실현화 경향성에 의해 동기화되어 있다고 본다. 또한 그는 자아실현화 개념을 단순한 실체에서 복잡한 실체로, 의존에서 독립으로, 고정성에서 유동성으로, 경직에서 융통성으로 변화하면서 기본적으로 자신의 욕구 해소와 함께 자신을 자유롭게 표현하고자 하는 경향성을 의미한다고 보았다(Rogers, 1967). 그러므로 자아실현화 경향성은 모든 살아있는 유기체에서 볼 수 있는 현상으로 긍정적인 변화에서 도출되는 기쁨과 만족으로 경험하게 된다. 이와 같이 인간은 진취적인 존재로 자아실현이 삶의 기본 원동력으로 작용하지만 진정한 자아실현은 개인적인 수고와 노력이 없으면 성취할 수 없는 것으로 부단한 노력과 투쟁·고통을 수반한다.

④ 완전한 기능인

로저스는 인간중심 상담의 목표를 모든 경험에 완전하게 개방적이며 긍정적인 자기존중을 경험하면서 자신의 잠재력과 능력을 충분히 발휘할 수 있는 완전 기능인이 되도록 하는 것이라고 하였다. 또한 그는 완전히 기능하는 사람이 되기 위해서는 개인적으로 자신의 삶의 목표와 방향을 자유롭게 움직일 수 있는 내적 자유가 있을 때 가능하다고 지적하면서, 완전히 기능하는 사람의 성격 특징을 다음과 같이 제시하였다(Seeman, 1984).

첫째, 완전히 기능하는 사람은 경험에 대해서 개방적이기 때문에 자신의 모든 느낌과 태도에 대해서도 개방적이다.

둘째, 완전히 기능하는 사람은 개인의 자아 심상과 경험이 일치하는 사람으로 지나간 과거를 회상하고 미래를 예상하면서 불안해하지 않고 현재를 자각하는 실존적 삶을 산다.

셋째, 완전히 기능하는 사람은 자신에 대한 충분한 신뢰로 타인의 판단에 의해 행동하는 것이 아니라 자신의 경험과 판단에 따라 행동하며, 이성적·합리적인 행동에 도달할 수 있는 능력을 가지고 있다.

넷째, 완전히 기능하는 사람은 사회 규범에 구속되거나 문화적 배경에 억압받지 않는 반면에 주어진 환경 속에서 건설적이고 창조적인 삶을 산다.

로저스(Carl Rogers, 1902–1987)

상담심리학에서 가장 영향력 있는 이론가이자 실천가의 한 사람인 로저스는 교육, 상담, 심리치료, 갈등해결 및 평화분야 모두에 크게 공헌한 미국의 심리학자이며 인본주의 심리학의 창시자이다. 그는 내담자중심(client-centered) 상담치료법을 제시하여 상담 치료의 새로운 패러다임을 발전시킨 인물로서, 내담자중심 치료에서 상담자는 진단, 해석, 설득과 같은 지시적인 태도를 버리고 경청, 공감, 수용을 통해 내담자의 자기 이해를 돕고 내담자가 긍정적인 방향으로 변화될 수 있도록 돕는다. 즉, 내담자가 상담의 중심이 되어 자신에게 내재된 문제 해결 능력을 바탕으로 스스로 성장하도록 돕는 것이 치료의 핵심이다. 로저스는 인간에 대한 확고한 믿음을 가지고 있었으며 내담자의 변화를 돕는 것은 치료 기법이 아니라 내담자가 갖고 있는 자기실현(self-actualisation) 경향성이며 이러한 내담자의 자기실현 경향성을 발현시키고 향상시키는 것을 돕는 것이 상담의 핵심요소라고 보면서 인간중심(person-centered) 치료를 창안하고 발전시켰다. 주요 저서로는 「사람 중심 상담」, 「내담자 중심 상담」, 「참 만남 집단」, 「학습의 자유」, 「진정한 사람 되기」 등 다수가 있다.

4. 발달에 영향을 주는 요인들

무엇이 사람을 독특한 개체로 만드는가, 한 개인의 발달을 평가할 때는 모든 사람들이 경험하는 발달의 정상적인 과정뿐만 아니라 생각, 성격과 같은 특성이나 환경의 영향, 혹은 발달의 결과로 나타나는 개인차(individual differences)도 반드시 같이 고려되어야 한다. 사람들은 외모, 생각, 성격, 기질이 다르고 정서적 반응도 다르며, 가정이나 공동체, 사회, 인간관계와 같은 삶의 배경도 다르다. 발달은 전 생애에 걸쳐 연속적으로 일어나고, 변화는 생의 어떤 시기에도 여러 가지 다양한 영향들의 결과로 일어난다. 발달에 영향을 주는 요인들로서 유전, 문화, 인종, 규범 등에 대해 살펴본다(신명희 외, 2016b: 22-25).

1) 유전(heredity), 성숙(maturation), 환경(environment)

생물학은 발달 변화의 가장 절대적인 원인이다. 아기가 기고 서고 걷는 것도, 사춘기의 초경과 갱년기의 폐경도 모두 성숙에 의해 일어나는 발달의 변화다. 성숙은 유전적으로 결정된 발달의 생물학적 시간표에 따라 일어나는 변화를 말하는 것으로, 사춘기는 생물학적 시계에 의해 나타나는 변화가 가장 큰 단계 중의 하나다. 그러나 이러한 시기조차 환경적 요인들에 의해 영향을 받는다. 심한 다이어트나 지나친 운동은 사춘기를 지연시킨다. 과잉영양으로 오는 비만도 사춘기가 너무 일찍 오는 성조숙증을 일으킨다. 유전과 환경은 복합적으로 발달에 영향을 준다.

2) 문화(culture), 민족(ethnicity), 인종(race)

어떤 일이 언제 일어날지 기대할 수 있는 것처럼, 우리의 생애는 사회적 시계에 의해서도 영향을 받는다. 학교에 들어가고 떠나는 시기, 결혼하고 아이를 기르는 시기, 은퇴의 시기는 모두 그 문화에 의해 정해진다. 실제로 문화의 영향은 사상과 신념, 관습에서부터 일상의 사소한 일들까지 수많은 면에서 우리의 삶을 이루어 간다.

민족이란, 정체성과 신념, 가치 등을 공유할 수 있는 그들만의 구별되는 문화와 조상, 종교와 언어, 국가의 기원으로 하나가 된 사람들의 집단을 말한다. 민족과 문화의 형태는 가족의 구성, 경제 · 사회적 자원, 음식, 종사하는 직업, 사회관계의 방식, 아이들의 놀이, 학습의 방법, 가족들의 세계관을 통해 발달에 영향을 준다(Parke, 2004).

인종의 개념은 불확실해지고 있다. 인종은 피부색과 같은 신체적, 구조적 특정으로 종을 분류할 때 사용하는 생물학적 개념인 반면에, 민족이란 문화적 배경, 국적, 종교, 언어에 해당되는 더 넓은 개념이다. 그러나 점차 인종은 생물학적 성격을 넘어 사회적 구성의 개념이 되었다. 그 범위가 피부색에서부터 문화와 종교까지, 실제로 인종은 많은 경우 부적합하게 그 의미를 확대시켜 왔다. 인종의 개념이 워낙 애매해서 그 정의에 따라서는 3개부터 300개까지의 인종으로 분류되며, 어떤 인종도 생물학적으로 순수하지 않다. 더구나, 생물학적 요인으로서 인종은 환경과 문화의 맥락에서 독립적일 수 없다. 특정 행동이나 일련의 행동 양식을, 그가 양육된 환경을 무시하고 단지 인종으로만 귀인하는 것은 불가능하다.

문화, 민족, 인종의 범주는 점차 그 경계가 모호해져 감에 따라, 앞으로 발달연구도 특정 지역(북아메리카와 유럽)의 발달에 초점을 둔 학문에서 온 지구상의 발달을 아우르는 분야로 이동해 갈 것이다(Feldman, 2003).

3) 규범적 영향과 비규범적 영향(normative and non-normative influences)

우리를 변화시키는 삶의 경험 중에는 전혀 예측하기 어려운 독특한 경험들이 있다. 사랑하는 사람의 죽음, 전쟁이나 천재지변을 만나거나 혹은 특정한 시기에 만난 어떤 사람 등은 우리를 다른 사람으로 만든다. 발달의 예측성과 비예측성을 이해하기 위해서 두 종류의 규범적 영향, 즉 한 사회 대부분의 사람들에게 비슷한 영향을 주는 생물학적 혹은 환경적 사건의 영향과 단지 특정 사람에게만 발생한 사건의 비규범적 영향을 살펴볼 필요가 있다(Baltes & Smith, 2004).

규범적 동일연령집단 영향(normative age-graded influences)은 어디서 어떻게 자라나든 상관없이 특정한 연령집단의 사람에게 일어나는 매우 비슷한 생물학적 사건이나 환경적 사건의 영향을 말한다. 예를 들어, 정상적인 발달의 범위 내에서 사춘기나 갱년기와 같은 생물학적 사건의 시기는 상당히 예측 가능하다. 사람들은 35세에 사춘기를 경험하거나 12세에 갱년기를 경험하지는 않는다.

규범적 동일연령집단 영향(normative age-graded influences)은 특정한 역사적 사건과 연결된 생물학적 영향과 환경적 영향을 일컫는다. 동시집단 효과

(cohort effect)가 그 예 중 하나다. 전염병, 전쟁, 기근, 천재지변과 같은 역사적 사건은 같은 시기에 태어난 동시집단(cohort)이거나 혹은 같은 역사적 사건을 경험한 동시대 세대(historical generation)의 행동과 태도를 형성하는 데 영향을 준다. 예를 들어, 대공황과 제2차 세계대전을 살아온 세대는 지금의 세대에게는 뚜렷하게 나타나지 않는 강한 사회적 상호의존성과 신뢰감을 보이는 경향이 있다(Rogler, 2002). 동시대 집단 영향의 강도는 사건의 유형, 개인의 연령 그리고 장 · 단기에 걸쳐 사건이 주는 개인적, 사회적 효과에 따라 달라진다.

비규범적 영향은 개인의 삶에 치명적인 충격을 주어 정상적인 생애 주기를 교란시키는 예외적인 사건들이거나 혹은 어린 나이에 당한 부모의 사망과 같이 예외적인 시기에 일어나는 일상적인 사건의 영향을 말한다. 비규범적 사건 들은 바람직할 수도 있고 그렇지 않을 수도 있는데, 예를 들자면, 복권에 당첨되거나 국무총리로 발탁이 될 수도 있고, 사고를 당하거나 직장에서 해고될 수도 있다. 이런 영향들은 때로 인간의 통제 밖에 있거나 삶을 통째로 바꿀 전환점으로 인식될 만큼 극심한 도전으로 나타난다. 다른 한편으로는, 사람들은 때로는 자신의 비규범적 생의 사건을 창조하는 데 일조하기도 하는데, 50대 중반에 아기를 가질 결심을 하거나 스카이다이빙과 같은 위험한 취미생활을 함으로써 자신의 발달에 적극적으로 참여한다.

5. 발달과 관련된 문제들

1) 연속적 변화(continuous change) 대 불연속적 변화(discontinuous change)

발달심리학자들의 주요 논점 중 하나는 발달이 연속적 혹은 불연속적인 형태로 진전되는가 이다. 연속적 변화의 관점에서는 발달을 지속적인 양적 변화의 연속적 변화 과정으로 본다. 이전 경험 위에 새로운 사건이나 변화가 질서정연한 방식으로 덧붙여지는 연속적인 과정을 발달이라고 한다(Rutter, 1987; Wohlwill, 1973). 그러므로 연속적 변화는 종류가 아니라 정도의 변화를 의미한다. 예를 들어, 성인기까지의 키의 성장은 점차로 일어나고, 같은 방식으로 진행된다.

반면에, 불연속적 변화의 관점에서는 발달을 구별되는 단계(stage)로 일어나는 질적 변화의 과정으로 본다. 이전 단계의 행동과 질적으로 다른 행동이 만들어지는 방식으로 일련의 단계가 순차적으로 전개되는 것을 발달이라고 한다. 예를 들어, 일군의 인지심리학자들은 우리의 사고는 발달에 따라 근본적인 변화가 일어나서 질적으로 달라진다고 주장한다. 불연속적 변화로서의 단계의 개념은 몇 가지 특성을 지닌다(신명희 외, 2016b: 25).

첫째, 이전 발달단계와 그다음 발달단계는 질적으로 다르다. 예를 들어, 기는 행동과 걷는 행동은 질적으로 다르다. 둘째, 각 발달단계는 그 단계 내의 모든 변화를 지배하는 주제가 있다. 위의 예에서, 한 발짝씩 간신히 걷기 시작하는 행동이나 뛰듯이 빨리 걷는 행동 모두가 '걷는다'는 주제로 귀속된다. 셋째, 발달단계는 모든 개인에게 동일한 순서로 진행된다. 그러나 각 발달단계의 진행 속도에는 개인차가 있다. 예를 들어, 모든 아이는 기는 단계를 거쳐 걷게 되고, 그다음에 뛰게 된다. 그러나 몸을 뒤집어 기기 시작하는 시기나 빨기나 처음 한 발짝을 걷기 시작하는 시기는 아이들에 따라 다를 수 있다.

대부분의 발달학자들은 발달이 연속적 혹은 불연속적이라는 양자택일의 입장은 적절하지 못하다고 생각한다. 관점에 따라 발달은 양적 변화일 수도 있고 질적 변화일 수도 있다고 설명한다. 많은 발달의 변화가 연속적이지만 그러나 어떤 발달의 변화는 확실히 불연속적 변화이다. 혹은 단기간의 발달변화는 연속적이지만 장기간의 발달변화는 질적으로 다른 단계로 분류할 수 있다.

2) 결정적 시기(critical periods)

임신 11주의 산모가 풍진에 걸렸다면 그 태아는 잠재적으로 시각장애나 청각장애, 또는 심장 결함의 위험한 상황에 있다고 진단한다. 그러나 만일 산모가 임신 30주에 같은 질병에 노출되었다면 태아가 입을 수 있는 손상은 그리 심각하지 않다. 이렇게 질병에 노출된 시기에 따라서 그 질병의 영향이 달라지는 것이 바로 결정적 시기의 개념이다. 결정적 시기란 어떤 주어진 사건 혹은 그 사건의 결여가 발달에 지대한 영향을 주는 특정한 시기를 말한다(신명희 외, 2016b: 27).

오스트리아의 생태학자인 콘래드(Konrad Lorenz, 1957)의 각인연구는 결정적 시기를 설명하는 좋은 예다. 그의 연구에서, 갓 부화한 새끼 오리들은 본능적으로 처음 보이는 움직이는 물체를 어미로 알고 따라다닌다. 그는 이 현상을 각인 (imprinting)이라 하였는데, 짧은 결정적 기간 동안에 특정 정보를 획득하려는 유기체의 신경체계 준비도라고 하였다.

초기의 발달심리학에서는 이 결정적 시기의 중요성을 크게 강조했지만, 근래에 와서는, 특히 성격과 사회성 발달 영역의 많은 부분에서 사람은 종래의 생각보다 더 유연하다는 연구결과들이 많아졌다. 예를 들어, 초기 사회경험의 어떤 부분의 결핍에서 오는 손상이 비교적 영구적이라는 주장은 그 초기의 장애를 후기의 경험으로 극복할 수 있다는 제안으로 대체되고 있다. 그래서 오늘날의 발달학자들은 결정적 시기보다는 민감한 시기(sensitive periods)라고 말한다. 민감한 시기에서는, 유기체는 환경의 특정 종류의 자극에 특별히 더 민감해진다. 그러나 결정적 시기와는 달리, 민감한 시기 동안에 그 자극이 결여가 되더라도 그 결과는 언제나 회복될 수 없는, 비가역적인 결과가 되는 것은 아니다(Thompson & Nelson, 2001).

3) 천성(nature)과 양육(nurture)의 상대적 영향

발달에 있어서 가장 널리 알려진 질문 중의 하나는 인간의 행동이 얼마나 유전 혹은 환경에 의해 결정되는가에 관한 것이다. 천성은 부모로부터 물려받은 선천적인 기질, 능력, 역량을 말한다. 이는 곧 성숙의 과정으로, 유전적 소인에 의해 생산되는 모든 요인들을 포함한다. 유전은 우리의 눈이 쌍꺼풀인지, 대머리인지, 시력이 근시인지 등에 영향을 준다.

반면에 양육은 행동을 형성하는 환경적 영향을 말한다. 산모가 섭취한 코카인이 그 태아에게 미치는 영향이나 아이에게 제공되는 음식의 종류와 양 같은 생물학적 영향과 부모의 훈육이나 사춘기 또래의 압력과 같은 사회적 영향이 있다. 그리고 사회경제적(socioeconomic) 조건처럼 더 큰 사회적 수준의 영향도 있다.

만일 우리의 행동이나 특질이 오로지 유전이나 혹은 환경의 영향만을 받는다면 이 문제에 대한 논쟁은 훨씬 줄어들 것이다. 그러나 대부분의 행동에서 이런 경우는 거의 없다. 가장 치열한 논쟁을 불러일으키는 지능을 예로 들어보자. 지능이 부모로부터 물려받은 유전적 특질에 의해 결정되는지 아니면 환경적 조건, 즉 양육에 의해 결정되는지의 문제는 과학에서부터 사회정책과 정치의 분야까지 그 논쟁이 확장되고 있다. 만일 지능이 유전자에 의해 처음부터 결정되어 태어날 때부터 이미 고정되었다면, 우리의 지적 능력의 개선을 위한 노력은 모두 실패할 수밖에 없을 것이다. 반대로, 만일 지능이 부모의 양육 행동이나 또래의 영향과 같은 환경적 요인들의 결과라면 우리는 학교 교육이나 지적 자극과 같은 사회적 조건이 지능을 증가시켜 줄 것을 기대할 수 있을 것이다.

유전과 환경의 상대적 중요성에 관한 논쟁이 사라진 것은 아니지만, 많은 발달학자들은 어느 쪽이 더 중요한가보다는 유전과 환경이 서로 어떻게 상호작용하는가를 설명하는 데 좀 더 관심을 가진다.

형제자매 지위 효과(Sibling Status Effects)

자녀 출생의 최적 간격은 무엇일까? 대부분의 아동들은 손위 형제자매의 출생 후 2년 내지 3년 안에 태어난다. 가족계획이 연구 결과에 의해서 지나치게 영향을 받아서는 안 될지라도, 관련 연구들은 2~3년이 최소한의 최적 터울이라고 밝힌다. 예를 들어, 직장 여성들은 자녀 터울을 수년씩 둠으로써 자녀를 기르는 시간을 연장하길 바라지 않는다.

2년 이하 또는 5년 이상 터울을 두는 것은 몇 가지 이점이 있는 듯하다. 짧은 터울은 영아로 하여금 자신의 특별한 지위에 대한 새로운 아기 동생으로부터의 위협 가능성을 깨달을 수 없게 하므로, 특권 상실의 요인을 최소화시켜준다. 분노와 경쟁적인 감정은 아이가 독차지하고 있던 부모의 보살핌을 잃게 되는 2살 이후에 가장 있음 직하다. 대여섯 살 난 아이들은 보통 이러한 감정을 다루거나 피할 수 있을 정도로 충분히 자기 의존적이다(Dunn, 1995).

4년 이상의 보다 긴 터울의 또 다른 이점은 부모가 첫 아이를 대할 때처럼 새로 태어난 아이를 특별하게 대할 것이라는 점이다. 가운데 아이 역시, 자신과 형제자매 사이에 긴 터울이 있을 때 보다 특별하게 느끼는 듯하다. "약 5년 정도의 터울이 최적이다. 그것은 나이가 서로 비슷한 두 자녀의 욕구와 압력을 충족시켜야만 하는 것으로부터 부모를 자유롭게 해줌으로써 부모와 자녀가 더 지지적이고 편안한 관계를 위한 일대일 상호작용을 할 수 있도록 보다 많은 시간을 허용해준다. 자녀들의 대학 교육을 위한 학자금을 조달하는 부모들은 한 번에 한 명의 대학생 자녀를 두었을 때 경제적 곤란함을 덜 경험할 것이다."

너무 긴 터울의 단점은 형제자매들이 공통된 관심사를 거의 가지지 못한다는 것이며, 부모들에게는 거의 두 명의 외동 자녀를 두는 것과 같다. 터울은 다른 가족 변인들에 비교하면 영향력이 약한 요인이기 때문에 터울이 아동의 성격에 영향을 미친다는 주장은 적절하지 못하다. 터울은 출생 순서, 가족 규모, 그리고 형제자매 지위에 관한 부모의 신념을 포함하는 다른 요인들과 명백하게 상호작용한다.

특히 나이가 비슷하게 터울이 진 형제자매들은 다른 어떤 누구(부모를 포함해서)와 함께 하는 것보다도 많은 시간을 함께 보낸다. 이것은 종종 가까움, 심지어는 다른 관계의 유형들에서는 흔히 발견되지 않는 친밀감을 북돋운다(Jaffe, 2000: 275).

형제자매 관계는 서로에게 유익하다. 형제자매는 강한 감정을 일으키고 아동들로 하여금 그러한 감정들을 다루는 것을 배울 기회를 제공한다. 또한 형제자매들은 다른 사람과 공유하기, 위로하기, 협동하기, 돕기 등과 같은 대인관계 기술을 연습할 수 있는 무한한 기회를 제공한다.

3장

태아 시기와 부모역할

3장 태아 시기와 부모역할

인간의 발달은 수정이 되는 순간부터 진행되며 태아 시기에 진행되는 태아의 성장과 발달은 인간의 전 생애에 걸쳐 가장 빠르고 놀라운 변화라고 할 수 있다. 과거에는 출산 후부터 인간의 생명으로 간주하여 태아를 하나의 생명체로 인정하지 않았으나 오늘날은 모체에 잉태된 태아도 한 인간으로 인정하고 있으며, 따라서 태아기부터 부모역할은 시작된다고 할 수 있다.

1. 태내발달

태내기는 임신으로 시작하여 출산으로 끝난다. 태내발달의 평균 기간은 수정 후 34~40주간이며, 이 기간의 발달은 보통 수정을 시작으로 발아기, 배아기, 태아기의 3단계로 나눌 수 있다(이현섭 외, 2007: 57-58 참조).

1) 수정

남성의 정자와 여성의 난자를 배우체(配偶體)라고 부르는데, 이 두 배우체의 결합을 수정(受精)이라 한다. 수정이 되는 순간부터 한 개체의 생명이 시작된다. 여성의 생식기는 두 개의 난소와 두 개의 나팔관 및 자궁으로 되어 있다. 난소는 미성숙한 난자를 저장하는 곳으로 월경이 끝나면 호르몬이 난자의 성숙을 자극해 하나의 성숙된 난자가 나팔관으로 이동해 오게 된다. 이 난자는 남성의 정자에 비하면 크다고 하지만, 직경이 불과 0.14mm 정도밖에 되지 않는다. 정자는 작지만 잘 움직이는 데 비해, 난자는 별로 움직이지 않는다. 난자는 나팔관을 통해 자궁으로 이동하게 되는데, 이 기간이 약 3일에서 7일이 된다. 그러나 난소를 떠난 지 약 24시간이 지나면 수정이 될 수 없다. 따라서 정자가 24시간 이내에 난자를 만나게 되면 수정이 이루어지고 태내발달이 시작되는 것이다.

정자가 난자의 세포막에 닿게 되면, 정자의 머리 모양 앞부분에 있는 아크로솜(acrosome) 속의 물질이 분비되어 난자의 세포막이 부풀어 올라 정자의 침입을 가능케 한다. 일단 정자가 난자의 세포막을 뚫고 들어가게 되면 정자의 끝부분에 달린 꼬리는 잘리고, 정자의 핵(nucleus)과 난자의 핵이 결합하여 하나의 새로운 세포체를 형성한다. 이러한 과정을 수정(受精)이라 하고, 새로 생긴 단일 세포를 수정란(受精卵)이라고 한다. 이 수정란을 다른 말로는 접합체(接合體)라고 부르는데, 이것이 곧 새로운 개체의 시작이 된다.

2) 발아기(germinal stage)

수정란은 즉시 이분 분열을 시작하여 수정 후 72시간이 지나면 32개의 세포로, 4일째는 90개의 세포로 된다. 이렇게 세포분열을 거듭하면서 수정란은 난관 내부의 섬모운동과 난관의 수축작용으로 나팔관과 난관을 지나 자궁 속으로 내려온다. 자궁으로 내려온 수정란은 약 500개의 세포로 구성된 둥근 공 모양으로 외세포 덩어리(outer cell mass), 내세포 덩어리(inner cell mass) 그리고 그 속에 액체로 채워져 있다. 외세포 덩어리는 자궁벽에 정착하여 영양분을 공급하는 융모막이 되며, 이것은 배아기 때 태반(placenta)으로 된다. 자궁벽의 반을 차지하는 태반은 한편으로는 어머니의 자궁과 연결되어 있고, 다른 한편으로 태아의 탯줄과 연결되어 있다. 초기에 태반은 태아의 신장, 장, 간, 허파의 역할을 한다.

외세포 덩어리가 태반으로 전환되고 있을 때 내세포 덩어리는 배아(embryo)와 양막(amnion)으로 된다. 양막은 태아의 집이 되는데 나중에 양수로 가득 찬다. 무색투명한 양수는 외부의 압력으로부터 태아를 보호할 수 있는 쿠션과 같은 역할을 하며, 태아의 체중을 일정하게 유지할 수 있도록 한다. 자궁 속의 수정란은 하루 혹은 이틀 정도 떠돌다가 자궁 속에 정착하는데, 이것을 착상이라고 한다. 난자의 배출 후 착상까지는 10~14일 정도 걸리며, 모체는 전혀 이 변화를 느끼지 못한다.

3) 배아기(embryonic stage)

수정란이 자궁벽에 착상한 때부터 8주까지의 기간을 배아기라고 한다. 이 배아기에는 신체 주요 기관과 조직이 형성되고 분화된다. 머리 부분이 먼저 발달되어 배아기 때는 전체 길이의 반이 되는 것이다. 18일째가 되면 심장이 생기기 시작하는데, 3주 말에는 벌써 심장이 뛴다. 4주 말쯤에는 심장과 연결되는 탯줄이 형성되며 눈, 코, 신장, 허파가 될 부분들을 볼 수 있다. 이때쯤이면 소화기관의 분화도 이루어진다. 2개월 말에 배아의 길이는 약 2.5cm이고, 무게는 약 14g이다. 배아기에는 신체의 여러 기관이 거의 형성되는 시기이므로 태내 환경에 각별한 주의가 요구된다.

배아는 외배엽, 내배엽 및 중배엽으로 분화되며, 각 부분은 다시 세부적인 기관으로 분화를 계속한다. 배아의 각 부분에서 분화되는 기관들은 외배엽에서 뇌, 척수, 피부, 치아가, 중배엽에서 근육, 골격, 혈관이, 내배엽에서 허파, 간, 소화기관이 각각 분화된다.

4) 태아기(fetal stage)

수정이 시작되고 나서 태어나기 전까지의 아이를 보편적으로 태아라고 하나, 엄격히 말하면 임신 8주 말경 X-ray에 뼈세포가 나타나는 때부터 태어나기 전까지를 태아(fetus)라고 한다. 3개월 때는 남녀 성의 구별이 가능하며, 12주가 되면 움직이기 시작하여 16주 내지 20주가 되면 어머니가 태동을 느낀다.

태아기의 태아는 급속한 성장이 이루어져 5개월이 되면 출생 시 신장의 반이나 되어 태아의 크기는 25cm이고, 몸무게는 400~450g 정도이다. 23주가 되면 신생아처럼 잠을 자고 깨며 수면을 위해 편안한 자세도 취한다. 24주가 되면 눈을 감고 뜨기도 하며, 엄지손가락을 입으로 빨기도 한다.

임신 후반기가 되면 이미 기본적인 조직이 다 형성되었기 때문에 출생에 대한 준비기라 할 수 있다. 이때는 이미 형성된 신경계통이 성숙하고 근육에는 피하지방이 형성되어 인간으로서의 모습을 완성해가는 것이다.

2. 태아기의 발달특성과 발달과정

1) 태아기 발달특성

8주 이후부터 출생까지를 태아기(foetus)라고 부르고 이미 배아기에서 시작된 기관이나 신체적인 구조가 점점 더 커지고 좀 더 정교하게 되며, 이들이 5~6개월이 되면 기관과 기관이 연결되어 7개월 이후가 되면 태아가 태반에 의존하지 않아도 생존이 가능할 만큼 발달이 된다. 태아는 태아기부터 조금씩 움직이기 시작하여 7~8주가 되면 전체적인 반사운동을 보이는데 꿈틀거리는 동작은 임신 7~8개월 중에 가장 빈번하게 느껴지고 커갈수록 줄어든다. 태아의 운동은 자신의 반사적인 운동이기도 하지만 외부로부터의 자극, 예컨대 큰 소리나 어머니의 정서적인 상태에 따라 영향을 받아서 어머니가 공포나 불안을 느끼면 태아도 동시에 과잉활동을 보이는 수가 많다.

지금까지의 태아는 양수에 떠 있는 비교적 수동적인 존재였으나, 태아기에 이르러서는 촉각적 자극에 대해 반응을 하며, 운동기능이 점차 분화되고 복잡해진다. 또한 태아는 신생아와 유사한 수면과 각성의 사이클을 가지게 되며 소음을 들을 수 있고, 큰 소리나 음악은 태아의 움직임을 촉발시킨다.

태아기에 이상이 있으면 모든 발달에 지장을 초래하는데 그 이유는 태아기가 일생 중 가장 활발히 성장하는 시기로서 이 왕성한 성장 시기에 어떤 위험성에 부딪히게 되면 그 성장하는 부위가 가장 타격을 받기 때문에 조그마한 상처에도 그 영향이 크다. 태아기가 정신건강과도 밀접한 관계가 있는 것은 태아기에서 출생 후 1~2년까지 다른 기관도 그렇지만 특히 중추신경계통, 즉 뇌의 발달이 다른 기관보다 가장 활발하기 때문이다.

2) 태아의 발달과정

태아의 월령에 따른 발달과정은 〈표 3-1〉과 같다(강봉규, 2016: 67).

〈표 3-1〉 **태아의 발달과정**

월령	태아의 발달
1개월	• 태아의 크기는 약 3주면 성냥개비 머리보다 작다. • 세포분열을 거듭하는 중요 시기이다.
2개월	• 태아의 크기는 8주가 되면 머리끝에서 둔부까지 약 14~20mm가 된다. • 태아가 급속도로 성장하며 골격의 구조도 이미 잡혀 있다. • 뇌가 성장 · 발달하며 심장이 좌심실과 우심실로 분리된다. • 머리와 꼬리 부분이 생기며 눈이 형성된다.
3개월	• 배아가 끝나고 태아기가 시작된다. • 손발의 모양이나 머리 부위와 몸통의 구별이 확실해진다. • 성기가 형성되어 남녀구별이 확실하다. • 전체 얼굴 윤곽이 드러난다.

월령	태아의 발달
4개월	• 신장이 형성되어 소변을 양수로 보낸다. • 하품을 하고 기지개를 켠다. • 손가락, 발가락이 생긴다. • 성별 구분이 확실해진다.
5개월	• 완전한 사람의 골격을 갖추고 있다. • 엄지손가락 빨기와 전신 운동이 활발하다. • 머리카락이 자라기 시작한다. • 근육과 뼈가 발달한다.
6개월	• 머리카락 색이 짙어지고 속눈썹, 눈썹도 분명해진다. • 폐혈관이 발달한다. • 6개월쯤 눈꺼풀을 움직이기 시작하여 눈을 뜬다. • 아직은 몸전체에 비해 머리가 크다.
7개월	• 태아의 총길이는 35cm, 체중 1.1kg이다. • 차츰 머리를 아래로 향한 자세를 취하기 시작한다. • 발길질하고 주먹질을 하느라 바쁘다.
8개월	• 출생 후 체온을 조절할 수 있도록 피하지방이 생긴다. • 성숙한 태아의 모습이다. • 양수를 들이마심으로써 호흡연습을 한다.
10개월	• 태아의 전체 길이는 50cm, 체중 3kg이다. • 태아가 자궁을 꽉 채우고 움직일 여지가 없을 정도로 자란다. • 태아의 머리는 몸의 1/4을 차지하며, 4등신이 된다. • 몸 전체에 근육이 생긴다. • 머리뼈가 굳어진다.

3. 태교

태교란 임부가 태아에게 좋은 영향을 주기 위해 마음가짐과 행동을 조절하고 조심하는 행위를 지칭하며 언행, 마음, 감정을 정화시키는 일련의 과정을 뜻한다. 태교는 태아가 온전히 건강한 아이로 태어날 수 있도록 부모가 주도하는 최초의 중요한 교육적 행위라고 할 수 있다.

1) 태교의 개념과 교육적 의미

태교란 임신 후 출산 때까지 태아는 정서적 · 심리적 · 신체적으로 모체의 영향을 크게 받으므로, 임신부는 모든 일에 대해서 조심해야 하고 나쁜 생각이나 거친 행동을 삼가며 편안한 마음으로 지내야 한다는 태중 교육을 의미한다. 즉, 임산부의 행동이 태아에게 심리적, 정서적, 신체적으로 영향을 미친다는 것을 근거로 하여 임신 중에 태아에게 좋은 영향을 주기 위해 언행을 삼가며 태아가 자라나기 위한 준비를 보다 잘할 수 있도록 좋은 환경을 만들어 주고자 하는 임신부 교육을 말한다(강봉규, 2016: 69).

태교의 현대 교육적 의미를 살펴보면 다음과 같다.

첫째, 태교는 태아에게 인격을 부여하는 행위요 과정이라고 할 수 있다. 태교 자체가 태아를 하나의 인격체로서 교육의 대상으로 간주하는 행위이기 때문이다.

둘째, 아버지의 태교가 어머니 태교 못지않게 중요하다는 점이다. 이는 태교가 어머니 혼자 하는 것이 아니라 가장 가까운 또 하나의 예비부모인 아버지도 태교를 같이 할 때 태교가 온전히 효과를 거둘 수 있음을 뜻한다. 특히 남편 되는 아버지는 아내 되는 어머니의 심신이 최대한 평안하고 건강한 상태를 유지할 수 있도록 특별히 배려하고 관심을 가져야 하며 부부 사이 금슬은 태아에게도 바로 영향을 준다는 점이다.

셋째, 태교에서 강조하듯 임산부는 매사 행동을 조심하여 유산 · 조산의 위험을 방지하도록 한다. 특히 전통 태교는 임산부의 몸가짐을 중시하였으며 이는 임산부의 몸가짐이 바로 태아의 안정적인 정서 상태에 영향을 준다고 보았기 때문이다.

넷째, 태교는 임산부의 마음가짐을 바르게 하는 데 적극적이어야 함을 가르친다. 이는 특히 전통 태교에서 임산부는 늘 평안하고 바른 마음가짐을 유지하는 것이 중요함을 강조하였으며 이를 위해서 좋은 말만 하고 좋은 글을 읽고 좋은 소리만 듣도록 노력하여야 함을 권장하였는데 이 또한 임신 중인 어머니의 마음가짐이 태아의 마음상태와 연결되어 있다고 보았기 때문이다.

다섯째, 임신 중에는 정서적 불안과 심리적 긴장을 피하도록 하는 것도 태교에서 중시하는 부분이다. 임신 중인 어머니의 정서 상태는 바로 태아에게 전달되어 태아의 정서 또한 어머니의 정서와 연동된다는 것이 현대 의학에서도 증명되었다. 즉, 어머니가 과도한 불안에 노출되면 이는 태아 역시 불안 상태에 놓이게 된다는 사실이다.

여섯째, 태교는 임산부가 가려서 먹어야 할 음식, 약물의 금기를 실천하게 한다. 이는 임산부가 섭취하는 것이 바로 태아의 영양상태 및 건강상태와 성장에 직결된다고 보기 때문이며 현대 의학은 이를 과학적으로 뒷받침하고 있다.

2) 태교의 종류

① 태담태교

태아는 3개월이면 청각기관이 발달하고 5개월이 되면 외부의 소리를 들을 수 있다. 아이를 위한 애칭을 만들어 부드럽고 분명한 목소리로 다양한 주제의 이야기를 다양한 느낌을 담아서 이야기하는 것은 아이에게 좋은 자극과 정서적 안정을 줄 뿐만 아니라 임산부와 태아의 정서적 유대를 깊게 한다.

② 음악태교

태아기 때 들었던 음악을 기억하고 출생 후에도 그 음악을 들려줄 때 아기가 정서적인 안정을 찾는다는 연구 결과에서 볼 수 있듯이 태아에게 음악을 들려주는 것은 긍정적인 영향을 미친다. 또한 우뇌의 발달을 촉진하고 태아와 임산부의 정서적 안정을 도모할 수 있다.

③ 운동태교

임산부가 요가, 발레, 체조, 뇌호흡 등의 운동을 함으로써 임산부의 신체적·정신적 안녕을 도모하고 긍정적인 태중 환경을 제공하고자 하는 태교이다. 임산부의 운동은 태아의 신체기관과 피부의 발달을 촉진하고, 순산을 도우며 출산 후 빠른 회복을 돕는 것으로 알려져 있다.

④ 오감태교

태아는 이미 냄새를 기억하고 포도당과 같은 단맛에 반응하는 등 태중에서도 오감을 느끼는 것이 여러 연구 결과에 의해 밝혀졌다. 여러 음식과 아로마 등을 통해 이러한 태아의 오감을 자극하고 발달을 촉진하는 태교이다.

⑤ 부성태교

부성태교도 중요하다. 연구 결과, 자궁 내부에서 들리는 어머니의 목소리 이외에 외부의 소리 중에서는 여성의 목소리보다 남성의 목소리를 더 잘 듣는 것으로 나타났다. 또한 임신 중 사이좋은 부부에 비해 사이가 나쁜 부부에게서 정신적, 육체적 장애를 가진 아기가 태어날 확률이 2.5배 높은 것으로 나타났다(박문일, 1999). 이는 아버지의 태담 태교가 중요하며 임신한 아내와 친밀한 관계를 유지하도록 아버지가 부단히 노력해야 함을 의미한다.

3) 태교법

한의학에서는 조용한 곳에서 지내며 자세를 바르게 하고, 항상 기쁜 마음으로 지내며, 조용한 음악을 듣고, 교양서적을 읽으며, 임신이 확인되면 성교를 절제하고, 놀라지 않도록 하며, 과도한 욕심을 버리고, 소화기능이 저하되므로 과식을 하지 않아야 한다.

그리고 태열을 조장하므로 술은 가급적 마시지 않고, 침 · 뜸 · 약은 극히 신중을 기하며, 술을 넣고 달이는 약은 금하고, 지나치게 누워 있지 말고 수시로 보행하며, 신체적 충격을 주거나 배를 너무 졸라매서는 안 된다고 한다. 음식의 경우도 성질이 찬 음식을 과식하지 않으며, 기름진 음식을 먹지 말라고 권고하고 있다.

임신 개월 수에 따른 주의사항을 보면 다음의 〈표 3-2〉와 같다.

〈표 3-2〉 임신 중 월별 주의사항

시기	주의사항
임신 2개월	• 몸의 각 기관이 만들어지기 시작했으므로 약물복용을 조심한다. • 태반이 아직 완성되지 않은 데다 태아까지 불안정한 상태이므로 심한 운동이나 힘든 일 등은 피하고 술, 담배를 금한다.
임신 3개월	• 심한 운동이나 일을 하거나 온도 차이가 심한 곳을 출입하면 자궁을 자극하여 유산의 위험이 높으므로 가장 주의해야 할 시기이다.
임신 4개월	• 유쾌, 불쾌함, 불안, 분노 등의 감정이 태아에게 만들어지기 시작한다. • 마음과 행동을 편하게 갖고, 즐거운 마음과 상냥한 태고 갖기. • 단백질이나 뼈와 피를 만드는 칼슘, 철분 등을 충분하게 섭취. • 건전한 취미생활을 하도록 한다.
임신 5개월	• 스트레스를 피하고 느긋한 기분으로 지내도록 한다. • 태아에게 말을 걸어주는 태담 태교 시작. • 적당한 운동은 태아의 뇌 발달에 도움.
임신 6개월	• 식욕이 나고 체중이 증가하기 쉬우므로 음식물 섭취에 주의. • 뇌 발달에 좋은 음식 섭취.
임신 7개월	• 태아는 소리를 구분하고 소리의 좋고 싫음도 느낄 수 있다. 시끄러운 소리, 부부싸움 하는 소리 등의 불쾌한 자극을 주는 것은 피해야 함. • 엄마, 아빠의 음성을 자주 들려줌. • 신선한 공기를 마시며 복식 호흡함.
임신 8개월	• 기쁨이나 애정 등의 감정을 느끼기 시작한다. • 어머니의 배를 통해서 명암을 느끼기 때문에 밤늦게 자거나 아침 늦게까지 자는 것은 삼가고, 규칙적인 생활리듬을 지키도록 노력한다.
임신 9개월	• 태아가 눈을 떴을 때와 자고 있을 때의 구분이 명확해지므로 어머니가 놀라거나 흥분하면 태아의 수면이 방해받게 되니 가능한 한 마음 편히 지내도록 노력한다.
임신 10개월	• 출산을 두려워하지 말고 아기를 기다리는 기분으로 즐겁게 생활한다.

(출처: 최혜순, 2011: 88)

4. 태내 이상 발달에 영향을 주는 요인들

태아의 손상 정도는 유해 환경이 개입되는 시기와 정도에 따라 장애와 기형의 차이가 있다. 또한 일정한 순서와 단계별로 진행되는 모체 내 태아의 각 기관 및 조직의 발달은 민감기가 있으며, 대체로 신체 대부분의 기관이 급격하게 형성되는 임신 초기 3개월이다. 따라서 이 시기가 가장 위험해서 만일 이때 태아가 산모를 통하여 유해한 환경에 노출되면 각 기관이나 구조는 심각한 손상을 입게 된다. 태아의 발달장애와 기형을 초래하는 중요한 환경 요인에는 산모의 연령이나 영양상태 · 질병 · 약물복용 · 음주 · 흡연 · 공해와 오염물질에 대한 노출 등이 있다(강경미, 2013: 108-116; 이현섭, 2007: 63-70 참조).

1) 산모와 관련된 요인

(1) 산모의 임신 연령

태아의 정상적 발달과 산모의 임신 연령은 밀접한 관계가 있는 것으로 나타났다. 그 예로 출산 직후에 실시하는 신생아 검사에서 10대와 35세 이상의 산모에게서 태어난 신생아의 점수는 25~29세 산모의 신생아보다 훨씬 낮았다. 이러한 결과는 20대 이전이나 35세 이후에 첫아이를 출산하는 경우에 태아 기형이나 장애를 초래할 가능성이 높다는 것을 의미한다. 특히 10대 임부들은 임신 전후로 심한 스트레스와 함께 적절한 산전관리나 보호를 받지 못하기 때문에 임신 합병증에 걸릴 가능성이 매우 높다. 또한 빈약한 영양관리로 인해 미숙아 또는 체중 미달아를 낳을 가능성도 20대 산모보다 2배 이상 높다. 특히 35세 이후에 첫아기를 임신한 경우, 아래의 표와 같이 다운 증후군과 같은 염색체 이상을 가진 아기를 낳을 확률이 높은 것으로 나타났다.

〈표 3-3〉 어머니의 연령에 따른 다운증후군 임신율(1만 명당)

연령	19세 이하	20~28세	29~31세	32~34세	35~37세	38~40세	41~43세	44세 이상
임신율	6.7명	8.0명	10.6명	22.7명	40.9명	101.1명	297.0명	337.8명

(출처: Dzurova & Pikhart, 2005)

어머니의 연령이 염색체 이상의 원인이 되는 주된 이유는 난자가 되는 난모세포의 노화 현상 때문이다. 즉, 정자는 일생 동안 계속 재생산되지만, 여자는 태어날 때 이미 모든 난모세포를 가지고 태어난다. 따라서 어머니의 나이가 40세이면, 난모세포의 나이도 40세다. 즉, 수십 년간 환경오염물에의 노출과 노화로 인해 염색체 이상을 유발하는 것으로 보인다.

또한 임신 합병증이나 유산 · 사산 · 고혈압 · 난산 등으로 신생아나 산모 중 어느 한 편이 사망할 위험성도 20대 산모보다 훨씬 높은 것으로 나타났다. 이처럼 고령의 산모들이 출산하는 늦둥이 중에서 염색체 이상을 가진 아이의 출생 가능성이 매우 높은 이유는 퇴화된 자궁환경과 노화된 난자 때문인 것으로 추정하고 있다(Benn, 1998).

(2) 산모의 영양상태

수정 후 2주부터는 태아의 혈액 순환계가 발달해서 산모의 영양과 산소는 태아에게 공급되기 시작한다. 임신 기간 동안 산모의 영양결핍은 태아의 성장발달을 저해해서 조산이나 사산 또는 체중 미달아를 출생할 확률이 높으며, 출생 후 영아 사망을 초래할 가능성도 크다. 산모의 영양실조가 태아발달에 피해를 줄 수 있는 가능성이 가장 큰 시기는 임신 초기 3개월과 출산 전 마지막 3개월이다. 특히 임신 초기의 산모의 영양결핍은 태아 신체기관의 형성 및 신경계 발달에 지장을 초래해서 태아 사망을 초래할 뿐만 아니라 심각한 신체기형의 문제가 발생할 수 있다. 그 예로 나이지리아와 우간다 등의 아프리카 지역에서 출산 후 사망한 태아의 무게는 정상아의 1/3에 불과했으며, 사망의 주요 원인은 산모의 영양결핍이었다(김정희 외, 1999).

또한 출산 전 마지막 3개월은 태아의 두뇌세포가 급속하게 발달하고 태아가 신생아로 성장하는 시기이다. 따라서 이 시기의 산모의 영양결핍은 태아에게 영양 및 산소결핍증을 초래해서 태아의 인지발달 결함으로 인해 심각한 언어장애나 행동장애가 발생할 위험성이 높다.

(3) 산모의 약물복용

임신 기간 중에 산모가 복용하는 영양제와 철분제 · 이뇨제 · 항생제 · 호르몬제 · 안정제 · 유산방지제 등의 모든 약물은 태반을 통해 태아에게 전달되기 때문에 주의해야 한다. 또한 태아는 신체적으로 매우 취약해서 성인에게는 거의 안전하고 무해한 약물도 태아에게는 치명적인 영향을 미칠 수 있어서 임신 중에 약물복용은 최대한 절제해야 한다. 산모가 주의해야 할 약물에는 다음과 같은 것들이 있다.

첫째, 항생제로 산모가 스트렙토마이신 항생제를 과다 복용할 경우 태아의 청각이 손상될 가능성이 크다. 또한 테트라사이클린은 조산을 유도하거나 태아 근육의 미성숙, 백내장 등을 유발하게 된다.

둘째, 호르몬제로 대표적인 약물은 피임약이 있으며, 임신이 된 후에도 계속 복용할 경우 태아의 심장혈관의 결함이나 또는 신체기형의 위험이 있는 것으로 나타났다. 또한 임신 첫 3개월에 많이 복용하는 에스트로겐의 합성약물인 유산방지제의 부작용은 출산 후 즉시 출현하지 않고 사춘기에 출현해서 17~21세의 여아에게서 자궁암을 포함해서 생식기관의 이상이 출현하거나 남아의 경우에는 약 30% 정도가 생식능력이 없는 것으로 보고되었다(Roserblith, 1992). 그리고 또 다른 유산방지용의 성호르몬제인 프로게스테론은 남아, 여아 모두에게 부분적인 성전환 현상을 초래했으며 또한 태아기 때에 합성 프로게스테론에 노출되면 공격성이 증가하는 것으로 나타났다.

셋째, 아스피린은 일상생활에서 흔히 사용하는 약물로 가끔 복용하면 문제가 없지만 산모가 습관적으로 과다 복용할 경우에는 출혈 및 위장장애를 초래해서 저체중이나 사산, 운동장애, 심지어는 영아 사망으로 이어질 수 있다. 특히 임신 초기 3개월에 과용하게 되면 신체기형의 원인이 될 수 있다.

넷째, 산모가 임신 중에 모르핀 · 헤로인 · 코데인과 같은 마약류에 중독되면 태아가 자궁 안에서부터 중독되기 때문에 미숙아 · 사산아로 출산하거나 출생 직후 사망할 가능성이 매우 크다. 또한 태내에서 마약에 중독된 아기들은 출생 후에도 대체로 불안정하고 경련과 발작, 구토 및 호흡곤란 등으로 고통을 받게 된다. 그리고 출생 후에 치료를 통하여 중독된 약물의 양을 줄여나가도 경련이나 불안정, 수면장애와 같은 증상들이 3~4개월까지 계속되며, 때로는 그 영향이 아동기까지 지속되면서 지각 및 학습능력의 장애와 함께 사회적 부적응 현상이 나타나게 된다(Berk, 1996). 현재 전 세계적으로 널리 퍼져 있는 마리화나 · 코카인 · 헤로인과 같은 향정신성 약물은 태아의 폐를 통해 뇌에 전달되면서 다양한 신체적 결함을 초래한다.

다섯째, 산모가 신경안정제나 진정제, 항우울제 등을 장기복용 또는 과다 복용할 경우에는 태아의 호흡장애 또는 뇌에 산소결핍증을 초래해서 영구적인 대뇌 발달장애로 심각한 신체적 · 정신적 결함을 초래할 수 있다.

과거에는 임산부들의 정서 안정이나 치료 목적으로 신경안정제 같은 약을 의사들이 처방해 주었는데, 그 부작용이 1960년대부터 밝혀지기 시작했다. 탈리도마이드(thalidomide)라는 수면제를 복용한 임부에게서 많은 기형아가 출생하였으며 그 이후 임산부들의 금지약물로 규정되었다.

또한 산모가 임신 첫 3개월 이내에 항우울제를 복용하게 되면 태아의 심장결함을 유발해서 발달장애를 일으킬 수 있다. 이 외에도 산모가 마취제에 중독되면 태아가 중독될 수 있기 때문에 유산이나 조산 또는 출생 후 뇌 손상으로 인해 신체장애, 정신지체로 발전할 가능성이 크다.

여섯째, 자극제로 카페인이 다량 함유된 음료(커피, 코코아, 홍차, 콜라)를 장기적으로 과용하는 경우에는 유산과 조산, 태아의 반사 이상, 호흡곤란, 저체중과 같은 합병증을 유발할 수 있다. 동물실험에서 카페인을 과량 투여받은 동물의 새끼에게서 사지와 골격의 기형이 나타났다.

(4) 산모의 음주와 흡연

임신 기간 동안 산모의 습관적인 음주는 태반을 통해 태아의 몸에 알코올이 장기간 축적되면서 태아 알코올 증후군을 유발하며, 다음과 같은 증상과 특징이 나타난다. 첫째, 중추신경계통 장애로 지적 발달이 원만히 이루어지지 못하고 정서가 불안정하다. 둘째, 발달장애를 초래해서 출생 시 신장과 체중이 평균치에 미달하게 된다. 셋째, 붉은 피부색과 함께 턱의 비정상적인 발달로 안면기형이 나타난다(Furey, 1986). 이와 같이 태아 알코올 증후군 아기들의 발달문제는 얼굴과 팔·다리·심장 등의 신체기형뿐만 아니라 행동장애 및 정신지체가 수반된다.

한편 산모의 흡연으로 인해 태아의 혈류 속으로 들어온 니코틴과 탄소산화물은 태반의 기능을 손상해서 모체의 산소와 영양분이 태아에게 전달하는 기능을 방해한다. 또한 흡연은 산모의 혈압과 맥박을 상승시키며 혈액의 산소 요구량을 증가시키기 때문에 태아는 만성적인 산소결핍증을 경험하게 된다. 산소부족은 태아의 두뇌 이상뿐만 아니라 소두증과 언청이, 저체중을 유발한다. 과도한 흡연은 유산과 조산신생아 사망의 직접적인 원인으로 활동 등의 심각한 행동장재와 발달장애를 초래하는 것으로 나타났다(Chrimitz, Cheung, & Lieberman, 1999).

(5) 모체의 방사선, 화학물질과 오염물질의 노출

방사선은 유전인자를 변화시켜 염색체 이상을 초래하거나 해로운 특성의 돌연변이 출현의 원인으로 작용한다. 따라서 신체기관의 형성과 발달이 급속히 이루어지는 임신 초기에 태아가 방사선에 노출되면 심각한 손상을 받게 된다. 특히 임신 직후, 수정란이 착상되기 이전에 방사선에 노출되면 수정란은 죽게 되며, 착상 이후의 방사선 노출 역시 중추신경계의 기형을 초래해서 출생 후 사망의 원인이 된다(Santrock, 1992). 또한 임신 이전의 방사선 투과 역시 생식세포의 염색체를 변화시키거나 자궁의 환경을 유해하게 만들 수 있다. 그러므로 특별한 경우를 제외하고는 여성의 하복부나 골반에 방사선 투과는 피해야 하며 특히 임신 기간에 방사선 노출을 절대 삼가야 한다.

(6) 산모의 질병

산모가 질병을 앓게 되면 태아에게도 영향을 끼친다. 특히 임신 초기에 풍진, 유행성 감염, 볼거리(mumps) 등을 앓으면 태아가 기형이 되기 쉽다. 풍진

(風疹)이라는 병은 보통 성인에게 생기는 가벼운 정도의 질병이지만, 임신 중에 이병에 걸리면 태아에 해를 입힐 확률이 높아서 임신 4주 내에 이 병에 걸리면 50%가량의 아기가 청각장애, 심장 장애, 백내장, 정신박약 등의 신체적 결함을 가지고 태어난다.

임질이나 매독은 태아에게 치명적이어서 기형아의 출산 가능성이 크다. 산모가 임질을 가볍게 앓고 있을 때는 별 이상을 안 나타낼 수 있으나, 출산과정에서 임질 균이 눈으로 들어갈 수 있다.

당뇨병은 태아의 성장을 자극시켜서 임신 중에 예상되는 정상적 크기보다는 훨씬 더 큰 아기를 낳게 하는 가장 중요한 원인이 된다. 산모가 결핵에 걸린 경우에는 태아가 결핵균에 감염되어 출산 시 아기가 결핵균을 갖고 태어난다.

이런 여러 모체의 질병이 태아에 가장 큰 영향을 미치는 시기는 각 신체기관이 형성되는 임신 초기이며, 여러 기관이 다 형성된 후의 영향은 이에 비하여 훨씬 적다.

(7) 산모의 정서 상태

여성들이 임신하게 되면 심신이 민감해지기 때문에 주위 사람들의 심리적 지원과 협조를 필요로 한다. 임신에 잘 적응하는 산모인 경우에는 자신의 건강보다는 태아의 건강에 대해 더 많은 관심을 갖고 주의하게 된다. 그러나 정서적으로 불안정하거나 임신을 기대하지 않았던 산모나 혹은 결혼생활의 갈등이 있는 산모들은 임신을 불안해하고 태아에 대해 소홀하게 된다.

동물의 실험 결과 임신한 암컷이 심리적 · 환경적 스트레스 요인에 노출될 경우 대부분이 유산했으며, 또한 출생 후에도 과도한 활동과 함께 저체중이거나 성장지체 현상이 나타났다. 이와 마찬가지로 사람도 임신 중에 정서적으로 큰 충격이나 스트레스를 장기간 받게 되면 유산이나 조산하는 것으로 밝혀졌다. 또한 스트레스는 산모의 면역체계를 약화시켜 질병에 대한 저항력을 저하시키기 때문에 산모와 태아를 감염성 질병에 취약하게 한다. 이 외에도 정서적으로 스트레스를 많이 받은 산모는 담배와 알코올, 약물을 상용하는 경향이 있어 태아의 발달지체와 저체중을 가져올 가능성이 높으며, 출산 후에도 이러한 산모는 민감한 양육자가 될 수가 없기 때문에 아기를 제대로 돌볼 수 없게 된다.

2) 가족 및 아버지 요인

아버지의 행동 또한 태아의 성장에 치명적인 영향을 미칠 수 있는데, 연구에 따르면, 담배를 피우는 아버지에게서 저체중아가 태어날 가능성이 높은 것으로 나타났다. 그 이유는 어머니의 간접흡연 때문이다. 간접흡연자들도 직접 흡연자들과 똑같이 태아 성장에 악영향을 끼치는 니코틴과 탄소산화물을 들이마신다. 따라서 임산부가 직접 흡연했을 때와 마찬가지로 저체중아를 낳을 확률이 높아진다.

아버지의 환경 독극물에 대한 노출도 태아의 발달에 영향을 줄 수 있다. 아버지가 방사능, 마취 가스, 기타 독극물을 포함한 화학제품에 장기간 노출될 경우, 정자의 염색체에 이상을 가져와서 태아가 유산되거나 유전적 결함을 갖도록 만들 수 있다. 따라서 아버지가 화공약품을 다루는 직업에 종사할 경우 기형아를 출산할 확률이 높아진다.

또한 임신한 어머니가 술을 마시지 않고 약물을 하지 않더라고 아버지가 알코올중독자이거나 마약 중독자이면 저체중아를 포함하여 결함을 가진 아기를 낳을 가능성이 커진다(Merewood, 2000).

5. 태아기 중요 쟁점

태아기 주요 쟁점으로 태교와 유산을 살펴볼 수 있다(신명희, 2016b: 92).

1) 태교

태교는 출생 후 아기의 인지, 정서, 사회성, 신체 발달과 밀접한 관련이 있다는 연구들이 보고되면서 그 중요성이 더 강조되고 있다. 특히 우리나라는 전통적으로 태교를 중요시하여 왔다. 1800년인 정조 24년 사주당 이씨가 집필한 『태교신기』는 세계 최초의 태교 단행본으로, 우리의 태교문화가 얼마나 발달했는지를 엿볼 수 있다.

『칠태도(七胎道)』는 임산부가 지켜야 할 일곱 가지의 태교를 담고 있는데, 주요한 몇 가지만 언급하면 다음과 같다. 지나치게 말을 많이 하거나 웃지 말고, 놀라거나 겁을 먹지 말며, 울지 말아야 한다. 또한 조용히 앉아 아름다운 말만 하거나 들으며, 성현의 문구를 외고 시를 읽거나 붓글씨를 쓰고 노래를 들어야 한다. 나쁜 말을 듣지 말고, 나쁜 일은 보지 말며, 나쁜 생각은 품지 말아야 한다. 또한 임산부는 가로로 눕지 말고, 기대어 앉지 말며, 한쪽 발로만 서 있어도 안 된다. 임신 3개월부터 태아의 기품이 형성되므로 주옥, 명향 등 기품이 있는 물건을 가까이 두고 감상하며, 소나무에 드는 바람 소리를 듣고자 노력하고, 매화와 난초의 은근한 향을 맡도록 한다. 산달에는 높은 마루나 바위 등에 올라서는 안 된다. 또 술을 마시지 말고, 무거운 짐을 지지 말며, 험한 산길과 위험한 냇물을 건너지 않아야 한다.

이러한 전통 태교방법은 오늘날에도 많이 이어져 오고 있으며, 과학적으로 타당한 것으로 밝혀졌다.

2) 유산

유산(abortion)이란 태아가 생존 가능한 시기 이전에 임신이 종결되는 것을 말하며, 인공유산과 자연유산으로 분류된다.

인공유산은 태아가 생존 능력을 갖기 이전에 약물적 또는 수술적 방법으로 임신을 종결시키는 것을 말한다. 「모자보건법」 제14조에 따르면, 우리나라에서 인공 임신중절 수술의 허용 한계는 본인이나 배우자가 대통령령으로 정하는 우생학적 또는 유전학적 정신장애나 신체질환이 있는 경우, 본인이나 배우자가 대통령령으로 정하는 전염성 질환이 있는 경우, 강간 또는 준강간에 의하여 임신된 경우, 법률상 혼인할 수 없는 혈족 또는 인척간에 임신된 경우, 임신의 지속이 보건 의학적 이유로 모체의 건강을 심각하게 해치고 있거나 해칠 우려가 있는 경우다.

자연유산은 의학적 시술을 시행하지 않은 상태에서 태아가 생존 가능한 시기 이전에 임신이 종결되는 것을 말한다. 약 20%의 산모가 자연유산을 경험하며, 자연유산의 80% 이상은 임신 12주 이내에 발생한다. 소수의 여성은 유산을 반복하기도 한다. 이를 습관성 유산이라고 하는데, 3회 이상 연속해서 유산을 한 경우에는 정밀검사를 통해 정확한 원인을 알아볼 필요가 있다. 일부 원인은 의학적 치료를 통해 유산을 막을 수 있다.

자연유산의 주요 원인은 태아의 염색체 이상이다. 산모의 황체 호르몬 결핍, 갑상샘(선) 기능 이상, 당뇨병과 같은 내분비의 이상, 동종면역과 같은 면역계의 이상, 선천성 자궁 기형과 자궁근종과 같은 해부학적 이상도 자연유산의 원인이다. 환경적으로는 산모의 흡연과 음주, 다량의 카페인 섭취, 방사선에의 노출, 항암제 투여 그리고 환경 독소에의 노출 또한 유산의 위험을 높인다. 유산을 예방하기 위해서는 엽산을 꾸준히 복용하고 영양이 균형 잡힌 식사를 하는 것이 좋다.

6. 태아기 부모역할

임신으로부터 시작되는 태아기에 부모는 신체적인 건강함과 정서적인 안정감을 유지하는 것이 가장 중요하며 이와 관련하여 어떤 준비와 역할이 필요한지를 살펴보면 다음과 같다(정옥분 · 정순화, 2016: 109-113; 최혜순, 2011: 92-5 참조).

1) 산모의 건강 상태에 대한 철저한 점검을 한다

이를 위해서는 임신 전에 건강 관련 다양한 검사를 받는 것이 반드시 필요하다. 예를 들면, 풍진 항체검사, 매독 혈청반응 검사, 빈혈 검사, 간염 검사, 당뇨병 검사, 자궁근종, 난소종양 검사, 유전검사 등의 검사를 통해서 임신 전 산모의 건강을 확인하고 임신을 하는 것이 바람직하다.

2) 태아와 산모를 위한 충분한 영양섭취를 한다

임신 중인 산모는 태아를 위해 평소보다 배 이상 영양섭취를 하여야 태아가 보다 건강하게 자랄 수 있는 태내 환경이 만들어진다. 입덧이 심한 시기를 벗어나면 산모는 의식적으로라도 풍부하고 충분한 영양 섭취를 위해 노력하여야 한다.

3) 태아와 산모를 위한 태교를 실천한다

오늘날 현대과학도 태아는 생리적으로뿐만 아니라 심리적으로도 산모인 엄마와 긴밀히 연결되어 있음을 입증했다. 산모의 심리적 안정은 태아의 정서적 안정의 절대 조건이 된다. 따라서 산모는 가능한 범위 안에서 최대한 태교를 실천함으로써 태아의 정서적 안정을 도와주고 동시에 산모 자신도 정서적 평안함을 유지하도록 할 때 정서적으로 건강한 아이를 출산할 수 있을 것이다.

4) 화목한 부부관계 유지를 위해 힘쓴다

부부는 서로의 삶에서 저마다 삶의 최대의 환경이 된다. 금실 좋은 부부는 화목한 관계를 만들어 가며 긍정적인 심리적 분위기를 형성하게 되고 이는 바로 태아의 정서적 안정과 이어지게 된다. 반대로 서로 다툼이 잦고 갈등하는 부부관계는 부정적인 심리적 분위기를 형성하여 태아의 정서에도 부정적인 영향을 미친다. 따라서 임신 중에는 특히 태아의 아버지인 남편도 아내의 정서적 평안함을 위해 더욱 배려하고 세심한 관심을 기울여야 한다.

5) 아버지도 적극적인 역할을 하도록 한다

임신 기간 중 대부분의 남편들은 정서적 위안을 필요로 하는 아내에 대해 적극적이고 긍정적인 반응을 보이도록 노력해야 하며, 이러한 남편의 정서적 지지는 아내로 하여금 용이하게 임신과정에 순응해 나가고 임신을 즐겁게 받아들이게 한다.

아버지가 어머니의 태교를 지원해주고 협조해줌으로써 태아의 건강한 발달을 지원하여야 한다. 아울러 자녀출산에 대해 준비하고 분만과정에 참여하는 것은 아버지 자신에게도 중요한 변화를 초래하며 이후의 부모-자녀 관계에도 큰 영향을 미친다. 아버지가 분만과정에 직접 참여했거나 어머니가 병원에 있는 동안 영아와 충분한 접촉을 시도한 아버지는 이후의 자녀 양육에도 적극적으로 참여하는 경향이 있다.

첫 아이를 늦게 보는 사람들

중년에 자녀를 키우는 것의 장·단점은 무엇인가?

현대에는 여성이 첫아이를 낳는 평균 연령이 천차만별이다. 요즈음에는 부모됨이 지연되는 경향이 있다. 이런 경향을 촉진하는 요소는 피임 기술, 불임, 취업모의 증가, 비교적 높은 이혼율과 재혼율, 그리고 입양이다.

이 경우 이점은 여성이 유연하게 직업을 선택할 수 있고, 경제적으로 안정되어 있고, 이혼 가능성이 작아지며, 정서적 안정이 높다는 것 등이다. 나이든 성인의 성숙성이 젊은 부모보다 부모역할을 즐기도록 한다(Clay, 1996a). 그들은 더 오래 살았기 때문에, 아마 더 많이 알 것이다. 분명히 자녀들과 나눌 '인생 경험'도 더 많이 갖고 있을 것이다(Dion, 1995). 특히 남성은 자신의 직업적 목표가 달성된 후에 자녀를 갖기 때문에, 부모역할과 가족에 더 많은 시간과 에너지를 쏟을 수 있다(Clay, 1996b; Health, 1994). 그러나 일부 교육 수준이 높은 남성 중에는 자신의 직업적 열망도와 자녀 양육 몰입 사이에서 갈등을 느낀다(Coltrane, 1990; Cooney, Pedersen, Indelicato, & Palkovitz, 1993).

늦게 자녀를 보는 것의 단점은 나이든 산모의 출산 문제, 임신 중의 어려움이 커질 위험과 같은 '생리적 시계' 문제와 늦게 자녀를 갖는 것에 대한 사회의 부정적 태도, 동년배와 같이 가는 것에서 벗어나는 것, 또한 나이든 부모와 자녀 간에 '세대차'가 나는 것 등이다. 그러나 연령은 질병이 아니다. 대부분의 나이든 부모는 자녀를 갖고 키우는 것에 동기화가 높고, 연령 때문에 요구가 묵살되지는 않는다(Simkin, Whalley, & Keppler, 1991).

뉴욕타임스의 리포터이며, 자신의 나이든 부모의 자녀인 앤드류 야로우(Andrew Yarrow, 1991)는 180명을 대상으로 사회 조사를 실시하고, 그중 70명과는 장시간에 걸쳐 나이든 부모나 친구의 부모와 비교할 때 늙었다는 것에 충격을 받았다고 보고하였다. 나이든 부모에 관한 가장 일반적인 불평은 특히 청소년기에 느꼈던 당혹감이었다. 나이든 부모는 주로 특히 성 문제와 같은 경우에, 구식이거나 보수적인 가치를 지니며, 이는 청소년기 자녀와 갈등을 유발한다. 그러나 대부분의 응답자는 부모가 자신의 신념에 긍정적 영향을 주었다고 느꼈다. 63%의 응답자가 부모의 가치를 수용하였고 8%만이 그렇지 않았다.

야로우의 연구 대상자 중 어떤 사람들은 부모가 나이를 속이거나 화장을 해서 젊어 보이려 했다고 응답하였다. 부모가 자신의 나이에 대해 당혹감을 느낄 경우, 자녀 역시 당혹감을 느낄 것이다. 많은 응답자는 부모가 운동 경기나 캠핑 여행에 참가할 만큼 충분히 강건하지 못했던 것을 아쉬워했다. 물론 모든 사람들이 그런 것은 아니다. 대부분의 경우 연로한 부모라도 등산도 하고, 멋진 몸매를 갖고 있으며, 건강하고 참여적이라고 하였다. 그리고 신체 활동에 참여하지 않는 부모는 대신에 연극이나 다른 문화적 활동을 제공하였다(Jaffe, 2000, 75-6).

4장

영아기 발달과 부모역할

4장 영아기 발달과 부모역할

영아기(Infancy)는 '언어가 없는 시기'라는 의미에서 라틴어의 '말을 하지 않음'에서 유래된 용어이다(박성연 · 이영, 1997). 영아기의 정의와 구분은 연구자에 따라서 차이가 있다. 그 예로 헐록(Hurlock)은 출생 후 2주에서 2세까지를 영아기라고 하였고, 뷸러(Buhler)는 출생에서 3세까지를 신변생활 시대 또는 미분화 시대라고 구분하고 이때를 영아기라고 정의하였다(강경미, 2013: 148). 그러나 일반적으로 출생 후 2~4주부터 18~24개월까지를 영아기라고 일컬으며, 출생 후 처음 1개월 동안은 신생아기로 분류하기도 한다. 특히 에릭슨의 심리사회적 발달단계에서 영아기는 영아가 부모에 대한 근본적인 신뢰감의 형성을 기반으로 부모와 안정적인 애착이 형성되어야 하는 대단히 중요한 시기이기도 하다.

1. 신생아기

신생아기는 출생 직후부터 1개월까지를 의미한다. 이 시기는 모체의 자궁 내에서 의존하여 생활하다가 출생 후 새로운 환경에서의 신생아의 발달은 출생

전 발달의 계속이라 볼 수 있으며 출산은 임신 후 280일에 이루어지지만 개인차가 심하고 신생아의 발달 정도도 일정치 않다. 또한 이 시기는 행동발달의 출발점으로 이때까지는 태내 환경만이 자극요인이 되었으나 출생과 더불어 심리적으로 독립된 존재가 되며 환경자극 영향을 받아 발달한다.

신체발달을 중심으로 진행되는 신생아기의 발달양상과 발달과업을 살펴보기로 한다(강봉규, 2016: 76-105 참조).

1) 신체 발달 특징

(1) 신장과 체중

출생 시는 머리는 크고 동체(trunk)는 길며, 하지는 비교적 짧고, 팔은 다리보다 길다. 사지는 동체보다 빨리 자라고 머리는 가장 서서히 자란다. 신생아의 신장과 체중은 성(sex)과 인종에 따라 다소 차이가 있지만 평균신장은 50~52cm이며, 체중은 3.4kg으로 남자가 여자보다 약간 우세하며 또한 초산부보다 경산부가 약간 우세한 경향이 있다.

신생아의 신체 비율을 보면 신장은 어른의 1/3~1/4이다. 신생아는 특히 눈위의 면적과 얼굴과의 불균형이 가장 심하고 두위는 흉위보다 크며 가슴과 배가 크다. 또 엉덩이는 작고 수족이 짧다.

(2) 머리

머리의 성장은 뇌의 발달과 밀접한 관계를 가지고 있다. 머리둘레는 키의 약 1/4에 해당하며 성인의 1/2 정도이다. 두부는 뇌 부위와 안면 부위로 나눌 수 있는데 신생아기는 안면 1에 대해 뇌 부위가 8의 비율이다. 안면은 연령이 증가함에 따라 상하악골의 발육, 유치, 영구치 등에 의해 발육이 왕성해진다. 신생아는 두개골 상호 간의 봉합이 불충분하므로 두부정중선 전후에 2개의 부드러운 부위가 있다. 전방에 있는 것을 대천문(anterior fontanel), 후방에 있는 것을 소천문(posterior frontanel)이라고 한다. 전자는 생후 10개월경까지 점차 증대되고 그 후 축소되어 생후 16~18개월경에 밀폐되며, 후자는 생후 6~8주에 완전히 밀폐된다.

(3) 뇌와 신경계

체중에 대한 뇌의 비율은 출생 시에 가장 무겁다. 신생아의 뇌는 두 개강의 97%의 용적을 차지하며 수분함량이 많아 매우 부드럽다. 출생 시 뇌의 무게는 350g이며 성인은 1,350g이다.

운동 · 감각신경은 중추신경계의 뇌간(brainstem), 후뇌원피질(archipallium), 신피질(neopallium)에 의해 조절되는데 신생아기에는 뇌간의 수준에서 기능을 하면서 기본정서와 일부 원시적인 운동 및 감각 조절이 이루어진다. 척수뇌간 및 대뇌반구의 발달수준에 따라 신경단위(neuron)의 미엘린(myeline) 합성과 성숙은 신경기능의 발달과 분화에 연관성이 있으며 또한 정상적인 신경반사와 정신 · 정서 및 운동발달을 나타나게 한다.

(4) 호흡계

자궁 내 생활에서 자궁 외의 생활로의 전환에 있어서 가장 큰 변화를 갖는 것은 호흡계이다. 태생기에도 호흡운동은 있었지만, 첫울음에 의해 공기가 처음으로 폐까지 들어가서 비로소 산소의 독립적 섭취가 가능하고 동시에 폐순환도 시작된다.

(5) 대 · 소변

신생아는 생후 1~2일경에 검은 녹색 또는 검은 황색의 태변을 보는데, 태변은 대개 냄새가 없고 암녹색을 띠고 있으며 끈적끈적하고 부드럽고 한 번에 다 나오지 않고 조금씩 수차례에 걸쳐 나눠 나온다. 이때 초유를 먹으면 태변이 더 잘 나올 수 있다.

2~3일이 지나면 정상적인 누른 변을 보게 되며 이를 이행변이라고 한다. 이는 태변에서 정상변으로 넘어가는 중간 단계의 변이다. 배변의 횟수는 보통 하루 1~5회 정도이며 정상적인 소변 양은 하루에 100~300cc 정도이며, 소변 횟수는 하루에 3~30회 정도이다.

(6) 수면

신생아는 수유 시 외에는 대부분, 즉 1일 15~20시간 잠을 자고 매번 두 시간 간격으로 잠깐 깼다가 또 잔다. 이 시기는 하루에 대여섯 차례 이상 잠을 자게 되는데, 밤낮 구분 없이 한 번에 3~4시간씩 잠을 잔다.

(7) 수유

각 종족(species)의 젖은 그 종족의 새끼를 키우는데 가장 이상적인 식품이다. 모유는 인간이 아기를 키우는데 가장 알맞은 음식이며 우유는 송아지를 키우는데 알맞은 음식이다. 불가피한 경우는 할 수 없겠지만 우리나라 어머니들은 너무나 쉽게 이 귀중한 모유를 포기하고 우유에 의존하고 있다.

모유의 장점

① 모유는 생후 4~6개월 동안 자라는 아기에게 이상적인 음식이다.
모유 영양을 하는 아기에게는 생후 4~6개월 동안은 물, 주스나 기타 음식을 보충할 필요가 없다. 비타민 D나 철분도 그것이 부족한 모체인 경우에만 선택적으로 주면 된다.

② 한번 수유 동안에도 처음 나오는 모유와 후에 나오는 모유 사이에는 지방 농도에 차이가 있으며 맛의 변화를 준다.

③ 모유에는 생후 미숙한 장관 점막의 성숙을 촉진시키는 z인자가 있다. 특히 미숙아에서는 괴사성 장염, 설사, 장관 알레르기를 감소시키는 데 관여한다.

④ 모유 알레르기에 대해서 염려할 필요가 없으며 모유 영양은 아기의 면역계를 면역 관용으로 바꾸어 놓아서 생후 수년간 식품 알레르기, 호흡기 알레르기, 아토피 피부염, 천식 등 알레르기 발생을 감소시킨다.

⑤ 모유에는 시력과 중추신경 발달에 중요한 역할을 하는 DHA(docosa hexaenoic acid)와 AA(arachidonic acid)가 많이 함유되어 있으며, 감염에 대한 방어작용이 있다(모유는 어린 아기의 '첫 번 예방접종'이라고 한다).

2) 신생아기의 교육적 과업

(1) 신체적 피부접촉을 통한 신생아의 분리감 해소

태아는 자궁 내 생활 동안 그의 어머니로부터 모든 욕구를 충족할 수 있는 관계에서 안락하게 의존하면서 보호를 받았다. 그러나 출생이란 신생아에게 좌절이고 위협적이다. 왜냐하면 그가 알고 있던 생리적 · 감정적 평안 상태로부터 새로운 경험의 세계로 분리되어 나왔기 때문이다. 신생아가 계속적으로 우는 것은 신체적 · 심리적 분리감으로 어머니와 계속적인 접촉을 못 하고 있어 불안감으로 인해 초래하는 것이라고 할 수 있다. 어머니나 대리 어머니는 아기를 포근하게 안아 줌으로써 그가 갈망하는 접촉을 만족할 수 있도록 하여 분리감을 해소하고 평안함을 회복시킬 수가 있는 것이다.

출생 직후에 있어서의 산모와 신생아 간 피부의 접촉이 대단히 중요하며 출생 후 적어도 30~60분간 산모 가슴 위에 아기를 놓고 엄마의 피부와 아기의 피부를 접촉하도록 하고 눈을 서로 마주 보는 것은 엄마 · 아기 간의 애착(bonding)을 형성하는 데 도움이 된다.

(2) 심리적 안정감과 신뢰감의 조성

신생아는 피동적이고 무력한 개체이다. 신생아는 태아기에 가졌던 안정감을 가질 수 있도록 도와주어야 한다. 안정감은 신생아에게 미지의 세계에 대한 무력감을 극복하게 해 주고 두려움과 분노를 경감시켜 주며 고통을 해소시켜 주어 빠른 성장 · 발달을 도와준다. 신생아의 여러 가지 욕구에 대한 즉각적인 반응과 만족을 주는 것은 신생아의 신뢰감을 촉진시켜 준다. 만족스러운 경험이 연속되면 그의 요구와 두려움은 진정되며 또한 자신에게 만족을 주는 사람에 대한 기쁨과 신뢰감의 싹이 튼다.

이러한 관계유지는 타인과 밀접한 관계를 형성할 수 있는 사회화 과정의 가장 중요한 출발점이 된다. 인간생활의 가장 중요한 상호신뢰와 애정이 이 시기에 결핍되면 타인 또는 그 자신에게까지도 안정감·신뢰감을 형성하는 기초를 갖지 못하게 되며 사회화 과정은 더욱 어려워진다.

2. 영아기의 발달적 특징

무력한 존재였던 영아는 하나의 독립된 개체로서 성장할 준비를 하게 되며, 특히 신생아기는 태내 환경과 상이한 새로운 환경에 적응해야 하는 생존적 의미를 갖기도 한다. 영아기는 일생 중 가장 많은 변화가 일어나는 시기로서, 인간발달단계에 있어 결정적인 시기라고 볼 수 있다. 이 시기의 변화는 순서가 정해져 있고 비교적 단기간에 일어나며, 정확한 법칙에 따라서 일어난다.

영아기의 발달적 특징을 신체, 인지, 언어, 사회성 측면에서 살펴본다(이숙 외, 2004: 57-60).

1) 신체적 발달

신체발달은 신체성장과 운동발달의 두 측면 모두에서 두 가지 원칙을 따른다.

첫째 원칙은 발달이 머리에서부터 신체 하부로 진행된다는 것이다. 따라서 영아의 머리 부분이 신체 하부보다 먼저 발달하고 다른 부분에 비해 불균형적으로 큰 모습을 하게 된다. 두 번째 원칙은 발달이 신체의 중심 부분에서 말초

부분으로 진행된다는 것이다.

(1) 신체의 크기와 체중발달

출생 시의 키는 남아 51.4cm, 여아 50.5cm이다. 키는 생후 2년 이내에 현저히 늘어난다. 생후 2년이 되면, 출생 시 키의 50% 정도가 더 자라 87~88cm가 된다. 유아기 때에는 1년에 약 6cm씩 키가 자라서 6세가 되면 출생 시 키의 2배 정도가 되어, 성인 키의 약 65%가 다 자라게 된다. 이러한 발달과정에서 전체 키에 대한 다리 길이의 비율은 태아 초기에 1:4 정도이며, 출생 시에는 1:3, 성인기에 접어들면 1:2의 비율을 보인다.

출생 시의 가슴둘레는 남아 33.1cm, 여아 32.7cm이다. 생후 2년이 되면 가슴둘레가 출생 시의 약 1.5배로 늘어나 남아 49.6cm, 여아 48.3cm 정도가 된다. 유아기 때에는 1년에 평균 2cm 정도씩 가슴둘레가 늘어나 6세가 되면 출생 시 몸무게의 1.7배 정도가 되고, 이것은 성인 가슴둘레의 약 60% 정도가 된다.

출생 시 머리둘레는 남아 34.1cm, 여아 33.5cm이다. 생후 2년이 되면 머리둘레는 출생 시의 약 1.4배로 늘어나 남아 48.4cm 여아 47.4cm 정도가 된다. 유아기 때에는 머리둘레의 증가율이 매우 낮아 2세경에는 출생 시 머리둘레의 1.4배 정도이고 6세가 되어도 약 1.5배 정도가 된다. 그러나 이미 이 시기에 성인 머리둘레의 약 90%가 된다.

출생 시의 몸무게는 남아 3.4kg, 여아 3.24kg이다. 생후 2·3개월경이 되면 2배 정도의 증가를 보이며 1년이 지나면 3배 정도의 증가를 보인다. 유아기 때에는 1년에 평균 2kg씩 몸무게가 증가하여 6세가 되면 출생 시 몸무게의 약 5~6배로 늘어나고, 이것은 성인 몸무게의 약 30% 정도이다.

(2) 근육과 골격의 발달

영아의 신체발달을 판단할 수 있는 또 하나의 기준은 골격의 발달 정도이다. 태아의 골격은 우선 연골이라 불리는 유연한 신경조직부터 형성된다. 그 후 임신 6주가 시작되면 연골세포는 더 단단해지며 뼈를 구성하게 된다. 출생 후 뼈의 조직이 연골에서 경골로 변화되고 뼈의 크기와 수가 늘어나는데, 이러한 골격의 발달은 아동기와 청년기를 통해 지속된다.

영아의 두개골은 태어날 때 6개의 천문(숫구멍)을 가지고 있다. 두개골의 뼈와 뼈 사이를 이어주는 결제조직에 의해 만들어진 천문들은 두개골을 유연하게 하여 출생 시 태아가 산도를 통과하기 쉽도록 하는 역할을 한다. 6개의 천문 가운데서 대천문과 소천문이라 불리는 두 개의 천문은 외부에서 관찰 가능하다. 대천문은 앞이마 위에 있는데, 팔딱팔딱 뛰는 것을 눈으로 볼 수 있다. 대천문은 생후 1.5년 내지 2년이 되면 닫힌다. 대천문보다 머리 뒤쪽에 위치한 소천문은 생후 1년 이내에 닫힌다.

치아의 발달도 영아의 골격발달 가운데서 중요한 부분을 차지한다. 태내기에 치아의 형태가 잡혀 출생 시에는 잇몸 속에 유치와 영구치가 이미 자리 잡고 있다. 유치는 생후 6~8개월경에 처음 나오기 시작하지만, 치아발달에는 개인차가 심하다. 출생 시에는 아래 앞니 두 개가 나고, 3~4개월이 지나면 위쪽에 있는 앞니 네 개가 나온다. 따라서 만 1세경에 6개의 앞니가 모두 나온다. 그 뒤 몇 개월이 지나 유치 20개가 모두 나오게 된다. 그리고 6세경에는 유치가 빠지고 영구치가 한두 개씩 생겨난다.

(3) 두뇌의 발달

두뇌는 신체의 어느 부분보다 일찍 발달한다. 생후 2년간 두뇌 발달이 가장 급격하게 이루어지므로, 이 시기를 두뇌발달의 급등기(spurt)라고 한다. 이 시기에는 정보의 저장과 전달기능을 맡고 있는 신경조직의 기본 단위인 뉴런(neuron)의 크기가 커지고, 세포를 보존해 주는 신경세포가 증가하여 두뇌발달이 활발하게 이루어지는 것이다. 출생 시에는 성인의 두뇌 무게의 25% 정도이고, 생후 6개월경에는 성인의 50% 정도로 발달한다. 그리고 2세경에는 75% 정도, 6세경에는 90% 정도가 발달한다.

두뇌는 두뇌 부위에 따라 발달 속도가 다르다. 출생 시에는 생존에 필수적인 호흡, 배설, 소화, 반사기능 등을 담당하는 부위가 먼저 발달해 왔다. 생후 6개월경에는 감각영역이나 운동영역을 담당하는 부위가 발달하게 되고, 이 시기에 생득적인 반사행동이 사라지게 된다. 그리고 두뇌의 좌·우반구의 기능분화는 매우 일찍 이루어진다. 만 3세경에는 언어이해를 처리하는 좌반구와 시공간적 정보와 비언어적 정보를 담당하는 우반구의 기능분화가 대부분 완성된다.

(4) 치아의 발달

태아기에 형성된 유치(乳齒:젖니)의 씨가 출생 후 6~8개월이 되면 유치(temporary teeth)로 발달하게 된다. 일반적으로 1세가 되면 6개의 유치가 나오고 약 30개월이 되면 20개 유치가 거의 다 나와서 성인이 먹는 음식을 먹을 수 있게 된다. 유치는 중앙의 아랫니 2개가 먼저 나오고, 약 2개월 간격으로 가운데 윗니 2개와 양쪽 간니, 첫 번째 어금니와 송곳니, 두 번째 어금니가 각각 위아래 2개씩 나오게 된다. 유치가 나오는 시기는 영아마다 차이가 있으며, 대체로 여아가 조금 빠른 편으로 여아는 6~7개월경에, 남아는 7~8개월부터 나오기 시작한다. 간혹 2,000명에 1명 정도는 출생 시 이미 발달되어 있는 경우가 있고 때로는 생후 1년부터 이가 나는 영아도 있다. 개인에 따라 이가 나는 시기는 차이가 있는데, 태어날 때부터 이를 갖고 태어나는 아기가 있는가 하면, 돌이 지나도록 이가 안 나는 아기도 있다. 생후 2-2년 6개월이 되면 20개의 젖니가 모두 난다. 이가 나는 시기는 개인의 영양 상태와 지적 발달과는 관계가 없다.

〈표 4-1〉 영아의 치아발달 순서와 연령

이가 나는 순서와 수	개월
아래 가운데 앞니(2)	6~8개월
위의 앞니(4)	8~12개월
아래 양옆 간니(2)	12~15개월
첫 번째 어금니(4)	12~15개월
송곳니(4)	18~20개월
두 번째 어금니(4)	24~30개월

(출처: 강경미, 2013: 151)

2) 운동기능의 발달

(1) 운동발달의 원리

영아의 운동발달은 신체발달과 마찬가지로 다음과 같이 일정한 순서와 원리에 의해 진행된다.

첫째, 운동발달은 신경 및 근육의 성숙에 의거한다.

둘째, 운동기술은 신체의 기능이 성숙되기 전에는 발달하지 않는다.

셋째, 운동기능은 위에서 아래, 머리부터 아래로 발달한다. 먼저 머리와 목의 운동이 발달한 다음에 팔과 몸통, 다리의 순서로 진행된다.

넷째, 신체의 중심에서 먼저 발달하여 말초 방향으로 진행된다. 먼저 팔 운동이 시작되고 손과 손가락 운동으로 진행된다.

다섯째, 운동기능은 대근육이 먼저 발달하면서 미분화적 전체 활동에서 소근육이 특수활동으로 진행되며, 분화와 협응·중심화의 과정을 거쳐 성숙하게 된다.

여섯째, 운동발달의 정도와 속도에는 개인차가 있다.

(2) 운동발달의 특성

영아기의 운동발달은 영아가 자기의 움직임을 자발적으로 통제하는 것에서부터 시작한다. 신체의 운동발달은 머리에서 다리 방향을 따라 이루어진다. 그러므로 영아는 목을 먼저 가누게 되고, 가슴과 등의 근육을 통제하게 되며 다리의 움직임을 가장 늦게 조절하게 된다. 신체 조직의 성숙과 감각기능이 발달하게 되면서 단순한 반사운동이 사라지고 머리와 몸통의 통제, 손의 조절능력, 보행운동능력 등이 발달하게 된다.

생후 1년간의 특징적인 운동기능은 길 수 있다는 것이고, 2년째부터는 걸을 수 있다는 것이다. 영아는 걸을 수 있게 되면서 보행시간이 더 길어지고 걷는 모양이 자연스러워지며 약 21개월 전후에는 달리기 시작한다. 또한 영아는 6개월경부터 눈과 손의 협응이 활발하면서 물건을 잡고, 입으로 가져가고, 때리고 흔드는 활동을 하게 된다. 이것은 신체기관의 분화와 통합이라는 발달과정을 보여주는 것으로서, 지적 능력의 발달을 의미하기도 한다.

영아기의 수면과 배변

영아는 독립적인 생존을 위해 스스로 생리적 기능을 조절하기 시작한다.

신생아는 하루 중 18~20시간을 수면으로 보내는데, 2세가 되면 12~14시간으로 수면시간이 줄어들게 된다. 신생아는 보통 2~3시간마다 깨어나는데, 6개월 정도가 되면 밤에 6~7시간을 계속 자게 된다.

영아는 일반적으로 잠에서 깨어났을 때 또는 수유를 시작하기 직전이나 수유 도중에 배설을 한다. 대변은 생후 8주경에 하루 두 번 배설하고, 6개월 이후부터는 하루 1번 배설한다. 소변의 경우, 생후 12개월까지 보통 2시간 간격으로 배설하나 연령이 증가할수록 소변의 배설 간격이 늘어난다. 수의적으로 괄약근이 통제되는 시기에 배변훈련이 시작될 수 있는데, 보통 대변은 13개월, 소변은 20개월경부터 가능해진다.

3) 인지발달

영아는 감각기관을 통해 주변 환경의 정보를 지각하고, 선택적으로 획득한 정보를 조직하며, 환경적 자극에 반응하는 도식을 형성함으로써 인지발달을 이루게 된다.

피아제(Piaget)에 따르면, 영아기는 언어가 발달하기 이전의 감각운동기에 속하는데, 감각을 통해 획득된 정보를 조직하는 도식들과 환경적인 자극에 대해 반응하는 도식들을 형성한다. 감각운동기는 다시 여섯 개의 하위단계로 구분될 수 있다(이숙 외, 2004: 62-3).

- **반사기(0~1개월)** 신생아가 학습되지 않은 선천적 반사로 그 주위 환경에 적응하려는 시기이다. 반사운동을 통해 여러 도식을 만들어 가는 시기로 반사운동기라고도 한다. 동화가 환경적응에 대부분을 차지하지만, 가끔 조

절도 일어난다.

- **일차 순환반응기(1~4개월)** 아동의 신체를 중심으로 흥미를 끄는 단순한 행동이 반복적으로 나타난다. 반사활동에서 형성된 도식은 습관으로 나타난다. 일차순환 반응은 유아 스스로 발견한 자신의 신체에 대한 탐색과정이며 이해과정이다.
- **이차 순환반응기(4~8개월)** 이차 순환반응은 주변 물체를 인식한 의도적이고 목적을 지닌 행위라고 할 수 있지만, 목표를 갖고 미리 행동을 계획하는 단계는 아니다. 순환반응은 유아 자신의 신체뿐 아니라 주위에 존재하는 물체에까지 확대된다.
- **이차 반응의 협응기(8~12개월)** 영아는 의도적으로 기존의 도식을 목표성취를 위해 협응시킬 수 있다.
- **삼차 순환반응기(12~18개월)** 삼차 순환반응은 단순한 목적을 지닌 반복이 아니라 새로운 행동이 어떤 결과를 가져올 것인가를 알아보기 위해 다양하게 시도해 보는 것이다. 즉, 외부세계를 이해하기 위해 시행착오적 학습을 시도하는 형태로 나타난다.
- **사고의 시작(18~24개월)** 영아는 문제를 해결하기 위해 실재의 물체뿐 아니라 상징이나 이미지를 인지적으로 조합하고 조정하기도 한다. 따라서, 머릿속으로 어떻게 할 것인지를 생각한 후에 행동을 하게 된다.

대상 영속성

감각운동기에 획득하는 중요한 개념의 하나가 대상 영속성이다. 대상 영속성은 자신과 주변 세계에 대한 다음의 두 가지 논리적인 사고를 할 수 있어야 획득된다.

첫째, 자아는 주변 세계와 분리된 독립적인 존재이다.

둘째, 주변의 물체는 시야에 있지 않다 하더라도 계속 존재한다.

영아는 감각운동기 말에 대상영속성 개념을 획득한다.

생후 일 년이 지나면 유아는 서서히 영구히 존재하는 사물이 있다는 감각을 가지게 된다. 그는 사물에 대한 자신의 일시적인 감각이나 행동과는 다르게 존재하는 사물이 있다는 것을 받아들일 수 있는 (물론 감각 운동적 형태로) 능력을 갖게 된다. 이런 과정에서 반복적으로 세상과 접촉하게 되면 어린아이들은 물리적인 기본적 원칙들을 발견하고 조작하게 된다.

대상이 영속(永續)한다는 감각이 생기게 되면 유아는 자기 스스로도 영속하는 대상으로 인식하게 된다. 이 세상에 있는 다른 것과 구분되고 시간이 지나가도 실제적이고 지속적으로 존재하는 것으로 인식된다. 유아 경험의 감각 운동적인 성질은 이 초기의 자기(early self) 혹은 자아(ego)의 개념이 거의 '육체적인 자기(body-self)'이고 육체의 서로 다른 부분으로부터 얻어지는 감각과 운동의 협동을 의미하는 것이다(Jaffe, 2000: 136).

4) 언어발달

영아기 언어의 발달과정은 크게 두 단계로 구분한다. 첫 단계는 언어 이전의 발달 기간으로 울음과 목울림 · 옹알이와 같이 소리 언어에서부터 의미 있는 첫 단어를 말하는 생후 1년까지이다. 두 번째 단계는 단어를 획득해서 음성언어로 표현하는 기간으로 단일 언어의 사용에서부터 완전한 단어를 말할 수 있게 되는 생후 1년에서 영아기가 끝나는 시기를 말한다(Hoff-Ginsberg, 1991).

(1) 언어 획득 이전의 발달

① 울음

출생 직후 호흡 시작의 신호인 울음은 아기의 최초 발성으로 영아가 주변 환경과 의사소통하는 유일한 방법이다. 그러나 출생 시의 첫울음에서 생후 1개월경까지의 울음소리는 분화되지 않은 것으로 반사적인 것이다. 생후 1개월이 지나면 영아의 울음소리가 분화되면서 배고픔이나 불편감 · 고통과 같은 구체적인 욕구에 따라 울게 되며, 울음의 차이가 있다.

② 목 울리기

생후 2개월경부터 성대로 공기를 내보내는 신경근육이 발달하면서 소리를 내기 시작한다. 영아는 수유 후에 또는 양육자의 웃는 얼굴을 보면서 꾸르륵

하고 목 울리는 소리(cooing)를 낸다. 이때 영아의 발성은 즐거움이나 만족감의 표현으로 간주된다. 최초의 목 울리는 소리는 모음과 비슷하고 성장하면서 자음이 삽입된다.

③ 옹알이

목 울리기를 지속하던 영아는 다른 사람의 음성을 듣고 반응하는 음성놀이(vocal play) 또는 옹알이(babbling)를 하게 된다. 옹알이는 언어발달의 기초가 되기 때문에 매우 중요하며, 농아나 영아의 부모가 청각장애인 경우에 옹알이가 나타나지 않는다. 또한 옹알이는 영아가 모국어의 음소(音素)를 획득하는 시기가 되었음을 의미하며, 성인과 대화하는 시간이 늘어나면서 증가하게 된다. 옹알이의 발달과정은 3~4개월이 되면 자기의 소리를 듣고 반응하는 혼자 소리놀이를 하게 되며, 5~6개월부터는 옹알이 소리는 점차 다양해지고 인간이 내는 소리를 거의 모두 낼 수 있을 정도로 음소가 확장된다. 8개월이 되면 영아의 옹알이는 절정에 이르게 되고 대상과 눈을 맞추고 의사소통하는 것과 같이 주고받게 된다.

④ 몸짓 말

9~10개월의 영아는 자신의 욕구와 정서를 언어 대상으로 몸짓과 행동으로 표현하게 된다. 그 예로 손을 벌리고 웃는 것은 안아 달라는 표시이고, 수저나 그릇을 밀어내는 것은 먹기 싫다는 의미의 행동이다. 몸짓 말(gesture language)은 월령이 증가함에 따라 다양해지며, 언어가 발달할 때까지 한 단어와 말과 몸짓을 함께 사용해서 어른들과 의사소통한다.

⑤ 자기 소리 모방

8~9개월에 절정을 이루던 옹알이가 사라지면서 영아는 자기의 소리를 모방하는 동시에 자음과 모음이 결합해서 '마마'·'빠빠' 같은 소리를 반복하게 한다. 이때 영아는 자신의 감정을 발음의 강약으로 표현한다. 이러한 발음의 강세 변화는 영아의 단어식별에 첫 번째 단서가 된다.

⑥ 타인 소리 모방

생후 9개월이 되면 영아가 성인의 목소리를 모방하기 시작하며, 메아리처럼 그대로 모방하기 때문에 반향음 시기라고 한다. 이때부터 영아는 자신이 들었던 단어들을 선별적으로 적용함으로써 단어들을 구분하기 시작한다. 이러한 성인의 소리 모방은 단어가 증가하기 시작하는 영아기 언어발달에 매우 중요한 역할을 한다.

(2) 언어 획득 이후의 발달

① 일어문(一語文)

영아의 언어발달은 뇌의 발달과 밀접한 관계가 있다. 뇌의 발달은 영아가 언어에 관심을 갖게 되는 시기와 일치해서 8~9개월이면 거의 기능을 하게 된다. 따라서 생후 1년 정도가 되면 대부분의 영아들이 한 개의 단어를 사용해서 의사소통을 하기 시작한다. 엄마 · 아빠 · 맘마라는 단어들이 가장 최초로 사용되는 의사소통의 수단이다. 이 시기의 영아들은 한 개 단어를 하나의 문장으로 사용하는 경향이 있다. 따라서 영아의 한 단어의 말을 이해하기 위해서는 억양과 몸짓, 얼굴 표정과 같은 신체언어를 참조해야 한다. 또한 이 시기의 영아들은 하나의 단어를 과잉확대(overextension) 또는 과잉축소(underextension)해서 사용하게 된다. 그 예로 개를 '멍멍이'라고 알고 있는 경우에 다리가 4개 있고 개와 비슷하게 생긴 동물 모두에게 적용하거나 아빠와 비슷하게 보이는 남자 모두에게 '아빠'라고 부르는 과잉확대 현상이 나타난다.

초기 언어에서는 영아가 사용하는 단어 중에 대명사 · 동사 · 명사가 50%를 차지한다. 이 중에서도 명사를 가장 많이 사용해서 의미 있는 첫 문장을 말하게 되며, 여아가 남아보다 빠르게 습득한다. 영아가 2세경이 되면 주격조사(은 · 는 · 이 · 가)를 배우고, 1~2개의 단어를 습득하기 시작하면서 영아의 언어발달은 가속화해서 약 200개의 단어를 구사하게 된다. 따라서 이 시기를 언어의 폭발적 시기라고 한다(김정희 외, 1998).

② 이어문(二語文)

두 단어의 결합은 보편적으로 50개 정도의 단어를 말할 수 있을 때 가능하다. 따라서 영아가 18~20개월경이 되면 두 단어를 결합하여 말을 하게 된다. 이때 두 개의 단어는 같은 의미와 내용을 말하는 연속적인 표현으로 한 단어의 의미를 가진 두 마디 말의 형태이다.

우리나라 영아들이 월령별로 사용하는 어휘에 대한 조사 결과 17~20개월까지는 감탄사, 21~24개월에는 주로 명사를 사용하였다. 이를 구체적으로 설명하면 명사 · 부사 · 감탄사는 9~12개월이고, 수사 · 대명사 · 동사는 13~16개월, 형용사는 17~20개월, 조사는 21~24개월로 가장 늦게 사용하는 것으로 나타났다(김금주, 2000).

영아기의 각 개월별에 따른 언어 발달과정을 설명하면 다음과 같다.

〈표 4-2〉 **개월 별 언어발달 과정**

수행시기	발성과 언어
3개월	울음이 감소되며 말을 걸거나 고개를 끄덕여 주면 웃고 꾸르륵 소리를 내며 좋아한다. 꾸르륵 소리는 모음과 비슷하여 15~20초 동안 지속된다.
4개월	사람의 소리에 대해 보다 분명한 반응을 나타낸다. 머리를 돌리고 말하는 사람을 찾는 것처럼 행동한다.
5개월	모음과 같은 꾸르륵 소리 속에 자음의 소리가 삽입된다. 주로 마찰음과 비음을 많이 낸다. 그러나 이러한 발성은 음성학적으로 언어의 소리와는 전혀 다른 것이다.
6개월	꾸르륵 소리 내기는 마 · 다 · 나와 같이 1음절 소리와 흡사한 옹알이로 변한다.
8개월	모음과 자음의 반복이 빈번하게 나타난다. 억양이 명확해지고 발음의 강약으로 감정을 표현한다.
10개월	목을 울려 내는 꼬르륵 하는 소리나 거품을 부는 것과 같이 장난기 섞인 소리를 낸다. 소리 변별이 부분적으로 가능해짐에 따라 단어 간의 구별이 시작되고 소리를 모방하려는 시도가 나타난다.
12개월	맘마나 빠빠와 같은 소리를 반복해서 하며, 몇 개의 단어와 간단한 명령을 이해할 수 있다.
18개월	50개 정도의 단어를 사용해서 말을 할 수 있다. 단어에 대한 이해력은 빠르게 발달하지만 아직까지 의사소통의 의도는 없다. 두 개 단어로 된 문장을 이해하지만 결합, 조직하지는 못한다.

(출처: 강경미, 2013: 170)

생후 2년 동안 영아의 언어수행능력은 부모와 가정의 특성에 따라 영향을 받는데, 부모와 신생아가 함께 보내는 시간의 양이나 질에 따라서 영아의 언어능력은 증가한다. 특히 언어 기술을 촉진하기 위해 부모는 주위의 환경을 탐구할 수 있는 기회와 언어적인 자극을 주기 위해 다양한 경험, 동화책 읽어주기 등이 영아의 언어발달에 도움이 된다.

5) 사회성 발달

출생하면서부터 신생아는 다른 사람과 사회적 관계를 맺으면서 사회성을 발달시킨다. 사회적 관계에는 사회적 표현행동이 필수적인데, 영아는 부모와의 상호작용을 통해 신뢰감과 애착, 자기인식의 시작을 느끼는 미소, 울음, 또래에 대한 반응 등의 사회적 표현을 하게 된다.

(1) 자아 인식의 발달

자아 인식의 발달은 영아가 자신과 환경을 구분할 수 있게 되면서 먼저 자신의 신체적 존재를 인식하고, 타인과의 애착 형성 과정에서 다른 사람의 존재를 인식하게 되면서 서서히 발달하게 된다. 일찍이 영아의 자아 인식의 수준을 측정하기 위한 거울 실험(Lewis & Brook-Gunn, 1978)에서 18개월 이상의 영아들만이 자신의 코 위의 붉은 딱지를 보고 그것을 만지려고 했으며, 18개월 이전의 영아들은 대부분 거울 속 아기의 코를 만지려 했다. 이와 같이 영아가 생후 18개월 정도가 되어야만 자신의 신체와 얼굴을 인식하게 되고 거울에 비친 자신의 모습을 알 수 있게 되는 것이다.

(2) 애착의 발달

애착은 '특정한 두 사람 사이에 형성되는 애정적인 유대관계'로 정의할 수 있으며, 영아의 사회성 발달에서 가장 특징적인 행동이라고 할 수 있다.

생후 6개월이 되면 대부분의 영아들은 특정인과 애착 관계를 형성하기 시작한다. 주로 양육자인 어머니 또는 아버지가 애착의 대상이 되고 점차적으로 가족이나 친구에게 확대된다. 영아의 애착 형성의 표시로 나타나는 행동 특징은 첫째, 영아는 애착대상과의 접촉을 유지하려고 노력한다. 둘째, 애착 대상이 없을 때 슬픔을 나타낸다. 셋째, 영아는 애착대상과 함께 있으면 안락과 편안함을 느끼는 반면 다른 사람과 함께 있으면 불안과 초조의 반응을 보이게 된다.

애착은 영아가 도움을 청할 때 신속하게 애정을 보임으로써 형성되지만 그렇지 않을 경우에는 애착 형성의 기간도 지연되고 강도도 약하다. 또한 영아기에 애착관계를 경험하지 못하게 되면 자신과 타인에 대한 신뢰감 형성에 문제가 발생해서 영아의 인성 및 사회성 발달에 부정적인 영향을 미치게 되며, 성장한 후에도 대인관계 형성에 장애 요인으로 작용하게 된다.

3. 영아기의 발달문제

영아기는 인간의 기본 행동양식의 기초가 되는 신체운동 발달의 결정적 시기이다. 따라서 영아기에 나타나는 간질, 정신지체, 언어장애, 자폐증 등의 문제를 조기에 발견해서 적절한 보호와 치료를 하지 않으면 일생을 좌우하는 심각한 장애나 발달 이상을 초래할 가능성이 높기 때문에 주의해야 한다.

1) 간질

뇌파의 이상에 의해 유발하는 간질은 영아가 심한 자극을 받거나 열이 심하게 오를 경우에 나타난다. 영아기에 자주 나타나는 간질형은 전진성 소발작 또는 악성 소아경련이며, 몸 전체에 나타나는 빠른 경련과 몸과 사지 및 동체를 앞으로 굽히며 끄덕이는 경련, 앞으로 천천히 굽히는 긴장성 경련 등의 증상이 출현한다. 그러나 영아기의 간질증상은 대체로 소발작으로 진행되기 때문에 '경풍'으로 오인할 수가 있다. 따라서 영아기의 '경풍'을 소홀하게 취급하고 적절한 치료를 하지 않으면 후에 대발작 간질로 발전할 수 있다. 또한 조기에 치료하지 않으면, 정신적으로 황폐해지면서 정신박약이나 장애를 초래할 수 있다(김계숙, 1999).

2) 언어발달 지체

영아기는 초기 언어획득 시기로서 후기 언어발달의 기초가 된다. 따라서 이 시기에 정상적인 언어발달의 기본 구조와 기능이 형성되지 않으면 이후에 언어발달지체나 발음장애, 선택적 함묵증 등 여러 가지 유형의 언어장애가 발생할 수 있다.

언어발달지체는 정신지체나 청각장애, 뇌손상 또는 뇌기능장애, 정서장애 및 부적절한 언어 환경으로 인해 동일 연령의 영아에 비해 언어발달의 속도가 느리거나 특정 연령에서 기대되는 정상적인 언어발달 수준에 미치지 못하는 상태를 말한다. 영아기 언어발달지체의 주요 원인은 크게 두 가지로 구분할 수 있다. 첫째, 뇌 기능 손상이나 청각 및 발성기관의 장애, 정신지체 등 신체적으로 문제나 장애가 있는 경우이다. 둘째는 심리적인 원인으로 말을 고의적으로 하지 않거나 배우려 하지 않는 경우이다. 그러나 영아의 언어발달지체가 신체적 원인에서 오는 경우보다는 심리적·환경적인 원인에서 기인하는 경우가 많기 때문에 심리치료와 함께 적절한 언어 학습 환경을 제공하는 것이 중요하다(최혜순, 2011: 185).

3) 정신지체

지적 발달수준이 낮아 지적 능력이 유의미하게 뒤떨어져 있는 상태를 말하는 정신지체(mental retardation)는 학습 및 적응행동의 결함으로 나타난다. 정신지체의 발생 원인은 다운 증후군이나 허약체질 증후군과 같은 상염색체 결함과 클라인펠터 · 터너 증후군과 같은 성염색체 이상 또는 열성유전인자의 의해 유발되는 태내기 장애와 출산 시 산소결핍증 및 출산 후 장애 등 매우 다양하다.

정신지체의 특성은 첫째, 생각과 반응의 속도가 느리며 둘째, 정상아에 비해 전반적으로 발달이 지체된다. 셋째, 새로운 과제 학습에 시간이 많이 소요되고 반복적인 지시를 요한다. 넷째, 환경의 적응력이 부족하고 연령에 맞는 적절한 놀이 및 또래관계 형성이 어렵다.

따라서 정신지체아의 치료 및 교육의 궁극적인 목적은 자신의 연령의 적합한 행동, 사고 감정을 갖도록 도와주는 정상화 과정이다. 그러나 가장 중요한 것은 조기에 발견해서 적절한 치료가 선행되어야 한다.

4) 자폐증

전반적 발달장애로 대표되는 영아 자폐증(infantile autism)은 캐너(Kanner, 1943)에 의해 처음 발견되었다. 캐너는 11명의 자폐증 성향의 아동을 대상으로 이들의 심한 고독감과 언어능력장애 · 반복행동 등을 관찰한 결과, 사회적 상호작용의 결함과 언어장애, 자해행동, 동일성 유지 성향 등이 자폐증의 주요 증상이라고 지적하였다. 또한 캐너는 자폐증의 원인에 대해 부모의 일탈된 성격이 아동과의 상호작용에서 문제가 되어 발생하거나 생리적으로 취약성이 있는 아동이 부모와의 관계에서 악화되어 자폐아가 된다고 주장하였다. 그러나 최근에는 정서적 결함 대신에 중추신경계 손상으로 인한 뇌기능의 문제로 지각과 인지적 결함이 장애의 중심이 되고 이것이 정서적 · 사회적 장애를 유도한다고 보고 있다.

자폐증은 인종과 민족·사회경제적 차이와 상관없이 신생아 1만 명당 5~15명 정도 발생한다. 남아 대 여아의 발생률은 5:1로 남아가 여아보다 훨씬 높으며, 특히 자폐아의 75%가 정신지체를 동반한다.

자폐증 아동의 교육과 치료

자폐증은 전반적인 발달장애이기 때문에 다른 장애아보다 더 구체적이고 체계적인 개인별 교육과 치료가 병행되어야 한다. 따라서 자폐아를 치료하거나 지도할 때에 지켜야 할 기본 원리가 있다(강경미, 2013: 187).

첫째, 자폐증의 치료와 교육에서 가장 먼저 해야 하는 과제는 대인관계의 자폐적인 벽을 허물고 타인과의 접촉을 증가시켜서 정상적인 대인관계를 형성할 수 있도록 하는 것이다.

둘째, 교육과 치료를 시작하기 전에 각 분야별로 정확한 진단과 교육적인 평가가 선행되어야 한다.

셋째, 부모는 가장 중요한 교육자이며 치료자이다. 따라서 부모교육과 부모상담이 반드시 실행해야 한다.

넷째, 자폐증은 전반적인 발달에 장애를 초래하기 때문에 발달심리학적인 접근방법으로 교육과 치료가 병행되어야 한다.

다섯째, 자폐증의 교육과 치료는 부모를 비롯해서 소아정신치료 · 임상심리치료 · 언어치료 · 놀이치료 · 대인관계치료 등의 여러 분야 전문가들의 팀 접근 방식으로 진행해야 한다.

디지털 육아, 아이의 뇌가 느려진다

태어나서 다섯 살까지 두뇌는 폭발적으로 성장합니다.

생후 첫 5년 동안 1초마다 100만 개 이상 두뇌 신경이 연결되며 성인 두뇌의 90퍼센트까지 발달하는 것입니다. 보고 듣고 만지는 모든 행동이 두뇌에 영향을 미치는 이 시기에 아이들이 접하는 디지털 기기는 뇌 성장에 어떤 영향을 미칠까요?

미국 신시내티 아동병원이 뇌가 성장하는 결정적인 시기에 놓인 만 2~5세 아동 47명을 대상으로 소규모 연구를 진행했습니다. 연구진은 아이들이 텔레비전과 스마트폰, 태블릿 PC 등 디지털 기기를 하루 평균 얼마나 보는지 분석했습니다. 평균 시청 시간은 2시간가량으로,

미국소아과학회가 권고하는 최대 1시간이 훌쩍 넘었습니다.

연구진은 뇌 MRI 촬영을 통해 디지털 기기를 보는 시간이 긴 아이들일수록 뇌의 신경 전달 속도와 학습 기능을 담당하는 뇌회백질의 발달이 느리다는 것을 발견했습니다. 이후 실시한 언어능력 측정 검사에서도 생각과 감정을 언어로 말하는 표현 능력과 사물 이름을 빠르게 정확하게 말하는 정보 처리 능력이 낮은 것으로 나타났죠.

또 다른 연구에 따르면 디지털 기기를 하루 평균 30분 미만 시청한 3세 유아와 2시간 이상 시청한 3세 유아를 추적 조사한 결과, 2년 뒤 5세가 되었을 때 전혀 다른 성향을 가진 아이로 성장한다는 사실을 밝혀냈습니다. 2시간 이상 디지털 기기에 사로잡힌 아이들은 주의력결핍장애(ADHD) 진단을 받을 확률이 7배나 높았습니다. 또한 부주의하거나 산만한 성향의 아이로 자랄 가능성도 5배나 됐습니다.

연구진은 뇌 성장에 가장 중요한 시기인 생후 첫 5년 동안 부모가 무심코 보여주는 디지털 화면이 자녀의 뇌 성장을 방해할 수 있다고 경고합니다. 유아의 뇌 발달에 필요한 자극은 화면 속이 아니라 화면 밖에 존재하는 실제적인 자극이라는 것이죠.

미국소아과학회는 육아 보조수단으로 디지털 기기를 사용하는 부모들에게 피해를 최소화할 수 있는 엄격한 가이드라인을 제시합니다. 생후 18개월까지는 텔레비전을 포함해 디지털 기기를 절대 보여줘서는 안 되며 18개월 이후부터 24개월까지는 부모가 선택한 양질의 프로그램을 아이 혼자가 아니라 부모와 함께 시청해야 합니다. 만2~5세 아이들에게 허용되는 시청 시간은 하루 최대 1시간입니다. 또한 무조건 금지하는 것보다 간단한 규칙이 있는 운동이나 놀이를 포함하는 게 효과적이라고 말합니다. 조직화된 신체 활동이 디지털 기기를 사용하는 시간을 자연스레 줄여주고, 스스로 즐거움을 찾는 재미를 알게 해준다는 것이죠.

(출처: EBS뉴스G 학교의 내일을 묻다, 2021)

4. 신생아기와 영아기 주요 쟁점

신생아기와 영아기 주요 쟁점으로 다음의 네 가지를 들 수 있다(신명희 외, 2016b: 113-115, 172-174 참조).

1) 수유

모유와 분유 중 아기에게 무엇을 먹여야 할까? 당연히 모유일 것이다. 모든 분유가 지향하는 바는 모유에 가장 가깝게 제조하는 것이다.

모유 수유를 통해 아기가 얻는 이점은 다음과 같다.

우선 모유는 면역성분이 풍부하다. 모유를 먹은 아기는 분유를 먹은 아기보다 설사, 호흡기 간염, 중이염, 요로감염과 같은 전염병과 염증성 장 질환, 천식, 습진. 소아 백혈병과 같은 질환에 덜 걸리는 것으로 나타났다. 그리고 영양학적으로도 우수하고 균형적이어서 시력과 뇌신경 발달을 촉진하고 언어발달과 운동능력 발달에 도움을 주는 것으로 나타났다.

모유 수유는 산모의 빠른 산후 회복을 돕고, 산후 출혈을 예방하며, 유방암과 난소암의 위험을 줄여주고, 산후우울증을 예방하며, 피임에도 효과적인 것으로 나타났다. 또한 모유 수유는 편리하며 경제적이다.

미국소아과학회(American Academy of Pediatrics, 2005)는 생후 6개월간 아기에게 모유만을 먹일 것을 권유한다. 특히 초유만큼은 아기에게 꼭 먹일 필요가 있다. 초유는 산후 2~3일 동안 나오는 모유로, 황금빛이 도는 누르스름하고 진한 액체다. 초유의 양은 비록 적지만 성숙유보다 더 풍부한 단백질을 함유하고 있으며, 생후 첫 며칠 동안 아기에게 필요한 모든 미네랄, 비타민, 지방 등의 영양소와 면역성분이 들어 있다. 이후 모유의 영양 성분은 수유를 하는 중에 변화한다. 이로 인해 아기는 자라면서 필요로 하는 모든 영양분을 충분히 섭취할 수 있다.

2) 여성의 취업과 육아 문제

우리나라 여성의 경제활동 참여율은 2005년을 기점으로 50%를 상회하고 있으며, 앞으로도 여성의 취업률은 지속적으로 상승될 것으로 예측되고 있다.

그러나 우리나라의 여성의 경우 다른 OECD 국가에 비해 매우 낮은 취업모의 경제적 활동을 보고하고 있다. 또한 여성의 경제 활동을 생애주기에 따라 연속선으로 파악할 때, 일정 기간 경제활동 참여율이 하락하는 M자형 곡선(M-curve)이 지속되는 현상이 두드러진다. 20대 후반에서 30대 초반에 취업률이 낮아지는 전형적인 M자형 곡선은 우리나라 여성의 취업이 출산, 육아로부터 영향을 받음을 알 수 있다.

기혼여성의 경제활동 상태에 대한 조사에서도 특히 2세 이하의 영아 자녀가 있어 육아 부담이 집중되는 시기에 취업자 비율이 급격하게 줄어들며, 이 시기에 구직을 희망하는 여성 비율도 매우 낮은데, 이는 육아의 부담이 기혼여성에게 전가되어 여성의 경제활동 참여를 어렵게 만들고 있음을 보여준다.

3) 타인 양육

최근 여성의 사회 활동이 증가하면서 영아가 어머니가 아닌 타인에 의해 양육되는 경우가 많아지고 있다. 이화 함께 영아의 어머니 부재 및 타인에 의한 양육이 영아에게 어떠한 영향을 주는가에 관한 관심도 증가하고 있다.

조부모 양육은 우리나라의 가장 전통적인 타인양육 형태로, 최근 여성의 사회 진출 증가, 경제적 어려움, 보육시설의 부족과 더불어 노년층의 장수화로 인해 다시 증가하는 추세다. 조부모 양육은 부모가 안심하고 자녀를 맡길 수 있고, 보육비용이 거의 들지 않는 장점이 있다. 그러나 영아보육으로 인한 조부모의 건강 악화 및 영아보육과 관련된 갈등 야기 등의 문제가 생길 수 있다.

기관보육의 경우, 기관보육은 정부가 일전한 설치 기준을 제시하고, 그 제시한 기준에 따라 지도감독을 하기 때문에 비교적 양육 서비스의 질을 보호받을 수 있으며, 육아 도우미 고용에 비해 비용이 저렴한 편이다. 그러나 보육사업이 규모 면에서 급격히 팽창하였으나 대부분이 민간 시설 위주로, 국·공립 및 법인 시설은 턱없이 부족한 실정이다. 또한 조부모 양육에 비해 많은 수의 영아가 함께 생활하기 때문에 건강 및 안정상의 문제가 생일 수 있고, 영아가 양육 장소로 매일 이동해야 하는 어려움이 있다.

어머니를 대신하여 영아를 돌보는 이러한 타인 양육은 반드시 영아의 애착에 부정적인 영향을 미치는 것은 아니다. 양육환경, 양육자와 영아의 관계, 양육자의 전문성 및 직업의식 등 양육이 어떠한 상황에서 어떠한 내용으로 이루어졌는가에 따라 영아에게 미치는 영향은 다를 수 있다.

4) 영아 조기교육

우리나라 현재 조기 사교육은 종류의 다양화뿐 아니라 교육을 받는 대상들의 수적인 팽창도 날로 심각해지고 있으며 대상연령도 끝없이 하향화되고 있는 추세다.

우리나라 부모의 의식조사 연구(우남희 외, 2009)에서 어머니들은 어린 연령에서부터 자녀의 학업에 대한 높은 기대를 보이며, 자녀가 더 나은 사회적 지위의 직업을 선택하기를 원하는 것으로 나타났다. 어머니들은 조기교육이 필요하다고 인식하고 있으며, 일찍 시작하면 할수록 교육에 유리하다고 믿고 있는 것으로 나타났다.

그러나 영·유아기의 사교육이 인지, 정서, 사회적 발달에 미치는 영향을 분석한 국내의 연구들(이경숙 외, 2005; 우남희 외, 2005; 이기숙 외 2002)은 이 시기 사교육이 학습의 효과가 별로 없고, 자율성, 창의성, 학습태도 등에도 긍정적이지 않다고 하였다. 오히려 자녀들의 미래를 위한 명목 아래 시행되는 이러한 인지교육 중심의 영아 교육은 발달단계에 상관없이 부적절한 학습 자극을 가하는 것으로, 정서적인 측면에 있어 스트레스, 무기력, 불안과 주의집중력 저하 등의 문제를 일으킬 수 있다. 스트레스 등과 같은 위협 상황을 경험하면 인간의 몸은 코르티솔(cortisol)이라는 호르몬을 분비해 이를 대항할 수 있게 한다. 그러나 과다한 코르티솔은 뉴런을 파괴하고, 뇌를 취약하게 하며, 뇌의 시냅스를 줄임으로써 뇌 자체를 위축시켜 뇌의 기능을 손상시킨다. 특히 뇌가 민감하고 연약한 시기인 영아기에 코르티솔 분비량이 과다하게 증가하는 것은 영아의 정서 상태를 악화시킬 뿐 아니라 학습능력까지 저하시키게 된다.

영아기의 뇌 발달과 스트레스에 관한 이러한 연구들은 영아기의 과도한 스트레스가 뇌발달에 치명적임을 시사하며, 영아기 조기교육 열풍에 휩싸여 있는 부모들에게 경종을 울리고 있다.

영아를 위한 프로그램은 영아의 발달적 특성에 맞게 이루어져야 한다. 영아는 직접 보고, 듣고, 만지는 등 몸으로 체험하며 학습한다. 따라서 오감(五感)을 활용할 수 있는 활동을 통해 영아가 스스로 탐색할 수 있는 기회를 제공해야 한다. 또한 움직임에 대한 영아의 욕구를 존중하여 충분한 신체 활동을 할 수 있는 환경과 공간을 제공하는 것이 필요하다. 영아의 잠재력 개발에 가장 좋은 것은 무엇보다도 부모의 따뜻한 사랑이다. 부모는 풍부한 표현과 잦은 신체적 접촉을 통해 영아와 애착을 형성해야 한다. 발달단계와 발달적 특성을 고려하지 않은 채 연령만 낮추어서 적용하는 조기 영아교육 프로그램은 오히려 영아의 인지적, 심리적 발달을 저해하는 결과를 초래할 수 있음을 간과해서는 안 된다.

갓난아기에게 조기교육이 필요하다?

아이들은 태어난 뒤 36개월까지가 뇌 발달에 가장 중요한 시기라고 합니다. 이때 유아에게 형성된 어휘와 의사소통 능력이 무엇보다 중요합니다.

많은 부모가 조바심하며 아이에게 버거운 공부를 시키곤 하는데, 부모가 소리 내어 책을 읽어주는 것이 최고의 조기교육이라는 연구 결과가 발표됐습니다. 책 읽어주기는 부모들의 소득 격차에서 비롯될 수 있는 유아들의 지적 능력 차이도 좁힐 수 있다고 합니다.

미국 연방정부의 조사에 따르면 연간소득이 9만 5,400달러 우리 돈으로 9,700만 원 이상인 가구의 아이들 60퍼센트는 태어난 직후부터 5세가 될 때까지 매일 책을 접했지만, 연간소득이 우리 돈 2,400만 원 이하인 저소득층 아이들의 경우 매일 책을 접한 아이들은 3분의 1에 불과했습니다. 이 차이가 유아들의 지적 능력 차이로 이어질 수 있다는 것입니다. 미국소아과학회는 소속 의사 6만 2,000여 명에게 병원을 찾는 부모들에게 책 읽어주기의 효과를 전달하라는 지침까지 내렸습니다.

그렇다면 언제 처음 책을 읽어주면 좋을까요?

대답은 명쾌합니다. 책 읽어주기는 아기가 태어난 바로 그때부터 시작하는 것이 효과적입니다. 빨리 시작하고 자주 하는 것이 책 읽어주기의 교육 효과를 높여준다는 것입니다. 그런데 반드시 기억해야 하는 것이 하나 있습니다. 책 읽어주기와 절대로 동시에 해서는 안 되는 행동입니다. 바로 텔레비전이나 스마트폰을 보여주는 것입니다.

미국소아과학회는 24개월 이전의 아이들에게 텔레비전이나 스마트폰을 보여주면 책 읽어주기의 효과가 사라질 수 있다고 경고합니다. 그렇다면 바쁜 부모를 대신해 아예 책 읽어주기를 스마트폰에 맡기는 건 어떤 효과를 줄까요? 여기에는 책 읽어주기의 핵심 과정이 빠져 있습니다. 스마트폰은 책 읽어주는 부모와 달리 아이의 눈짓 하나, 행동 하나, 말소리 하나에 전혀 반응하지 않는다는 것입니다.

(출처: EBS뉴스G 학교의 내일을 묻다, 2021)

5. 영아기의 부모역할

영아기의 부모역할은 다음과 같이 정리할 수 있다(정옥분 · 정순화, 2016: 180-85; 최혜순, 2011: 100-2; 이숙 외, 2004: 65-7 참조).

1) 보육자·보호자로서의 역할을 적극적으로 한다

출생 후 1년간은 다른 사람의 보살핌 없이는 생존이 불가능하기 때문에 영아기의 부모역할 중 가장 중요한 것은 보육자 · 보호자로서의 역할이다. 영아는 아직 독립적으로 자신의 욕구를 만족시킬 수 없기 때문에 부모는 영아의 생존과 건강을 위해 언제나 영아에게 세심한 관심을 쏟으면서 많은 시간을 보내게 된다.

특히 생후 1년간은 제1의 성장 급등기라는 점에 비추어 충분한 영양공급이 필수적이다. 충분한 영양이 공급되지 못했을 때 영아는 에너지 소비를 줄이고 환경 내의 자극으로부터 움츠러듦으로써 에너지의 균형을 유지하려 한다. 이러한 위축은 정보를 받아들이는 능력을 제한하게 되고 정상적인 발달에 필요한 지식이나 기술의 습득을 저해하게 된다.

영아가 이동 능력을 갖게 되면서 활발하게 움직이게 되면 부모는 영아를 돌보고 보호하기가 더욱 힘들게 느껴질 수 있지만, 이 시기 부모의 주된 역할은 자녀가 다치거나 아프지 않도록 보호하고, 보육하는 역할이다.

2) 기본적 신뢰감 형성과 안정적 애착 형성을 돕는다

에릭슨(Erikson)은 영아기가 기본적 신뢰감 대 불신감의 형성기라고 제시하였다. 영아기에 부모가 일관성 있고 민감하게 영아의 욕구를 충족시켜주면 영아는 부모에 대해 안정된 애착과 기본적 신뢰감을 형성하게 되고, 이러한 부모에 대한 신뢰는 세상에 대한 신뢰로 확장되어 모든 인간관계의 중요한 토대가 된다. 반대로 부모가 일관성 없고 민감하지 못하게 영아를 돌보는 경우에는 부모를 비롯한 타인에 대해 불신감을 발달시키게 되어 이는 이후의 부모-자녀 관계, 나아가 인간관계 형성에 부정적으로 작용하게 된다.

아울러 영아의 안정적 애착 형성을 위해 부모는 자녀의 욕구에 민감하고 적절하게 반응하면서 영아와의 풍부한 신체접촉을 갖도록 한다. 안아 주기, 뽀뽀해주기, 어루만져주기 등 풍부한 신체접촉, 곧 스킨십은 영아에게 깊은 안정감과 부모와의 정서적 유대감을 강화시켜주는 뛰어난 효과가 있다.

3) 다양한 감각적 경험을 제공하고 반응한다

피아제는 영아기를 감각운동기라고 보고, 영아기에 풍부한 감각적 경험이 필요함을 강조하였다. 영아는 주위의 모든 사물에 대해 호기심을 나타내고 탐색하고자 하는데, 이러한 활동을 통해 학습이 이루어진다. 영아는 새로운 방법에 의해 연습하고 실험하는 것을 즐기므로 스스로 주변 환경을 탐색하게 하고 호기심과 흥미를 끌 만한 놀이 환경과 자료를 준비해 줌으로써 마음껏 만지고 느끼고 움직일 수 있는 기회를 다양하게 제공해 주는 것이 필요하다.

영아들을 돌보는 부모는 영아의 반응에 민감하게 반응해 주어야 한다. 특히 많이 가르쳐주려고 하지 말고 아이로부터 배우려고 하고 놀이가 진행되는 동안 칭찬하고, 놀라고, 감탄하고, 공감해주어야 한다. 그리고 아이들의 놀이하는 방법을 격려하고 지지해 주어야 한다.

4) 자율성 발달을 돕는다

에릭슨은 자율성의 발달이 영아기의 중요한 발달과업이라고 하였다. 돌을 전후하여 영아는 걷기 시작하면서 이동능력이 발달하고 부모나 타인에게 영향을 미칠 수 있다는 사실을 알기 시작한다. 영아는 활발하게 주위를 탐색하고자 하며 이를 저지하려는 부모와의 사이에서 갈등을 경험할 수 있다. 이 시기의 영아의 자기주장은 '제1 반항기'라는 특징에서 드러난다.

이때 부모는 영아의 주변을 마음껏 탐구할 수 있는 안전한 환경으로 만들어 주는 것이 중요하다. 지나치게 영아의 요구를 제한하지 않으면서, 주위를 탐색하도록 적당하게 인정하고 격려해 주면 영아는 자율성을 발달시키게 된다. 그러나 부모가 영아의 탐색을 막고 지나치게 행동을 제한하면 영아는 좌절감을 맛보면서 자신과 다른 사람을 통제할 수 있는 자신의 능력을 의심하며 수치심을 갖게 된다.

5) 기본 학습경험을 제공한다

영아기에 필요한 기본적인 학습경험으로는 자기조절 기술의 습득과 사회적,

언어적, 인지적 발달에 관련된 것을 들 수 있다. 자기조절 기술에 속하는 일들은 배변훈련, 숟가락과 젓가락 사용법, 혼자 바지를 입는 일 등이 있다.

배변훈련은 영아가 발달상 모든 준비가 되어 있을 때까지 기다려 주고 부드러운 분위기에서 행해져야 하며, 성공했을 때에는 많은 칭찬으로 격려해 주고 실패에 대해서는 덮어 주는 것이 좋다. 또한 영아의 배설물에 대해 너무 민감하게 반응하거나 부정적인 감정은 피해야 하며, 배변훈련을 실시하는 중에도 영아로 하여금 배설이 자연스러운 과정임을 느끼게 하는 것이 중요하다.

신뢰감

에릭슨(1950)은 영아기의 결과를 '기본적 신뢰감' 대 '기본적 불신감'이라는 발달학적 용어로 묘사하였다. 이것은 미리 밝힌 인간에 대한 일차적 적응에 주된 관심을 둔 것이다. 자기와 자아에 대한 첫 감각은 후에 자기 발달의 방향을 결정짓게 한다.

신뢰감은 영아의 욕구가 예측 가능하고 지속적인 형태로 충족되는 모성상과의 다양한 상호작용을 통해 생긴다. 이 욕구는 안기고 서로 감정을 소통하며 감각적으로 자극하고 이를 만족시켜 주며 자극과 놀이, 먹여주고 고통을 덜어 주고 고통스러울 때 편안하게 해 주는 것 등을 포함한다. 이후에 엄마는 영아 탐색의 기초는 물론이고 불안에 대한 안정성을 제공함으로써 신뢰감을 갖도록 돕게 된다(Jaffe, 2000: 159-160).

신뢰감이라는 것은 개인적인 자기 도식의 특별한 구조를 일컫는 말이다. 영아는 엄마나 다른 사람들에 대해서 자신의 주장이나 고통·두려움, 그리고 즐거운 느낌 같은 특별한 의미를 형성하게 된다. 예측성, 즉 즐거움을 주고 고통을 덜어 주고 애착을 느끼며 모든 것을 조정해 주는 엄마에 대한 연상은, 이 모든 것이 신뢰의 방향으로 도식이 형성되도록 만들어 준다.

기본적 신뢰감 형성은 영아 단계의 바람직한 과제 달성의 최종적인 결과이다. 부정적 결과를 초래하는 부적합한 가치나 양육 행위도 있다. 그것은 자기 자신과 다른 사람에 대한 불신감을 만든다. 지속적인 모성상을 갖지 못하거나 반복되는 격리를 경험한 영아나, 부모들에 의해 가학적으로 위협당했거나 부모들의 해소되지 못한 갈등의 희생물이 되었거나, 기본적 욕구 충족도 이루어질 수 없었던 경험을 가진 영아들은 장차 세상이나 자신, 혹은 다른 사람들을 이런 경험을 통해 형성된 도식을 통해 부정적 시각으로 보게 될 것이다.

출생 순서와 인성

출생 순서와 인성 간의 관계는 20세기 대부분 동안 많은 논란이 되어 왔고, 알프레드 아들러(Alfred Adler, 1928)의 흥미로운 저서에 의해 더욱 가세되었다. 아들러는 사회화의 독특한 과정이 출생 서열과 관련이 있다고 기술했다. 첫 자녀는 가장 특권을 부여받은 지위에 있는데, 그 이유는 적어도 처음에는 부모의 관심을 나누어 가질 필요가 없기 때문이다. 부모가 첫 자녀에게 기울이는 특별한 관심은 '사라져가는 즉석 사진 효과'로 증명된다(부모는 첫 자녀를 위해서는 수백 장의, 둘째 자녀를 위해서는 수십 장의, 그 뒤에 태어난 자녀들을 위해서는 약 열두 장의 즉석 사진을 모아둔다).

아들러에 의하면, 맏이가 직면하게 되는 가장 주요한 위험은 '권위 있는 지위에서 물러나는 것', 즉 동생의 탄생과 더불어 특권을 상실하고 부모의 관심을 나누어 가져야 하는 것이다. 맏이는 부모가 새로 태어난 동생을 자신보다 더 좋아한다고 여겨서 부모에 대해 적대감과 분노를 가질 수 있다. 아들러는 만약 부모가 동생의 탄생을 지혜롭게 다룬다면, 맏이는 아마도 변화에 잘 적응하고 태어난 아기 동생을 보살피고 보호하게 될 것이라고 말한다. 연구 결과는 이러한 아들러의 추측을 지지한다(Teti, Sakin, Kucera, Corns, & Eiden, 1996).

맏이는 높은 수준의 성취자이며, 리더이고, 언어적으로 진취적이며, 순종적이고, 책임감 있으며, 그리고 어린 형제자매들보다 더 자신감 있다고 묘사된다. 아들러에 의해 중간 위치의 아이들은 야망이 있고, 반항하며, 질투심이 강하지만, 나이가 많거나 적은 형제자매들보다 잘 적응한다고 특징 지워졌다. 종종 가운데 아이와 관련되는 낮은 자아존중감은 '가장 덜 특별한' 존재라는 출생 서열에 귀인된다. 비록 아들러가 막내 아이를 버릇없다고 특징 지웠을지라도, 막내 아이에 대한 현대적 묘사는 호의적이고, 사교적이고, 귀엽고, 친근하고, 인기 있으며, 불순종적이고, 호전적이며, 낮은 자아존중감을 갖는다는 것이다.

나중에 태어난 아이들은 거의 확실하게 부모로부터 보살핌을 적게 받고 가족 내에서 힘없는 지위를 차지하는 것에 대처해야만 한다(Hart & Risley, 1992). "맏이의 지위에 따른 전략, 위세 부림, 그리고 지배력은 어떤 사회 체제에서와 마찬가지로 보다 크고 훌륭한 능력을 가진 사람으로서 힘 있는 구성원들의 전형적 특징이다. 반면 뒤에 태어난 아이들은 부모의 지지를 받기 위해 힘없는 구성원들의 전형적인 모습을 보이는데, 이러한 모습은 부모의 허용적 태도로 인해 더욱 조장된다"(Dunn, 1985).

스틸만과 포웰(Steelman & Powell, 1985)은 비교적 잘 통제된 출생 순서에 대한 연구에서, 전국적으로 대표적인 미국 아이들의 표본으로부터 자료를 분석하였는데, 출생 순서와 학문적인 성취는 아무런 관련이 없음을 발견했다. 오히려 그들은 "사교성, 다른 사람들과 사이좋게 지내는 능력, 인기, 그리고 쉽게 친구를 사귀는 능력 등과 같은 사회적인 기술"로 정의되는 사회적 성공(나중에 태어난 아이들에게 유리한)과 출생 순서 간 중요한 관련이 있다고 기록했다.

출생 순서는 남아에 있어서는(첫아이가 아닌 나중에 태어난 아이들에게 유리한!) 지도력을 예견해주었지만, 여아에 대해서는 그렇지 않았다. 관련 연구들은 발달에 대한 출생 순서의 영향력은 적어도 다른 부모-자녀, 형제, 자매, 그리고 가족과 관계된 특성들에 비하면 아마도 과장되게 나타난 것이라 제시한다(Jaffe, 2000: 272).

5장

애착발달과 부모역할

5장 애착발달과 부모역할

영아기에 발생하는 가장 중요한 사회적 발달이 애착이라고 할 수 있다. 애착(attachment)이라는 용어는 발달심리학자 볼비(Bowlby, 1969)가 영아와 양육자 간에 형성되는 유대관계를 설명하기 위해 최초로 사용하였다. 애착은 '특정한 두 사람 사이에 형성되는 애정적인 유대관계'로 정의할 수 있으며, 영아의 사회성 발달에서 가장 특징적인 행동이면서 이후의 사회성 발달에 지대한 영향을 주는 행동이라고 할 수 있다. 영아가 최초로 만나는 양육자인 부모에 대해 깊은 신뢰감과 유대감을 형성하는 것은 앞으로 진행될 모든 인간관계의 중요한 초석이 되기 때문이다.

1. 애착의 개념

여러 학자들은 영아의 애착행동이 어떤 과정으로 그리고 왜 형성되는지를 연구하였다. 영아기의 애착을 '타인과 가까운 관계를 유지하려는 행동 혹은 가까운 관계가 손상되었을 때 회복하기 위한 행동'이라고 정의하였다(이원영 외, 2001). 즉 애착은 영아와 주양육자가 서로 대한 강한 애정을 느끼고 관계를 지속시키기 위한 다양한 활동형태이다.

쉐퍼(Shaffer, 1988)는 애착을 영아가 그 종(species)의 어떤 다른 구성원에게 근접성을 추구하는 성향이라고 지적하였다. 파팔리아과 올즈(Papalia & Olds, 1979)는 애착이란 다른 사람들로부터 구분되어 특별한 두 사람 간에만 형성되는 능동적이며 애정적인 상호작용관계라고 설명하여, 두 사람 간의 계속적인 상호작용은 서로의 결속을 강화하고 강력하게 응집하게 한다고 하였다. 이와 같은 학자들은 애착이란 영아가 특정인의 곁에 있으려는 안정된 성향으로 설명하고 있다.

인간의 애착행동의 기원은 로렌츠(Lorenz, 1965)의 각인행동(imprinting behavior)에 대한 실험연구에서 비롯된다. 로렌츠는 인공적으로 부화한 새끼 오리에게 결정적 기간(critical period) 내에 생물학적인 어미 오리 대신에 자신을 어미로 부각시켰고 그 결과, 새끼 오리는 로렌츠를 어미로 인식하고 계속해서 추종하였다. 또한 램(Lamb, 1977)은 영아와 어머니, 영아와 아버지의 애착관계에 대해 연구한 결과, 영아들은 아버지보다 어머니에게 더 애착반응을 보였으며, 부모 중 어느 한쪽이 없을 때에는 함께 있는 사람에게 애착을 형성하였다. 이러한 영아의 어머니에 대한 애착 반응은 어머니가 영아에게 젖을 주기 때문이라는 수유이론이 지배적이었다. 그러나 할로우와 짐머만(Harlow & Zimmerman, 1959)의 원숭이 실험에서 새끼 원숭이는 먹이와 따스함이 있는 철사 어미보다는 부드럽고 포근한 촉감을 주는 벨벳 어미와 더 많은 시간을 보내며 애착 반응을 보였다. 따라서 영아의 애착은 수유가 아니라 양육자와의 부드러운 접촉을 통해 형성된다는 사실이 입증되었다.

영아기에 부모와의 안정적인 애착형성은 한 아이가 맺는 긍정적인 인간관계의 출발이며 이는 부모를 시작으로 이후 형성하게 되는 인간관계의 성격에 근본적인 영향을 준다는 점에서 대단히 중요한 발달과제라고 할 수 있다.

2. 애착발달이론

애착관련 여러 이론들은 영아가 생후 1년 이내에 특정 대상과 상호의존적인 정서적 유대관계를 발전시킨다는 데에는 뜻을 같이 하지만, 애착의 형성과 발달에 대한 구체적인 설명은 다음과 같이 저마다 달리하고 있다(정옥분, 2013: 342-4).

1) 정신분석이론

프로이트(Freud, 1938)는 정신분석이론에서 애착의 발달을 심리성적 발달로 설명하고 있다. 즉, 어머니가 영아에게 수유함으로써 빨기와 같은 구강성적 자극에 대한 만족감이라는 본능적 욕구를 충족시키고, 따라서 어머니는 영아의 애정의 대상이 되어 정서적 관계를 유지한다는 것이다.

에릭슨(Erikson, 1963) 또한 영아의 수유욕구를 비롯한 기본적 욕구를 충족시켜 주는 일은 영아기의 안정된 애착관계 형성뿐만 아니라 더 나아가서 세상 전반에 대한 신뢰감을 심어 줄 것이라고 본다. 그러나 에릭슨은 영아의 욕구에 대한 전반적 반응이 수유 그 자체보다 더 중요하다고 주장한다.

정신분석이론에서는 애착이라는 개념을 사용하지는 않았으며, 오늘날 애착을 설명하는 데 성적 결속을 강조하는 이들의 뜻에 동조하는 학자들은 거의 없다. 그러나 영아의 생리적 욕구를 조절하는 어머니의 역할이 긍정적인 애착을 형성하는 데 바탕이 된다는 견해는 이후 모자관계의 연구를 자극하는 동기가 되었다.

2) 학습이론

학습이론에서는 애착행동을 다른 행동과 마찬가지로 학습경험의 축적이라고 본다. 학습이론에서도 정신분석이론과 마찬가지로 수유가 애착의 발달에 중요한 요인이 되는 것이라고 믿는다. 즉, 어머니는 아기를 품에 안고 젖을 먹임으로써 배고픔을 해결해 줄 뿐만 아니라, 수유하는 동안 눈을 맞추고 신체접촉을 통해 따뜻하고 포근한 느낌이나 청각적 자극 또는 촉각적 만족을 끊임없이 제공해 준다. 이런 일이 반복되면서 영아는 어머니와 즐거운 감정을 연결시키게 되고, 이로 인해 어머니는 이차적 강화인(secondary reinforcer)의 지위를 획득하게 된다. 이차적 강화인은 처음에는 중립적 자극이던 것이 다른 강화 자극과 반복적으로 짝지어 짐으로써 강화인의 지위를 얻게 되는 것을 말한다. 이와 같이 어머니가 이차적 강화인의 역할을 하기 시작하면, 영아는 어머니의 관심을 끌기 위해 또 어머니와 가까이 있기 위해 무엇이든 필요하다고 생각되는 행동(미소 짓기, 울기, 옹알이 하기, 따라가기 등)을 하게 된다고 한다.

정신분석이론과 마찬가지로 학습이론에서도, 일차적인 욕구충족을 통해 발달한 긍정적인 정서적 유대관계를 애착이라는 개념보다는 의존성과 관련된 개념으로 설명한다(Sears, 1972).

3) 인지발달이론

인지발달이론에서는 영아의 사회적 행동은 영아의 기본적인 인지과정과 관련이 있으므로, 영아의 지적 발달이 선행되어야 특정 인물에 대한 애착을 형성할 수 있다고 본다(Schaffer & Emerson, 1964). 애착을 형성하기 전에 영아는 우선 낯선 사람과 친숙한 사람을 구별할 수 있어야 하며, 대상영속성 개념 또한 획득해야 한다. 애착대상이 시야에서 사라짐으로써 더 이상 존재하지 않는다고 믿는다면, 그 사람과의 애착관계를 형성하기가 어렵기 때문이다(Schaffer, 1971). 따라서 영아가 대상영속성 개념을 획득하기 시작하는 시기인 7~9개월경에 처음으로 애착현상을 보이는 것은 우연이 아닐지도 모른다.

4) 동물행동학적 이론

볼비(Bowlby, 1973)의 애착이론에 의하면, 애착의 발달은 사회적 학습에 의해 촉진되기는 하지만, 근본적으로는 생존유지 및 보호를 위한 본능적인 반응의 결과로서 이미 생래적으로 계획되어 있다고 한다. 즉, 애착행동은 인간의 생득적인 반응인 빨기, 울음, 미소, 매달리기, 따라다니기와 같은 초기 사회적 신호체계를 모체로 하고, 어머니 또한 영아를 마주 보고 안거나, 영아와 접촉하는 것을 통해 만족감을 느끼는 것 등의 내재적인 특별한 반응양식이 있어, 모자간의 사회적 상호작용을 통해 애착이 발달한다고 보았다.

사회적 상호작용을 강조한 볼비의 애착이론은 애착이 배고픔과 같은 일차적 욕구 충족과 관계없이 발달한다고 밝힌 할로우(Harlow)의 연구결과에 그 토대를 두는 것이다. 할로우와 짐머만(Harlow & Zimmerman, 1959)의 유명한 원숭이 실험에서, 원숭이 새끼들은 어미와 격리되어 '철사엄마'와 '헝겊엄마'의 두 대리모에 의해 양육되었다. 철사엄마와 헝겊엄마에게 우유병을 부착해서 이 중 반은 철사엄마에게서 우유를 얻어먹고, 나머지 반은 헝겊엄마에게서 우유를 얻어먹었다. 연구결과 원숭이 새끼들은 어떤 엄마에게서 수유를 받았든 그와 상관없이 모두 헝겊엄마를 더 좋아하는 것으로 나타났다. 심지어 철사엄마에게서만 젖을 먹을 수 있었을 때조차도 젖 먹는 시간만 제외하고는 대부분의 시간을 헝겊엄마와 함께 보냈다. 그리고 낯선 물체가 나타났을 때에도 두려워하는 반응을 보이면서 모두 헝겊엄마에게로 달려가 매달렸다.

배고픔을 덜어준 것이 철사엄마이기 때문에, 원숭이 새끼들이 철사엄마를 더 좋아해야 했었는데 그렇지 않았다. 이 연구결과는 수유가 애착형성에 결정적 요인이 아니라는 것을 시사해 준다.

3. 애착발달단계

1) 볼비의 애착발달단계

인간은 비교적 오랫동안 무능력한 영아 상태로 있기 때문에 생존을 위해서는 자기를 돌봐 줄 사람이 필요하다. 그러므로 영아는 어머니의 보호 반응을 유도하며, 어머니에게 갖는 영아의 애착은 동물과 마찬가지로 중요하고 생존적 기능을 갖는다.

볼비는 영아의 경우에는 그 애착과정이 동물처럼 생후 며칠 동안에 결정되는 것은 아니지만 동물과 유사한 과정을 통해 애착된다고 주장하며, 애착 과정을 몇 단계로 설명한다(이경희, 2001: 145-149).

• 1단계 (0~3개월) : 인간에 대한 무분별한 반응

생후 처음 몇 달 동안 아기는 대부분의 사람에게 아주 비슷한 반응을 보인다. 왜냐하면 유아들은 시 · 청각을 비롯하여 여러 감각이 신속히 발달함에 따라 감각자극에 대한 변별력이 있음에도 불구하고 그러한 자극을 제시하는 사람들을 변별하지 못하기 때문이다. 아기는 사람의 목소리나 얼굴을 보고 싶어 하므로 사람이 곁에 없으면 보채기도 한다. 이 시기에 나타나는 영아의 행동들은 성인으로 하여금 자신에게 접근이나 접촉을 하게 한다. 그러므로 울음, 미소, 발성 들을 통해 성인의 행동을 활성화시킨다. 출생한 지 10분 된 아기가 여러 형태의 모양보다 사람의 얼굴을 더 좋아함을 밝혀냈다(Fantz, 1961). 그러므로 아기는 곁에 있던 사람이 보이지 않을 때, 혹은 잠에서 깨어나 혼자 있을 때 울음으로 반응하며, 누구이든지 간에 상관하지 않고 사람이 곁에 있기를 바란다.

• 2단계 (4~6개월) : 낯익은 사람에게 초점 맞추기

여러 가지 반사들이 점차로 소멸되며, 아기의 사회적 반응은 보다 선택적으

로 이루어진다. 이 단계의 영아는 낯익은 사람과 그렇지 않은 사람을 구별할 수 있으므로, 주로 낯익은 사람에게 옹알이를 하기도 하고 미소 짓는 행동을 보인다. 낯선 사람을 보면 가만히 응시하기도 한다.

보통 애착 대상은 어머니가 되기 쉬우나, 아기들은 자신들이 보내는 신호에 가장 민감하게 반응해주고, 가장 잘 놀아주는 사람에게 강한 애착을 발달시킨다. 따라서 아버지나 다른 대리 양육자가 주요 애착 대상이 될 수도 있다.

• 3단계 (7개월~3세) : 능동적 접근 추구

이 단계의 영아를 우리는 흔히 처음 애착을 형성했다고 말한다. 정상적인 가정에서 자란 영아는 보통 12개월경에 어머니에게 애착을 형성하게 된다. 이때 애착을 나타내는 분명한 행동으로서 접근과 접촉추구 시도가 급격히 증가함을 볼 수 있다.

이 단계의 애착현상을 잘 나타내는 두 가지 특징은 낯선 사람에 대한 불안(stranger anxiety)과 격리불안(separation anxiety)이다. 다른 낯선 사람보다 낯익은 보호자를 더 좋아하고 그로부터 격리될 때 불안을 느끼며 격렬한 반응을 보인다.

낯선 사람에 대한 불안을 낯가림이라고도 하며 보통 7~8개월경에 나타난다. 이러한 현상은 영아가 여러 사람 가운데 어느 한 사람을 선택하여 애착을 형성함에 따라 나타나는 반응이다. 이때 아기의 반응은 약간 경계를 하는 것에서부터 울음을 터뜨리기까지 다양하다. 이 불안은 12개월을 전후하여 절정에 이르고 그 후에는 차차 없어진다.

• 4단계 (3세에서 아동기 말까지) : 동반자 행동

3세 이전의 유아들은 단지 돌보는 사람과 가까이 있으려고 하고 잠시라도 눈에 보이지 않으면 불안해하므로 자신을 돌보는 애착 대상의 계획은 관심 밖이다. 그러나 3세 아동은 어머니가 나가면서, “엄마, 쓰레기 버리러 잠깐 나갔다 올게”하고 이해를 시키면 어머니의 이러한 계획을 이해하므로 어머니가 잠시 곁에 없을지라도 어머니가 무슨 행동을 할 것인지 상상할 수 있다. 그러므로 어머니가 잠시 눈에 보이지 않더라도 어머니의 계획을 이해함으로써 자기 곁을 떠나는 것을 허용하는 어머니와의 동반자 관계를 형성한다. 또한 이 단계의 아동들은 어머니에게 접근하고 접촉을 하기 위해서 어머니의 행동을 변화시킬 수 있는 행동을 고안해 낼 수 있다.

볼비는 애착의 형성과정에 관심을 가졌을 뿐 아니라 수용시설에 자라난 아이들이 성장한 후 다른 사람과 애착을 형성하지 못하는 것을 보고 인간도 애착을 형성하는 데 결정적 시기가 있음을 생각하게 되었다. 게다가 많은 아이들이 보모를 공유(共有)하므로 보모들은 이들의 욕구에 민감하게 반응하기 어렵다. 그러다 보니 정상적인 가정에서 자란 유아와 비교해 볼 때 시설아와 보모 간의 밀접한 애착관계가 이루어지기 힘들고, 성인이 되어서도 타인과 깊은 유대관계를 맺지 못하게 된다고 보았다.

스피츠(Spitz, 1946)도 시설에서 자란 영아들에게 관심을 가졌다. 그들은 보모에 의해 신체적인 보호를 받기는 하나 애정 어린 상호작용이 부족하므로, 성장 후에는 무감각한 표정에 이상한 몸짓과 움직임을 보였다. 그는 시설에서 자란 아기들의 반응을 보면서 이를 시설병이라고 명명하였다. 증상이 심해질 경우 유아는 잘 먹지도 않고 병에도 잘 걸린다고 하였다.

위의 연구 결과는 영유아가 제대로 성장하기 위해서는 신체적인 욕구만을 충족한다고 되는 것이 아니라, 사랑과 애정이 요구되며 따뜻한 피부 접촉이 중요하다는 것을 입증해준다. 더구나 영아 초기에 사랑의 결핍은 성인이 되어서도 영향을 미친다는 것을 보여준다.

2) 일반화된 애착발달단계

오늘날 보다 일반화된 애착발달단계는 다음과 같다(정인숙 외, 2009: 219-20).

• 1단계: 욕구를 충족시켜 주는 사람에 대한 애착전조 행동을 보이는 단계

출생 이후 6주까지의 시기로 영아는 애착의 전조행동을 나타낸다. 울기, 빨기, 미소 짓기, 움켜잡기 등의 행동으로 상대방과 가까운 거리를 유지하려는 단계이다. 영아는 자신의 요구를 채워 주고, 자신이 보내는 신호에 응답해 주는 사람이면 누구든지 상관없이 애착전조행동을 보인다. 영아들이 상대를 구분하지 않고 애착전조 행동을 보이는 이유는 영아들이 아직 사람을 분명히 구분하여 지각할 능력이 없기 때문이다. 따라서 낯선 사람과 있어도 영아는 별로 신경쓰지 않는다.

최근의 여러 연구에서는 영아들의 애착전조행동 시기를 4-6주까지로 주장하고 있다. 왜냐하면 이 시기의 영아가 사람들을 구분하여 지각하지 못한다는 지적에 이견을 갖기 때문이다. 영아들이 사람을 변별해 내는 시기는 볼비가 주장한 시기보다 훨씬 빠르다는 것이다.

• 2단계: 애착형성의 시작단계

10주~8개월까지의 시기로서 영아는 부모 또는 정기적으로 자신을 돌보아 주는 특정인들에게 애착을 형성하는 단계이다. 영아들은 애착을 갖고 선호하는 사람과의 관계가 다른 사람들과의 관계에서 보이는 반응에 분명한 차이가 나타난다. 예를 들어, 영어가 울거나 떼를 쓸 때에 애착을 가진 사람이 달래면 빨리 그치는 경향이 있고 더 나아가 이들과 함께 할 때에 영아들의 행동은 훨씬 적극적으로 활동하는 것을 볼 수 있다. 6~8개월까지는 조금 덜 선호하는 사람과 함께 활동을 하는 경우에도 분리불안을 보이지 않고 긍정적인 반응을 나타낸다.

• 3단계: 애착형성의 완성단계

이 단계는 8개월에서 24개월까지로 영아와 양육자 사이에 확실하게 애착이 형성되었다고 볼 수 있는 시기이다. 영아는 어머니가 떠나려 할 때에 능동적으로 접근하고, 특히 곤경에 빠지게 되면 누구보다도 어머니를 찾는다. 이제부터

영아는 양육자가 자신의 곁을 떠나려고 하면 계속 매달리며 우는 등의 분리불안을 나타내며, 저항하거나 영육자의 관심을 끌기 위한 의도적인 행동을 시도하기도 한다. 분리불안을 나타내는 것은 영아가 대상영속성 개념을 획득하였다는 증거이며 대상영속성 개념을 획득하지 못한 영아는 분리불안을 보이지 않는다.

- 4단계: 애착대상에 대한 상호관계 형성단계

만 2세 이후가 되면 유아들은 타인의 존재를 자신과 분리된 존재로 인식하기 시작한다. 또한 유아는 정신적 표상능력과 언어능력의 발달을 통해 애착대상의 행동을 예측할 수 있게 된다. 따라서 다른 사람들과 상호작용을 하기 위해서는 상대방의 요구와 필요를 생각해야 한다는 것을 깨닫기 시작하는 것이다.

4. 애착유형과 애착반응

1) 애착유형

영아가 나타내는 애착에는 개인차가 있다. 즉, 어머니가 영아에게 주는 자극의 양, 반응의 민감성과 안정성 등 어머니와 영아 간의 상호작용 양상에 따라 상이한 애착유형이 나타나게 된다. 일찍이 애착유형을 연구한 에인스워스(Ainsworth)의 이론을 중심으로 애착유형을 살펴본다(이현섭 외, 2007: 225-8; 정옥분 · 정순화, 2016: 177-9 참조).

에인스워스(Ainsworth, 1978, 1983)는 영아가 출생해서 만 1년이 넘는 54주까지 3주마다 한 번에 네 시간씩 실험실에서 영아와 어머니가 상호작용하는 양상을 관찰하였다. 관찰이 끝난 직후부터 그는 자신이 고안해 낸 '낯선 상황검사(strange situation test)'로 애착의 특성을 측정하였다(표 5-1). 그녀는 여러 상황에서 엄마와 영아의 반응, 즉 탐색활동, 낯선 이에 대한 반응, 엄마와 헤어질 때의 반응, 특히 엄마와 다시 만났을 때 유아가 나타내는 행동을 기록하여 분석한 결과 애착의 유형을 안정애착, 회피애착, 저항애착의 세 가지 유형으로 구분하였다.

〈표 5-1〉 **에인스워스(Ainsworth)의 낯선 상황검사**

에피소드	내용	관찰되는 애착행동
1	실험자가 어머니와 영아를 실험실로 안내하고 떠난다.	
2	영아가 장난감을 가지고 노는 동안 어머니는 그 곁에 앉아 있다.	안전기지로서의 어머니
3	낯선 이가 들어와 앉아서 어머니와 이야기를 나눈다.	낯선 이에 대한 반응
4	어머니가 방을 나간다. 낯선 이가 영아와 상호작용하고, 영아가 불안반응을 보이면 진정시킨다.	분리불안
5	어머니가 돌아와 영아를 반기로 필요하다면 영아를 진정시킨다.	재결합 반응
6	낯선 이가 방을 나간다.	
7	낯선 이가 들어와서 영아를 진정시킨다.	낯선 이에 의해 진정되는 정도
8	어머니가 돌아와 영아를 반기고 필요하다면 영아를 진정시킨다.	낯선 이에 의해 진정되는 정도
	영아의 관심을 장난감으로 유도한다.	재결합 반응

(출처: Ainsworth, M.D.S., Blehar, M., Waters, E., & Wall, S., 1978).

이후 에인스워스의 제자였던 마인과 솔로몬(Main & Solomon, 1986; 1990)은 낯선 상황 실험에서 분리와 재결합 상황을 녹화한 비디오테이프를 분석한 결과, 이들 세 유형에 속하지 않는 또 다른 애착유형이 있음을 발견하고, 이를 혼란애착으로 분류하였다.

(1) 안정된 애착유형(secure attachment)

이 유형의 영아는 낯선 상황에서 어머니가 있는 동안에는 이따금 어머니에게 가까이 가서 몸을 대보며, 어머니가 떠났다가 들어오면 열렬하게 반긴다. 어머니만 있으면 두려움 없이 낯선 상황을 탐색하며, 낯선 장난감에 호기심을 보이거나 가지고 논다. 이 유형의 어머니는 영아의 요구에 민감하게 반응하고, 아기 스스로 노는 것을 충분히 허용해 준다. 이 유형의 영아는 애착 대상에 대한 애착행동과 주변 세상에 대한 탐색행동이 균형을 이루는 경향이 있다. 1세 된 영아의 약 70% 정도가 이 유형에 속한다.

(2) 불안정한 회피애착 유형(insecure-avoidant attachment)

이 유형의 영아는 어머니가 떠나도 별 동요를 보이지 않으며, 어머니가 들어와도 다가가려 하지 않고 무시한다. 어머니는 아기의 요구에 무감각하며, 아기와의 신체적인 접촉이 적고, 화가 나 있거나 초조하며, 거부하듯이 영아를 다룬다. 이 유형의 영아는 애착 대상에 대한 애착행동 보다 주변 세상에 대한 탐색행동에 치중하는 경향이 있다. 주요 애착대상인 어머니에 대한 애착을 거의 포기했기 때문이다. 전체 영아의 약 20%가 이 유형에 속한다.

(3) 불안정한 저항애착 유형(insecure-resistant attachment)

이 유형의 영아는 일반적으로 어머니의 접촉시도에 저항하는 경향이 높다. 어머니가 곁에 있어도 잘 울고 보채지만, 어머니가 떠나면 극심한 불안을 보인다. 어머니가 돌아오면 화를 내지만, 불안정한 회피유형과는 달리 어머니 곁에 머물러 있으려고 한다. 어머니와의 접촉에 관심이 없거나 다가가서 안겼다가는 이내 화난 듯이 밀어내는 양극적 반응을 보인다. 이 유형의 어머니는 아기의 요구에 무감각하고 아기를 다루는 방식이 어색하지만, 화가 나 있거나 아기를 거부하는 느낌은 없다. 이 유형의 영아는 애착 대상에 대한 애착행동이 주변 세상에 대한 탐색행동을 훨씬 능가하는 경향이 있는 데 이는 여전히 충족되지 않은 애정욕구에 집착하고 있기 때문이다. 1세 된 영아의 약 10%가 이 유형에 해당된다.

(4) 혼란애착(Disorganized Attachment)

연구대상의 5~10%를 차지하는 혼란애착 유형은 불안정애착의 가장 심한 형태로 회피 애착과 저항 애착이 결합된 것이다. 이들은 어머니와 재결합했을 때, 얼어붙은 표정으로 어머니에게 접근하거나 어머니가 안아줘도 먼 곳을 쳐다본다.

2) 애착반응

생후 6개월이 되면 대부분의 영아들은 특정인과 애착 관계를 형성하기 시작한다. 주로 양육자인 어머니 또는 아버지가 애착의 대상이 되고 점차적으로 가족이나 친구에게 확대된다. 영아의 애착 형성의 표시로 나타나는 행동 특징은 첫째, 영아는 애착대상과의 접촉을 유지하려고 노력한다. 둘째, 애착 대상이 없을 때 슬픔을 나타낸다. 셋째, 영아는 애착 대상과 함께 있으면 안락과 편안함을 느끼는 반면 다른 사람과 함께 있으면 불안과 초조의 반응을 보이게 된다.

따라서 영아가 특정 인물과 애착을 형성했다는 증거로 나타나는 대표적 현상이 낯가림과 분리불안이다.

(1) 낯가림(Stranger Anxiety)

영아가 특정인과 애착을 형성하게 되면, 낯선 사람이 다가오거나 부모가 낯선 사람에게 자신을 맡기면 큰 소리로 우는데, 이런 반응을 낯가림이라고 한다. 낯가림은 낯선 사람 그 자체에 대한 반응이 아니고, 영아가 익숙해 있는 얼굴과 낯선 얼굴의 불일치에 대해 보이는 반응이다. 낯가림은 6~8개월경에 나타나기 시작해서 첫돌 전후에 최고조에 달했다가 서서히 감소한다.

대부분의 영아가 낯선 사람에 대한 불안 반응을 보이지만, 낯가림의 정도는 영아의 기질이나 환경요인에 따라 다르게 나타난다.

(2) 분리불안(Separation Anxiety)

낯가림이 낯선 사람에 대한 불안에서 비롯된 것이라면, 친숙한 사람과의 분리 또한 불안의 근원이 된다. 분리불안은 영아가 부모나 애착을 느끼는 대상과 분리될 때 느끼는 불안을 의미한다. 분리불안은 돌 전후에 나타나기 시작해서 20~24개월경에 없어진다.

안정애착을 형성한 영아는 불안정애착을 형성한 영아보다 분리불안 반응을 덜 보이는 경향이 있으며, 어머니를 탐색을 위한 기지로 삼아 주변 환경에 대한 탐색활동을 하게 된다.

5. 애착발달의 요인들과 영향

생애 초기에 영아에게 절대적으로 필요한 보살핌과 애정을 주는 최초의 양육자인 부모와의 안정적 애착의 형성은 한 인간의 생애 발달과정에서 이후의 사회성 발달에 지대한 영향을 주는 대단히 중요한 행동 특성이라고 할 수 있다. 따라서 애착발달에 영향을 주는 여러 요인들을 살피는 것은 바람직한 애착 형성과 발달의 조건들을 이해하게 한다.

1) 애착발달과 부모의 태도

애착발달과 관련된 부모행동 및 태도 중 가장 중요한 변인은 두 사람 간의 상호작용의 질로써 부모가 보이는 민감성이다. 이 외에도 상호작용의 양이나 유아에 대한 이해와 같은 변인이 대두되었고, 부모가 갖는 부모 자신의 특성 또한 영아의 애착발달과 관련 있음이 제기되었다(이경희, 2001: 149-152 참조).

(1) 상호작용의 양과 질

애착의 발달에 가장 중요한 것은 아마도 부모와 영유아 간의 상호작용의 질일 것이다. 많은 연구자들이 상호작용의 양 또는 질이 애착에 미치는 영향에 관하여 연구하였으나, 부모와 영유아 간 상호작용의 양은 애착의 질(質)을 일관성 있게 예측하지 못하였다. 즉, 아버지와 영아가 헤어진 후 다시 재결합할 때 영아가 아버지를 반기는 정도에 의해서 애착 강도를 측정한 결과, 아버지가 영아와 함께 노는 데 걸린 시간의 양과는 아무런 상관이 없음을 연구자들은 발견하였다.

그러나 가정에서 영아－아버지 상호작용을 관찰하는 동안에 영아가 아버지에게 접근하고자 하는 것과 매주 아버지가 기저귀를 갈아준 횟수 간에 높은 상관이 있이 확인되었다. 이와 같은 결과는 아무리 상호작용의 양이 애착의 질을 일관성 있게 예측하지 못한다고 하더라도 두 사람 간의 애착이 성립되기 위해서는 이에 필요한 최소한의 상호작용이 요구됨을 말해준다.

이상의 여러 결과들은 애착을 형성하기 위해서 상호작용의 질이 물론 중요하나 이와 더불어 상호작용의 양이 상호작용의 질에 영향을 미침으로 상호작용의 양도 무시할 수 없는 변인임을 보여준다.

(2) 민감성

안정된 애착관계를 가지고 있는 두 사람 간의 상호작용은 동시성(혹은 민감성)의 특성을 가지고 있으며, 불안정한 애착을 가진 사람들의 상호작용은 비동시성(유아의 신호에 비일관적 이거나 무시함)의 특성을 갖는다고 한다. 상호작용 동시성이란 언제라도 서로에게 보상이 되는 행동을 함으로써 상호적임을 나타낸다. 그러나 상호작용 비동시성이라는 것은 어머니가 영아에게 최소한으로 관여하거나 영아의 신호에 무반응적이며 아무 때나 관여함으로써 영아의 놀이를 훼방하는 상호작용이라고 할 수 있다. 특별히 불안정-회피집단의 영아는 훼방하거나 과잉자극을 제공하는 어머니의 상호작용과 관계가 있으며, 불안정-저항 집단은 비협조적인 상호작용으로써 영아에게 별로 관여하지 않고 비일관적인 태도를 보이는 어머니와 관련된다(Isabella & Belsky, 1991).

낯선 상황 실험을 사용하여 애착과 어머니 행동을 연구한 결과, 좀 더 안정된 애착을 가진 영아의 어머니들은 아기의 신호에 반응하는 데 더 민감한 것으로 나타났다. 그들은 영아에 대해 더욱 알고자 하였고 영아들과 함께 있는 것을 즐거워하는 것으로 나타났다.

이와 같이 상호작용의 질을 영유아의 욕구에 대한 부모의 민감성으로 판단할 때 상호작용의 질과 상호작용의 정서적 강도는 애착발달에 결정적인 역할을 한다고 할 수 있다. 따라서 애착발달에 부모의 민감한 반응이 중요하다는 것을 알 수 있으며, 이 결과들이 시사하는 것은 부모가 영아의 욕구를 무시하고 자신의 틀에 맞추려고 하는 태도는 지양되어야 한다는 것이다. 아기 양육 경험이 있는 어머니들이 경험이 없는 엄마에게, 아기가 울 때마다 안아 주고 흔들어주면 아기가 습관이 되어 엄마를 힘들게 하므로 어느 정도 무시하도록 충고하는 것은 아기에게 아무런 도움이 되지 못한다. 오직 엄마의 욕구에 맞추는 것이므로 부모가 유아의 반응에 민감하도록 그 필요성을 인식시켜야 한다.

2) 부모의 특성

어머니 자신이 내성적인 편이고 새로운 상황과 사람에게 적응하기 어려울 때, 그들의 영아도 자신과 분리되거나 낯선 사람이 있을 때 더 고통스러워하였으며, 아울러 어머니들은 아주 낯선 환경 속에 영아를 좀처럼 노출시키지 않았다. 이와 같은 사실은 어머니와 영아 간의 유전적인 유사성 외에도 어머니의 특성과 영아의 기질 간에 연관이 있음을 보여준다. 또한 어머니의 성격, 즉 영아에게 따뜻함과 지지를 잘 나타내지 않고 긍정적인 애정을 적게 보이는 어머니들은 영아의 고통스러워하는 기질과 연관이 있고, 또한 고통스러워하는 기질을 많이 보이는 영아들은 어머니가 자연스럽게 행동할 때 어머니에게 안정된 애착을 형성하였다(Mangelsdorf et al., 1990).

애착이란 어머니-영아 간에 형성되는 것이지만, 또한 어머니가 어렸을 때 그 자신의 부모 관계에서 영향을 받기도 한다. 포내기와 스틸(Fonagy & Steele, 1991)은 어머니가 아기를 출산하기 전에 면접하여, 어렸을 때 자신들의 부모로부터 거절 받은 경험이나 화가 나거나 상처를 받은 경험, 그리고 일찍 부모를 여의거나 학대받거나 격리되었던 경험에 대하여 자세하게 질문하였다. 또한 현재 부모와의 관계는 어떠하며 어렸을 때의 경험이 현재의 자신에게 영향을 미치고 있는 것은 무엇인지, 그리고 미래 부모가 되었을 때 자신의 양육태도는 어떠할 것인지에 대해 질문하였다. 예비 어머니들의 응답을 분석하고 아기를 출산하여 후에 그들이 1세 되었을 때 애착을 측정한 결과, 이들 96명의 초산부들 중 75% 정도가 자신이 부모에게 가졌던 애착의 질에 의해 자신과 유아의 애착의 질이 결정되었다.

애착발달의 개인차

애착행동 발달의 개인차와 관련, 유아발달을 연구하는 사람들은 유아들 사이에서의 애착, 격리 반응, 유아기의 놀이, 탐색, 낯선 이에 대한 공포, 이외에 다른 발달학적 행동이 나타나는 시기의 개인차에 대해 관심을 기울였다. 이러한 개인차는 유전적 차이, 발달이 진행되는 기간이 긴 점, 다를 수밖에 없는 사회적 환경, 어느 정도 변화가 가능한 본능, 본래의 특성들에 기인한 것이다. 재미있는 점은 비슷한 환경에서 자란 아이들도 매우 큰 개인차를 보인다는 것이다. 모성상과의 애착은 5개월 정도면 생기지만 어떤 유아는 1년이 지나도록 생기지 않는 경우가 있다. 낯선 이에 대한 공포가 생기는 시기는 6개월에서 1년 사이이다. 격리와 재결합 시의 반응의 정도가 약하게 저항하는 정도에서 심한 분노에 이르기까지 다양하다. 유아가 대상 영속성을 가질 수 있는 나이 등에서도 개인차를 보인다(Jaffe, 2000: 156).

3) 탁아와 애착발달

오늘날 많은 여성들은 결혼 후에도 직업인의 생활을 하기 원하며 가정과 육아의 병행을 하고자 한다. 여기서 필연적으로 어린이집이나 유치원 등의 탁아시설에 아이를 맡길 수밖에 없게 되며 부모들의 관심은 탁아경험이 영유아 발달에 어떤 영향을 미칠 것인가에 집중하게 된다. 탁아경험의 긍정성과 부정성을 어느 하나로만 설명할 수 없으며 탁아가 애착형성에 미치는 영향은 연구 변인에 따라 달라지게 된다. 탁아의 긍정적 영향과 부정적 영향을 살펴본다(이경희, 2001: 156-60 참조).

(1) 탁아의 긍정적 영향

먼저 탁아가 부모-아동의 애착이나 아동발달에 반드시 해를 미치는 것은 아니라는 연구로 일찍이 수행된 케이건과 동료들(1975)의 특별히 잘 고안된 종단적 연구를 들 수 있다. 이들은 탁아소에 다니는 3.5~30개월의 유아를 대상으로 연구하였는데, 이들은 중국계와 백인계의 하류 및 중류계층에 속한 유아 집단으로서 인종, 사회·경제적 지위(Socioeconomic Status), 성별이 비슷한 가정에서 양육된 유아집단과 비교되었다.

케이건과 동료들은 탁아경험이 어머니와 유아 간의 정서적인 끈을 약화시키지 않으며, 오히려 탁아기관에 있는 시간 이외에 가정에서 겪는 경험의 질이 어머니와 유아의 애착발달에 결정적인 영향을 준다고 주장하였다. 이러한 주장은 맥코비와 펠드맨에 의해 증명되었다. 이들은 키부츠에서 양육된 이스라엘 유아와 미국에서 양육된 유아를 비교한 결과, 아주 다른 양육조건임에도 불구하고 어머니를 향한 유아의 애착행동은 상당히 비슷하다는 것을 발견하였다.

케이건보다 앞서서 칼드웰(Caldwell, 1970)과 동료들의 연구도 6~15개월에 탁아기관에 다니기 시작하여 30개월 된 18명의 유아와 집에서 양육된 23명의 유어를 비교한 결과, 유아와 어머니의 관계나 양육행동, 적의감, 행복, 정서적인 면에서 아무런 차이를 발견할 수 없었다.

이와 같이 케이건과 칼드웰의 연구가 탁아경험이 해롭지 않다는 것을 보고하였으나, 그들 연구의 탁아기관은 유아와 성인의 비율이 매우 낮고 한 아동당 많은 경비를 지출하며, 보통의 탁아기관보다 질적으로 우수한 곳이었으므로 탁아기관의 질이 고려되지 않을 경우 이 결과를 일반화시키는 데 문제가 있다. 이는 탁아기관에서의 양육의 질이 가정에서의 양육과 질적인 차이가 없으려면 우수한 탁아기관이 전제되어야 한다는 것을 시사한다.

(2) 탁아의 부정적 영향

탁아가 유아에게 미치는 부정적 영향을 제시한 연구자들은 애착의 질과 탁아, 유아의 사회성 발달을 고려하면서 아동이 처음 시작한 탁아시기에 관심을 가졌다. 이들은 영아기의 탁아경험이 어머니와 애착에 나쁜 영향을 미치며, 불안정한 애착으로 인해 아동발달에 부정적인 영향을 미친다고 생각하였다.

초등학교 1학년 아동을 대상으로 수행된 연구에서도 생후 1년 내에 탁아를 시작한 아동과 그렇지 않은 경우를 비교한 결과, 1세 이전의 탁아경험이 사회성 발달에 부정적 영향을 미친다는 것을 확인하였다.

발달 관점에서 볼 때 안정된 애착을 갖는 것은 유아 자신에게서 나오는 것이 아니라 유아와 양육자 간 상호작용의 산물인데 너무 어린 연령부터 탁아기관에 맡길 경우 어머니들은 유아의 기분이나 특성을 잘 파악하지 못하고 유아가 보내는 신호에 적절하게 반응하기 어렵다고 본다.

또한 어머니들은 유아와 함께 있는 시간이 감소하자 그것을 보상하기 위해서 유아와 함께 있을 때 과잉 육아를 하게 되며 이러한 양육 형태가 회피-애착유형을 낳는 이유가 되기도 한다. 더욱이 조기에 종일반 탁아를 경험한 영유아는 불안정한 애착, 특히 회피-애착유형을 보이게 되고 이것은 학령 전기로 연장되어 어머니에게 비순종적인 행동과 공격적인 행동을 나타내기도 하였다.

(3) 대리양육자의 질과 애착

탁아경험 그 자체보다 대리양육자의 질과 안정성이 후의 발달을 예언하며 또한 과거의 애착형성에 영향을 미쳤던 어머니의 태도와 행동뿐 아니라 현재 어머니의 양육 형태도 중요하다고 할 수 있다. 탁아의 질적 차이는 환경적 요인에서 볼 때 교사의 행동이 물리적 환경보다 유아에게 더 큰 영향을 미친다. 교사의 행동에 영향을 주는 요인은 집단의 크기와 교사 대 유아의 비율과 관계가 있다. 집단의 크기가 크면 유아는 반사회적 행동을 보이고 방관적인 놀이를 많이 하며 다른 사람을 관찰하는 데 더 많은 시간을 보낸다(Clark-Stewart & Fein, 1983).

교사의 행동은 유아의 사회적 기술과 지식획득에 직접적인 영향을 미치며, 놀이에 계속적으로 참여하는 것에도 영향을 미친다. 교사가 그들과 우호적으로 친밀하게 반응할 때 유아는 사회적으로 더 유능하게 된다(Phyfe-perkins. 1981).

좋은 물리적 환경은 좋은 자료와 교구, 적절한 공간, 적절히 개방적인 프로그램 등으로, 이때 아이에게 반응을 잘해주는 교사가 있을 때 탁아로 인한 부정적인 영향은 최소화되리라고 본다.

그러나 양육자의 질을 고려하면 탁아비용이 많아지는 것을 감안할 때 저소득층 가정의 경우 탁아경험으로 인해 유아가 겪는 부정적 경험은 회피하기 어렵다는 것이 일반적인 주장이다.

4) 애착이 발달에 미치는 영향

영아의 초기 사회적 관계에서 가장 두드러지는 점은 양육자에 대한 정서적 애착이다. 애착은 한 개인이 자신과 가장 가까운 사람에 대해서 느끼는 강한 감성적 유대관계를 뜻한다. 애착은 근본적으로 선택적인 특성을 갖고 있어서 극히 소수의 제한된 대상에 대해서 형성되며, 애착이 형성된 대상에 대해서는 가까이 다가가고 싶고 근접해 있고 싶은 욕구를 갖게 된다. 이런 초기의 애착관계는 아동의 정서적 안정성과 대인관계 등의 사회적 발달에 중요한 기반이 된다. 인간과 세상에 대한 신뢰형성의 토대가 되는 것이다.

애착에 대한 연구의 또 다른 관심은 어머니–유아 간의 강한 애착 끈이 그 후 발달에 결정적인 역할을 한다는 것이다. 애착 끈의 중요성에 대해 언급했던 초기의 학자로서 볼비는 초기 모성결핍이 감정이 없는 성격을 형성하게 하여 아동의 인지적·사회적 기능이 뒤떨어진다고 결론지었다.

그 후의 연구자들은 애착과 유아의 발달관계는 볼비가 처음에 생각했던 것보다 훨씬 복잡하다는 것을 지적하였다. 모성결핍으로 상처를 받는 정도에는 개인차가 있으며, 여러 가지 심리적 기능에서도 개인마다 다른 영향을 미친다. 많은 연구들은 인지적·사회적 발달 모두에 있어서 애착의 중요성을 지지하였다.

생후 1년 동안 안정된 애착을 가진 유아는 불안정한 애착을 가진 유아에 비해 성장한 후에 자기 어머니나 낯선 성인에 대해 더 협력적이고 애정을 더 많이 나타냈으며 보다 덜 회피하는 경향이 있었다. 더욱이 어머니가 있을 때 낯선 사람에게 기꺼이 접근함으로써 환경에 대한 탐색뿐만이 아니라 사람 간의 관계까지도 자유롭게 탐색하고자 하였다(Ainsworth, 1973).

일부 연구에 의하면 안정적으로 애착한 유아는 그렇지 않은 유아보다 12개월경에 어머니 말에 더 순종하며, 21개월경에는 낯선 여자에게 더 잘 협조하는 경향이 있다. 게다가 12~18개월경에 안정적으로 애착하는 유아는 그렇지 않은 유아보다 2세경에 호기심이 훨씬 더 많고 또래에게 더 사교적이었으며, 3세경에는 낯선 어른과 게임에서 경쟁하면서도 편안해 했다.

학령 전 시기의 애착특성과 사회적·지적 행동 간의 관계를 탐색한 연구의 경우 우선 15개월경에 유아들의 애착특성을 측정한 후, 3세 반경에 유치원에서 행동을 관찰했다. 그 결과 15개월경에 어머니에게 안정적으로 애착한 유아들은 유치원에서 주도적 역할을 수행했다. 그들은 종종 게임을 이끌었으며, 대체로 또래 아동의 욕구 및 감정에 민감하게 반응하여 매우 인기가 있었다. 따라서 이 아동들은 호기심이 많고 독립적이며 배우려는 열정이 강했다.

대조적으로 15개월 때 불안정하게 애착한 유아들은 사회적으로나 정서적으로 움츠러들었으며, 다른 아동과 잘 섞여서 놀지 못했다. 이들은 호기심과 배우려는 관심이 적었고, 목표추구 행동이 미약했다. 유아기 때 안정적으로 애착한 아동들은 4~5세경에 그렇지 못했던 아동들보다 여전히 호기심이 더 많았고 또래에게 더 반응적이며 어른에게 덜 의존했다.

애착의 대물림

애착유형의 지속성과 관련하여 애착유형이 세대 간 전달된다는 연구들에서는 어린 아기를 둔 젊은 부모에게 자신의 어린 시절 애착형성 양상을 회고하게 하여 진단하고, 이들 젊은 부모와 아기 간의 애착유형을 실험실에서 관찰하여 비교한 결과 두 세대 간의 애착양상 간에 높은 상관이 있음을 발견하였다. 이러한 결과는 어린 시절 부모와 가졌던 애착경험이 성인기까지 지속하여 부모로서의 자녀양육 행동에 영향을 미치며, 이는 나아가 자신과 자녀와의 애착관계 형성에 기여하는 것으로 해석될 수 있다.

6. 애착발달과 부모역할

안정적인 애착형성은 영아가 최초로 만나는 부모와의 관계 형성의 질을 결정할 뿐만 아니라 부모와의 관계를 넘어서서 자기 이외의 타인들과의 관계 형성에도 지대한 영향을 주기 때문에 향후 사회성 발달의 결정적인 심리적 토대가 된다고 할 수 있다. 또한 안정적인 애착형성은 에릭슨이 발달단계 초기에 제시한 신뢰감의 형성과도 밀접한 관련을 갖고 있다. 즉, 부모가 영아에게 신뢰감을 줄 때만 영아는 부모에게 애착행위를 할 수 있게 된다. 따라서 안정적인 애착형성과 발달을 위해 부모가 자녀를 어떻게 양육해야 하는지는 영아의 부모에 대한 신뢰감 형성을 위해 부모가 실천해야 하는 양육 방식과도 맥을 같이 한다.

1) 영아의 다양한 욕구 신호에 민감하게 반응한다

영아는 생애 초기에 생리적 욕구부터 정서적인 욕구, 사회적인 욕구 등 다양한 욕구를 가지며 이들 욕구들이 양육자인 부모에 의해서 즉시적으로 또 적절히 충족될 때 영아는 믿고 의지할 수 있는 대상으로서 부모를 신뢰하면서 부모에게 강한 애착 심리와 행동을 형성하게 된다. 따라서 부모는 자신의 편리나 기분 상태를 내려놓고 오로지 영아의 다양한 욕구 신호에 민감하게 반응하는 양육 태도를 가져야 한다.

2) 영아의 행동을 제지하기보다는 지지하고 격려한다

영아는 돌을 전후해서 걷기 시작하면서 자신의 주변 세상을 탐색하는 데 열중한다. 이때 부모가 마음껏 탐색할 수 있는 안전한 환경을 마련하여 영아의 탐색행동을 지원하고 격려할 때 영아는 자신이 부모로부터 신리와 사랑을 받고 있다고 느낌으로써 부모에 대한 애착을 더 강하게 가짐과 동시에 탐색 욕구를 충족시키면서 탐색 능력 또한 키워갈 수 있게 된다. 반대로 영아의 탐색행동이 지나친 제지를 받게 되면 부모에 대한 신뢰, 나아가서 자신에 대한 신뢰에도 부정적인 영향을 주게 되며 부모에 대한 애착도 불안정해질 수 있다.

3) 영아와 풍부한 스킨십을 행한다

영아와 양육자인 부모와의 풍부한 스킨십은 영아로 하여금 자신이 부모로부터 사랑받고 있다는 직접적인 느낌을 갖게 하고, 깊은 정서적인 안정감과 부모와의 유대감을 강화시키는 효과를 갖는다. 따라서 부모는 영아를 수시로 안아주기도 하고, 뽀뽀도 해주고, 토닥거려주기도 하고, 또 목욕시키며 피부 마사지도 해주는 등 기회가 되는대로 풍부한 스킨십을 행할 때 영아의 안정적인 애착은 더욱 공고해진다고 할 수 있다.

오늘 아이를 얼마나 안아 주었나요?

전쟁이 세계를 뒤흔든 1940년대, 오스트리아 출신의 정신과 의사 르네 스피츠는 전혀 다른 생활환경에 놓인 두 고아원에서 이해할 수 없는 현상을 목격합니다.

깨끗한 시설과 영양이 풍부한 음식을 제공하며 최고 수준을 자랑하는 한 고아원은 수용된 유아 중 무려 34명이 2세 이전에 사망했습니다. 전염병이 돌거나 학대를 당하지도 않았습니다. 하지만 살아남은 아이들조차 체중이 줄고, 무기력하게 움직이고, 무표정한 모습이 관찰되었습니다. 또 하나의 고아원은 재소자들의 아이를 돌보는 교도소 보육원이었습니다. 이곳은 위생 수준도 낮고, 음식 질도 나빴지만 사망한 아이는 단 한 명도 없었습니다.

왜 이런 차이가 벌어진 것일까요? 르네 스피츠는 두 고아원에서 한 가지 결정적인 차이를 발견합니다. 바로 아기들이 느끼는 누군가의 손길, 접촉의 유무였습니다. 최상급의 환경을 제공한 고아원에서 근무하는 보육자들은 규칙에 따라 아기를 안아 주는 행동을 최소화했습니다. 반면, 열악한 환경에 놓인 교도소 보육원의 아기들은 엄마뿐만 아니라 다른 사람들과 수시로 따뜻한 접촉을 경험했습니다. 르네 스피츠는 완벽한 환경이 아닌 살과 살이 맞닿는 접촉이 아이들의 성장에 더 큰 기여를 한다고 결론 내립니다.

이 연구 결과는 스마트폰 화면이 처음 만나는 세계가 되고, 다양한 장난감이나 육아용품이 부모 품을 대신하는 현실을 돌아보게 합니다. 감정을 말로 표현할 수 없는 아기들에게 피부로 전해지는 느낌은 뇌에 즉각적으로 전달됩니다. 피부를 제2의 두뇌라고 부르는 이유입니다. 접촉을 경험하는 순간 뇌에서 엔도르핀과 옥시토신이 분비되며, 이 호르몬들은 하루하루가 낯설고 불안하기만 한 아이들에게 안정감을 선사합니다. 자주 안아 주고, 쓰다듬어 줄수록 아기가 안정감을 느끼는 횟수와 시간이 증가하고, 아기들은 낯선 세상을 마음껏 탐색할 수 있는 기회를 얻게 됩니다.

(출처: EBS뉴스G 학교의 내일을 묻다, 2021)

6장

유아기 발달과 부모역할

6장 유아기 발달과 부모역할

유아기는 생후 2세에서 6세까지의 연령대에서 진행되는 발달단계를 가리킨다. 이 시기는 자아를 찾기 시작하는 한 인간이 그 자신으로 살아갈 인생의 토대를 형성하는 시기로서 인성의 기본 틀이 형성되고 사회 정서적인 발달이 본격적으로 시작되며 기본 생활 습관이 만들어지는 중요한 시기이다.

1. 유아기의 발달특징

유아기의 발달적 특징을 신체측면, 인지측면, 언어측면, 사회성 및 정서측면으로 나누어 각각을 살펴본다(신명희 외, 2016a: 97-129; 최혜순, 2011: 105-107; 이숙 외, 2004: 68-72 참조).

1) 신체적 발달

만 2세경부터 취학 전까지의 유아는 영아기에 비해 신체적 성장 속도가 둔화되지만 꾸준히 성장한다. 2세경 남아의 평균신장은 89cm를 넘으며 체중도

13kg에 이른다. 여아의 신장은 약 88cm이며 체중도 12kg 이상이 된다. 이후 7세까지 신장은 매년 약 6cm, 체중은 약 2kg 정도씩 증가하여 7세경이 되면 남아의 신장은 약 120cm, 체중은 약 23kg, 여아의 신장은 약 118cm, 체중은 22kg이 된다. 영아기와 마찬가지로 유아기 동안에도 남아가 여아보다 신체적으로 좀 더 큰 경향을 보인다. 출생 시 여아의 골격 성숙은 남아보다 4~6주 앞서고, 12세경에는 1~2년 정도까지 그 차이가 벌어진다. 이러한 성차는 사춘기 아동의 성별 성숙 차이의 원인이 된다.

2세 이후부터 연골은 더욱 빠르게 경화된다. 뼈가 단단해짐에 따라 외관도 튼튼해지고 내부기관도 보호된다. 골격의 발달은 운동발달과 몸의 균형에도 중요하게 작용하는데, 연령이 증가하면서 안쪽으로 굽은 유아의 다리는 곧게 펴지고 무릎과 팔의 자세가 바르게 된다.

생후 몇 년 동안 인간의 뇌는 매우 빠르게 발달한다. 생후 6개월 된 영아의 뇌 무게는 성인 뇌의 약 50%에 이르고, 2세경에는 75%가 된다. 5세경이 되면, 뇌의 크기는 성인의 90%에 다다른다. 뇌와 신경계의 급속한 성장을 보이는 영아기를 거치고 나면, 유아의 뇌에서는 과잉 형성된 시냅스가 소멸되는 과정과 수초화 작업이 활발히 일어난다. 뇌의 성장과 발달은 그 속도가 일정하지 않으며 뇌의 각 부분들은 각기 다른 시기에 빠르게 성장한다.

신체발달은 유전적 요인에 의해 많은 영향을 받지만 영양섭취, 운동, 수면, 사고로부터의 보호 등도 중요한 요인이 된다. 유아기는 질병에 대한 감수성이 높고 모체로부터 전해 받은 선천적인 면역기능이 거의 소실되어 질병에 자주 걸리기 쉽다. 또한 위험한 상황을 잘 인식하지 못하고 신체조절능력이 미숙하기 때문에 우발적인 사고로 다치기 쉽다.

신체발달은 유아의 운동능력 발달에 영향을 미치며 다양한 운동능력의 출현은 또래 관계와도 관련되어 사회성 발달에도 영향을 미친다. 부모는 유아의 신체발달을 위해 균형 잡힌 영양 식단을 마련하고 규칙적인 생활습관을 길러주도록 해야 한다.

2) 운동기능의 발달

유아기는 운동능력이 현저하게 발달하는 시기다. 출생 당시 목도 잘 가누지 못했던 영아는 생후 2년 동안 앉기, 서기, 기기, 걷기를 비롯하여 기어오르기, 뛰기 등의 활동까지 할 수 있게 되지만 완전한 수준에 이르지는 못한다. 유아기에 이르러서야 신체 및 지각 발달을 토대로 달리기와 점프가 완성되고, 공 던지기와 잡기 등 난도가 높은 운동도 할 수 있게 된다.

유아기는 대 · 소 근육이 발달하고, 신체의 균형유지 및 각 부분의 협응력 등 기초적인 운동능력이 발달하는 시기이다. 이러한 운동능력의 발달은 유아의 자아인식을 발달시키는 데 결정적인 역할을 한다. 유아는 몸 움직임을 통해 자신의 신체 이미지를 형성하게 된다.

이동운동에 있어서 2세가 지나면 유아는 계단을 혼자 오르내릴 수 있으며, 3세에는 발뒤꿈치를 들고 걸을 수 있고 세발자전거를 탈 수 있다. 4세에는 깨금발을 할 수 있고, 5세가 되면 한 발로 10번 이상 뛰어갈 수 있다.

2세가 지나면 유리잔을 혼자 잡을 수 있고, 크레용으로 선을 그릴 수 있다. 약 3세가 지나면 던지는 공을 받거나 혼자서 옷을 벗을 수 있고, 크레용으로 도화지에 원을 그릴 수 있다. 4세 이후에는 옷을 입을 수도 있게 되고, 가위를 갖고 종이에 그려진 선을 따라 자를 수 있다. 또한 혼자서 신을 신고, 현관의 신을 짝지어 나란히 올려놓기도 한다. 이러한 과정을 거쳐 5~6세가 되면 혼자서 옷을 입고 벗으며 단추를 채우고 지퍼를 열고 닫을 수 있을 정도의 수준에 도달한다. 또한 소근육 협응력이 증가하여 그림 그리기, 가위질하기, 색칠하기 등 다양한 놀이를 할 수 있으며, 5세아는 불완전한 형태의 사람을 그리고, 찰흙이나 밀가루 반죽으로 형태를 만들어 문지르고 논다. 5세까지 유아는 전반적인 운동능력을 습득하게 되는데, 대근육과 소근육이 잘 발달할 수 있도록 유아가 스스로 할 수 있는 기회를 많이 제공해 주는 것이 필요하다.

〈표 6-1〉 유아기 대근육 · 소근육 운동의 변화

나이	대근육 운동	소근육 운동
2~3세	• 빠른 걸음이 뛰는 것으로 바뀐다. • 점프하고 던지고 받는 것이 가능하다. • 달리면서 속도를 조절하거나 갑자기 정지할 수 없고, 방향 틀기, 뒤돌아서기가 안 된다.	• 단순한 옷을 입고 벗을 수 있다. • 큰 지퍼를 올리고 내린다. • 숟가락을 잘 사용한다.
3~4세	• 도움 없이 발을 번갈아 가면서 계단을 오를 수 있다. • 불규칙하게 한 발로 깡충깡충 뛸 수 있다. • 상체를 굽히면서 점프한다. • 상체를 활용하면서 공을 던지고 받는다. • 세발자전거를 타기 시작한다.	• 큰 단추를 끼우고 뺄 수 있다. • 도움 없이 혼자서 음식을 먹는다. • 가위를 사용하여 종이를 자른다. • 원과 평행선을 모방하여 그린다. • 사람을 그리기 시작한다.
4~5세	• 발을 번갈아 가면서 긴 계단을 내려갈 수 있다. • 속도를 조절하면서 달리거나, 멈추거나, 방향을 바꿀 수 있다. • 한 발로 4~6걸음을 뛸 수 있다. • 사다리나 정글짐, 미끄럼틀 등을 타고 오르내린다. • 세발자전거를 빠르게 잘 탄다.	• 포크를 잘 사용한다. • 선을 따라 가위질을 한다. • 삼각형과 글자들을 모방하여 그린다.
5~6세	• 빠르게 뛴다. • 높이뛰기와 멀리뛰기, 줄넘기를 할 수 있다. • 능숙하게 발을 앞으로 내밀고 팔을 뻗어 공을 던지고 받는다. • 보조 바퀴다 달린 두발자전거를 탄다.	• 부드러운 음식을 자를 때 칼을 사용한다. • 신발 끈을 묶는다. • 사람을 머리, 몸통, 2개의 팔과 다리의 여섯 부분으로 그린다. • 숫자의 쉬운 단어들을 모방하여 쓴다.

(출처: 신명희 외, 2016a: 97)

유아기에 숟가락을 사용하거나 글쓰기, 가위질하기를 시작하면서 왼손잡이나 오른손잡이에 대한 선호가 뚜렷하게 나타난다. 만일 왼손잡이를 교정하려면 취학 전인 유아기에 시도하는 것이 좋다.

3) 인지발달

피아제(J. Piaget)의 인지발달단계에서 유아기는 전조작기에 해당되는데 이것은 다시 전개념기(2~4세)와 직관기(4~7세)로 나누어진다.

(1) 전개념기

전개념기에는 환경에서 보고 관찰하고 느낀 것을 정신적으로 표현할 수 있다. 이 시기의 유아들은 가능한 한 그들의 세계에 대해 더 많이 알기 위해 지적인 호기심을 가지고 활동적으로 탐구해 나가며, 사물을 상징적으로 지각하며 꿈이나 악몽이 많아지고 상징놀이에도 관심이 많아진다. 또한 이 시기의 유아들은 삶과 죽음의 근원에 대해서 호기심을 갖는다. 직관기에는 많은 호기심과 흥미를 가지고 있으나, 소수의 특성과 감각적인 현상에만 관심을 가지고 있으므로 개념이 한정되어 있고 조작의 논리적인 연속을 잘 이해하지 못한다. 피아제의 전조작기적 특징을 갖는 이 시기는 눈에 보이는 지각에 의해 사물을 판단하나 연령이 증가하면서 지각이 분화되어 자극이 전체적인 구성을 지각할 수 있게 된다. 상징놀이, 자아중심적 사고, 물활론 등이 전개념기의 특징이다.

① 상징놀이

전조작기는 상징 도식이 활발하게 발달하는 시기이다. 유아기로 넘어오면서 이들은 상징(symbol)을 사용하기 시작한다. 이제 유아는 '사탕'이라는 단어를 들으면 머릿속으로 사탕을 떠올리며 침을 꿀꺽 삼킬 수 있다. 유아의 사고는 이러한 표상적 사고(representational thought) 능력이 생기면서 이전과는 질적으로 다른 도약을 하게 된다.

유아는 감각을 통해 알고 있는 개념들을 숫자, 심상의 상징을 사용하여 표현할 수 있는데, 이러한 상징의 사용은 유아가 실제 눈앞에 없는 것들도 기억하고 생각할 수 있도록 돕는다. 이러한 능력은 이전에 관찰했던 것을 모방하거나, 인형이나 물건을 사람으로 상상하고 가상의 상황을 만들어 노는 가상놀이(pretend play)를 통하여 발달한다. 유아는 병원놀이, 시장놀이 등 가상놀이를 할 수 있게 되고, 돌멩이를 음식이라고 하며 상을 차리고 먹는 시늉을 하기도 한다.

② 자아중심적 사고

전조작기의 주요 특성의 하나인 자아중심적 사고는 타인의 생각, 감정 등이 자신과 동일하다고 믿고 타인의 관점을 이해하지 못하는 사고 경향을 말한다. 내 중심적으로만 생각하는 것인데, 예로서 이 시기의 유아는 자신이 제일 아끼는 장난감을 엄마도 제일 좋아할 것이라고 믿으며, 엄마의 생일 선물로 이 장난감을 주기로 결심하기도 한다.

자아중심적 사고는 유아의 언어에서 명백히 나타나는데, 유아는 자신의 말을 다른 사람들이 듣고 있는지, 이해하고 있는지에 관계없이 자신이 하고 싶은 말을 하는 자기중심적 언어를 사용하게 된다. 일례로 유아들이 모여 노는 모습을 자세히 보면 그 대화 내용이 실제적인 상호작용이나 대화 없이 각자 자신의 말을 일방적으로 하는 경우가 많다.

③ 물활론

물활론(animism)은 생명이 없는 대상에게 생명과 감정을 부여하는 사고를 가리키는 데, 유아들은 사물도 자신과 마찬가지로 감정을 가질 것이라고 생각한다. 일례로 유아는 인형을 때리면 인형도 아프다고 생각한다. 이러한 물활론은 연령에 따라 달라지는데 처음에는 모든 사물에 생명을 부여하다가 4세 이후에는 인간에게 영향을 주는 것은 모두 살아있다고 믿으며, 6세 정도에는 자동차, 태양 등 움직이는 것에만 생명을 부여하기도 한다.

(2) 직관기

직관기에는 사물을 직관적으로 판단한다. 직관적 사고(intuitive thinking)는 사물의 여러 측면에 주의를 기울일 줄 모르고 현재 지각되는 어느 한 사실에만 주의를 기울임으로써 현저한 지각적 특성으로 대상을 파악하는 사고를 말한다. 즉, 이 시기의 유아는 귀신 가면을 쓴 엄마를 보고 귀신이라 생각하여 무서워

한다. 이는 겉모습(appearance)과 실재(reality)를 구별하지 못하고 겉모습이 곧 실재라고 생각하기 때문에 나타나는 현상이다. 따라서 이 시기에는 보존개념을 형성하지 못한다. 5세가 되면, 기억과 회상을 하기 위하여 특별한 방법들을 사용하기 시작하여 기억과 회상능력이 현저히 발달한다.

이 시기는 한글 및 수 개념이 발달하는 시기이다. 유아의 한글 읽기나 수 개념 발달은 성인의 도움으로 보다 확장될 수 있다. 그러나 이때 성인에 의한 일방적인 전달방식은 흥미를 잃기 쉬우므로 유아의 동기를 유발시킬 수 있도록 환경조성에 힘써야 한다. 예를 들어 부모는 유아의 한글 학습을 위해 학습지 풀기를 강요하기보다 생활 주변의 물건에 명칭을 붙여주고 자주 읽어주거나 게임을 통해 글자를 익히도록 도울 수 있다. 즉, 유아가 좋아하는 사탕이나 과일 그 외에 장난감이나 길거리의 자동차 등을 모두 학습자료로 이용하여 수를 세거나 많고 적음의 비교, 크고 작은 것 등을 자연스럽게 배울 수 있도록 할 수 있다.

(3) 피아제(Piaget) 인지발달이론의 교육적 시사점

첫째, 유아의 사고능력을 키워 주는 교육이어야 한다. 피아제는 교육목표가 지식의 양을 증가시키는 것에 있는 것이 아니라 유아 스스로 발견하고 발명할 수 있는 가능성을 창조하는 데 있다고 하였다. 유아는 능동적인 학습자다. 따라서 부모나 교사는 주입식 교육 대신, 유아가 직접 실험하고 탐구하며 스스로 발견할 수 있는 환경을 조성해 주는 것이 중요하다.

둘째, 유아가 직접 만져 보고 느낄 수 있는 체험학습의 경험이 필요하다. 예를 들어, 동물에 대해 배운다면 교사가 동물들에 대해 책을 읽어주거나 설명해 주는 활동뿐 아니라 동물원에 가서 동물을 직접 보고 만져보는 것이 좋다. 말에 대해 배운다면 말의 사진을 보는 것만으로는 말의 크기나 냄새, 울음소리, 하는 일 등에 대해 유아는 배울 수 없는 것이다.

셋째, 눈높이 교육을 실시한다. 유아는 나름의 사고 틀을 가지고 적극적으로 사고하는 자이지만 그 틀이 성인의 사고 틀과는 동일하지 않다. 인지발달단계를 이해하는 지적 공감(intellectual empathy)을 갖추어야 한다. 지적 공감이란 교육자가 가르치는 전조작기 유아의 인지 수준에서 그 입장을 이해하는 것을 의미한다. 예를 들어, 유아에게 교사가 오른손을 들게 하고 싶다면, "오른손을 드세요." 하면서 왼손을 들어야 한다. 유아들은 선생님이 든 손이 보이는 대로 동일한 방향의 손을 들기 때문이다.

넷째, 발달단계를 훌쩍 뛰어넘는 선행학습은 지양한다. 영유아기부터 한글을 익히고, 영어 공부를 위해 학습지를 푼다. 심지어 구구단을 암기시키는 부모도 있다. 전조작기 유아에게 이러한 공부를 가르치는 것은 무의미하다. 이들이 설사 초등학교 수준의 문제를 풀었다고 하더라도, 이는 암기에 의한 것일 뿐 이해하고 싶은 것이라고 보기는 어렵다. 즉, 수업 내용은 아동의 인지 수준에 맞는 것이어야 한다. 단순한 반복에 의한 암기는 진정한 이해가 되지 못하며, 오히려 학습에 대한 흥미와 즐거움을 앗아갈 수 있다(신명희 외, 2016a: 129-30).

피노키오 효과, 아이들에게도 통할까?

아이들이 네 살이 되면 스스로 배우는 능력이 있습니다. 4세 아동 90퍼센트가 가지게 된다는 능력, 바로 거짓말입니다.

10년 넘게 아이들의 거짓말을 연구해온 캐나다 토론토 대학 연구진이 흥미로운 실험 결과를 내놓았습니다. 3~7세 아동 268명을 대상으로 진행한 실험은 간단한 게임과 함께 시작되었습니다. 아이들 등 뒤에 장난감이 있습니다. 아이들은 소리만 듣고 어떤 장난감인지 알아맞혀야 하죠. 처음에는 맞히기 쉬운 소리를 들려주고 점차 난이도를 높입니다. 아이들이 혼란스러워할 때쯤 연구자는 잠시 자리를 비웁니다. 아이들에게 절대 뒤돌아보지 말라고 당부를 남깁니다.

과연 아이들은 어떻게 했을까요? 3세 아동들 88퍼센트, 7세 아동들 68퍼센트가 뒤돌아 장난김을 확인했습니다. 1분 뒤 실험실로 돌아온 연구자는 아이들에게 거짓말을 테스트했습니다. 우선 책을 읽어준 뒤 아이들에게 혹시 장난감을 확인했는지 물어본 것입니다. 아이들에게 들려준 이야기는 정직함과 무관한 토끼와 거북이, 거짓말을 하면 큰 벌을 받는다는 교훈이 담긴 피노키오와 양치기 소년, 거짓말을 고백하면 오히려 칭찬을 받는다는 조지 워싱턴과 체리나무 이야기였습니다.

그 결과, 아이들은 질문을 받기 전에 어떤 이야기를 들었는가에 따라 거짓말에 큰 차이가 났습니다. 거짓말과 아무 상관 없는 토끼와 거북이 이야기를 들은 3분의 1만이 뒤돌아보았다고 정직하게 고백했습니다. 피노키오와 양치키 소년 이야기를 들은 아이들 또한 3분의 1만이 정직하게 대답했습니다. 아이들 중 3분의 2는 이야기 내용은 아랑곳하지 않고 거짓말을 한 것입니다. 반면 거짓말을 고백한 뒤 칭찬을 받는다는 조지 워싱턴과 체리나무 이야기를 들은 아이들은 절반 넘게 정직한 대답을 했습니다.

연구진은 거짓말을 하면 벌을 받는다는 도덕적인 교훈이 담긴 이야기보다 거짓말을 고백하면 칭찬을 받는다는 긍정적인 이야기가 아이들을 정직하게 만드는 데 더 효과가 있다고 밝혔습니다.

(출처: EBS뉴스G 학교의 내일을 묻다, 2021)

4) 언어발달

3세가 되면 900개 정도의 단어를 사용하고, 3~4세가 되면 대명사, 조사, 형용사, 부사를 포함하는 복합문장을 사용하게 되고, 4~5세가 되면 4~5개의 단어로 문장을 만들어 사용하기 시작한다. 또래들과의 관계에 많은 관심을 갖고 또래들과 불일치하는 의견으로 인한 갈등을 해결하고자 많은 이야기를 주고받기도 한다.

5~6세가 된 아동은 꽤 문법에 맞는 언어를 사용하며, 6~7개의 단어로 이루어진 문장을 사용하며 반대말을 터득한다. 6세가 되면 2,000~2,500단어를 알고 사용하며, 비록 제한되고 초보적이지만 좀 더 효과적인 기억전략을 사용할 수 있게 된다. 유아기에는 이러한 구어 발달 외에 읽기, 쓰기 등의 문어 발달도 이루어진다.

〈표 6-2〉 우리나라 유아의 언어발달 과정

출생 후	소리(말)반응
만 2~3세경	• 상대방의 말에 관심을 갖고 간단한 대화를 주고받을 수 있다. • 2개의 단어로 문장을 만들 수 있다. • '안돼' '싫어' 등의 부정문을 사용할 수 있다. • 450여 개의 어휘를 사용하여 표현할 수 있다.

출생 후	소리(말)반응
만 3~4세경	• 3개 이상의 낱말을 연결하여 문장을 만들어 사용할 수 있다. • 900~1,000단어 정도의 어휘를 사용한다. • 문법의 초보적 지식을 갖추게 된다.
만 4~5세경	• 3~7개 단어로 문장을 만들 수 있다. • 1,600여 개의 단어를 사용한다. • 평서문, 부정문, 의문문, 명령문 등의 다양한 문장을 사용한다.
만 5~6세경	• 6~12개의 단어로 문장을 만들 수 있다. • 20,000단어 이상을 이해하고, 2,500여 개의 단어를 사용한다. • 완벽하지는 않지만 대부분의 문법 규칙을 터득한다.

(출처: 신명희 외, 2016a: 187)

유아 언어의 특징은 자기중심적 언어이다. 자기중심적 언어는 듣는 사람이 자신이 하는 말을 이해할 수 있는가의 여부를 고려하지 않은 채 자신의 생각만을 전달한다. 자기중심적 언어는 조망수용능력이 아직 발달하지 않아서 나타나는 의사소통능력의 한계이다.

언어발달 지연과 언어발달 장애

말을 늦게 배우는 것을 언어발달 지연(speech delay)이라고 한다. 언어발달 지연이 왜 일어나는가에 대해서는 명확히 설명되지 않고 있지만, 유전적 요인, 사회경제적 요인, 발달 지연, 듣기 능력의 문제, 신속표상의 문제 등이 언급되고 있다. 대개 남아들이 여아보다 말이 늦는 경향이 있다.

언어발달 장애(speech disorder)는 또래 유아와 비교하여 언어발달 과정이 현저하게 지체되거나 1년 이상 차이를 나타내는 경우를 말한다. 언어발달 장애가 있는 유아는 사용하는 단어가 낱말 구조나 문장 구조에 맞지 않거나 부적절한 어휘를 사용하여 의미 전달에 어려움을 가지며, 의사소통이 잘 안 되는 경우에 떼를 쓰거나 울고 소리를 지르는 등의 행동을 보이기도 한다. 다른 발달에는 문제가 없으나 언어발달에서만 어려움을 보이는 단순 언어장애가 있고, 지적장애, 청각장애, 자폐, 뇌성마비 등의 장애로 인해 언어발달장애를 보이는 경우가 있다. 언어발달 장애 유아에게는 공통적으로 뇌의 불균형적인 발달이 나타난다.

따라서 유아가 크면 나아질 것이라 생각하고 언어발달 장애 유아를 방치한다면 뇌의 발달 상태가 많이 지연되어 언어발달이 더욱 어려워질 수 있다. 전문가의 정확한 진단을 통해 적절한 치료를 하는 것이 바람직하다.

언어발달 문제 발견을 위한 체크리스트

1. 만 2세가 되었는데 엄마, 맘마 등 낱말을 말하지 않는다.
2. 만 3세가 지난 유아의 말을 거의 알아들을 수 없다.
3. 만 3세가 되었는데도 아직 두세 낱말로 구성된 문장을 사용하지 않는다.
4. 만 5세가 지났는데 받침을 생략하여 말하거나 문장 구조에 문제가 있다.
5. 만 5세가 지났는데 비정상적인 말의 속도, 억양이 나타난다.
6. 만 6세가 지났는데 말이 유창하지 못한다.

(출처: 신명희 외, 2016a: 194)

5) 사회성 및 정서발달

유아기의 중요한 발달과업은 긍정적 자아개념을 형성하는 것이다. 자아개념과 학업성취는 긍정적인 관계가 있으며, 자아존중감이 높은 유아는 행복하고 불안을 덜 느끼며, 자아존중감이 낮은 유아는 적응력이 낮고 불안을 많이 겪는다고 한다. 즉 자아개념은 유아의 행동에 영향을 주고 행동을 결정하는 요인이 된다. 긍정적인 자아개념의 발달을 위해 필수적인 조건은 유아에 대한 부모의 수용, 부모의 민주적 태도, 서로 존중하는 부모-자녀 관계 등 부모요인이 결정적이다. 아버지가 자녀양육에 참여도가 높을수록 자녀의 자아존중감 형성에 긍정적인 영향이 있으므로 아버지의 자녀양육 참여가 꼭 필요하다. 따라서 부모 모두 유아에게는 가장 의미 있는 사람이며 자아개념 형성에 중요한 영향을 미친다.

(1) 주도성이 발달하는 시기이다.

에릭슨의 발달이론에 의하면 유아기는 '주도성과 죄책감'의 시기이다. 부모가 유아의 주도적인 활동을 지지하고 도움을 주면 주도성이 발달하게 되고, 반대로 부모가 유아의 행동을 제한하고 질문을 귀찮아하면 죄의식이 발달하게 된다. 그러므로 부모들은 유아가 불안을 느끼지 않고 새로운 환경을 주도적으로 탐색할 수 있도록 환경을 조성하여야 한다. 특히 유아의 지적 주도성은 부모의 질의응답을 통해 향상시킬 수 있다. 유아들은 끊임없이 누가, 왜, 무엇을, 어떻게, 어디서라고 질문한다. 부모가 인내심을 가지고 유아의 이러한 질문에 반응하면 유아의 호기심과 탐색을 격려하게 되며 더 나아가서 유아는 지적추구에 가치를 부여하게 된다. 부모의 질문은 유아가 높은 인지수준의 사고를 하도록 격려하게 된다. 영아기와 다르게 유아들은 부모로부터 심리적으로 독립하기 시작하며 주변 환경을 탐색하고 계획을 세울 수 있으며 목표를 달성하기 위한 주도성을 가진다. 따라서 이 시기 유아들은 '나도 할 수 있어요', '나 혼자 할래요.' 등의 표현을 많이 하는데 스스로 할 기회를 주는 것이 그들의 주도성을 발달시키는 것이다.

(2) 성역할 개념이 발달하는 시기이다.

성에 관한 관심이 싹트는 유아기에 가정에서 시작되는 성교육은 성에 관한 지식보다는 성에 대한 인식과 바람직한 자세를 갖게 한다. 부모는 동일시 또는 모방의 대상이 되므로 부모 자신이 성에 대한 올바른 생각을 갖고 유아의 발달 정도에 맞는 적절한 성교육을 해야 한다. 부모는 유아들이 보이는 성에 대한 관심이 자연스러운 발달과정의 하나이며 성교육의 적기임을 알고 유아의 발달 수준에 맞게 적절한 반응을 해 주어야 한다. 부모가 수치심을 갖거나 어색해할 때 자녀는 자신이 잘못된 질문을 했다고 느끼며 성에 대해 부끄럽고 감추어야 할 것으로 인식하기 쉽다. 그러므로 부모 스스로 올바른 성의식을 갖고 유아의 호기심에 대해 그림책 등을 이용해 이해하기 쉽도록 알려주어야 한다.

① 성역할의 의미

성역할(gender role)이란 남성과 여성에 따라 각기 달리 기대되는 행동양식을 의미한다. 아동이 자신의 성역할을 인식하고 이에 적합하게 행동하고자 하는 경향은 아동기 사회화의 중요한 부분이다. 아동이 자신에게 기대되는 성역할을 이해하기 위해서는 먼저 자신의 성에 대한 정확한 이해가 선행되어야 한다. 따라서 성역할이라는 개념 속에는 성역할 고정관념, 성역할 동일시 및 성역할 선호의 하위개념이 포함된다.

성역할 정체감이란 개인이 자아 속에 남성적 역할이나 여성적 역할과 연합된 특성을 수용하는 정도를 의미한다. 1960년대까지 성역할 특성은 선천적인 생물학적 요인에 의해 이미 결정되는 것이므로, 이를 명료하게 구분 짓는 것이 현명한 발달과정이라고 여겨졌다.

② 새로운 성역할 개념

1960년대 이후에 일어나기 시작한 여성운동은 당시까지 당연한 것으로 받아들여 왔던 성역할 구분과 성차에 관한 생각들이 사회적이며 문화적인 편견에 기인된 것이라는 강한 회의와 저항을 가져다주는 계기가 되었다.

최근에 와서 이러한 전통적인 성역할 구분은 현대 사회에 더 이상 적합하지 않을 뿐만 아니라, 인간의 잠재력을 충분히 발휘하는 데에 장애요인이 된다고 주장하는 학자들이 많다. 남성성과 여성성에 대한 전통적인 개념에 대한 대안으로서 벰(Bem, 1975)은 양성성으로의 사회화가 전통적인 성역할 사회화보다 훨씬 더 기능적이라고 주장한다. 양성성이란 하나의 유기체 내에 여성적 특성과 남성적 특성이 공존하는 것을 의미한다. 심리적 양성성 개념은 한 사람이 남성성과 여성성을 동시에 가질 수 있기 때문에, 상황에 따라서 도구적 역할과 표면적 역할을 수행할 수 있다는 보다 효율적인 성역할 개념을 의미한다.

양성성 개념이 소개된 이후 이 분야의 연구가 활발하게 이루어졌다. 많은 연구결과에 의하면 양성적인 사람이 성유형화된 사람보다 자아존중감, 자아실현, 성취동기, 결혼만족도가 높고, 도덕성발달과 자아발달도 보다 높은 수준에 있으며, 정신적으로도 더 건강한 것으로 나타났다(Bem, 1974; Bem & Lenny, 1976; Bem, Martyna, & Watson, 1976; Block, 1973; Cristall & Dean, 1976; Schiff & Koopman, 1978; Spence, Helmreich, & Stapp, 1975; Williams, 1979).

양성적인 사람은 다차원적인 행동을 할 수 있고, 상황에 따라 남성적인 특성과 여성적인 특성의 역할을 적절하게 수행하기 때문에 적응력이 높다는 것이다. 성역할에 관한 많은 연구들이 양성성이 가장 융통성 있는 성역할 유형이라고 보고한 반면, 남성성이 보다 효율적인 성역할 유형이라고 하는 연구들 또한 있기 때문에 양성성과 관련 이 분야에 관해 앞으로 더 많은 연구가 이루어져야 할 것으로 보인다(정옥분 · 정순화, 2016: 224-226 참조).

양성성-우리는 아동을 어느 정도 그들의 성별에 따라 양육해야 하는가?

성역할이 더욱 융통성 있게 되어가는 시대에 살면서 성에 기초한 고정 관념적 역할 구분을 계속하거나 '성에 적합한 행동'에 대해 이야기하는 것 초자 어색하다. 대부분의 어머니가 일을 하고 어떤 남성은 자녀를 돌보기 위해 집에 머문다. 점점 많은 남성이 간호사와 비서가 되고 더 많은 여성이 의사와 변호사가 되고 있다.

남성성과 여성성이 연속체의 반대편 끝에 있다거나 성에 기초해서 아동에게 어떤 행동이 기대되어야 한다는 생각을 거부하면서, '70년대에 산드라 벰(Bem, S., 1974)은 양성성의 개념을 소개했다. 양성적 특성이란 사회의 성역할 고정관념을 이루는 내용 중에서 바람직한 여성적 특성과 남성적 특성이 결합되어 공존하는 것으로, 성격과 행동이 독립적이면서도 부드럽고 기존의 성역할에 매이지 않는 건강하고 적응력 있는 성격을 의미한다. 벰에 따르면, 부모는 모든 자녀에게 그들의 성에 관계없이 성실, 민감성, 주도성, 독립심, 역량과 같은 특질을 격려해야 한다. 사람은 자신의 염색체와 생식기의 구조에 일치하는 것보다는 그들의 개인적 욕구와 선호에 가장 잘 맞는 직업이나 생활 양식을 추구할 선택권을 가져야 한다.

③ 성역할 동일시

남성다움과 여성다움에 대한 정체감을 결정하는 주요 인자는 어린아이가 직면하는 사회 반응에 있다. 이것은 성별 생물학적 차이가 중요치 않다는 것이 아니라, 생물학적 존재로서의 유아에 대한 사회적, 여기서는 주로 부모의 반응에 의해 성별 차이의 의미가 결정된다는 뜻이다. 아이는 부모와 다른 사회 구성원에게서 받은 소년 또는 소녀에 해당하는 대우에 따라 자신을 소년 또는 소녀로 생각하게 된다.

이 과정에 두 종류의 일반적인 영향이 작용하는데 하나는 보상, 사회적 반응과 기대와 같은 비교적 직접적인 영향이고, 또 하나는 다소 덜 직접적인 영향으로 다른 사람에 대한 모델링, 모방, 그리고 동일시이다.

개념 형성과 상상 능력이 향상됨에 따라 서너 살의 아동은 성역할 훈련에 의한 영향을 받아들인다. 부모와 나중엔 선생님과 주변 사람들을 통해 사회는 다양한 방법으로 정해진 성역할을 강화시킨다. 소년과 소녀는 다른 옷을 입고, 다른 장난감이 주어지고, "너는 남자니까 그렇게 울면 안 돼", 또는 "귀여운 여자애는 싸우는 게 아냐"와 같은 직접적인 방식으로 그것을 알게 되며, 좀 더 미묘한 여러 방식, 교육, 보상을 통해 성역할에 대한 사회적 기대가 전달된다.

직접적인 학습에 더하여 아이는 위의 형제 · 친구 · 부모의 행동을 모방하기 시작한다. 그는 형, 언니, 엄마 또는 아빠의 행동의 여러 측면을 모델로 해서 자신을 그들의 역할 속에서 공상한다. 게임할 때 사용하는 말투나 행동, 그리고 닮고 싶고 좋아하는 자기보다 큰 아이나 부모의 기질까지 다양한 것들이 모방된다(Louis Breger, 1998: 188-89).

④ 성역할 발달과 영향요인

가. 생물학적 요인

성호르몬은 성역할발달에 영향을 미친다(Hines, 2011, 2013). 여성 호르몬인 에스트로겐은 주로 여성의 신체적 특징에 영향을 미치고, 남성 호르몬인 안드로겐은 주로 남성의 생식기와 이차 성징의 발달에 작용을 한다.

나. 문화적 기대

문화 또한 성역할발달에 매우 중요한 역할을 한다. 특정 문화가 기대하는 성역할은 문화마다 다르기 때문이다

다. 부모의 역할

부모는 생후 초기부터 자녀의 성역할발달에 지대한 영향을 미친다. 부모는 성역할 학습을 위한 훈육자로서 또는 모델로서 역할을 하며, 자녀는 이러한 부모를 통하여 성역할을 발달시킨다.

라. 또래와 교사의 역할

또래의 영향은 특히 유아기에 두드러지게 나타난다. 상당량의 성역할 학습은 성이 분리된 놀이상황에서 일어난다. 또한 유아들은 성에 적합한 행동은 서로 보상하고, 성에 부적합한 행동은 벌한다(Leaper, 2013; Leaper & Bigler, 2011; Matlin, 2012).

(3) 자아존중감의 발달이 시작되는 시기이다.

자아존중감(Self-esteem)은 자기 자신의 가치에 대한 평가로 정서적인 반응을 의미한다. 자신에 대해 가지는 지각의 총체인 자아개념(Self-concept)과 자아존중감은 그 의미가 다르지만 상호 교환적으로 사용되기도 한다. 자아개념이 자신에 대한 인지적 구조라면 자아존중감은 자아개념에 대한 평가적인 부분으로 볼 수 있다. 이러한 자아존중감은 일생 동안 삶에 지속적으로 영향을 미치며 변화해 간다.

자아존중감은 유아기 동안 경험하게 되는 타인과의 상호작용에 의해 형성된다. 특히 자신이 중요하다고 생각하는 사람들로부터 받는 존중, 수용, 관심과 피드백, 자신의 성공적인 경험 등의 영향을 받으면서 형성된다. 유아에게 있어 부모는 태어나서 최초의 관계를 형성하여 가장 많은 접촉을 하게 되는 의미 있는 타인이므로 부모의 지원은 유아의 자아존중감을 결정하고 발달시키는 데 중요한 요인이다.

유아의 건강한 자아상을 강화시키는 방법

- **긍정적 관계 형성하기:** 유아에게 온전히 함께하는 시간을 만들고 싶다는 것을 알려준다. 유아의 행동을 판단하지 말고, 귀 기울이며 유아 스스로 생각과 감정을 표현하도록 한다. 유아는 다른 사람과 감정을 공유하면서 스스로를 가치 있게 느끼게 된다.
- **성공 경험하기:** 유아에게 현재 능력 이상의 요구를 할 때는 도움을 제공한다. 그리고 유아의 행동이나 작업에서의 긍정적인 면을 강조하고, 구체적인 행동에 대해 언어적 지지로 강화해 줌으로써 동기를 향상시킨다. "잘했어."라고 단순히 말하는 대신, 유아의 노력과

특정한 행동을 언급하면서 칭찬해 준다. 또한 유아의 기술이 향상되고 있음을 지적하면서 작품들을 전시한다.

- **선택하는 자유 제공하기:** 유아 스스로 선택하게 함으로써 책임감과 자신의 행동을 통제할 수 있다는 느낌을 갖도록 한다. 유아가 아직 혼자서 결정할 수 없다면 언제 그리고 어떤 순서로 과제를 할 것인지를 유아와 함께 선택한다.
- **감정 인정하기:** 유아의 감정을 받아들이고, 감정을 조절할 수 있는 건설적인 방법들을 제공한다. 누군가 유아의 자존감을 상하게 해서 유아가 부정적 정서를 표현한다면 유아가 지지받고 있다는 느낌이 들도록 공감해 주고 현실적인 설명을 곁들여 준다. (Berk, 2001 참조)

동일시의 동기

프로이트의 초기 문헌에서부터 피아제를 거쳐 현대 아동발달 분야의 종사자들까지 동일시의 장점에 대한 서술이 있어왔다. 비록 서로 다른 저자들이 동일시가 어떤 기능이 있는지를 기술하는 데 다른 측면들을 강조하였지만 그 과정이 중요하다는 것에는 일치라고 있다. 동일시 과정에 관여하는 주요 동기 체계들을 간단하게 정리하면 다음과 같다(Louis Breger, 1998: 182-4).

첫째, 긍정적인 동일시의 단순한 형태는 아동이 사랑하고 동경하는 누군가와 닮으려 할 때 일어난다. 만약 모방(imitation)과 동일시(identification)를 구별하고자 한다면, 모방은 구체적인 행위, 몸짓, 또는 소리의 재생으로 구성되고, 동일시는 전체적인 역할의 재현에서의 구체적 행위의 사용이라고 말할 수 있다.

둘째, 유능함(competence)은 동일시의 과정에서 중요한 역할을 하는 동기의 또 다른 부류이다. 어린 아동을 관찰해 왔던 사람은 누구나 그들이 거의 일정하게 '커지고 싶어 하고', 그들 주위의 거인(성인)이 가진 기술과 능력을 가지고 싶어함을 알게 된다. 좀더 크고, 좀더 강력한 자신을 만들고자 하는 것은 아마도 동일시의 가장 흔한 형태이다. 여기서 동일시 대상은 그가 사랑하는 사람이라기보다는 '힘을 가진 모형'이 중요하다. 비록 아동의 사랑을 받는 가족 구성원이 그의 인생에서 중요하고 강력한 인물들이기 때문에 이 둘이 분명 결합되어 있음이 분명하지만, 아동이 나이를 먹을수록 다른 아동, 성인, 그리고 가상적 인물(만화·이야기·영화·텔레비전의 인물들)을 만나게 된다.

셋째, 동일시의 특별한 형태는 상실의 경험, 특히 반복적이고 통렬한 '상실'에서 일어난다. 사랑했던 사람의 상실은 격리불안이라는 강력한 동기 체계를 자극한다. 모방하고 공상적 상징을 사용하는 아동의 능력은 상실에 대처하는 새로운 방법을 가능케 한다. 유아는 관련된 감정을 오직 울음으로 표현하지만, 아동은 상징에 대처하는 데 점차적으로 새로운 상징적

놀이 기술을 사용할 수 있게 된다. 예를 들어 한 아이는 상상에서 만든 엄마 역할을 통하여, 이별에 의해 발생하는 불안을 경감시킨다. 이것은 '불안에 기초한 동일시'이다.

넷째, 마지막으로, 우리는 '공격자(aggressor)와의 동일시'라 하는 것에 대해 주목해야 한다. 이것은 피할 수 없는 장소에서 어쩔 수 없이 통제당하고, 좌절당하고, 학대받은 사라에게서 일어난다. 부모의 제지에 의해 좌절되고, 화가 나 있지만, 여전히 그 부모에게 의존하여야 하는 아동은 자신을 부모와 비슷하게 만듦으로써 힘을 획득하려 한다. 이런 종류의 동일시는 어린 아동이 부모의 목소리를 흉내 내며 금지된 이런저런 행동을 하지 말라며 혼잣말을 자신에게 할 경우에 잘 나타난다.

모든 형태의 동일시에서 보이는 공통점은 새로운 역할을 모방하고, 가정하고, 궁극적으로 내재화하여, 자기를 확장시키는 것이다. 이 모든 형태는 서로 관계가 있다. 발달의 다른 시기에 아동은 그가 사랑하고 미워했고, 불안과 편안함을 모두 느끼게 했고, 시기했고, 그를 조절하려 해서 화나게 했던, 부모와 다른 사람들을 모두 모방하기 때문에 혼합된 형태로 나타난다.

6) 도덕성 발달

인지발달학자들은 도덕에 대한 유아의 사고방식이 성숙하면서 도덕적 발달이 이루어진다고 보고, 도덕의 인지적 측면 또는 도덕적 추론을 강조하였다. 인지발달이론에서는 도덕을 도덕적인 갈등 상황에서 옳고 그름을 판단할 수 있는 개인의 능력이라고 보았다. 피아제(Piaget)와 콜버그(Kohlberg)에 의해서 대표되는 인지발달 관점은 도덕적 행동보다는 주로 도덕적 사고와 사회적 인지과정에 관심을 두고 있다. 피아제는 도덕성 개념 발달이 또래의 상호작용을 통해서 이루어진다고 보았고, 콜버그는 도덕성발달이 다양한 사회적 역할을 경험하는 기회를 통한 사회인지적 작용의 발달에 의해서 성숙한 도덕 판단 수준으로 변화해 가는 과정이라고 설명하였다. 피아제와 콜버그의 유아기 도덕성 발달 이론을 살펴본다(신명희, 2016a: 353-8).

(1) 피아제의 도덕성발달

피아제(Piaget, 1932)는 인지발달이 일련의 단계에 따라 이루어지므로 도덕성 발달은 인지발달과 병행하여 단계적으로 발달한다고 하였다. 도덕성의 발달을 가져오는 중요한 요인은 인지적 성숙과 사회적 경험이다. 도덕적으로 성숙한다는 것은 규칙을 존중하고, 사회 정의감, 즉 만인이 사회적으로 정의된 질서의 규칙 아래서 정당하고 공평하게 대우받아야만 한다는 데 대한 관심이 생기는 것을 의미한다.

피아제는 아동들을 대상으로 실험을 하였다. 우선 게임의 규칙에 대하여 이해하였는지를 질문하였고, 나아가 아동에게 선과 악의 행동을 하는 주인공의 의도와 그 행동의 결과가 달라지는 이야기를 제시하였다.

질문에 대한 답변의 수준, 즉 규칙이나 정의, 의도성에 대한 이해, 벌에 대한 태도 관련 질문 및 답변을 근거로 하여 피아제는 아동의 도덕성발달 단계를 전 도덕성 단계, 타율적 도덕성 단계, 자율적 도덕성 단계의 3단계로 구분하였다. 아동의 도덕적 판단은 여러 단계가 혼재하여 나타나지만 일정한 방향성을 가지고 점차 성숙한 국면을 선호하게 된다.

첫 번째는 '전 도덕성 단계(pre-moral stage)'로서 인지발달이 이루어지지 않아서 규칙을 이해하지 못하며 도덕적인 판단을 할 수가 없다. 이 시기의 유아는 규칙에 대한 관심이 없다. 구슬 게임과 같은 놀이에서 이기기 위한 의도를 가지고 놀이하지 않으며 다양한 방법으로 구슬놀이를 해 보는 것에서 만족감을 느낀다.

두 번째 단계는 '타율적 도덕성(heteronomous morality)'으로 아동은 외부의 규율과 법칙, 권위에 의존하여 행동의 결과에 따라 선악을 판단하는 구속의 도덕성(morality of constraint)을 발달시킨다. 피아제의 인지발달 단계에서 전조작기에 해당하는 이 단계는 아직 다양한 정보를 바탕으로 도덕적 판단을 하지 못하므로 두드러진 특성이나 결과적으로 드러난 사실에 기초하여 판단하는 경향이 있다. 이 시기의 유아는 놀이의 규칙을 학습하면서 도덕적 규칙을 인식하게 된다. 유아는 규칙과 질서가 원래부터 존재했던 것으로 인식하므로 이를 바꿀 수 없는 절대적인 것으로 생각하는 도덕적 사실주의(moral realism)를 따른다. 이 시기의 유아는 컵은 깨뜨려서는 안 되는 물건이라는 외부의 법칙에 의하여 선과 악을 판단한다. 또한 의도보다는 객관적인 결과에 근거해 행동이 나쁘다고 판단하기 때문에 생명이 위급한 환자를 태운 구급차가 신호위반을 하는 것을 본 유아는 구급차가 도로 규칙을 위반하였음에 주목하고 벌 받아야 하는 나쁜 행동이라고 생각한다.

유아는 거짓말이나 속임수는 항상 옳지 않다고 말하지만 죄의식 없이 그런 행동을 하기도 한다. 유아는 거짓말이나 속임수가 옳지 않은 것이라는 어른이 정한 외부의 규칙을 따르므로 거짓말이 나쁘다고 생각하지만 자아중심적 욕구가 좀 더 두드러지게 나타나서 양심의 가책 없이 거짓말을 한다.

세 번째 단계는 '자율적 도덕성(autonomous morality)'이다. 이 단계의 유아는 서로 다른 사람이 각각 다른 규칙을 갖는다는 것을 알게 된다. 이 단계에 도달한 유아는 규칙은 사람이 만들고, 사람에 의해 바뀔 수 있는 것으로 이해하는 협력의 도덕성(morality of cooperation)을 지니게 된다. 규칙이나 질서가 다른 사람과의 협의에 의해 결정된다는 것을 이해하고 다른 사람과의 상호작용을 고려하며 행동의 결과보다는 의도를 파악하여 옳고 그름을 판단한다. 위급한 환자를 태운 구급차는 신호위반을 할 수 있다고 생각하며, 어머니의 허락 없이 과자를 꺼내 먹으려다가 한 개의 컵을 깬 나쁜 의도의 영수가 15개의 컵을 깬 철수보다 더 나쁘다고 말한다.

자율적 도덕성 단계의 유아는 규칙을 위반하는 행동이 들키지 않거나 처벌받지 않을 수도 있다는 것을 알게 된다. 유아는 규칙을 위반했을 때 규칙의 의미를 이해하고 다시 그러한 위반을 반복하지 않도록 하는 처벌이 이루어지는 것이 옳다고 생각한다. 유리컵을 깬 유아는 컵과는 관련 없이 엉덩이를 맞는 게 아니라 유리컵 값을 돈으로 변상해야 한다고 한다.

타율적 도덕성 단계에서 자율적 도덕성 단계로 발달하기 위해서는 아동의 인지적 성숙과 사회적 경험이 중요한 역할을 한다.

2) 콜버그의 도덕성발달

콜버그(Kohlberg, 1963)는 여러 갈등 상황을 통해 분석한 도덕성발달 단계의 전체적인 양상을 바탕으로 피아제의 도덕성발달 단계를 성인으로까지 확대하여 6단계로 나누어 설명한다. 콜버그는 피아제와 같이 도덕성 발달이 인지발달 단계에 따라 단계적으로 이루어진다고 보았고, 이전 단계의 도덕적 개념의 성취가 다음 단계의 형성에 영향을 미치게 된다고 하였다.

콜버그는 도덕적 딜레마(moral dilemmas)나 어려운 결정을 해야 하는 가설적 갈등 상황을 제시하고 "어떻게 하겠는가?" "왜 그렇게 해야 하는가?"를 질문하였다. 이러한 질문에 대하여 '예/아니요'라는 응답에 관심을 둔 것이 아니라 왜 그렇게 생각하는지의 이유를 분석함으로써 옳고 그름에 대한 도덕적 추론(moral reasoning)의 발달 순서를 인습 이전 수준(pre-conventional level), 인습 수준(conventional level), 인습 이후 수준(post-conventional level)의 세 가지 수준으로 구분하였고, 각 수준을 하위 단계로 나누어 설명하였다.

〈표 6-3〉 콜버그의 도덕성발달 단계

수준	단계	내용
인습 이전 수준	1단계: 복종과 처벌 지향	어떻게 처벌을 면할 수 있을까? 아동의 행위 결과가 벌인가 칭찬인가 또는 행위를 강요하는 사람이 누구인가에 의해 선악이 판별된다.
	2단계: 개인적 쾌락주의	나에게 뭐가 좋아? 아동 자신의 욕구 충족이 도덕 판단의 기준이며, 다른 사람의 욕구 충족을 고려하지만 자신의 욕구충족을 우선 생각한다.
인습 수준	3단계 착한 소년/소녀 지향	다른 사람을 기쁘게 하고, 도와주는 행위 여부가 선악을 결정하며 타인의 승인을 중요하게 생각한다.
	4단계: 사회질서와 권위 지향	법은 절대적이고 사회질서는 유지되어야 한다. 개인적인 문제보다 전체를 위한 의무감을 더욱 중요하게 여긴다. 즉, 주어진 사회질서를 유지하려는 행동이 나타난다.
인습 이후 수준	5단계: 사회적 계약 지향	법의 사회적 유용성에 대해 합리적 고려에 따라 법이 바뀔 수도 있다고 생각한다. 인간으로서의 기본 원리에 따라 행동한다.
	6단계: 보편적 원리 지향	스스로 선택한 도덕 원리에 따른 양심적인 행위가 곧 올바른 행위가 된다.

인습 이전 수준에서 좋은 행동은 자신에게 보상을 가져다주는 것이고, 나쁜 행동은 처벌을 가져오는 것이다. 인습 수준에서 좋거나 나쁜 행동은 개인적·사회적인 권위의 모습과 일치하는 정도에 달려 있고, 인습 이후 수준에서는 사회 계약과 보편적인 윤리라고 하는 보다 높은 수준의 원칙에 근거한다.

콜버그는 도덕적 성숙과 나이는 관계가 없다고 설명했으나, 유아는 대부분 인습 이전 수준과 인습 수준에 머무른다. 대부분의 유아는 주로 인습 이전 수준인 1단계 복종과 처벌 지향, 2단계 개인적 쾌락주의 단계에 있다. 유아기 후반에 인습 수준인 3단계 착한 소년/소녀 지향 단계로 발달하는 유아가 있을 수 있다.

2. 유아기의 발달과업

유아기는 영아기와는 완전하게 구별되는 시기로 운동기능 및 언어가 현저하게 발달하여 적극적으로 환경을 탐색하게 되면서 지적 발달이 급격하게 진행되는 시기이다. 또한 언어를 통한 의사소통이 가능해지고 보행기능의 완성으로 신체적 활동 및 사람들과의 관계가 확대되면서 사회성과 도덕성도 발달하기 시작한다. 이러한 유아기에 유아가 성취해야 하는 발달과업을 살펴본다(강경미, 2013: 244-5).

1) 언어의 학습

유아기는 언어발달의 최적기로 언어에 대한 이해력이 증가하고 다량의 어휘 습득이 가능해지면서 개인의 정서나 의사표현을 할 수 있을 정도로 변화하게 된다. 그러나 유아기의 언어는 타인의 의견이나 관점이 자신과 다르다는 것을 이해하지 못해서 발생하는 자기중심적인 언어의 특징이 있다. 이러한 특성은 유아기 후기에 이르러 타인과의 의사소통 능력을 갖추게 되면서 사회적 언어로 전환된다. 따라서 이 시기에 자주 소통하게 되는 부모나 교사는 유아의 언어발달 모델이 될 수 있기 때문에 표준어 사용과 함께 문법적으로 정확한 언어를 사용해야 한다. 또한 질문하기, 반복하기, 피드백 주기, 경청하기 등의 의사소통기술을 사용해서 유아가 충분히 말할 수 있도록 기회를 제공하는 동시에 다양한 언어를 학습할 수 있도록 한다.

2) 올바른 생활습관 형성 및 생리적 안정 유지

생활습관은 어릴 때부터 형성되고 또한 이미 형성된 습관은 후에 수정하기 쉽지 않기 때문에 유아 초기부터 올바른 습관을 배우도록 하는 것이 중요하다. 유아기에 몸에 익혀야 할 습관 중에는 식사와 수면 · 배설 등의 생리적 문제와 착의 · 탈의 및 청결, 기본예절과 같은 사회적 생활의 기초가 되는 습관이 있다. 이러한 생활습관은 유아의 신체적 발달과 건강 유지에 필수적이며, 또한 자립심과 독립심 획득에도 중요하게 작용한다. 따라서 유아가 건강하고 자립적인 인간으로 성장하도록 돕기 위해서는 건전한 생활습관이 어릴 때부터 형성될 수 있도록 지도 · 양육해야 한다.

3) 가족과 타인과의 긍정적인 정서관계 확립

유아가 되면 자신과 타인의 정서를 어느 정도 이해하게 되는 동시에 자신들을 돌보는 사람들로부터 애정과 격려 · 도움을 기대하고 친밀한 정서관계를 유지하기 위해 노력하게 된다. 또한 유아들은 자신들과 따뜻한 관계를 맺고 있는 사람들의 언어와 행위를 관찰하고 이를 통해 자신의 행동을 통제하기 위해 노력하게 되면서 다양한 정서를 경험하거나 표현할 수 있게 된다. 그리고 이러한 정서는 유아의 행동으로 통합되어 내재화되고 지속될 가능성이 있다.

4) 도덕성과 양심의 발달을 통한 자아통제력 및 주도성 획득

유아기는 프로이트의 남근기에 해당되는 시기로 양심과 도덕적 기준의 역할을 하는 초자아가 발달하게 된다. 이때 초자아는 원초아의 쾌락욕구를 현실적으로 통제하기 위해 자아가 선택한 방법이 바람직한 것인지에 대해 검토하는 역할을 하게 된다. 이러한 과정은 유아에게 주변 환경과 사람과의 관계를 새롭게 탐색하고 자신의 행동과 정서를 조절하게 되면서 적응력과 함께 주도성이 발달하는 기회를 제공한다. 그리고 유아가 주도성을 획득하게 되면 자신의 능력을 발휘하기 위하여 새로운 활동을 시도하거나 사람들과 상호작용을 위하여 타인에게 먼저 다가가는 행동을 보이게 된다.

베풀 줄 아는 아이의 경쟁력

남을 배려하는 아이와 자기 자신만 생각하는 아이. 자기 물건을 놓치지 않는 아이와 남에게 기꺼이 양보하는 아이. 이 차이는 태어날 때부터 시작되었을까, 하는 근본적인 질문에서 출발한 '이타심 실험'이 있습니다.

미취학 아동 74명에게 선물과 교환할 수 있는 토큰을 나눠주었습니다.

아이들은 연구진이 진행한 놀이를 통해 스무 개의 선물 교환 토큰을 가지게 되었죠. 연구진은 선물을 받을 기대에 잔뜩 부푼 아이들에게 한 가지 소식을 전합니다. 몸이 아파 놀이에 참가하지 못한 친구가 있으니 토큰을 나눠주면 어떻겠냐고 제안한 것입니다.

아이들은 다른 친구에게 자신의 토큰을 기꺼이 내주었을까요? 아무도 없는 '비밀의 방'에 들어간 아이들은 아픈 친구에게 자신의 토큰을 줄지 말지 스스로 결정했습니다.

과연 결과는 어땠을까요? 74명의 아이들 중 40명의 아이들이 자신이 획득한 스무 개의 토큰 중 최소 한 개 이상을 다른 친구에게 주었습니다. 나머지 34명의 아이들은 모든 토큰을 자기가 가졌습니다.

자기 것을 철저히 지키는 아이와 남에게 내어주는 아이의 행동에 미친 영향은 무엇이었을까요?

연구진은 부모의 소득이 아이들의 성향과 관련 있다고 밝혔습니다. 부모의 연소득이 1만 5,000달러 늘어날수록 다른 친구를 위해 토큰을 기부하는 양이 3분의 1씩 감소했기 때문입니다. 연구진은 부자 부모일수록 자신의 부를 빼앗기지 않으려는 모습을 아이들에게 보였을 가능성이 크다고 분석합니다. 아이들이 그런 부모의 모습을 고스란히 모방 학습했을 확률이 높다는 것이죠.

이기적인 아이들과 이타적인 아이들에게는 더욱 중요한 차이점도 있었습니다. 다른 친구에게 기꺼이 토큰을 나눠준 아이들은 스트레스를 통제하는 미주신경(Vagus Nerve) 활성도가 훨씬 높았던 것입니다. 심적 안정도가 높은 이 아이들은 결국 어른이 되었을 때도 덜 상처받으며 사회생활도 원만히 할 수 있는 가능성이 높다는 것이죠.

(출처: EBS뉴스G 학교의 내일을 묻다, 2021)

3. 유아기의 발달문제

유아기에 나타나는 발달상의 문제는 생활습관과 관련된 문제나 심리적인 요인에 의한 문제, 유전적인 요인에 의한 문제들로 나누어지는데 대표적인 몇 가지를 살펴본다(신명희 외, 2016a: 105-110; 강경미, 2013: 246-50 참조).

1) 생활습관과 관련된 문제

활동이 많은 유아기에 올바른 생활습관 형성은 신체발달과 건강에 매우 중요하며, 더 나아가 인지발달 및 사회성발달과도 연관되어 있다.

(1) 식사습관과 관련된 문제

① 식욕부진

유아기 식욕부진은 먹기를 거절하거나 음식에 대해 까다로운 것을 의미하며, 주요 원인은 유아의 독립심 발달로 부모의 요구에 반항하기 위해서이다. 또한 식사 시에 지나친 간섭이나 강요를 당할 때나 음식에 대해 흥미가 없을 때, 부모와의 갈등이나 사랑 결핍, 형제간의 질투 및 식사습관이 올바르게 형성되지 못했을 때에도 나타나게 된다. 지도 방법은 신체질환(결핵, 빈혈, 만성감염)이 있을 때에는 치료를 받아야 한다. 그러나 심리적 요인인 경우에는 정서상태가 식욕과 관련되어 있기 때문에 식사시간 자체가 즐거워야 하며, 지나치게 식사를 강요해선 안 된다.

유아의 식욕부진이 오래 계속되면 영양실조를 초래하게 된다. 만성적인 영양실조 유아는 영양이 충분한 유아보다 키가 작고, 마르며, 운동발달 및 지능발달이 뒤떨어진다. 이와 같이 영양실조는 신체성장 및 운동발달을 지체시키는 것은 물론 질병에 취약해서 유아사망률을 높인다.

② 비만

비만은 표준체중보다 20% 이상인 경우에 진단하며, 어렸을 때 비만한 유아는 성인비만으로 발전할 수 있는 가능성이 높다. 비만은 고혈압·당뇨·심장병과 같은 성인병의 원인이 될 뿐만 아니라 비만을 바람직하지 못한 특성으로 보고 있기 때문에 심리사회적 문제도 유발한다.

아직 비만의 원인이 분명하지는 않지만, 지금까지의 연구 결과를 보면 가계적인 성향이 높은 것으로 나타난다. 또한 부모의 비만과 자녀의 비만 사이의 상관도가 높아서 정상체중인 부모의 자녀 중 약 7%가 비만아인 반면에 양쪽 부모가 비만인 경우에는 약 80%의 자녀들이, 그리고 부모 중 한쪽이 비만인 경우에는 약 40%의 자녀들이 비만아였다는 연구결과도 있다. 이러한 부모와 자녀 사이에 나타나는 비만의 높은 상관은 유전의 가능성을 시사하고 있지만, 가정의 식생활습관과 같은 환경적 요인도 주요 원인으로 작용한다.

소아비만은 단기적으로도 문제이지만, 이 시기 비만의 80~85%가 성인비만으로 이행된다는 점이 더 큰 문제다. 이러한 과도한 체중 증가는 고혈압, 혈중 중성비장의 증가 및 낮은 HDL(high-density lipoprotein) 콜레스테롤, 비정상적인 당 대사, 인슐린 저항, 염증, 심혈관 질환 및 제2형 당뇨병 등의 대사성 질환을 조기에 발생시킨다. 소아비만이었던 사람은 성장기에 과도하게 축적된 지방으로 인해 성장 호르몬이 제 역할을 하지 못한다. 과도하게 축적된 지방은 혈액 순환에 장애를 일으키고, 성장 호르몬이 필요한 곳으로 전달되지 못하게 하여 순탄한 성장을 방해하며, 사춘기를 빨리 오게 하는 성조숙증을 유발한다. 따라서 어린 시기에 비만을 예방하는 것이 중요하다.

비만은 유전, 환경, 음식 섭취 등 여러 요인에 의해 생긴다. 부모 중 한쪽이 비만인 유아가 비만해질 가능성은 40%이며, 부모 모두 비만인 유아가 비만해질 가능성은 80%다. 가족의 식습관에 크게 영향을 미치는 어머니가 비만인 경우는 그렇지 않은 유아보다 비만 위험이 2.5배 이상 증가한다고 알려져 있다. 이는 가족의 생활습관이 유아의 비만에 영향을 미친다는 것을 의미한다.

소아비만 예방 수칙

- 햄버거와 감자칩 등의 패스트푸드, 라면 등의 인스턴트 음식, 과자와 같은 영양가 없는 고칼로리 음식을 줄인다.
- 시중에 판매하는 어린이 음료나 콜라 등의 탄산음료의 섭취를 제한한다.
- 간식을 자주, 많이 먹지 않는다.
- 부모나 교사는 강화물로 초콜릿이나 젤리 등의 사탕류나 과자를 사용하지 않는다.
- TV를 시청하며 식사하지 않는다.
- 음식은 여러 번 씹어서 천천히 먹도록 한다.
- 매일 30분 이상 바깥놀이 활동을 한다.

(2) 배설습관과 관련된 문제

일반적으로 배변훈련을 1세경에 시작하여 24~30개월 전후에 끝나게 된다. 유아의 대소변훈련에서 먼저 알아야 할 것은 언제 시작해야 하는지에 대한 시기의 문제로 신체적으로 준비가 되어 있는지를 확인해야 한다. 배설장애는 아동의 심리적 문제와 밀접하게 연관되어 있기 때문에 정서와 관련된 문제로 구분하기도 한다.

배변훈련

대소변을 가리는 시기는 유아마다 차이가 큰데, 일반적으로 걷는 근육이 발달하여 주위의 도움 없이 혼자서 잘 걸을 수 있는 나이가 되는 생후 18~24개월에 시작한다. 한편, 생후 27개월경이 되어야 대소변 가리기 준비가 되므로 대소변훈련 시기를 늦추어야 한다는 주장도 있다. 따라서 생후 30개월경까지 나타나는 대소변 실수는 자연스러운 현상이다. 지나치게 엄격한 배변훈련은 배변훈련을 더 빨리 끝내게 만들지 못하고 오히려 전 과정을 길게 만들 수 있다. 하지만 만약 유아가 생후 42개월까지 배변훈련이 시작되지 않으면, 소아청소년과 전문의의 상담을 받을 필요가 있다.

배변훈련 방법

① 시범을 보여 준다.

유아에게 다른 사람들이 대소변 보는 것을 구경시켜 준다. 특히 이미 대소변을 가리는 또래의 동성 친구가 변기를 사용하는 것을 보여 주는 것이 좋다.

② 유아용 변기를 준비한다.

대소변 가리기를 시작하기 전에 미리 변기를 하나 사서 유아와 친해질 수 있게 한다. 억지로 변기에 앉히거나, 변기에 앉지 않는다고 야단을 치지 않는다.

③ 변기는 배변하는 곳이라는 것을 알려준다.

변기의 용도를 언어적 설명뿐 아니라 활동을 통해 알려 준다. 기저귀에 대변을 산 유아를 변기에 앉힌 다음 기저귀에 들어 있는 대변을 변기 안에 떨어뜨리는 등의 활동을 통해 변기는 소변이나 대변을 보는 곳이라는 것을 알려준다.

④ 유아는 신호에 예민하고 즉각적으로 반응한다.

유아에게 대소변이 마려울 때 이를 보육자에게 알려 달라고 일러둔다. 처음에는 대소변을 이미 본 후에 '쉬쉬' 하며 알려 주기도 하는데, 이럴 때에도 칭찬을 해 준다. 대소변이 마려울 때 유아는 엄마에게 말로 의사 표시를 하기도 하지만 표정이 변하거나 엉거주춤한 자세를 취하는 등 몸으로 표현하기도 한다. 이런 신호가 보이면, 보육자는 유아를 즉각적으로 변기에 앉힌다.

⑤ 배변에 성공하면 적극적으로 칭찬한다.

한 번이라도 변기에 배변하면 많이 칭찬해 준다. 실패를 하더라도 칭찬할 만한 일을 찾아내어 칭찬해 줌으로써 배변 활동을 즐거운 일로 인식할 수 있게 한다.

⑥ 실수로 하더라도 혼내지 않는다.

대소변 가리기는 아이의 의지만으로 할 수 있는 것이 아니므로 유아가 변기가 아닌 다른 곳에서 배변을 해도 야단치거나 실망하는 모습을 보이지 말아야 한다. 대소변을 잘 가리던 아이도 동생이 생긴 경우, 유치원에 처음 간 경우와 같이 환경의 변화와 스트레스 때문에 실수할 수 있다. 이런 경우 유아에게 고함을 치며 야단치거나, 다른 아이와 비교하거나, 때려서는 안 된다. 이는 상황을 더 악화시키고 하여금 수치심 또는 죄의식을 가질 수 있게 한다.

2) 언어발달 지체

언어의 결정 시기인 유아기에 정상적인 언어발달이 이루어지지 않으면, 의사소통에 문제가 발생해서 유아의 인지 및 사회성발달에 부정적인 영향을 미치게 된다. 유아기 언어발달 문제와 장애의 원인으로 기질적인 요인과 심리적인 원인 모두 지적되고 있다. 그러나 대뇌손상이나 우측 뇌 반구의 문제 또는 기타 기질적인 원인보다는 언어획득 초기에 잘못된 습관이 불안과 연결되면서 문제가 발생하는 경우가 많다. 그 예로 언어발달 결정 시기에 부모의 무관심과 애정결핍으로 적절한 언어자극을 받지 못했기 때문에 학습의 결여로 인해 언어가 부족하거나 의사 표현을 제대로 못 하는 것이다. 언어발달과 관련해서 유아기에 출현할 수 있는 장애에는 언어발달지체의 문제가 있다.

유아기 언어발달지체의 수정이나 치료에서 가장 중요한 것은 유아가 말하는 즐거움을 알고 스스로 말하도록 유도하는 것이다. 또한 어휘가 제한되어 있기 때문에 말을 하지 않으려고 하는 경우, 어휘를 확장시키고 새로운 단어사용을 용이하게 하기 위한 체계적인 방법을 계획해야 한다. 책이나 단어게임, 그림카드, 잡지와 같은 아동에게 적합한 방법들을 이용해서 개별적으로 언어활동에 접근하도록 한다. 이 외에도 유아가 만약 단음절로만 말을 한다면 그의 언어적 표현을 넓히도록 격려하고, 필요하다면 한 문장의 모델을 제시하고 반복해서 연습시키는 방법도 있다.

3) 왼손잡이

엎어서 뉘었을 때 머리를 왼쪽으로 돌리면 왼손잡이가 될 가능성이 높으며, 약 15% 정도가 이에 해당된다. 왼손잡이는 왼쪽이 활동 영역의 기준이 되기 때문에 신체의 왼쪽 부분이 더욱 발달하게 된다. 그러나 사회의 모든 습관과 기물들이 오른쪽 위주이기 때문에 가능하면 오른손을 사용할 수 있도록 지도해서 초등학교 입학 전에 왼손잡이를 교정시켜 주는 것이 바람직하다. 유아가 왼손을 마치 오른손처럼 자유자재로 사용하는 경우는 오른쪽 뇌가 우세한 경우에 해당되며, 강제로 오른손잡이로 만들려고 하면 스트레스를 받을 수 있기 때문에 가급적 양손을 다 사용할 수 있도록 한다.

4) 안전사고 예방

호기심과 활동량이 증가하면서 유아의 50%가 불의의 사고로 상처나 화상, 익사, 추락사고 및 약물중독, 이물질 흡입 등의 사고와 교통사고의 위험이 있다. 따라서 집안의 가구나 기구를 안전하게 배치하고, 사전에 안전교육과 함께 위험에 대한 학습을 시켜서 사고를 미리 예방하는 것이 중요하다.

집안일 해본 아이 vs. 안 해본 아이

서너 살 때부터 집안일을 돕는 습관을 들이면 아이들의 미래가 달라질 수 있다. 미국 성인 1,001명에게 자녀에게 집안일을 맡기는지 설문조사를 하자 단 28퍼센트만 그렇다고 대답했다. 대부분의 부모는 아이들이 집안일을 도울 시간에 공부하기를 원한 것이다.

'행복'에 관한 연구로 유명한 하버드 의대 조지 베일런트(George Vaillant) 교수는 11~16세 아동 456명을 약 35년간 추적 조사한 끝에 성인이 되어 성공한 삶을 꾸린 이들의 유일한 공통점이 다름 아닌 어린 시절부터 경험한 집안일이라는 사실을 밝혀냈다.

집안일은 학교 공부와는 달리 어떤 아이에게나 짧은 시간 동안 성취감을 맛보게 해준다. 결국 집안일을 경험 차이는 성취감을 자주 맛보며 자란 아이와 그렇지 않은 아이의 차이로 이어진다. 특히 서너 살 정도 이른 나이에 집안일을 경험하기 시작한 아이들은 10대가 되어서야 집안일을 하기 시작한 아이들에 비해 자립심과 책임감이 강하며 성공한 삶을 살 가능성이 훨씬 높았다.

하지만 너무 어린아이에게 적당한 집안일이 있을까?

스스로 장난감 정리하기, 쓰레기통에 쓰레기 버리기, 애완동물에게 밥 주기 등이 서너 살 아이들에게 적당한 집안일이라고 한다. 그리고 이때 빨래 바구니에 양말을 골인시키거나, 게임처럼 점점 난도가 높은 집안일에 도전할 수 있게 하는 등 놀이의 규칙을 적용하면 아이들은 집안에서 큰 재미를 느낄 수 있다.

반드시 피해야 할 부모의 행동도 있다. 집안일에 대한 보상으로 용돈을 주는 행위이다. 용돈 대신 칭찬과 격려를 받은 아이는 집안일을 통해 자존감을 쌓아갈 수 있다.

(출처: EBS뉴스G 학교의 내일을 묻다, 2021)

4. 유아기의 주요 쟁점

유아기의 주요 쟁점으로 오늘날 많은 논란을 일으키는 조기영어교육과 보육시설에 양육을 맡기는 유아보육에 대해 알아본다.

1) 조기 영어교육

일반적으로 6세 이전에 영어교육을 시키는 것이 효과가 있다고 믿고 있으며,

전일제 영어유치원이나 학원, 주 1, 2회 가정방문 학습지를 통한 영어교육, 기타 영어 이야기책, 오디오, 인터넷, 비디오 등 다양한 매체와 방식을 통한 조기 영어교육이 이루어지고 있다.

조기 영어교육이 타당하다고 믿는 사람들은 유아기가 언어 습득에 결정적 시기(critical period)여서 두뇌가 외국어 학습에 유리하고 원어민과 같은 발음을 배우기에 적절하다고 하며, 사춘기 이후에 외국어를 배울 때는 모국어의 억양 없이 발음하는 것은 매우 어렵다고 주장한다.

그러나 여러 연구들은 이러한 결정적 시기가 없다는 주장을 하고 있다. 일부 연구는 유아기 이후의 언어 학습이 더 효과적이라고 주장한다(Kagan & Herschkowitz, 2005). 인지적 학습 능력이 일정한 수준에 도달하여 자신의 학습 상황을 인지하고 통제할 수 있는 아동기 이후에 단어나 문법을 더 빨리 잘 배운다는 것이다. 따라서 단어를 외우거나 문법을 배우는 등 의식적으로 이루어지는 언어 학습은 유아기에 제대로 이루어지기 어렵다.

조기 영어교육은 정서적 측면에서 심리적 부담감을 주게 되며 쉽게 배우는 대신 쉽게 잊어버릴 수 있어서 바람직하지 않다는 견해도 있다. 또한 모국어 발달이 제대로 이루어지지 않은 상태에서의 조기 영어교육은 심리적, 인지적 부작용을 일으킬 수 있으며 조기 영어교육이 유아에게 스트레스를 줄 수 있다.

이처럼 조기 영어교육에 대한 찬반론은 다양하며, 세계적으로 외국어 교육은 아동기부터 이루어지는 추세다. 많은 심리학자들은 외국어 교육에 있어서 민감한 시기(sensitive periods)는 스스로 학습할 수 있는 아동기라고 한다(Woolfolk, 2010). 유아기부터 영어교육을 시키는 것은 언어 교육이 단기간에 이루어질 수 없는 것임을 고려할 때 전체적인 영어교육 시간을 늘려주는 효과는 있을 것이다. 그러나 유아기의 영어교육이 효율적이지 못하고, 영어 학습에 대한 동기를 저하시키며 스트레스로 인한 정서적 부담 등의 부작용이 있음을 간과해서는 안 된다.

2) 유아보육

맞벌이 부모가 증가하면서 유아보육에 대한 필요성과 관심이 급증하고 있다. 그동안 많은 직장 여성이 유아보육 문제로 고민해 왔으며 이로 인하여 출산을 기피하는 현상까지 나타나고 있다. 유아보육(educare)은 과거에는 부모가 유아를 돌보기 어려울 때 타인에 의해 일정 시간 양육되는 탁아의 의미로 이해되었으나, 최근에는 부모의 취업 여부와 관계없이 교육, 영양, 건강, 등 교육적인 환경에서 유아의 발달을 지원하는 교육(education)과 돌봄(care)의 개념으로 이해된다. 현대사회에서 유아보육 문제는 더 이상 개인이나 가정의 문제가 아니라 국가와 사회의 문제로 인식되고 있다.

또한 영아기부터 질 높은 보육기관에 다녔던 유아들은 청소년기에 이르기까지 긍정적인 사회적, 정서적, 지적 발달을 보이는 것으로 알려져 있어서 보육 서비스의 질적 수준도 매우 중요하다. 보육이 민간 보육시설 위주로 이루어지다 보니 이윤을 남기려는 일부 시설의 정원 초과 문제, 유아에 대한 저급한 환경 및 서비스, 자질 낮은 종사자 채용, 보육교사에게 무임봉사를 강요하는 형태 등의 문제점들이 나타나고 있다.

민간 보육시설은 여러 문제점이 많은 형편이고 국·공립 보육시설은 부족하므로 결국 부모들이 유아보육의 책임을 모두 짊어져야 하는 상황이다. 유아보육이 유아의 발달에 긍정적인 영향을 미치도록 이루어지기 위해서는 단지 재정적인 지원이 아니라 장기적으로 보육시설 확충과 보육 서비스의 질적인 수준을 높이는 노력이 있어야 할 것이다.

5. 유아기의 부모역할

유아기에 부모는 양육자 및 훈육자의 역할과 함께 유아기가 자아가 눈 뜨는 시기이니만큼 자아인식 발달을 도와주어야 하고 주도성 발달을 지원하는 등 다양한 역할을 수행하여야 한다. 따라서 유아기 부모역할을 다음과 같이 정리할 수 있다(정옥분 · 정순화, 2016: 235-41; 최혜순, 2014: 110-112; 이숙 외, 2004: 73-74 참조).

1) 효과적인 양육자의 역할을 한다

부모는 유아의 생리적 욕구를 충족시키고 보호하는 차원을 넘어서 건강하게 적응하고 발달해 나갈 수 있도록 양육해야 한다. 유아는 자조능력이 발달하면서 자기 주장이 강해지고 반항과 거부를 하게 되는데, 이때 부모는 지나친 간섭을 피하고 적절한 제한을 가하여 일관성 있고 긍정적으로 양육해야 한다. 일반적으로 훈육은 구체적인 행동으로 나타나며 실제적인 상황에서 유아를 다루는 방법에 관한 것을 의미하는 반면에, 양육은 훈육뿐만 아니라 유아를 대하는 추상적인 가치관이나 태도까지 포함하는 보다 광범위한 개념을 의미한다. 따라서 부모는 자녀 양육에 대한 명확한 자기 원칙과 태도, 추구하는 가치관을 스스로 정립하여 효과적이고 바람직한 양육을 수행할 수 있어야 한다.

2) 긍정적인 훈육자의 역할을 한다

부모는 자녀에게 기본적인 규칙과 제한을 두며, 이를 잘 지키도록 하기 위해 훈육을 하게 된다. 훈육이란 유아를 지도하는 구체적인 행동으로서 부모는 어떤 형태로든 자녀의 행동을 통제하게 된다. 비난과 호통, 처벌 중심의 부정적 훈육을 최대한 피하고 언어적 설득과 공감, 칭찬과 격려가 중심이 되는 긍정적 훈육방법을 부모는 잘 숙지하고 이를 훈육에 적극적으로 활용하여 자녀가 바람직한 행동 습관을 스스로 형성하도록 지도할 수 있어야 한다.

특히 유아기의 바람직한 습관 형성은 이후의 발달에 큰 영향을 미치며, 습관 형성이 제대로 안 된 경우 부정적인 자아개념을 형성하는 경향을 보이기 때문에 긍정적이고 적절한 훈육을 통해 식사습관, 수면습관을 비롯한 여러 생활습관이 올바로 형성될 수 있도록 해야 한다.

3) 자아개념의 발달을 촉진한다

자아개념은 유아가 성장하면서 경험을 통하여 습득한 자기 자신에 대한 개념으로서 자기가 속한 환경에서 의미 있는 사람들과의 상호작용을 통하여 발달하게 된다. 자아개념이 일단 형성되면, 유아는 자아개념을 통하여 모든 것을 이해하고 평가하기 때문에 자아개념은 유아행동의 중요한 기초가 된다. 따라서, 부모는 유아가 긍정적인 자아개념을 형성하도록 자녀의 의견을 수용하고 존중함으로써 긍정적인 경험을 풍부하게 제공해 주어야 한다.

4) 주도성 발달을 돕는다

에릭슨의 발달이론에 의하면 유아기는 주도성이 본격적으로 발달하는 시기이다. 이 시기의 유아는 이동능력이 발달함에 따라 자신의 환경을 능동적으로 탐색하고자 하며 주위의 도움이 없이 많은 것들을 스스로 시도해보고자 한다. 이때 유아가 새로운 일을 시도하여 성공하게 되면 주도성이 발달되어 새로운 시도를 계속 확대하게 된다. 그러나 이 시기에 유아가 자주 금지를 당하거나 실패를 맛보게 되면 수치심과 자신의 능력에 대한 회의를 갖게 된다. 부모는 유아가 새로운 환경을 주도적으로 탐색해 볼 수 있도록 다양한 경험을 제공해 주며, 유아의 시도에 대해 관심을 보이는 것은 물론, 유아가 잘 해냈을 때에는 적극적으로 칭찬하고 잘 해내지 못했을 때도 격려를 아끼지 않음으로써 유아가 주도성을 발달시키도록 조력해야 한다.

5) 언어적 상호작용을 풍부하게 한다

유아기는 어휘 수가 급격히 증가하고 문법이 발달되는 시기이므로 충분한 언어적 상호작용이 필요하다. 유아의 이야기를 잘 들어 주고, 이야기도 많이 들려주고 충분한 대화시간을 가지는 것이 필요하다. 부모가 하는 말이 유아에게는 좋은 모델이 되기 때문에 바른말을 쓰도록 해야 한다. 부모가 유아에게 일방적인 지시나 명령으로 일관하면 언어표현의 기회를 상실하게 되며, 유아가 자신의 의사를 표현하기도 전에 미리 이를 충족시켜 주는 완벽한 부모도 유아의 언어 사용 기회를 제한하게 된다.

유아기 사고의 특징상 유아는 끊임없이 '왜'라는 질문을 한다. 부모는 질문을 귀찮게 여기지 말고 인내심을 가지고 반응하면 자연스럽게 언어적 상호작용이 이루어질 수 있으며, 이를 통해 유아의 언어능력이나 지적 능력의 발달을 도와야 한다.

6) 오감을 자극하는 경험을 제공한다

유아기에는 뇌의 모든 부분이 골고루 발달되어야 하므로 어느 한쪽으로 편중된 학습은 지양해야 한다. 예를 들어 글자를 읽고 쓰는 것만 강조한다든지 동영상을 많이 시청하게 하는 것과 같이 일방적이고 편중된 학습 방법은 바람직하지 않다. 특히 유아들은 실제 사물이나 경험을 통해 배우므로 생활 속에서 즐겁게 놀면서 직접 만지고, 보고, 듣고, 맛보는 경험이 발달에 도움이 된다. 즉 유아기에 지속적으로 오감을 자극하면 뇌 전체가 골고루 발달되고 인지, 언어, 시회, 정서, 신체발달이 균형 있게 이루어진다. 유아에게 체험할 기회를 많이 주고 다양한 재료를 제공해 주면 유아기 동안 습득하여야 할 지적, 감성적, 사회적 능력을 발달시킬 수 있다.

7) 풍부한 신체접촉을 하도록 한다

피부는 뇌와 같은 외배엽에서 발달하기 때문에 피부세포는 뇌와 밀접히 연결되어 있고 그래서 피부를 '제2의 뇌'라고도 한다. 피부는 뇌와 신경회로로 연결되어 있으므로 피부를 통한 조그만 자극도 바로 뇌에 전달되므로 피부 감각을 발달시키면 곧 뇌신경에도 자극을 주고 뇌발달과 연결되는 것이다. 그러므로 목욕을 할 때나 하고 난 후에 피부 마사지해주기, 머리나 등을 자주 쓰다듬어 주기, 꼭 껴안아 주기, 볼에 뽀뽀하기, 업어주기 등과 같이 사랑이 듬뿍 담긴 피부 접촉은 유아의 두뇌발달을 촉진시킬 뿐만 아니라 유아가 정서적 안정을 갖게 한다.

특히 자녀와의 빈번한 신체접촉을 통한 애정 표현은 부모와 자녀 간의 정서적 유대감을 강화시켜서 영아기에 이어 유아기에서도 부모와의 안정적 애착을 지속하는 효과가 있다.

성차와 부모역할

자아개념의 중요한 구성 요소의 하나는 남성의 성 혹은 여성의 성 및 성역할과 동일시 하는 것이다. 출생 시 남아 혹은 여아로 분류되는 것은 개인의 삶에 중요한 영향을 미친다. 출생 시부터 "남성과 여성은 그들이 누가, 그리고 무엇이 될 것인가와 그들 인생에 어느 정도 영향을 미치게 될 상이한 종류의 경험을 하기 시작한다"(Williams, 1987: 135).

놀랍게도 연구자들은 분명한 성차를 확인하는 데 어려움을 겪고 있다. 그 이유 중 하나는 여아가 서로 간에 너무 다르며 남아도 서로 너무 다르다는 것이다. 그리고 집단으로서의 여아는 남아와 그렇게 다르지 않다. 이것은 남녀간에 있을지도 모르는 어떤 미묘한 심리적, 행동적 차이를 알아내는 것을 매우 어렵게 한다(Unger & Crawford, 1992; Williams, 1987).

가장 분명한 성차는 생물학적인 것으로 보통 남성이 더 크고 무겁다. 여성은 빨리 성숙하고 더 오래 산다. 여아는 빨리 성숙하므로 남아보다 운동 및 다른 기능이 약간 빠르게 발달한다. 가장 뚜렷한 성차는 생식 및 건강과 관계가 있다. 사망률은 사실상 인생의 모든 단계에서 남성이 여성보다 높다. 대부분의 질병에 여성의 감염 가능성이 더 낮은 것은 두 개의 유사한 성염색체를 가졌다는 유전적 유리함을 반영할 수 있으나, 다른 이론들도 있다(Jacklin, 1989). 우리가 아는 한 남성과 여성은 생물학적으로 그들이 다른 것보다는 훨씬 비슷하다(거의 '반대의' 성이 아니다).

남성과 여성이 심리학적으로 다를 수 있는 수백 가지 방식 중 소수의 의미 있는 차이가 밝혀졌다. 다소 논쟁이 되고 있는 성차 심리학에 대한 조사에서, 일찍이 맥코비와 재클린(Maccoby & Jacklin, 1974)은 여아가 남아보다 다소 많은 언어능력을 가졌으며(적어도 11세 이후), 남아가 시각-공간적 능력과 수학적 능력에서 다소 뛰어나고 신체적으로 더 공격적이라고 결론을 내렸다.

하이드와 린(Hyde & Linn, 1988)은 언어능력에서의 성차에 관한 165개 연구에 대해 메타 분석을 수행했다. 그들은 적어도 현재로서는 언어 생산의 질에서 나타나는 가능한 예외 이외에는 그러한 차이가 없다고 단정했다. 다른 조사들도 과거에 지적 능력 및 다른 능력에서 성차가 존재했다면, 그것은 사회적 역할, 직업, 교육적 기회가 더 공평해지면서 감소되었다는 데 동의했다. 인지적, 사회적, 정서적으로 남성과 여성은 다르기보다는 훨씬 더 유사하다(Jaffe, 2000: 304).

7장

아동기 발달과 부모역할

7장 아동기 발달과 부모역할

아동기는 학령기의 시작으로서 아동은 생활의 큰 변화를 경험하면서 새로운 환경과 과제에 적응해야 하는 시기이다. 아동의 신체 성장 곡선은 영·유아기나 사춘기와 비교해 볼 때 비교적 완만한 형태를 보이며 성장 속도는 둔화하지만, 신체 성장은 꾸준히 지속된다. 특히 학교생활을 시작하면서 아동의 인지능력은 급격한 변화를 겪는다. 또한 담임 선생님과 또래 집단을 만나면서 새로운 인간관계를 만들어 나가고 그만큼 심리사회적 발달도 경험하면서 자아개념이 본격적으로 발달한다. 특히 아동기는 학교생활을 중심으로 다양한 과제와 도전에 직면하게 되며 이들 과제들을 잘 수행할 수 있는 근면성 습득을 통해 성취경험을 풍부히 함으로써 긍정적 자아개념인 자아존중감이 발달해야 하는 중요한 시기이기도 하다.

1. 아동기의 발달적 특징

1) 신체발달

아동기 신체발달의 특징은 몸통이나 팔다리가 가늘어지고 어깨가 넓어지며 머리 크기가 키의 1/7~1/8 정도로 되는 등 성인의 모습과 비교적 비슷한 형태를 갖춘다는 점이다. 이 시기 동안 아동의 신장은 성별과 상관없이 1년에 평균 5.5cm 성장한다. 평균 키는 남아가 여아보다 크지만, 10~11세에 도달하면 여아가 남아보다 크다. 이것은 남아보다 여아의 사춘기가 조금 일찍 시작되기 때문이다. 아동기에 일반 아동의 몸무게는 1년에 평균 2.7kg씩 늘어난다.

학령기 생활을 시작하면서 아동은 신체적 활동을 많이 하며 그만큼 대근육과 소근육 운동능력을 발달시킨다. 더욱 활발해진 운동량은 아동기 내내 그 수준을 유지하다가 사춘기에 접어들면서 서서히 감소한다. 그만큼 이 시기를 거치면서 인간의 운동기능은 기존에 비하여 더욱 빠르고 정교하며 유연하게 발달한다. 유아기에 습득하지 못했던 대근육 운동기능을 습득하면서 달리는 속도가 빨라지고 깡충 뛰기나 옆으로 걷기를 잘한다. 점프 능력도 향상되며 공을 던지거나 차는 거리와 속도, 정확도가 증가한다(신명희, 2016b: 235-6).

아동기에는 대근육 운동의 발달과 더불어 소근육 운동 기능도 향상된다. 초등학교를 입학할 무렵, 대부분의 아동은 타인의 도움 없이 스스로 옷을 입고 벗으며 식사할 수 있다. 학년이 올라갈수록 손놀림이 매우 안정적이며 그에 따라 글씨를 쓰는 속도가 빨라지고 유아기에 보였던 글자를 거꾸로 쓰는 일 등은 더 이상 관찰되지 않는다. 소근육의 발달로 인하여 아동은 악기 연주나 정교한 조작, 그 밖에 다양한 취미 활동을 하게 되고 그만큼 독립심도 증가한다.

성장통(growing pains)은 아동기 신체발달 특징 중의 하나다. 마치 근육을 당기는 듯한 느낌의 성장통은 근육이 성장하는 신체에 적응하기 위하여 나타나는 현상으로 약 10~20%의 아동이 경험한다. 밤중에 심하게 나타나고 아침이 되면 사라지는 성장통의 원인은 분명하지 않지만, 전문가들은 뼈를 덮고 있는 골막이 늘어나 주위의 신경을 자극하기 때문이라고 추측한다. 또한 뼈의 성장 속도에 비하여 근육의 성장 속도가 느리기 때문이라는 견해도 있다.

신체발달과 마찬가지로 2차 성징의 발현 시기 또한 개인차가 있다. 여아의 경우 9~16세 사이, 남아의 경우 10~18세 사이에 성적인 성숙이 이루어진다. 성장한다고 해서 걱정할 필요가 없다. 특히 성적 성숙이 빠른 여아의 경우와 성적 성숙이 느린 남아의 경우 걱정을 많이 하는데, 이는 성적 성숙에 대한 여아와 남아의 인식 차이에 기인한다. 즉, 여아는 또래에 비하여 조숙한 경우에 또래 집단 내에서 우세하다. 남아는 오히려 2차 성징의 발현이 늦을수록 자신에 대해 만족하지 못하는 것으로 나타났다.

2) 인지발달

아동기의 인지 능력은 영·유아기에 비하여 획기적으로 발달한다. 피아제(Piaget)의 아동기 인지발달이론에 따르면 아동은 구체적 조작기에 들어서면서 좀 더 세련된 방법으로 상징을 사용하고 논리적으로 생각하며 어떠한 사물의 한 가지 측면에만 집착하지 않고 여러 측면을 고려하여 사고한다. 나아가 다른 사람이 나와 다르게 생각할 수 있다는 점을 이해한다. 그러나 이 시기의 사고는 구체적인 것, 즉 자신이 직접 경험하는 세계에 한정되며 그에 따라 추상적이고 가설적인 개념은 이해하지 못한다.

구체적 조작기에 도달하면서 아동의 자아중심성은 점차 감소한다. 학교생활 속에서 자신의 생각과 다른 친구의 생각을 비교할 수 있으며 그만큼 사고의 폭도 넓어진다. 즉, 전조작기의 자아중심성이나 중심화로부터 점차 탈중심화한다.

즉, 구체적 조작기에 도달한 아동은 본래의 상태로 전환시킬 수 있는 가역성을 획득함으로써 눈에 지각되는 상황과 관계없이 두 블록의 수가 같다는 것을 머릿속으로 생각할 수 있게 된다. 그러므로 구체적 조작기의 아동은 어떠한 상황을 거꾸로 상상할 수 있으며 그 상황을 본래의 상황으로 재변환할 수 있다. 이러한 논리적 조작은 분류나 보존 개념, 서열화 기능에서 잘 나타난다(신명희, 2016b: 243-48).

(1) 분류

구체적 조작기에 도달하면 아동은 공통된 속성에 따라 물건을 분류하고 일정한 물건이 다른 물건의 상 · 하위 범주에 속하는 것을 인지할 수 있다. 어떠한 대상을 한 가지 속성에 따라 단순하게 분류하는 단순 분류(simple classification)뿐만 아니라 일정한 대상을 두 개 이상의 속성에 따라 분류하는 다중 분류(multiple classification)가 가능해진다. 즉, 전조작기의 유아가 단순 분류만 가능하였다면, 구체적 조작기의 아동은 다중 분류가 가능하다.

(2) 보존 개념

인지발달 수준이 구체적 조작기에 이르면서 아동은 더 이상 자신의 눈에 보이는 지각적 특성에 따르지 않고 논리적 조작에 근거하여 보존 문제를 해결한다. 즉, 이전 시기인 전조작기와 구체적 조작기 인지발달의 큰 차이는 어떠한 문제를 해결하는 과정에서 직관에 의존하기보다 논리적으로 사고하고 규칙을 적용한다는 점이다.

구체적 조작기 아동은 보존 개념을 획득하는 것은 동일성, 가역성, 상보성의 개념에 대한 이해 능력을 획득하였기 때문이다. 물론 아동의 인지발달이 구체적 조작기에 도달하였다고 하여 모든 영역에서의 보존 개념을 획득하지는 않는다. 수에 대한 보존 개념은 유아기인 6~7세경에 획득하지만, 면적에 대한 보존 개념은 아동기 초기인 8~9세는 되어야 획득한다. 그리고 무게에 대한 보존은 아동기 중후반인 9~10세경이 되어야 획득하며, 부피에 대한 보존은 훨씬 뒤인 14~15경에 획득한다.

아동이 면적에 대한 보존 개념을 획득하였다고 하여 같은 인지적 조작이 다른 문제의 해결에 전이되는 것은 아니다. 이것은 아동의 직관적 특성이 다양한 영역의 논리 조작적 적용에 영향을 주기 때문이다. 즉, 구체적 조작기 아동의 논리적 조작은 구체적인 사물의 내용과 연관되어 있어서 결국 구체적인 특성을 넘어서는 일반화 능력을 획득하지 못하였기 때문이다.

(3) 서열화

서열화(seriation)란 '길이'와 같은 '양'적인 차원에 따라 특정한 사물을 차례대로 배열할 수 있는 능력을 의미한다. 유아에게 여러 개의 자동차를 크기대로 배열하라고 하면 대부분의 유아는 일관성 없이 배열한다. 그러나 구체적 조작기에 도달한 아동은 크기가 큰 자동차부터 가장 작은 자동차까지 별다른 시행착오 없이 배열한다. 구체적 조작기의 아동은 일정한 속성에 따라 분류하면서 동시에 물체 간의 상호관계에 따라 순서대로 배열하는 것이 가능하다. 한 가지 속성에 따라 대상을 비교하며 차례대로 배열하는 단순 서열화(simple seriation)뿐만 아니라, 두 가지 이상의 속성에 따라 물체를 비교하여 배열하는 다중 서열화(multiple seriation)의 능력도 획득한다. 즉, 앞에 놓여 있는 여러 개의 자동차를 크기와 종류에 따라 동시에 배열할 수 있다.

이와 같이 구체적 조작기의 인지발달은 전조작기와 질적으로 다르다. 탈중심화하고 분류와 서열화, 보존 개념과 같은 논리적 조작 능력을 획득하지만, 그것은 구체적인 사물로 제한된다. 즉, 명료하고 뚜렷하며 구체적인 대상이 아니면 직관적 사고 수준에서 벗어나는 추상적 논리적 추론은 여전히 할 수 없다.

3) 언어발달

대부분의 언어능력은 유아기에 획득되지만 언어의 유능성과 관련된 부분은 주로 아동기에 발달한다. 음성과 문법의 발달과 소통기술의 발달 측면에서 아동기 언어발달을 살펴본다(조성연, 2010: 355-6).

(1) 음성 · 의미 · 문법의 발달

음성학적인 발달은 초등학교 입학 전에 대개 완성되지만 일부 강세패턴은 초등학교 이후에 발달한다. 의미에서의 미묘한 차이를 가져오는 발음은 초등학교 시기에 점진적으로 발달한다. 영어의 명사와 형용사에서의 강세 위치 변화도 청소년기가 되어야 습득된다. 아동기의 음성학적 발달은 단어의 의미가 얼마나 복잡한지에 따라 영향을 받는다.

학동기 아동들은 유아기 때 보이던 문장의 오류를 수정하게 되고, 문법적으로 보다 복잡하고 긴 구문을 사용할 수 있게 된다. 논리적 추론능력과 분석적 기술이 발달하여 내포문(內包文)이나 사동사(使動詞), 피동사(被動詞) 등의 문법적 규칙이나 구조를 이해하고 적절히 사용할 수 있게 된다. 여기서 내포문이란 관계절을 포함하는 문장으로, 영어의 경우 관계대명사 또는 관계부사 등을 사용한 문장을 의미한다. 학령기 말에는 아동이 습득한 단어의 수는 약 40,000개 정도인데 이는 하루 평균 20개 정도의 새로운 단어를 습득하는 것과 같다.

학령기 아동들은 획득한 단어들을 더 잘 조직하고 위계적으로 정리하여 더 정확하게 사용하며, 단어에 대한 사고도 달라진다. 단어를 정의할 때, 5-6세 유아는 단어의 기능이나 외양을 언급하는 등 구체적인 면에서 기술하지만(예를 들면, 칼은 사과를 자를 때 쓴다, 자전거는 바퀴와 체인이 있다 등), 초등학교 고학년 아동은 단어의 동의어나 범주적 관계에 대해서도 설명한다(예를 들면, 칼은 자를 때 쓰는 것이다. 톱은 칼과 유사하다, 칼은 무기로 사용하기도 한다 등). 또한 학령기 아동은 언어의 분석접 접근을 통해 단어가 갖는 여러 가지 의미를 이해할 수도 있다. '날카로운(sharp), '차가운(cool)'이라는 단어는 물리적인 의미 외에 심리적인 의미도 있다는 것을 알게 됨으로써 은유적 표현이나 유머를 이해하게 된다.

(2) 의사소통기술의 발달

효과적인 의사소통을 위해서는 수용한 언어적 메시지를 인식하는 것뿐만 아니라 상대방에 맞추어 언어적 메시지를 분명하게 산출하는 능력인 참조적 의사소통 기술(referential communication skills)도 필요하다. 3~5세 정도의 유아들은 보통 구두 메시지에서 의미가 모호한 부분을 잘 인식하지 못하지만, 학령기 아동은 상대방이나 자신의 메시지가 분명하지 않을 때 어느 부분이 모호한지를 인식하고 그 부분을 분명하게 인식할 수 있는 기술이 발달되어 있다. 그러므로 9~10세 아동은 익숙하지 않은 사물에 대해 설명할 때 듣는 사람에 맞춰 내용을 조절하면서 정보를 제공한다.

이와 같은 참조적 의사소통기술의 사용이 아동기에 발달하기 시작하는 것은 한편으로는 이 시기의 인지적 발달로 자기중심성이 완화되고 역할수용 기술을 획득하게 되며, 다른 한편으로는 청자에 맞도록 말을 조절하여야 한다는 사회언어학적 이해능력이 발달하기 때문이라고 할 수 있다.

4) 심리 사회적 발달

(1) 성격발달

아동은 성격의 기초를 형성해 온 가정이라는 울타리에서 벗어나 학교라는 단체에 새롭게 적응해야 하는 과제를 안게 된다. 또래 친구와 학교라는 집단생활을 시작함으로써 집단 혹은 단체 의식을 형성하기 시작한다. 아동은 또래와의 생활을 통해 '다른 사람의 관점에서 자신을 바라보는 경험'을 한다. 그에 따라 아동 자신과 또래 친구를 비교할 수도 있고, 그들과의 생활을 통해 앞으로 스스로 선택할 가치관의 토대를 형성하기도 하며, 또래 집단에 소속되었다는 안정감도 획득한다. 이러한 과정을 통해서 자아개념이 본격적으로 형성되기 시작한다.

① 근면성의 발달

에릭슨이 제시한 8단계의 심리사회적 발달단계 중에서 아동기에 해당되는 것은 4단계인 '근면성 대 열등감'이다. 아동은 본능적 성숙과 사회적 압력에 의하여 자연스럽게 근면성을 획득해야 하는 상황을 경험한다. 반대로 근면성을 획득하지 못했을 때는 열등감을 형성하는 위기를 경험한다.

근면성이란 생산적 작업에 종사하려는 인간의 열정을 의미한다. 학교생활을 시작하면서 아동은 인지적 · 사회적 기술을 습득하고 숙달하며 점차 근면성을 형성해 간다. 또래 집단과의 관계 역동에서 성공과 발전의 지속적인 경험을 바탕으로 아동기의 심리사회적 발달과업은 완성되고 그만큼 즐거움을 느낀다. 아동에게 성취할 기회를 충분히 부여하고, 아동이 성취한 과업을 인정하고 격려하는 과정을 통해 아동의 근면성은 더욱 발달한다. 그에 따라 자아에 대한 유능감도 지니게 된다. 그러나 무언가 성취할 기회를 얻지 못하고, 귀찮은 존재로 취급되며, 아동이 성취한 결과가 비난을 받고, 지속적인 실패를 경험할 경우 그만큼 부정적인 자아상을 가지게 되며 아동기에 해결해야 할 근면성의 획득이라는 심리사회적 발달이 제대로 이루어지지 않아 결국 열등감에 빠지게 된다. 이렇게 형성된 열등감은 아동기에 수행해야 할 학습 상황이나 그 이후의 삶에 부정적인 영향을 준다.

그러므로 아동이 과제를 성공적으로 수행했다는 자신감과 만족감을 얻는 것은 중요하다. 성공적인 경험으로 인해 형성된 자신감은 앞으로 다양한 지식을 배우고 새로운 기술을 획득하기 위한 중요한 동기가 된다. 부모나 교사는 아동의 근면성을 격려하며, 개인차로 인한 열등감을 지니지 않도록 지도해야 한다.

학령기에 접어들면서 아동은 자연스럽게 비교 혹은 서열화의 상황을 경험한다. 학업 성취도를 포함하여 여러 측면에서의 비교 및 서열화는 낮은 점수 혹은 평가 결과를 받은 아동의 열등감을 부추길 뿐이다. 상대적 비교보다 아동의 장점을 부각시키는 것이 근면성 획득에 효과적이다. 아동이 독립심과 책임감을 가질 수 있도록 충분한 기회를 주며, 혹시 실수를 하더라도 인내심을 갖고 지켜본다. 목표를 달성하지 못하여 낙심한 아동은 진심으로 격려한다. 부모나 교사는 아동에 대한 긍정적인 믿음을 지니고 있어야 한다. 아동에 대한 신뢰는 결국 아동의 근면성 발달을 촉진시키기 때문이다(신명희, 2016b: 256-7).

부모나 교사가 알아야 할 아동기의 근면성 격려를 위한 지침

- 또래 친구와의 상대적 비교는 삼간다.
- 아동 스스로 현실적인 목표를 세우고 실행할 수 있도록 지도한다. 목표는 세분화하며 다양한 방식의 과제를 제안한다.
- 목표를 점진적으로 달성해 가도록 지도한다. 특히 진전 사항 기록일지

(progressing chart)를 기록하도록 한다.
- 독립심과 책임감을 발휘할 수 있는 기회를 준다.
- 아동의 실수에 대하여 인내하고 격려한다.
- 낙심한 아동은 진심으로 격려한다.
  당장 눈에 보이는 실패한 결과에 초점을 두기보다, 지금까지 아동이 기록한 진전 사항 기록일지를 함께 보며 아동의 진전된 모습을 격려한다.
- 아동에 대한 긍정적인 믿음을 가진다.

② 자아개념, 자아존중감, 자아효능감

아동기가 되면 자아개념(self-concept)에 변화가 온다. 이전 시기와는 다르게 자신에게 내재되어 있는 독특한 특성으로 자아를 인식하기 시작한다. 아동은 자신의 신체 특성이나 능력, 행동, 소유물과 연관 지어 자신을 규정한다. 아동기의 자아개념은 성장함에 따라 점차 안정적으로 변하며 좀 더 추상적이고 분화된 개념으로 발달한다. 즉, 아동기 중후반이 되면 자신의 심리적 특성이나 타인과의 관계 등을 중심으로 자신을 정의한다. 유아가 단 한 명의 또래 친구와 자신을 비교하는 반면, 아동은 자신을 포함한 여러 명의 개인을 비교할 수 있다. 즉, 아동은 유아보다 자아 규정을 함에 있어서 더욱 다양한 기준을 활용한다. 이것은 연령이 증가함에 따라 자기를 이해할 수 있는 인지의 발달에 기인한다. 자아개념 발달과 밀접한 연관을 가지는 개념이 자아존중감과 자아효능감이다.

가. 자아존중감(self-esteem)

자아개념이 '타인과 구별되는 개인의 정체감'을 말한다면, 자아존중감은 '그러한 정체감에 개인이 부여하는 가치'를 말한다(Berns, 1989: 431). 자아개념에 대한 스스로의 평가적 측면을 의미하는 자아존중감은 아동의 정신건강에 중요한 역할을 담당한다. 어떤 의미에서 자아존중감은 우리가 자신의 자아개념에 대해 어떻게 느끼는가를 나타낸다. 높은 자아존중감을 지닌 아동은 자신의 장점 및 약점을 잘 이해하며 자신의 특성 및 능력에 대하여 긍정적인 느낌을 가진다. 상대적으로 낮은 자아존중감을 지닌 아동은 자신의 장점보다는 약점에 주의를 더 기울이며 그만큼 자신에 대하여 부정적인 느낌을 지닌다.

자아존중감은 또한 자신에 대한 자신의 기대를 만족시키는 것으로 정의될 수 있다. 그러한 기대는 궁극적으로 다른 사람의 기대에 뿌리박고 있다. 만약 우리의 부모, 친구 및 교사가 우리에 대해 만족스러워하면 우리는 자신에 대해 만족스러워할 수 있다.

자아존중감과 자아 확신 또한 관계가 있다. 초기에 '성취기록'을 쌓은 아동은 만약 그들이 꾸준히 하면 계속 성공하리라는 것을 기대할 줄 알게 된다. 그들은 자신의 능력을 발휘할 수 있는 도전을 추구할 가능성이 더 커진다. 더 많은 성취가 더 큰 유능감이나 효능감으로 이어지는 순환 주기가 성립된다. 이것은 결국 그들이 그 이상의 도전을 추구하도록 격려한다. 아동은 분명히 그들의 성공 노력에 대해 받는 인정을 즐긴다(Jaffe, 2000: 294).

반대로 낮은 자아존중감과 자아 확신이 부족한 아동은 그들 노력의 결과에 대해 낙관적이지가 않다. 그들은 자신이 무능하고, 열등하며, 비관적이고, 쉽게 용기를 잃는다고 느낀다. 일이 항상 잘못되는 것처럼 보인다. 이러한 아동은 쉽게 포기하며 자주 겁을 먹는다. 좌절과 분노는 잘못 처리되며 때로 타인이나 그들 자신을 향한 보복적인 행동으로 바뀐다. 불행히도 그들의 행동은 그들이 자신을 보는 것처럼 타인이 그들을 부정적으로 보도록 이끌게 된다.

자아존중감의 획득은 하루아침에 형성되지 않으며 천천히 발전하여 안정적이고 오래 지속하면서 앞으로의 성장과 발달을 위해 견고한 기초가 된다.

나. 자아효능감(self-efficacy)

자아효능감이란 자신이 스스로 어떠한 상황을 극복할 수 있고 자신에게 주어진 과제를 성공적으로 수행할 수 있다는 개인의 신념이나 기대를 의미한다. 높은 자아효능감은 자신에 대하여 긍정적인 자아개념을 형성하고 그만큼 과제지향적 노력을 촉진시켜 높은 성취 수준에 도달하게 하지만, 낮은 자아효능감은 자신에 대하여 부정적인 자아개념을 형성하고 그만큼 자신감을 낮추어 낮은 성취 수준에 머무르게 한다(Bandura, 1993).

아동기는 자아효능감의 형성을 위한 중대한 시기다. 이 시기가 되면서 아동은 특정한 영역에 대하여 자신이 얼마만큼 잘해 낼 수 있는지에 대하여 스스로 예견할 수 있을 정도로 인지가 발달한다. 학교에서 처음 배우는 수학 개념을 잘 이해하고 적용하는 아동은 앞으로 자신이 수학을 꾸준히 공부하면 더욱 잘할 수 있을 것이라는 믿음을 스스로 갖는다. 반대로 처음 학습하는 내용에 대하여 잘 이해하지 못하고 실패하면 특정 영역에 대한 자아효능감은 그만큼 하락한다. 낮은 자아효능감이 지속될 경우, 아동은 자신이 아무것도 할 수 없으며 그 무엇을 해도 실패할 것이라는 '학습된 무기력(learned helplessness)'을 경험한다. 학습된 무기력이란 '나는 실패하는 게 당연해.'와 같은 생각을 하며 학습에 관한 어떠한 시도조차 하지 않는 상태를 의미한다. 학습된 무기력에 빠진 아동은 자신의 실패가 거듭될수록 '나는 바보야.'라고 실패의 원인을 자신의 능력으로 돌리며, 그로 인해 절망감과 수치심에 휩싸이고 아무도 자신에게 도움을 줄 수 없다고 생각하여 도움을 구하지도 않고 과제를 수행하려는 시도조차 하지 않는다. 그러므로 아동의 자아효능감이 낮아지지 않도록 교사나 부모는 각별히 주의를 기울여야 한다.

(2) 사회성발달

아동은 학령기가 되면 이전의 유아 시기의 경험과는 차원이 다른 경험을 하게 되는 학교 환경과 생활에 직면하게 되며 사회적인 관계나 수행해야 하는 과제가 많아지면서 커다란 변화를 겪게 된다. 특히 변화된 사회적 관계 속에서 자아에 대한 개념을 형성하게 된다. 이때 만들어진 자아 개념에 의해 자아에 긍정적 혹은 부정적 가치를 부여하면서 자아존중감이 본격적으로 형성되기 시작한다. 이는 사회 속에서 자신의 위치를 발견하게 됨을 의미하는 것으로 이때 발견되는 "나"의 개념은 주위환경의 영향에 의해 결정되며, 이는 아동이 이제 사회적 존재로 성장함을 의미한다. 이들 변화를 학교생활과 또래관계, 그리고 자신과 타인에 대한 이해를 중심으로 살펴본다(정인숙 외, 2009: 345-6; 조성연 외, 2010: 358-61 참조).

① 학교생활과 또래관계

학령기 아동은 교과활동을 통해 환경과 문화에 대한 지식과 기술을 습득하게 된다. 또한 교사나 또래관계를 통해 사회화에 필요한 규범이나 가치를 받아들이고, 대인관계 기술도 발전시켜 나간다.

아동이 교과학습을 통해 적절한 성취감이나 만족감을 경험하고, 친구들과 좋은 관계를 유지해 나가며, 교사로부터 적절한 관심과 인정을 받게 되면 학교생활에 잘 적응하고, 학교에 대해 긍정적인 태도를 갖게 된다. 그러나 교과학습이나 친구를 사귀기가 힘들고, 교사로부터 부당한 처우를 받게 되는 경우 학교생활에 적응하기 어렵고, 학교에 대해서도 부정적인 태도를 가질 수 있다.

아동기의 또래관계는 매우 중요한 의미를 지닌다. 이 시기 아동은 또래와의 관계를 통해서 사회적 상호작용에 필요한 기술이나 규범을 배우고, 자기 자신을 새롭게 지각하게 되며, 집단에 대한 소속감을 발달시키고 그리고 정서적 안정감을 유지하게 된다. 따라서 또래관계는 아동의 학교생활의 적응뿐만 아니라 사회적, 정서적, 인지적 발달과도 관련성이 있다.

친구를 선택하는 경향은 학년에 따라 다르다. 저학년의 경우에는 집이 가깝고, 앉는 자리가 가까우며, 가족끼리 교류가 있는 친구를 선택하는 경향이 있으나, 고학년으로 올라갈수록 친절, 온화감, 호감, 장래목표, 희망 등과 같이 내면적이고 성격적인 특성에 따라 선택하는 경향이 있다(최순남, 2002). 9세경이 되면 아동은 집단을 형성하여 함께 놀기를 좋아한다. 이러한 집단을 짝패(clique) 또는 도당(gang)이라고 하는데 짝패집단에서는 외모, 성숙도, 운동기술, 학업성취나 지도력 등에 따라 서열이 형성된다. 짝패집단을 형성함으로써 아동은 자기표현의 기회를 갖게 되고, 상호의존적인 감정을 공유함으로써 우정을 발달시키게 되며, 자아중심성을 극복하고, 협력관계를 유지할 수 있게 된다. 짝패가 형성되면서 짝패집단으로부터 거부되거나 무시당하고 괴롭힘을 당하는 '집단따돌림'의 피해자가 생길 수 있으며, 집단적으로 어울림으로써 비사회적 행동이나 반사회적 행동을 쉽게 학습할 수 있다는 문제도 있다.

② 자신과 타인에 대한 이해

가. 자신에 대한이해

아동은 자아발달과정에서 자신의 신체적·심리적 특성들을 이해하게 될 뿐만 아니라 자신이 가지고 있다고 지각하는 속성들의 질도 평가한다. 자아에 대한 긍정적 혹은 부정적 평가인 자아존중감(self-esteem)은 학령기에 형성된다. 8세까지 아동은 안정된 자아존중감을 갖지 못하지만 그 이후에는 비교적 안정된 자아존중감을 표출할 수 있다. 아동의 자아존중감은 부모의 온정적이고 지지적인 양육방식과 자신과 또래아동을 비교하는 사회적 비교 정보와 문화와 인종 요인에 의해 영향을 받는다.

자아통제는 자신의 행동을 스스로 조절하고 억제하는 능력으로서 유혹에 저항하는 능력, 만족지연능력, 충동억제능력으로 구성된다(송명자, 2008: 262). 전자의 두 능력은 유아기에 이미 상당히 발달한다. 그러나 충동억제능력의 경우에는 정서 억제능력만이 4세경에 발달하고, 충동적인 판단을 삼가고 신중하게 숙고하는 결론억제능력, 하던 행동을 중단하거나 행동을 금지하고 지시에 따르는 행동억제능력 등은 초등학교 1학년 때까지도 잘 발달하지 못한다. 또한 단기간 내에 만족할 수 있지만 보상의 크기가 작은 단기보상을 포기하고 더 오랜 시간 동안 기다려 보다 큰 만족을 가져다 줄 장기보상을 선택억제능력은 만족지연능력과 관계가 있음에도 불구하고 12세경이 되어야 발달한다.

나. 타인에 대한 이해

사회인지(Social Cognition)는 타인의 감정, 생각, 의도, 사회적 행동을 이해하는 능력으로서 모든 인간과계의 기본이 된다. 학령기에 접어들면 아동은 자신과 타인을 서술할 때 구체적인 속성보다는 심리적인 속성을 더 많이 사용한다.

아동의 대인지각은 구체적인 인상형성에서 추상적인 인상형성으로 발달하는데 이는 다음의 두 가지 인지적 이유로 설명할 수 있다(Shaffer & Kipp, 2007:

501-503). 첫째, 아동은 자신의 인지발달 수준에 의존하여 자신과 타인에 대해 이해하기 때문이다. 아동이 탈중심화된 사고를 할 수 있게 되면 사물의 외양 이상의 것을 볼 수 있으며 내면의 불변적인 요소를 추론할 수도 있다 둘째, 인지발달의 특정한 측면으로서 아동은 자신과 타인에 대한 역할수용능력(role-taking ability)이 발달하기 때문이다. 아동은 자신의 조망과 친구의 조망이 다르며 그것이 어떻게 다른지를 알게 되면 자신과 타인을 보다 잘 이해할 수 있게 된다. 학령 전기의 유아는 타인의 관점을 추정하고 그 사람의 생각, 감정, 행동을 이해할 수 있는 역할수용능력이 없으므로 타인을 외적인 속성, 즉 외모, 행동, 소유물 등으로 서술할 수밖에 없다.

(3) 심리 사회적 발달에 영향을 미치는 요인들

아동의 심리 사회적 발달에 영향을 미치는 요인은 가족, 또래집단, 교사 및 학교, 각종 교육기관 및 대중매체 등 다양하다.

① 가족

가족은 아동의 사회화를 담당하는 첫 번째 기관이다. 현대 가족이론에서는 부모와 자녀의 관계를 단순한 일방향 모델로 이해하기보다 좀 더 포괄적인 사회적 체계로 접근한다. 즉, 부모가 자녀에게 영향을 준다는 사실을 인식하면서 동시에 자녀 또한 부모의 행동과 자녀양육 방법에 영향을 미친다는 점을 수용한다. 또한 가장 소집단인 가족은 더 큰 사회문화적 맥락에 의하여 영향을 받으면서 항상 진화하는 상호 관련 관계망으로 구성되어 있다는 점을 강조한다.

부부관계가 원만한 가정의 자녀는 그렇지 못한 가정의 자녀보다 훨씬 안정적인 심리 사회적 발달을 보인다. 부부가 서로를 존중하고 신뢰하며 긍정적인 상호작용을 하는 것은 자녀에게 간접적인 영향을 미친다. 긍정적인 역동 속에 있는 부부가 자녀에게 함께 애정과 신뢰감을 주는 가정환경은 아동의 건강한 심리사회적 발달을 위한 최적의 조건이다. 자녀 또한 직간접적으로 부모에게 영향을 미친다. 부모의 지시를 따르지 않는 충동적인 자녀는 어머니로 하여금 더욱 강압적이고 처벌 중심의 훈육방법을 쓰도록 만든다(Kochanska, 1993). 또한 통제적인 훈육방법은 자녀를 더욱 반항적으로 만들 수도 있다.

이혼

부모의 이혼은 아동에게 치명적인 상처가 되며 아동기 이후의 삶에도 영향을 미치는 중요한 사건이다. 이혼을 결정하는 과정에서 관찰되는 부모의 극심한 갈등, 이혼에 대한 사회문화적 편견 등은 부모의 이혼 후 아동을 부정적인 심리사회적 상황에 노출시킨다. 또한 이혼 이후의 상황, 즉 한부모 가정에서 살아가야 하는 상황, 그에 따른 삶의 질, 부모에 대한 깊은 원망 등 아동의 건강한 심리사회적 발달을 지체시킨다. 부모의 이혼에 따른 가족관계의 변화를 통하여 아동은 우울감 및 분노, 심지어 자기로 인하여 부모가 이혼을 한 것과 같은 죄의식을 지닌다. 그에 따라 매우 공격적이고 반항적인 행동을 보이는 것이 일반적이다. 그러나 유아기의 아동이 그와 같은 심리 및 행동 특성을 보이는 것과는 달리 초등학교 학령기의 아동은 비교적 부모의 이혼을 현실적으로 수용하는 것으로 나타났다(정현숙, 1993). 특히 비친권 부모와의 접촉이 많을수록 이혼 후 생활에 잘 적응하는 것으로 나타났다.

이혼 가정 자녀는 일반 가정 자녀에 비하여 자아개념이 낮으며(이훈구, 2004), 자아효능감도 낮다(이순형, 이옥경, 김지현, 2005). 이혼과정에서 보이는 부모의 갈등 상황에 노출된 아동은 부모의 공격적인 행동을 모델링하고, 분노와 폭발과 같은 감정 조절상의 문제를 보이는 것이 보편적이다. 또한 이혼으로 인하여 자녀의 행동에 대한 부모의 통제가 약화되므로 범죄 및 각종 일탈적인 행동에 빠질 위험이 높다.

변화하는 사회문화적 상황에 따라 존재하는 다양한 형태의 가족 구조에 대하여 우리는 열린 마음을 지녀야 한다. 신중하지 못한 이혼을 예방하는 것도 중요하지만, 이혼에 따른 아동의 심리사회적 발달 저해를 최소화할 수 있는 방안에 대한 지속적인 논의가 있어야 한다.

② 또래 집단

또래에 대한 인식은 연령에 따라 변화한다. 유아기에는 놀이를 같이 하는 존재로 또래를 인식하지만, 아동기에 들어오면 서로의 욕구를 들어주고 이해하는 보다 상보적인 관계로 인식한다.

또래 집단의 가장 중대한 기능은 사회화다. 친구를 통하여 아동은 자신이 속한 사회에서 수용되는 것과 수용되지 못하는 것을 배우며 가치관을 학습한다.

친구 관계를 통하여 규칙을 배우고 타협과 협동심을 기른다. 친구로부터 인정받는 것은 곧 자신을 자각하는 자아개념의 형성에 중요한 역할을 담당한다. 아동에게 있어서 또래 집단은 부모나 교사와 같이 행동을 강화시키는 원천과 모델링의 역할도 담당한다. 또한 또래는 서로에게 사회적 모델로서의 영향을 미친다. 아동은 또래를 주의 깊게 관찰함으로써 그 사회가 수용하는 바람직한 행동과 특성을 학습하며 또래가 수용하는 방식으로 대화하고 행동한다. 또한 각자에게 적합한 사회적 행동에 대한 피드백을 받으며 서로 협력하거나 경쟁하는 법을 배우면서 심리사회적 발달을 이룬다.

부모와의 의사소통이 적을수록, 또래 집단의 응집력이 클수록, 독립된 주체로서의 결정력이 약할수록 또래 집단의 영향력은 커진다.

〈표 7-1〉 아동이 좋아하는 친구 특성과 싫어하는 친구 특성

좋아하는 또래 친구 특성	싫어하는 또래 친구 특성
• 유머가 있는 친구 • 친절한 친구 • 도움을 기꺼이 주는 친구 • 놀이나 게임에 초대해 주는 친구 • 공감을 잘해 주는 친구 • 기분 나쁜 행동을 자제하는 친구 • 적절한 해결책을 제시하는 친구 • 성실한 친구 • 존경할 수 있는 친구 • 학업을 촉진시키는 친구	• 언어적 모욕이나 욕하는 친구 • 화를 잘 내는 친구 • 정직하지 못한 친구 • 비판을 많이 하는 친구 • 욕심 많은 친구 • 폭행하는 친구 • 간섭하는 친구 • 집적거리거나 못살게 구는 친구 • 신뢰할 수 없는 친구 • 규칙이나 약속을 어기는 친구 • 다른 사람을 무시하는 친구

(출처: 신명희, 2016b: 266)

③ 교사

학령기 아동의 심리 사회적 발달에 교사가 기여하는 바는 크다. 교사는 단순한 학과 지식의 전달자를 넘어서 아동과의 개인적인 접촉을 통해 부모와 거의 같은 수준의 정서적 안정감 및 유대감을 형성할 수 있다. 온정적이고 합리적인 교사를 만난 아동의 학교생활은 안정적이고 즐거우며 그만큼 아동의 심리 사회적 발달에 긍정적인 영향을 끼친다. 아동에게 있어서 교사가 절대적인 존재인

만큼 아동의 역할 모델 및 동일시의 대상이 된다. 흥미로운 점은 교사가 가르치는 학과 지식보다 교사가 직접 보여주는 행동이나 태도, 인격이 아동의 사회성 발달에 기여하는 바가 더욱 크다는 점이다.

일부 연구에 의하면, 훌륭한 교사는 아동으로 하여금 자신감을 갖도록 지지하고 신뢰감을 형성해 나가며 아동의 자아존중감을 높여 줄 수 있는 교사다. 훌륭한 교사는 열정적인 수업을 하고, 아동에게 친근감을 표현하며, 권위와 위엄을 지닌 것으로 나타났다. 또한 아동은 자신감 있고, 관대하며, 정서적으로 안정감 있고, 친절하며, 신뢰할 수 있고, 열등감을 느끼지 않도록 만드는 교사를 좋아한다.

교사의 기대는 아동의 성취도에 중요한 영향을 미친다. 교사의 긍정적인 기대가 아동의 바람직한 행동을 유발할 수 있다는 점에 대해서는 이견이 없다.

④ 대중매체

현대사회에서 아동은 TV와 인터넷, 핸드폰 등 다양한 대중매체에 노출되어 있다. 각종 미디어가 주는 장점은 많다. 아동은 다원화된 사회가 요구하는 수많은 정보를 각종 매체를 통하여 신속하고 유익하게 얻을 수 있다. 그러나 각종 매체가 아동에게 미치는 부정적인 영향 또한 크다. 아동의 TV 및 인터넷 시청 시간이 해마다 늘고 있다는 점을 생각해 볼 때, 대중매체가 아동에게 미치는 부정적인 영향에 대하여 생각해 보아야 한다.

우선 장시간의 TV 시청이나 인터넷은 아동의 신체에 문제를 일으킬 수 있다. 충분히 검증되지 않은 프로그램의 경우 아동에게 교육적인 효과를 주기보다는 오히려 부정적인 영향을 미칠 수 있다. 또한 건전한 매체 활용을 위한 적절한 교육이 이루어지지 않은 상황에서 아동이 TV나 인터넷에 노출되면, 아동은 게임 등과 같이 중독성이 높은 프로그램에 몰입하게 되고 몰입의 시간이 길어지는 만큼 중독 상태에 빠진다.

매체 중독이란 매체 사용에 대한 금단과 내성을 지니고 있으며 이로 인해 일상생활의 장애가 유발되는 상태를 의미한다. 인터넷을 포함한 각종 매체 중독은 매체를 일정 시간 이상 사용하지 못하면 불안하고 초조해하는 양상을 보이며 과도한 매체의 사용으로 인하여 학업 성적이 하락하고 대인 관계의 문제도 발생한다.

아동을 위한 매체교육이 가장 효율적으로 실천될 수 있는 장소는 가정이다. 가정은 아동이 직접적으로 각종 매체의 접촉을 하는 주된 장소이기 때문에 가정에서 올바른 매체의 접촉 습관을 기르는 교육을 올바로 실천하기 위해서는 부모의 역할이 무엇보다 중요하다.

아동의 대중매체 보는 습관을 기르기 위한 지침

- 대중매체를 보는 시간을 분명하게 제안한다. 특히 TV 시청의 경우, 아동의 하루 시청시간을 1~2시간으로 제한한다.
- 가정에서 TV나 인터넷을 영향력을 최소화한다. 정해진 과제나 반드시 필요한 경우가 아니면 사용을 제한하도록 지도한다.
- 아동과 의논하여 미리 대중매체의 사용 시간을 제한한다.
- 아동에게 상을 주거나 벌을 주는 데에 대중매체를 사용하지 않는다.
- 아동과 함께 TV나 인터넷을 본다. 아동이 보는 내용을 이해할 수 있도록 도와준다.
- 대안을 마련해 준다. 아동이 TV나 인터넷에 장시간 노출되는 것은 부모의 책임이 크다. 아동이 집 안과 밖에서 하는 활동을 격려하고 지지한다. 특히 운동은 아동에게 매우 중요하다. 또한 특별한 가족 활동을 고안해 보는 등 매체를 대체할 수 있는 다른 활동을 지지한다.
- 무엇보다도 부모가 지도하는 내용에 대해 솔선수범을 보인다.
  부모가 종일 대중매체에 빠져 있으면서 아동에게 제한을 둘 수는 없다.

– 미국 소아학회(American Academy of Pediatrics: AAP)

5) 도덕성발달

인지와 언어발달이 지속되고 사회적 관계 형성이 활발해지는 아동은 11세경이 되면서 강한 정서가 동반된 정교한 도덕적 사고의 표현이 증가하며 동시에 비도덕적 행동도 증가한다. 아동의 인지발달과 도덕성 발달이 어떠한 상관이 있는지에 관한 문제는 수 세기 동안 많은 철학자와 심리학자의 주된 관심사였다. 도덕성의 결정 요인은 사회적, 개인적 수준 모두에서 찾아볼 수 있다. 모든 문화권에서 도덕성은 올바른 행위에 대한 규율을 명시하여 모든 것에 우선하는 사회적 규범체계를 만들어 간다(Berk, 2006).

프로이트(Freud)는 정서적 요소의 측면에서 도덕성을 설명한다. 그는 부모와 자녀 간의 정서적 관계가 아동이 부모의 도덕 기준을 내면화하는 데 영향을 주며, 그러한 도덕 기준을 아동이 어겼을 때 부정적인 경험을 하게 되면서 아동의 도덕성이 발달한다고 보았다. 반면에 반두라(Bandura)를 포함한 사회학습 이론가들은 아동이 어떻게 도덕적으로 행동하는가의 문제에 초점을 두어 도덕적 행동의 학습과정을 설명하였다. 이에 비하여 콜버그(Kohlberg)는 인지적 측면에 초점을 두어 아동의 도덕성 발달을 설명하였다.

콜버그(Kohlberg)의 도덕성 발달이론과 동기

콜버그는 인간의 도덕성이 3단계를 거쳐서 발달한다는 피아제의 이론이 지나치게 단순하다고 비판하면서 도덕적 갈등 상황을 겪는 가상적 이야기를 제시하고 그 판단에 따라 도덕성 발달을 수준을 확장시켰다. 아동은 도덕적 갈등 상황에 대한 몇 가지 질문을 받았고, 그 질문에 대한 답변의 수준에 따라 도덕성 발달단계는 3수준 6단계로 구분되었다.

3수준 6단계 중에서 2수준 3,4단계가 아동이 도덕성 발달단계에 해당 된다. 2수준은 인습 수준으로, 3단계 '착한 소년 · 소녀 지향' 단계와 4단계 '사회질서와 권위 지향' 단계로 구성된다.

착한 소년 · 소녀를 지향하는 3단계는 다른 사람을 기쁘게 하고 도와주는 행위의 여부가 선악을 결정하는 준거가 되며 타인의 승인을 중요하게 생각하여 도덕적 판단을 하는 단계다. 아동은 부모나 교사, 또래 친구들로부터 '착한 아이'라는 인식을 얻기 위하여 부모나 학교의 도덕적 기준의 자신의 도덕 판단 기준으로 삼는다. 그러므로 도덕성 발달 3단계에 속하는 아동에게 부모나 교사, 또래 친구들의 도덕 판단 기준은 중요하다. 특히 부모나 교사의 도덕 판단 기준이 아동에게 그대로 내면화되는 정도를 생각하면, 아동의 도덕성 발달을 위하여 부모나 교사의 도덕성 발달이 전제 조건이 됨을 기억해야 한다.

초등학교 고학년이 되면서 아동은 자신이 속한 사회 집단의 규칙과 약속을 기반으로 하여 도덕적 판단을 한다. 학급에서 한 친구가 잘못된 행동을 하였을 경우, 4단계의 도덕적 추론이 가능한 아동은 학급의 규칙과 교사 및 친구들과의 약속에 기반을 두어 친구의 잘못을 판단할 수 있다. 학급의 규칙이나 질서를 중시하는 아동은 사회나 국가의 질서와 법 역시 중요하다는 인식을 지니게 된다. 학교의 도덕교육이 점점 중요해지는 단계라고 볼 수 있다.

콜버그는 아동의 도덕성 발달이 인지발달과 병행한다고 보았다. 즉, 각기 다른 도덕성의 발달에는 그에 적합한 인지 능력이 필요하다. 인습 이전 수준의 도덕적 판단은 자기중심적이다. 다음 단계인 인습 수준에 도달하기 위해서는 타인의 견해와 입장을 이해할 수 있을 정도의 인지발달이 병행되어야 한다. 또한 인습 이후 수준의 도덕적 판단을 위해서는 형식적 · 조작적 사고가 필요하다. 그러므로 아직 인지발달 수준이 구체적 조작기에 있는 아동기의 도덕적 판단 수준은 인습 이후 수준에 도달할 수 없다.

콜버그의 도덕성 발달이론이 아동기 교육에 주는 시사점은 크다. 그가 제시한 이론에 의하여 아동의 연령과 인지적 수준에 기초한 도덕교육 행동 지침이 마련되고 있으며, 아동의 도덕성 발달을 위한 토론식 교육방법도 제안되고 있다(신명희, 2016b: 261).

2. 아동기의 발달과업

아동기는 초등학교 입학과 함께 정식으로 성인과 사회환경에 대한 접촉이 시작되면서 커다란 변화를 경험하고 새로운 도전이 시도되는 시기이다. 따라서 아동들은 학교생활과 또래와의 적응에 필요한 발달과업을 성취하기 위해 노력하게 된다. 운동경기에서 요구되는 신체기능의 학습을 위시해서 읽기 · 쓰기 · 셈하기 기본 기술학습, 집단생활에 대한 태도학습, 동성 친구관계 형성, 성역할의 발달 등이 아동기 발달과업들이라고 할 수 있다. 그리고 이러한 발달과제를 획득하는 아동은 근면성을 발달시켜서 아동기를 성공적으로 보낼 수 있다. 그러나 획득에 실패하는 경우에는 학업 및 또래 관계 형성에서 열등감을 경험하게 되면서 아동기뿐만 아니라 다음 단계인 청소년기의 발달에도 지장을 초래하게 된다(강경미, 2013: 305-6).

1) 운동경기에 필요한 신체기능 학습

아동기는 영유아기와 같이 급격한 신체적 성장은 진행되지 않지만 조금 더 강해지고 민첩해지며, 균형감이 크게 발달하여 운동능력이 크게 향상된다. 이와 함께 비교적 어려운 놀이를 할 수 있게 되어 높이뛰기, 자전거 및 스케이트 타기, 수영하기 등의 다양한 신체기능을 습득할 수 있다. 또한 아동 후기가 되면 단순한 신체적 운동에서 벗어나 또래들과 함께 규칙으로 하고 경기방식으로 진행하는 운동으로 발전한다. 운동경기는 아동을 신체적으로 건강하게 할 뿐만 아니라 경쟁을 통해 심리적으로 승리와 실패를 경험하면서 아동의 인지 및 사회성 발달을 촉진한다.

2) 읽기·쓰기·셈하기 기본 지식 및 기술의 학습

아동기는 피아제의 인지발달단계에서 구체적 조작기와 형식적 조작기에 해당되는 단계로 성숙된 사고의 수준에 도달하는 인지발달의 결정적인 변화가 오는 시기이다. 또한 아동기는 학교생활의 시작과 함께 공식적인 교육의 장으로 들어가서 지식을 습득하는 시기이다. 그러므로 앞으로 학년이 높아지면서 다양한 학습에 적응하고 또한 상급학교로 진학하기 위해서는 지식습득의 기초를 형성하는 아동기에 글을 읽고, 쓰고, 수를 셈하고 사고할 수 있는 기본능력과 기술을 반드시 학습해야 한다.

3) 집단생활에 대한 태도 및 동성 친구관계 형성

아동기는 학교생활을 통해 대인관계의 폭이 부모와 형제에서 교사 · 친구로 보다 확대되면서 집단에 적응할 수 있는 적절한 자기통제 기술과 태도를 학습해야 한다. 또한 또래 간의 친밀한 관계를 형성해서 자아 및 사회성을 발달시켜야 한다. 이러한 아동기 집단생활의 적응 및 또래 간의 관계형성 경험은 청소년기의 자아정체성 발달에 매우 중요한 요인으로 작용하게 되며, 이후 성인기의 사회생활 적응과도 밀접하게 연관되어 있다. 따라서 이 시기에 획득하게 되는 집단생활의 기본태도와 동성친구와의 상호교류를 통한 우정관계 형성은 아동기 발달의 핵심과제라고 할 수 있다.

4) 성역할의 발달

아동기의 신체적 발달에서 성장속도가 빠른 아동의 경우에는 초등학교 4학년경이 되면 성적 발달이 완성되면서 사춘기가 출현하고 이로 인해 신체상의 변화를 경험하게 된다. 이와 함께 아동들은 지속적으로 남성과 여성에 관해 의문을 갖게 되고 이는 성역할 개념형성에 기여한다. 성역할 발달은 생물학적 요인도 중요하지만, 사회화의 과정도 크게 작용해서 아동기 성역할 학습에 학교는 중요한 장소가 될 수 있다.

그러나 최근에는 생물학적 성과 관계없이 양성적인 사람들이 사회생활에서 적응력이 뛰어나고 창조적인 것으로 드러나면서 전통적인 남성과 여성의 역할을 구분하는 교육은 배제되는 경향이 있다. 따라서 앞으로는 성별보다는 아동들로 하여금 자신만의 독특한 개성을 지닌 고유한 한 개인으로서 올바른 신체상 형성과 함께 적절한 성역할을 할 수 있도록 교육하는 것이 요구된다.

5) 자아개념의 발달

자아개념은 "개인으로서 자신은 어떤 사람인가?" 또는 "개인으로서 자신은 누구인가?"에 관한 문제이며, 그리고 자아는 어떻게 발달하는 것인가에 관한 모든 것을 말한다. 성장이나 발달은 자신의 세계 밖에 있는 것이 아니기 때문에 그 자신의 세계를 다루는 힘은 '자아'를 발전시킬 필요와 그 자신의 세계를 잘 다룰 수 있는 능력을 경험해야 한다. 개인의 성격이나 인성의 핵심은 자아개념이며. 각 개인은 자아개념을 중심으로 해서 사회를 살아가기 위한 여러 가지를 학습하고 적응해 나가야 한다. 특히 아동기는 자아개념이 발달하는 중요한 시기로서 긍정적 자아개념의 발달이 핵심과제라고 할 수 있다.

3. 긍정적 자아개념 발달

아동의 자신에 대한 이해는 자기인식(self-recognition)으로부터 시작되며 아동의 자아 인식은 자아개념과 자아존중감의 발달로 이어진다. 아동기의 핵심 발달과업은 긍정적인 자아개념을 발전시키는 것이며 부모역할도 근본적으로 자녀의 긍정적 자아개념 형성을 위해 조력하는 것에 맞추어져야 한다.

1) 자아개념의 정의

자아개념이란 "나는 누구인가?(Who am I?), 또는 '개인으로서의 자신은 어떤 사람인가?'라는 질문을 전제로 그려지는 총체적 영상(total picture)으로서 자신(self), 자아(ego), 자기 지식(self-Knowledge), 자기 이해(self-understanding), 자아상(self-image), 자기 정체성(self-identity), 자아존중감(self-esteem), 현상적 자아(phenomenal self) 등은 모두 자아개념과 동일한 개념으로 사용되고 있다(송인섭, 1998).

심리학적인 시각에서 보면 자아란 한 개인이 자기 것이라고 말할 수 있는 모든 것이며, 자아는 실행적 기능을 가진 인식자아(철학적 영역)와 개인이 자신에게 속한 것으로 지각하는 대상(객체)으로서의 자아가 있다고 하였다. 자아개념을 일으키는 느낌은 주로 자아 만족과 자아 불만감이며, 이들 느낌을 고무하는 행동은 자아추구와 자아 보존이다.

자아란 다양한 측면에서 다양한 각도로 정의할 수 있으나 자아개념을 종합해 보면 자아란 '개개인이 자신을 보는 눈'이라고 요약할 수 있으며, 인간이 그의 개인적 존재를 알고 그가 누구이며 무엇인가에 대한 개념으로 구성된 사고와 느낌이다. 인간이 어떤 행동을 하는 것은 단순히 내적 충동이나 외적 자극의 산물만이 아니며, 자극과 반응 사이에는 인간의 의식적이고 활동적인 측면이 있다. 따라서 인간의 행동은 자신에 대해서 가지고 있는 자아개념의 긍정적 · 부정적 경향에 따라 그 방향이 결정되며 적용 유형도 달라지게 된다. 결국 자아란 한 인간의 내적 잠재력이며 개인발달에 있어서 중요한 핵심 요소이다.

2) 아동기 자아개념 발달에 영향을 주는 요인

자아개념은 유전적이거나 선천적인 것이 아니고 환경과의 상호작용에 의해서 점진적으로 발달하는 것이다. 자아개념은 어린이가 환경으로부터 다른 요소들을 지각해 나가는 과정이라고 할 수 있다.

자아개념이 발달하기 위해서 어린이들은 다른 대상으로부터 자기 자신을 타인과 구별되는 대상으로 지각할 수 있어야 한다.

아동의 자아개념 발달에 영향을 주는 요인은 첫째, 자기 신체에 대한 의식, 둘째, 부모의 양육태도, 셋째, 학교와 교사, 넷째, 또래 집단을 들 수 있다(이경희, 2001: 268-71).

(1) 자기 신체에 대한 인식

신체 자아에 대한 만족감은 자신의 신체에 대한 의식, 즉 신체상(身體像)이다. 저실드(Jersild)는 어린 아동일수록 신체적 특징과 몸치장과 같은 외적 기준에 영향을 받는 반면에, 좀 더 나이가 많은 아동들은 타인과의 관계에 따라 영향을 받는다고 한다. 신체의 구조, 외관, 크기는 개인의 자아개념의 발전을 이해하는 데 극히 중요하다.

제임스(1980)는 신체적 자아를 자아개념의 구성요소 중 하나로 보았다. 그는 어떤 객관적인 사실에 상관없이, 사람들은 주관적으로 자신의 용모를 잘못 해석할 수 있다는 것이다. 비록 다른 관찰자들이 뚱뚱하지 않다고 주장을 하고, 그것을 증명하기 위해 측정치를 사용하더라도 소녀들은 그들이 살쪘다고 믿기 때문에 다이어트를 지나칠 정도로 한다. 심지어 주근깨가 많거나, 또는 안경을 낀 사람들조차도 결점으로 과장하여 확대하기도 한다. 신체적으로 무능하다고 생각하는 사람은 신체적인 자아 불만족과 거부감을 갖게 될 것이다.

신체의 구조, 외관, 크기는 개인의 자아개념 발달에 중요하다. 신체상의 느낌과 신체영상은 인생의 처음 얼마 동안에 자아개념의 핵심이 된다. 어깨가 넓게 벌어지고 건장한 청년과 균형이 잘 잡힌 숙녀는 다른 사람들보다 그들의 신체 구조로 인하여 사회적 칭찬을 받기가 쉽기 때문에, 그들의 자아개념은 긍정적으로 되기 쉽다.

남성과 여성의 자아존중감에 있어서 "얼굴이 그 차이를 만든다"는 연구 결과는 얼굴의 특징과 중요한 신체적 요소가 자아존중에 가장 큰 기여 요소임을 말해준다. 남성들의 경우에는 목소리, 가슴, 그리고 얼굴의 특징이 대부분의 자아존중의 변량을 설명한다. 여성에게 있어 전반적인 신체적 매력이 대부분의 변량을 설명하고, 목소리, 신장 등 그 외의 요인들은 약간의 기여를 한다고 한다.

(2) 부모의 양육태도

아동기 자아개념발달에서 중요한 요인이 되는 자존감의 발달은 성취감과 자율감에 기초하여 형성된다. 쿠퍼스미스(Coopersmith, 1967)의 연구에 의하면, 아동의 자존감 발달은 부모의 양육태도에 따라 다르다고 하였다. 자존감이 높은 아동들 부모의 특징은 일정한 환경 내에서 자녀에게 자유를 허용하고, 따뜻하게 수용하는 경향이 있으며, 이러한 부모들의 성격은 적극적이고 안정되어 있으며, 자기 확신적이었다고 한다. 즉, 부모의 양육태도 및 부모의 성격 특징이 아동의 자존감에 영향을 미친다고 볼 수 있다. 그러므로 부모는 어느 정도의 한계 즉, 위험이 따르지 않는 범위에서 유아의 호기심을 자극해주고 허용해주며, 애정 어린 태도로 양육하면 자존감이 높은 아동으로 자란다고 한다.

쿠퍼스미스와 바움린드(Coopersmith & Baumrind, 1971)에 의하면 대체로 긍정적인 자아개념은 부모의 태도 중에 자녀에 대한 부모의 수용, 명확하고 일관성 있게 제시된 아동행동의 제한, 일정한 한계 내에서 아동행동의 존중 등의 태도와 관련되는 것으로 나타났다. 따라서 아동의 행동범위를 설정하여서, 자유로운 표현을 수용하는 가정에서는 자녀의 자아개념을 높이며 촉진하는 결과를 가져온다고 할 수 있다.

(3) 교사와 학교

아동의 세계는 학교이고, 학교는 그의 인생에 있어 중요한 영역이고 아동에게는 중요한 타인인 교사와 또래 집단에 아동은 크나큰 영향을 받는다.

초등학교 상급학년 어린이의 자아개념은 사회적 환경의 영향을 받아 계속 변화한다. 지식과 능력의 새로운 수준, 교과 외의 활동, 그리고 복잡한 집단 활동은 점차적으로 자아존중감을 불러일으킨다. 보통 능력과 재능은 또래 집단의 승인, 운동선수 그리고 인기 등에 의해서 평가된다. 아동들은 그들의 용맹을 시험하는 활동을 좋아하므로 이 시기의 자아개념은 확장된 사회적 관계의 틀과 성취에 근거해서 발달한다.

어린이는 또래집단이나 선생님 등 중요 타인들의 승인과 거부에 대해서 민감한 감수성을 가진다. 부모나 선생님들에 의해서 설정된 준거는 자아성숙과 타당한 능력에 대한 자신의 성숙 정도가 어느 정도인가를 판단케 해주며, 타인이 그 개인에게 관심을 가지고 있다는 것을 보여주기 때문이다.

학교의 분위기가 아동의 자아개념에 미치는 영향에 관하여 온건주의와 강경주의 학교를 비교한 결과에 따르면, 온건한 분위기의 학교와 온건형 교사가 학생의 자아개념에 더 긍정적인 영향을 미친다.

(4) 또래 집단

또래 집단 속에서 아동은 그가 적어도 타인들과 동등하다는 것을 보여주려고 한다. 가정 내에서는 사랑을 얻기 위해 경쟁을 하지만 또래집단 내에서는 존경과 가치로운 존재가 되어야 하고, 경쟁적이고 유능해야 한다.

또래 집단은 청년기의 자아를 형성하는 데 매우 큰 영향을 미치고 있다. 청년기에는 또래 집단이 가족을 대신하기 때문이다. 또한 또래집단은 자아존중, 참가할 기회, 그리고 청년기를 위한 리허설과 준비과제를 제공한다. 또래 집단은 동일시가 안정하게 이루어질 수 있는 환경을 제공한다. 왜냐하면 성장하는 10대 어린이는 그의 부모보다는 동료를 더욱 닮아가기 때문이다.

차별 대우와 지각된 편애

일반적으로 부모들은 어린 자녀들보다 좀 더 나이 든 자녀들에게 보다 높은 기대를 가진다("너는 나이가 많으니까 더 많이 알아야만 해"). 부모는 더 나이든 자녀에게 자동적으로 형제 자매간에 발생한 갈등의 책임을 지우는 것에 유의해야 한다. 부당한 대우를 받았다고 느끼는 나이 많은 자녀는 분노를 부모에게 직접 표현하는 것이 아니라 동생들에게 대신 표출할 수 있다.

부모는 또한 비교로 인해 형제 자매가 서로를 원망하지 않도록 하며, 가장 중요하게는 자녀를 개별적 존재로 대우하고 사이좋게 지내며 갈등을 해결하는 적합한 방법의 본보기를 보여줌으로써 형제 자매간의 경쟁을 말려야만 한다. 즉, 자녀와 개별적으로 다른 형제 자매에 대해 이야기하는 것, 감정과 행동을 설명하는 것, 이 모두는 보다 조화로운 형제 자매간 관계의 발전과 연관되어 있는 것으로 나타난다.

부모가 나이 많은 형제 자매에 대해 가혹하게 대우하는 것은 형제 자매간의 경쟁심을 증대시킬 수 있다. 이는 특히 나이 많은 언니가 어린 동생이 자기보다 더 나은 대우를 받는다고 여기는 경우 더욱 그러하다("너는 항상 엄마 옆을 차지하잖아"). 부모가 편애한다고 생각함으로써 아동은 자아존중감에 손상을 입는다(Zervas & Sherman, 1994).

자녀를 한 개인으로 대우하는 것은 좋은 양육법이다. 다양한 연령, 기질, 그리고 능력을 가진 자녀들은 다양한 부모의 반응을 필요로 하는 다양한 욕구를 가진다. 요점은 같은 부모를 공유함으로써 형제 자매들이 보다 비슷하게 된다는 가정이다. 사실 부모의 차별 대우는 이미 형제 자매간에 존재하는 다소 다른 성향들을 증대시킨다.

형제 자매는 다른 친구, 다른 선생님을 가지고, 다른 TV 프로그램을 본다. 그들은 또한 사고와 질병을 겪는 데 있어서도 다를 것이다. 그러므로 단순하게 형제 자매가 같은 가족에 속해 있기 때문에, 비슷한 생활 경험을 가진다고 가정하는 것은 잘못된 것이다(Jaffe, 2000, 281).

3) 아동의 자아존중감 형성 방법

부모는 아동의 생애에서 가장 중요한 사람이며, 아동에게 가장 강한 영향을 미치는 존재이다. 자신을 유능하거나 무능하게, 어리석거나 똘똘하게, 유력하거나 무기력하게 보도록 이끌었던 사람은 부모이다. 자녀를 있는 그대로 수용해주고 가치를 부여하고 인정할 때, 부모는 자녀들에게 일생 동안 자신을 보호하게 될 정신적 갑옷인 자아존중감을 제공한다.

자녀의 자아존중감을 증진시키는 첫걸음은 자녀를 이해하는 것이다. 자녀를 정확히 이해하는 것은 어렵지만 아동을 정확하게 알 수 있을 때 아동의 자아개념을 키워줄 것이다. 즉, 아동들의 독특한 재능과 능력을 인식해야 하고, 아동들의 현재 모습과 현재 행동을 이해해야 하며 아동을 정확하게 아는 것은 중요한 행동을 변화시키는 데 초점을 맞추도록 도와주게 되고 나아가, 부모에 의해 이해된다고 느끼게 되는 아동은 믿음을 갖는다(송인섭, 1998: 343-344).

부모가 자녀를 있는 그대로 이해하고 인정하려 할 때 자녀는 자신이 있는 그대로 소중히 여김을 받고 있다고 느끼게 되며 자존감을 높이는 토대가 만들어지기 때문에 자녀를 이해하고 인정하는 것은 자아존중감의 아주 중요한 조건이 된다.

이와 반대로 이해받고 인정받지 못한 자녀들은 자신을 대수롭지 않게 여기고, 자신을 좋아하지 않게 되며, 자신이 사랑받을 수 없는 존재라고 여기며 동시에 능력이 없다고 스스로 생각하면서 낮은 자아존중감을 형성하게 된다.

(1) 자녀의 자존감을 높이는 요인들

자아존중감은 자신이 소중한 존재라는 자신의 가치에 대한 믿음과 자신이 무엇인가를 해낼 수 있다고 믿는 자신의 능력에 대한 신념을 통해 형성된다. 스스로 주어진 문제를 해결하고 새로운 지식과 기술을 습득하는 것에 성공을 거둘 때에 자기 자신에 대한 확신, 즉 자신감이 자라는 것이다.

① 자녀를 존중한다

자녀를 존중하는 것은 자녀를 있는 그대로 인정하고 자녀의 존재 자체를 하나의 인격체로 대하는 것이다. 따라서 어린 자녀에게도 함부로 하지 않고 인간이 인간에 대한 예의를 갖추어 말하고, 자녀의 의견을 존중하며, 자녀가 말할 때 주의 집중을 하는 것이다. 또한 부모의 부정적인 감정을 노골적으로 드러내지 않고 완곡하게 표현하며 늘 친절하게 대하려고 노력하는 것이다.

부모가 자기를 받아들인다고 느끼는 자녀는 든든한 울타리와 같은 자아존중감을 가지고 있다. 그리고 이것을 기초로 건강하고 행복한 삶을 구축하게 된다. 자녀가 이기거나 지거나, 시험에 합격하거나 실패하거나, 슬플 때나 기쁠 때나, 부모는 언제나 자녀를 반기며 그들 편이라는 것을 알려줌으로써 자녀의 든든한 지지대가 되어줄 때 자녀의 자아존중감을 향상시킬 수 있다.

② 자녀가 스스로 할 수 있는 기회를 최대한 부여한다

부모가 시키는 것을 하도록 요구받을수록 자녀는 자아의 힘을 스스로 개발할 기회를 얻지 못하게 되어 자신의 능력과 가치에 대해 확신할 수가 없게 된다. 따라서 부모는 자녀에게 책임감을 부여하여 자녀의 능력을 발휘하도록 조력하여야 한다. 특히 자녀가 스스로 노력하면 할 수 있는 일을 부모가 아이를 위해서 대신해주게 되면, 이것은 자녀가 해낼 수 있는 능력이 없다는 암시를 자녀에게 전달하게 되고 이런 일이 반복되면 자녀는 무력감을 느끼게 된다.

③ 자녀의 의견을 묻는다

자녀는 부모가 자신의 의견을 물어보고 존중해 주는 것을 매우 좋아한다. 부모가 자녀의 견해를 물으면 자녀는 자신도 문제해결에 기여할 수 있는 능력이 있다는 것을 믿게 되므로 자녀에 대한 신뢰감을 보여주는 것이다. 따라서 자녀에게 의견을 묻는 것은 자녀의 자아존중감을 향상시키는 것이 된다.

④ 자녀의 말에 경청한다

경청은 상대의 말을 있는 그대로 듣고 이해하며 공감해주는 것이다. 부모가 자녀의 말에 늘 경청하게 되면 자녀는 자신이 소중히 여김을 받고 있다고 느끼며 존중받고 있음을 무의식적으로 알게 된다. 부모의 말을 잘 들으라고 하는 것 이상으로 자녀의 말을 잘 경청해줄 때 자녀의 자존감이 올라가게 되어 있으며 자녀 또한 부모와 타인의 말을 경청하게 된다.

⑤ 자녀의 장점에 주목하고 칭찬을 아끼지 않는다

자녀에게 좋은 습관을 갖게 하기 위해서는 자녀의 발달단계를 파악하고 자녀의 장점을 인식하여 자녀가 잘하는 것을 칭찬하여 주고 그 잘하는 것들을 더욱 잘하도록 격려하는 것이 자녀의 자존감을 크게 높여주게 된다. 특히 칭찬은 자녀가 작은 행동이라도 잘했을 때 바로바로 칭찬함으로써 자녀의 잘하는 행동을 증대시키는 결과를 가져오며 이는 자녀가 긍정적 자아관을 갖는데 크게 기여한다.

⑥ 자녀가 성취 경험을 많이 하도록 한다

아이들은 자아존중감을 배움을 통해 획득한다. 그것이 운동, 공부, 기술 등 어떤 것이든 배움은 많은 단계와 개선을 요한다. 성공을 하기 위해서는 강한 동기 유발이 필요하므로 부모가 자녀에게 성공에 이르는 단계에서 무수한 작은 성공을 경험할 수 있게 해주어야 한다. 이것이 자녀로 하여금 자아존중감을 구축하며 크고 작은 목표를 향하여 전진하게 해주고 그 과정에서의 크고 작은 성취들이 자존감을 강화시킨다.

⑦ 자녀의 개성을 존중한다

모든 사람은 다 고유한 개성을 가지고 있으며 세상에 하나뿐인 존재들이다. 유대인 부모는 자녀보고 이웃 아이보다 뛰어나야 한다는 말을 하지 않고 너만의 고유한 사람이 되라고 가르친다. 남과 비교를 하지 않고 오직 자녀의 독특한 개성을 인정하고 수용하며 그 개성을 발전시켜가도록 이끌어줄 때 자녀는 자신의 진정한 내면의 힘을 느끼며 긍정적인 자아인식을 발달시키게 된다.

⑧ 아동의 부정적인 감정을 수용하고 공감해 준다

아동은 종종 자신의 솟구치는 감정을 주체 못 하기도 한다. 그 아동의 감정이 '나쁘다'고 주위에서 단정 지어 버리면 아동은 자신의 감정을 억누르고 부정하고 감추게 되어 자아개념이 약화되게 된다. 감정은 필요하면 생기고 불필요하면 생기지 않는 것이 아니기 때문에 아주 부정적인 생각과 감정이라도 어느 한도 내에서 그런 생각과 감정을 표출할 기회를 부여하고 그럴 수도 있음을 공감해주면 필경 그러한 감정을 조절할 수 있게 된다.

(2) 자녀의 자존감을 저하시키는 요인들

① 칭찬에 인색하고 지적과 꾸중을 많이 한다

많은 부모들은 자녀의 잘못된 행동을 지적해 줌으로써 바람직한 행동으로 변화시킬 수 있다고 생각한다. 그러나 불행하게도 부모들이 자녀에게 하는 지적과 꾸중은 부모가 변화시키려고 하는 잘못된 행동을 강화하는 결과를 낳을 수 있다.

부모가 아이의 결점을 지적해 주는 것이 건설적이라고 느낄 때조차도 지적은 아이들을 스스로 무능하고 열등한 존재라는 생각을 하게 만든다. 지적과 꾸중을 많이 들은 아이일수록 자존감이 낮아지면서 더욱 문제의 행동을 하게 된다.

② 자녀에게 지나친 기대를 한다

만일 부모가 자녀에게 너무 많은 것을 기대하면, 자녀는 점차 부모의 기대에 부응하는 노력을 하지 않을 것이다. 왜냐하면, 자녀는 부모의 기대를 만족시킬 수 없다는 것을 알기 때문이며 이는 자녀 스스로 무능감을 느끼게 하면서 자아존중감을 낮추게 한다. 나아가서 자녀는 오히려 기대 이하의 잘못된 행동을 함으로써 특별하게 보이려고도 한다.

③ 자녀를 과보호한다

부모가 자녀에게 세상이 얼마나 위험한지에 대해서 자주 이야기하거나 자녀 스스로 할 수 있는 일도 부모가 대신해주는 일이 반복되면, 자녀는 혼자 힘으로 일을 처리할 수 없다고 믿게 될 것이며 스스로 해야만 하는 일도 부모가 대신해줄 것이라고 기대하게 된다. 부모에 대한 의존이 커질수록 자아의 힘은 약화되게 된다.

④ 자녀를 남과 비교하며 비하한다

자녀의 자존감을 저하시키는 가장 큰 요인의 하나는 남과 자녀를 비교하면서 자녀를 비하하는 것이다. 비교를 통해 부모는 자녀의 고유함과 잠재력을 부정하고 상대적인 열등함을 강조하게 된다. 부모가 자녀를 있는 그대로 인정하고 자녀의 능력을 믿지 않으면, 자녀도 자신의 능력을 믿지 않을 것이다. 세상에 하나밖에 없는 자기 자신이 되도록 자녀를 격려하는 대신 남처럼 되라고 할수록 자녀의 자아존중감은 저하되고 더욱 무능한 사람으로 성장할 가능성은 커지게 된다.

⑤ 폭력적 위협이나 체벌을 주된 훈육방법으로 사용한다

'내가 집에 도착할 때까지 기다려라', '다시 한번 해보라. 그러면 어떤 일이 일어날지 알게 될 거야' 아동은 이런 종류의 위협들을 무시무시하게 느끼며 그들은 자신들이 그런 벌을 받아야 할 만큼 매우 나쁜 아이임에 틀림이 없다고 단정 짓게 된다. 큰 아동들은 부모의 그런 위협을 진정으로 믿지 않고 스스로 새겨서 듣는다. 그러나 두 경우 모두에서 아동은 부모가 화가 나 있다는 것과 자신들이 나쁘다는 것 이외에는 아무것도 배우지 못한다. 그리고 체벌도 때리는 부모에 대한 증오와 맞는 자신에 대한 혐오를 갖게 할 가능성이 커서 자존감을 잃게 하며 그 교육적 효과는 매우 제한적이다.

4. 아동기의 부모역할

아동기는 학령기의 시작으로서 아동은 생활의 큰 변화를 경험하면서 새로운 환경과 과제에 적응해야 하는 시기이다. 특히 학교생활을 통해 사회생활 능력을 기르고 새로운 규칙과 규범을 배우며 신체기능 학습과 기본 인지학습 등 다양한 과제를 수행하는 능력을 키우는 과정에서 자아개념이 본격적으로 발달하는 중요한 시기이다. 바람직한 아동기 발달을 위해 요구되는 부모의 역할을 정리해본다(정옥분 · 정순화, 2016: 276-80; 최혜순, 2014: 117-20; 이숙 외, 2004: 78-80 참조).

1) 긍정적이고 민주적인 훈육자로서의 역할을 한다

부모는 아동이 초등학교에 입학하면서 취침과 기상, 준비물 챙기기, 숙제하기, 공부하기 등 새로운 생활습관에 적응하고 건전한 가치관을 형성하도록 훈육을 해야 한다. 또한 이 시기 아동은 부모에 대해 무조건 순종하며 신뢰했던 유아기의 태도에서 벗어나 객관적이고 비판적인 관점을 취하기 시작하고, 부모의 훈계나 권고에 반발하고 반항하는 태도를 나타내기 시작하여 사실상 부모와 갈등이 새롭게 시작되는 시기라고 할 수 있다.

특히 아동의 자질이 학교와 조화를 이루지 못하면 학교생활은 아동에게 악몽이 될 수 있다. 일반적으로 여아는 학교생활에서 문제를 덜 보인다. 여아는 덜 활동적이며, 언어가 발달해 있고, 청각적 자극에 대해 더욱 반응적이므로 처음부터 특정한 과제에 대해 집중이 가능하다. 그러나 남아는 활동적이며, 호기심이 강하고, 무엇인가를 해보고 조작해보는 과정을 통해 배우려는 경향을 보이므로, 정해진 시간 동안 집중해서 앉아 있는 데 어려움이 있다. 학동기 아동의 주된 적응은 학교와 관련된 것이다. 정해진 시간에 학교에 보내고 숙제를 하고 교사와 또래 집단에 적응하는 문제에 대해 부모의 적절한 지도와 통제가 필요하며 이때 부모는 아동의 자존심을 무시하거나 권위주의적인 방법으로 훈육하기보다는 긍정적이고 민주적인 훈육방법을 사용하여 자녀와의 갈등은 최소화하면서 문제를 해결할 수 있어야 한다.

2) 근면성 발달을 조력한다

에릭슨(Erickson)은 아동기가 근면성을 발달시켜야 하는 시기이며 근면성을 통해 성취의 경험이 쌓이지 않으면 열등감에 빠지게 된다고 보았다. 학령기의 아동은 학교생활에 적응하면서 여러 가지 필요한 기술을 배우기 시작한다. 열심히 배움을 쌓아 가정이나 학교에서 주어지는 과제를 성공적으로 끝마치고 주위로부터 인정을 받게 되면, 매사에 더 열심히 잘하려는 근면성을 발달시키게 된다. 그러나 주어진 과제를 잘 끝내지 못하고 실패를 거듭하게 되면 열등감을 형성하게 되고 부정적인 자아개념을 발달시키게 된다.

아동이 열등감 대신 근면성을 발달시키도록 하기 위해서 부모는 아동에게 지나친 기대를 하지 않고, 아동의 수준에 맞는 적절한 과제를 부여하여 다양한 과제에서 성공하는 경험을 축적하도록 해야 한다. 또한 아동이 성공하지 못했을 시 호통과 처벌을 하게 되면 열등감에 빠질 수 있으므로 그러한 경우들에도 부모는 아동에게 격려와 지지를 해 주어야 한다.

부모가 애정적 · 수용적이고, 자녀의 성취에 대해 칭찬을 해주며, 적절한 통제를 하고, 자녀의 독립심과 자율감을 격려해주는 이른바 권위 있는 양육 행동은 아동의 학업성취에도 긍정적인 영향을 준다(Baumrind, 1973; Lamborn, Mounts, Steinberg, & Dornbusch, 1991; Lin & Fu, 1990; Steinberg, Elmen, & Mounts, 1989). 부모는 아동의 자신감이나 좌절감의 근원이 된다. 아동의 능력에 대한 부모의 평가는 아동의 자기평가에 가장 큰 영향을 미친다.

3) 긍정적인 자아개념 형성을 조력한다

부모나 교사, 또래 등과 같이 중요한 사람들이 아동을 존중하고 인정해 주면 아동은 자신에 대해 소중한 존재라는 긍정적인 자아개념을 형성하게 된다. 자아개념은 타인과의 관계에서 타인이 자신을 어떻게 생각하고 대하는가에 따라 결정되는 것이므로 부모는 아동의 장점을 발견하도록 노력하고, 이를 인정해주고 칭찬해 주어야 하며, 성공 경험을 많이 하도록 환경을 조성해 주어야 한다.

아동은 학교에 입학하면서 새로운 생활에 적응하고, 또래 관계를 형성할 때 많은 스트레스를 받게 된다. 이때부터 부모는 신체적인 양육보다 심리적인 측면의 양육을 제공해야 하는데, 규칙과 책임이 따르는 학교생활에 적응하고 또래로부터 긍정적인 평가를 받도록 노력해야 하는 아동을 적극적으로 격려하고 지원함으로써 자신감을 갖도록 해야 한다. 특히 실수나 실패를 경험하는 경우들에 대해 부모의 격려와 지지는 아동의 자존감을 유지하는데 필수적이다.

무엇보다도 아동의 자아효능감이 낮아지지 않도록 부모는 각별히 주의를 기울여야 한다. 다양한 난이도와 여러 가지 유형의 과제를 주어 성공의 경험을 가질 수 있도록 기회를 주고 아동으로 하여금 향상된 것을 스스로 확인할 수 있는 쉬운 단기 목표를 세우도록 돕는다. 특히 아동이 성공이나 실패 자체보다 노력하는 과정의 중요성을 깨닫도록 지도한다.

4) 다양한 학습경험 제공을 통해 다면적 발달을 돕는다

아동은 학교에 입학하면서 새로운 학습경험을 많이 함으로써 활동영역을 넓혀 나간다. 부모는 학교 이외의 상황에서 종교활동, 봉사활동, 문화활동, 책 읽기, 캠프, 운동이나 예능활동 등을 통하여 학습경험을 풍부하게 제공해 줌으로써 아동의 다면적인 발달을 돕는 것이 바람직하다. 최근에 아동의 학습활동 중 많은 부분이 스마트폰을 통하여 이루어지고 있는데, 부모는 아동의 일상 생활에 대한 관찰을 통해 아동이 유해한 내용에 노출되지 않도록 예방하고 바람직한 스마트폰 활용을 지도하는 일이 필요하다.

5) 올바른 생활습관 모델이 되어준다

자녀의 일상생활 습관은 가르침을 통해 배우기보다는 생활 속에서 부모의 생활습관을 보면서 자연스럽게 형성된다. 부모는 자녀의 생활습관에 도움을 주는 부모 양육 기술을 영아기 때부터 꾸준히 적용하여 올바른 일상생활 습관 및 소비습관을 가르치지만 학령기에도 아동의 올바른 생활습관 형성은 늦지 않으므로 부모가 먼저 생활의 모범이 되어 책 읽기, 건강한 식습관, 규칙적인 생활하기 등등의 생활습관을 부모가 먼저 실천함으로써 자녀의 행동을 바람직한 방향으로 변화시켜야 한다.

디지털 기술을 거부하는 실리콘밸리의 부모들

칠판과 분필을 사용하는 교실. 컴퓨터나 교육용 모니터 하나 찾아볼 수 없는 학교.

마치 오래전 과거로 돌아간 듯한 이 학교가 위치한 곳은 실리콘밸리 중심부. 학부모 70퍼센트 이상이 첨단 디지털 기술 분야에서 종사하고 있습니다. 〈뉴욕타임스〉는 실리콘밸리 부모들의 교육 관심사를 자세히 소개했습니다. 그 핵심은 자녀들이 디지털 기술을 사용할 수 없는 환경을 만들기 위해 모든 노력을 기울인다는 것입니다.

부모들이 앞장선 덕분에 '디지털 제로' 교육은 굳건하게 자리 잡았습니다. 학교 바깥에서 미래 기술이 실현되는 동안 공교롭게 아이들은 어떤 디지털 기기에도 노출되지 않습니다. 아이들을 돕는 돌보미 채용 계약서에는 "아이들 앞에서 절대 스마트폰을 사용해선 안 된다." 하는 조항까지 명시돼 있습니다. 돌보미로 종사하는 조딘 올트먼(Jordin Altman)은 "실리콘밸리에서 일하는 거의 모든 부모가 아이들이 디지털이 기기를 경험하지 못하도록 열성을 보이고 있다."고 증언합니다.

첨단 기술과 가장 가까이 있는 그들이 왜 자녀들에게 디지털 기기 사용을 용납하지 않는 것일까요? 어린 시기의 디지털 기기 사용은 아이의 창의성 발달을 저해하고 아이들은 쉽게 중독에 빠질 수 있기 때문입니다.

실리콘 밸리 부모들은 디지털 기기 중독을 피할 수 없기 때문에 사용 시간을 제한하는 것은 대처법이 될 수 없고 완전한 차단만이 정답이라고 판단합니다. 자녀에게 디지털 기술 없는 교육 환경을 조성해 주려는 노력은 실리콘 밸리를 넘어 미국 부유층 부모들의 교육 트렌드로 확산되며 또 다른 빈부 격차 양상을 드러내고 있습니다. 실제로 아이들이 디지털 기기를 사용하는 시간에 따라 부모의 소득도 큰 차이가 납니다. 스스로 생각하는 힘을 빼앗는다고 우려하는 디지털 기기로부터 아이들을 떼어 놓는 노력조차 부모의 시간적 경제적 여유에 따라 차별이 발생한다는 것이죠. 누구에게나 열려 있는 디지털 환경에 대한 개념도 완전히 달라졌다는 분석입니다.

평론가 크리스 앤더슨은 디지털 격차를 이렇게 진단합니다. "이제는 디지털 기술에 대한 접근을 누가 잘 차단하느냐에 따라 새로운 디지털 격차가 생긴다." 과거에는 '누가 사용할 수 있는가'하는 접근의 문제였다면 현재에는 '누가 더 잘 차단하느냐'로 아이들의 학습 능력이 달라지는 디지털 격차가 발생하는 아이러니의 시대라는 것입니다.

(출처: EBS뉴스G 학교의 내일을 묻다, 2021)

8장

청소년기 발달과 부모역할

8장 청소년기 발달과 부모역할

청소년기는 아동의 신체와 정신이 급격히 성장하면서 시작된다. 그래서 이 시기를 질풍노도의 시기라고도 한다. 신체와 인지 기능의 급격한 변화는 성장과 발달뿐 아니라 여러 갈등과 문제를 초래하게 된다. 신체적 변화에는 신체적 성장, 성인 성징(性徵)의 출현에 따른 공격성, 성적 동기의 급증이 포함된다. 인지적으로, 청소년은 형식적 조작기의 사고가 가능하게 되어, 자신을 통찰할 수 있고, 성인으로 되어가는 자신의 변화를 이해할 수 있게 된다. 이런 변화들에 의해 인격의 주요한 전환이 이 시기에 시작되며 자아정체성이 만들어지는 시기이기도 하다.

1. 청소년기의 발달적 특징

1) 신체적 발달

아동기와 청소년기 사이의 전환기는 특히 사춘기라고 불리며, 사춘기란 성적으로 미숙한 상태로부터 생식 능력을 갖춘 상태로 변화하는 시기를 의미한다. 따라서 사춘기에 접어들면서 아동의 성적 특징은 급속도로 발달하게 되어 여아의 경우엔 초경을, 남아의 경우에 몽정을 경험하면서 생리적인 측면에서 점차 성인의 모습을 갖추기 시작한다.

청소년기가 되면서 나타나는 또 다른 변화는 체중, 체력, 지구력의 증가 등이다. 근육 세포의 크기와 숫자가 증가하면서 체중과 체력이 발달하고, 심장과 폐가 발달되면서 지구력이 향상되고 보다 경쟁적인 스포츠에 적극 참여할 수 있게 된다. 이러한 청소년기의 성장은 다량의 성호르몬이 연골의 석회화를 야기하면서 멈추게 된다. 청소년기는 신체적으로 아동 같은 모습에서 젊은 어른의 모습으로 탈바꿈하는 시기로서, 체력, 지구력, 생식력 등의 발달이 이루어진다.

많은 연구들에 의하면, 신체의 크기와 성 기능이 성인 수준에 도달하는 시기와 속도는 개인차가 매우 크다. 개인의 '신체'란 초기 영아기부터 자기가 위치한 곳이며 친숙한 안전감의 원천이다. 신체가 변하면서 개인의 '자기(self)' 개념과 '자기상(self-image)'도 변화에 맞춰 조정된다. 점진적 변화는 보통 대처하기 쉽고, 특히 사회의 다른 사람들도 함께 변화를 겪을 때 더욱 그러하다.

급성장은 자아상에 위협이 된다. 시작 시기와 성장 속도의 개인별 차이로 인해, 다른 동년배들과 차이가 벌어질 때 더욱 그러하다. 예를 들어, 일찍 성숙한 소녀는 친구들이 여전히 아동으로 남아 있을 때, 급작스럽게 여인의 신체와 월경, 성적 성숙을 경험한다. 또는 늦게 성숙하는 소년은 키가 크고 힘이 센 자신의 친구들에 비해 자신이 작고 열등하다고 느낀다. 일찍 성숙한 소년들은 동료들 속에서 우월감을 느끼고 이 느낌은 성인기까지 지속된다. 좀 더 큰 신체와 힘은 또래 사이에서 특별한 지위를 갖게 한다.

월경은 놀라운 신체 변화 중의 하나로 심리 발달의 주요 변화를 예시한다. 즉 아동인 소녀에서 성인인 여인으로의 변화이다. 소녀의 월경에 대한 반응 방식은 월경 자체의 의미와 넓게는 여자가 된다는 것, 성욕을 갖게 된다는 것, 어른이 된다는 것, 엄마와 같은 사람이 된다는 것 등 개인적 의미에 따라 다르게 된다. 만약 한 소녀가 월경이란 혐오스러운 것으로, 또는 여자란 고통스런 짐을 져야 하는 것으로 엄마를 통해 알고 있었다면 그녀는 월경이 시작되는 것을 끔찍한 것으로 여기게 될 것이다. 한편, 소녀가 여자가 된다는 것을 기대감을 갖고 받아들이고, 아이를 갖고 싶어 하고, 자신이 엄마가 되기를 바란다면, 그 소녀는 월경을 바람직한 정상적 과정으로 받아들일 것이다.

청소년기의 생리적 변화는 성인이 되는 첫 신호로서 단순히 그들이 혼자서 처리하기에는 무리가 있다. 따라서 초경이나 몽정을 경험한 아동은 자연스럽게 이에 대해 부모에게 말할 수 있는 분위기를 미리 조성할 필요가 있다. 물론 이러한 분위기의 창출은 성교육 하나만의 문제라기보다는 부모-자녀 관계가 일상적으로 얼마나 개방적인가에 따라 달라질 것이다. 중요한 것은, 그들이 다가올 신체적, 심리적 변화에 대해 준비가 되어 있다면, 이러한 경험을 보다 긍정적인 것으로 받아들일 수 있게 된다는 사실이다.

사춘기의 신체 변화는 청소년기의 심리 기능, 행동, 대인관계 등에 강력한 영향을 미친다. 사람은 자신의 신체에 대한 나름대로 어떤 생각을 가지게 되는데, 이는 신체상(body image)이라고 불린다. 이러한 신체상은 사춘기 자체와 그 시작 시기에 의해서 큰 영향을 받는다. 신체적으로 보다 성숙한 남아는 덜 성숙한 남아에 비해 보다 긍정적인 신체상을 가지고 자신이 보다 매력적이라고 지각한다. 반면에, 성숙한 여아들은 스스로를 매력이 있다고 느끼는 경향이 강하지만, 자신이 매우 조숙하다고 생각하는 여아는 부정적인 자아개념을 가지기가 쉽다. 체중에 대한 지각은 특히 여아에게 매우 중요한 요인으로서 체중에 대해 불만족하게 느끼는 여아들은 부정적인 신체상을 가지는 경향이 있다(정미라 외, 2003: 276-7; Bregger, 1998: 381-3).

2) 인지 발달

청소년의 인지적 변화 이해에 커다란 공헌을 한 피아제는 청소년기에 나타나는 긴장과 격동의 일차적 원천으로 신체적·성적 변화를 강조하였다. 즉, 사춘기에 들어서면서 나타나는 호르몬의 변화가 중추 신경계의 조직에 영향을 미치고 나아가서는 인지적 발달에 영향을 준다. 정신 능력의 급등이 신체적 성장

급등과 동시에 일어난다고 할 정도로, 청소년 초기의 신체적 발달과 인지적 발달은 밀접한 관련이 있다.

(1) 형식적 조작기

형식적 조작기는 이전 단계의 구체적 조작기의 사고와는 세 가지 점에서 구별된다. 구체적 조작에 의한 아동은 구체적 현실에 집착하고, 현재 중심적이고, 자기 자신의 사고에 대한 통찰 능력이 없다. 형식적 조작기의 청소년은 추상적으로 사고하고, 현재뿐만 아니라 과거와 미래도 이해하고, 자기 자신의 생각을 객관적으로 숙고해 볼 수 있다(Bregger, 1998: 386-7).

구체적 조작기의 아동은 부모와 함께 한 경험들에 의해 주로 지배된다. 다른 아동의 부모들을 포함하는 좀 더 폭넓은 개념을 확실히 보유하고 있지만 아동에게 가장 중요한 것은 각자가 경험한 부모가 사랑이 많은 또는 거부적인, 훌륭한 또는 평범한, 친구 부모보다 더 좋은 또는 더 나쁘든 간에 자신이 경험해 온 부모들이다. 형식적 조작기의 시작과 함께, 청소년은 부모역할에 대한 폭넓은 가능성들을 상상할 수 있게 된다. 부모가 가져야 할, 또는 부모가 이러했으면 하고 바라는, 이상적인 부모의 조건들을 만들고, 이 이상들에 비추어 실제 부모를 평가한다. 이것은 종종, 자신의 유일한 현실의 부모로부터 실망감을 경험하게 되거나, 아니면 현실과 거리가 너무 먼 그들의 이상을 수정하게 된다. 이상과 가능성을 다루는 능력은 청소년의 추상적 사고의 특성들이다.

구체적 조작기와 형식적 조작기의 두 번째 주요한 차이인 미래 지향성은 청소년기 사고의 추상적 능력과 밀접한 관계가 있다. 가능성들, 이상들, 사물에 대한 추측 등에 관한 숙고는 모두 현실과 연결되어 있다. 비록 아동이 미래를 어느 정도 투사할 수 있다고 해도, 그의 사고는 대부분 현재 중심이다. 청소년은 이 한계를 벗어나 미래의 가능성을 상상할 수 있고, 이것은 또 현재의 사고와 행동에 영향을 끼친다. 더욱더 중요한 것은 청소년의 사회적 역할 수행에 미치는 미래 지향적 효과에 있다. 피아제에 의하면, 청소년의 주요한 특징은 형식적 조작기의 사고와 성인 역할들의 수행이다. 청소년은 자신의 미래의 전문가 · 엄마 · 예술가 · 남편 등으로 투사해 본다. 이 투사는 자신의 성인으로서의 정체감을 만드는 데 중요한 역할을 한다.

언어의 광범위한 사용은 청소년기의 지적기능에 중요한 역할을 한다. 또한 그들은 현실을 넘어서 미래의 가능성에 대한 사고까지도 할 수 있다. 따라서 미래 사건이나 사상에 대한 가설을 설정하여, 이들 사고를 통해 검증하여 그 결과의 가능성을 예견할 수 있게 된다. 미래를 생각하고 살아간다는 점에서 청소년 시기에는 자기와 인생에 대한 생각으로 꽉 차 있으며 미래의 계획에 대해 생각할 수 있다. 따라서 그들은 정체성, 사회 정의, 종교, 사회, 실존, 도덕성, 우정 등과 같은 추상적인 개념을 이해하고 관심을 갖게 되며 이전보다 더 추상적이고 체계적으로 생각할 수 있게 된다. 또한 논쟁을 보다 잘할 수 있고 다른 사람들의 언행에서 논리적 오류를 발견해 낼 수 있게 된다(정미라 외, 2003: 278).

(2) 관념의 자아중심성

새로운 기술을 습득한 청소년은 한계에 도달할 때까지 그 기술을 사용하려 한다. 추상적 사고 능력은 타협할 수 없는 이상주의까지 간다. 부모로부터의 독립은 너무 지나쳐, 그들과 관계조차도 맺고 싶지 않게 된다. 과대할 정도로 미래의 계획은 새로운 종교나 새로운 과학적 발견, 또는 예술 작품을 추구한다.

사고의 자아중심성은 청소년의 자기 개념을 팽창시킨다. 청소년은 마치 추상적 사고의 세계를 최초로 발견한 사람처럼 행동한다. 자신의 인생과 세상을 재구성하고, 부모가 따르는 기존 관습을 버리고, 자신의 인생을 새로운 방식으로 살도록 하기 위한 그의 도식들은 그에게는 새롭게 느껴지고, 그 자신뿐만 아니라 적어도 공감이 되는 소집단에게서 독창적인 사고로 간주된다. 이 사고들이 독창적이라고 느껴지는 이유는 이전 단계에서의 구체적 조작기의 사고와 큰 차이가 있기 때문이다(Bregger, 1998: 391-2).

자기 성찰과 매우 강렬하게 느끼는 생각들을 포함한 형식적 조작기의 사고는 구체적 조작기의 사고와는 판이한 시각을 갖게 하고, 세상을 자신의 관점에 과잉 동화시키는 청소년의 자아중심성을 강화시킨다고 볼 수 있다.

3) 사회 정서적 발달

청소년기의 정서는 감정의 기복이 심해 질풍노도의 시기라고 일컬으며 점차 자기애 상태의 자기 중심성에서 벗어나 정서적으로 성숙[1]해 간다. 청소년기를 아동기와 확연히 구분하게 하는 것은 정체성에 대한 의식과 물음이다. 정체성은 청소년기를 특징짓는 핵심적인 개념이라고 할 수 있다. 정체성은 무엇인지, 구성요인들은 무엇인지를 살펴보면 다음과 같다(Bregger, 1998: 423-6 참조).

(1) 정체성

청소년기 성격의 구성 요인들, 특별한 외모 · 재능 · 관심 · 공포 · 갈등 · 기억 등은 마치 건축 재료들이 마지막 조립을 기다리는 것처럼 모여 있으며. 청소년은 과거의 경험과 현재의 조망(眺望), 그리고 사회에서 제공되는 기회들을 모두 모아 이들을 생명력이 있는 전체로 결합하여 자신의 정체성을 이룬다.

정체성과 밀접하게 관련된 개념인 '동일시'는 자기와 타인, 사회와의 간격을 연결시켜 주고, 다른 사람을 모델로 하여 사회를 개인 내부의 자기로 발달시키는 것을 뜻한다. 따라서 정체성이란 발달상의 여러 동일시들로 이루어지는 자기이다. 우리는 발달에서 많은 '자기(self)'를 생각하는데, 유아기의 신체 중심적인 자기, 남자 또는 여자로서의 자기, 아동기 중반의 성실한 소년이나 소녀로서의 자기, 청소년기의 이상적인 자기, 꿈 · 공상 · 놀이에서의 자기, 공적인 자기 등이 있다.

사전에는 정체성을 "본질적인 특징의 동일성, 자기 동일성(sameness), 일치

---

1) 정서적으로 성숙했음을 나타내는 정도는 첫째로 자기 도피에 빠지는 일이 없이 어떠한 현실이라도 직시할 수 있게 되며, 둘째로 자기의 주관을 객관적으로 평가할 줄 알게 되며, 셋째로 자기 능력의 한계를 인정하여 더욱 노력의 의욕을 가질 수 있게 된다는 것이며, 넷째로 현재와 미래에 대한 생활의 설계를 할 수 있게 된다(정미라 외, 2003: 279).

(oneness), 성격과 개인의 지속성과 통일성"으로 정의한다. 또한 '정체성(identity)'이란 단어는 '동일한(identical)' 혹은 '동일시(identification)'란 단어와 같은 의미 내지 깊은 연관을 가진다.

청소년기 이전에 아동기 사고의 구체적 조작기의 본질은 복잡한 추상 개념을 이해하지 못한다. 그는 현재 중심적이고 여러 가설적인 가능성들을 동시에 생각하기 어렵다. 정체성의 다양한 생각들이 과거 · 현재 · 미래에 대한 복잡한 추상 개념이므로 아동은 그것을 이해할 수 없다. 즉 한 사람의 과거 기억, 현재의 경험, 미래의 기대들로 이루어진 자기라는 전체성과 단일성에 대한 생각은 아동이 단순히 생각할 수 없는 추상적 개념의 종류이다. 자신에 대해 생각하는 것, 즉 자기 성찰(introspectiion) 또한 아동이 하지 못하는 것이다.

청소년기에 인지적으로 형식적 조작(formal operation)이 시작됨에 따라 전체성(wholeness) · 단일성(unity) · 통합(integration)이 내재적으로 실제적인 문제들이 된다. 청소년기 이상주의의 중심은 '이상적(ideal) 자기'와 관련되어 있으며 이는 추구하는 생의 목표가 된다. 청소년기가 성인기로 진행됨에 따라 젊은이는 어린 시절의 정체성의 단편들, 현재의 자신, 미래의 기대들과 사회에 의해 제공되는 역할과 관련된 모든 것을 통합시키는 데 관심을 가지게 된다.

(2) 자아정체성의 발달

① 자아개념의 발달

반두라(Bandura, 1986)는 자아개념을 '직접적인 경험과 의미 있는 타인으로부터 받아들여진 평가를 통해 형성된 자신에 관한 복합적 관점'으로 정의한다. 즉 자아개념은 신체적 특징, 개인적 기술, 특성, 가치관, 희망, 역할, 사회적 신분 등을 포함한 '나'는 누구이며, 무엇인가를 깨닫는 것을 뜻한다. 자아개념의 발달은 자신이 독특하고 타인과 구별되는 분리된 실체라고 인식하는 데서 시작된다.

자아개념 발달의 가장 초기 단계는 신체적 자아의 인식으로 영아가 자신을 환경으로부터 구분할 줄 알게 되고 그들이 별개의 독특한 신체적 실제로 존재한다는 것을 깨닫게 될 때 일어난다. 이러한 과정에서 영아는 자신의 신체와 얼굴에 대한 내적, 시각적 이미지를 구성한다. 심리학자들이 거울에 비친 영아의 모습에 대한 그들의 반응을 관찰한 바에 따르면, 그들이 6주 정도의 이른 시기에도 자신을 응시하며 거울 속의 자신을 만지려고 하지만, 대부분의 아기가 18개월이 되기 전에는 자신의 얼굴에 대한 명확한 이미지를 형성하지 않는 것으로 보인다. 18개월 이상된 영아만이 얼굴에 찍힌 점에 대해 놀라움을 표시했고, 그것을 만지려 했으며, 점이 예상 밖이라는 것을 다양한 방식으로 나타냈다.

자아개념 발달의 두 번째 단계는 피상적 특성에 따른 자아 지각이다. 일단 아동이 언어를 습득하게 되면 그들은 자신을 묘사할 수 있다. 8~9세보다 어린 아동은 자신을 묘사하는 데 있어서 외모, 소유물, 집, 가족과 친구, 좋아하는 활동 등과 같이 물질적이고 가시적인 특성을 강조하는 경향이 있다. 아동은 또한 그들이 좋아하는 것과 싫어하는 것을 단순히 지적할 수 있으나 그 밖의 심리적인 요인에 대해서는 언급을 하지 않는다.

세 번째 단계는 '심리적 자아' 출현이다. 8~9세 이하 아동의 경우 자기 묘사에서 심리적인 요인이 거의 나타나지 않는다. 그러나 이보다 훨씬 어린 아동도 그들이 신체적 자아 외에 사적이며 심리적인 자아를 소유하고 있다는 것을 인식하기는 한다는 사실이 분명하다. 예를 들면, 3세 아동에게 "네 몸 중에서 네 이름을 알고 사물에 대해 생각하는 부분은 어디지?"라고 물으면 그들은 머리를 가리킬 것이다(Maccoby, 1980). 따라서 아동은 3세경이 되면 다른 사람이 볼 수 있는 외부적, 신체적 자아와 다른 사람이 볼 수 없는 내적, 생각하는 자아를 구분하기 시작한다. 그러나 아동은 학령기가 되어서야 비로소 안정된 성격 성향과 그 밖의 심리적 차원의 견지에서 자신을 묘사한다.

자아개념 발달의 마지막 단계는 '사회적 자아'의 출현이다. 자아개념 발달의 대부분은 자신이 다른 사람들과 심리적 차원에서 다르다는 것을 인식함을 의미한다. 점차로 자아는 다른 개인이나 집단의 사람들에게로 확장된다. 다시 말해서 아동이 성장하면서 자아개념은 그가 속한 사회적 역할과 집단을 포함하도록 확장된다. 동시에 아동이 '사회적 자아'를 넓혀가면서 그들은 서로 다른 사회집단과 역할이 그들에게 다른 요구와 기대를 한다는 것을 터득하게 된다.

자아개념 발달에 있어서 사회적 상호작용과 인지적 변화의 상대적 중요성 모두 중요하며 어머니(혹은 주양육자)가 아동의 자아개념 발달에 중요 역할을 한다는 것은 분명하다. 즉, 영아에 대한 어머니의 관점이 그녀가 아기를 대하는 방식에 영향을 미칠 것이고, 그것은 결국 영아가 자신, 어머니, 그리고 그의 사회적 세계에 있는 다른 사람들을 보는 방식에 영향을 미칠 것이라는 점이다.

② 자아정체감 발달의 특징

이 시기의 청소년은 스스로 나는 누구인가? 나는 무엇이 되기를 원하는가? 등의 질문을 하게 된다. 자신에 관한 이런 생각들을 '자아개념'이라고 하며, 이것이 보다 구조화되어서 자신의 독특성에 대한 자각을 하게 된 상태를 '자아정체감' 이라 한다. 청소년기의 자아정체감을 확립하는 것은 건강한 성인으로 성장하는 데 중요한 역할을 한다. 청소년들이 자아정체감의 정립을 위하여 탐색하는 과정에는 다음의 특징들이 포함된다(정미라 외, 2003: 279-80).

가. '~로서의 나' 간의 통합감

한 개인은 다양한 지위와 역할을 부여받고 있다. '여자로서의 나', '딸로서의 나', '누구의 친구로서의 나', '학급의 구성원으로서의 나' 등 수많은 역할을 지니고 있다. 자아정체감 바로 이러한 다양한 지위에 따른 역할들 간의 통합감을 의미한다.

나. 일관된 '나'를 유지해 나가는 것

자아정체감은 인간이 과거와 현재 그리고 미래를 살아가면서 일관된 '나'를 유지해 가는 것을 말한다.

다. 주체적 자아와 객체적 자아 간의 조화감

자아는 내가 나 자신을 볼 때의 나(주체적 자아)와 내가 다른 사람의 눈에 비치고 있는 것을 내가 지각할 때의 나(객체적 자아)로 구분된다. 자아정체감은 주체적 자아와 객체적 자아의 완전한 조화로서 자신의 존재감을 인식함과 동시에 타인과의 원만한 관계를 발전시킬 수 있는 상태를 말한다.

라. '누구로부터의 존재가 아닌 오직 나'라는 의식

'나'라는 존재는 생물학적으로는 부모님의 자식이지만, 실존적 의미로는 '누구로부터의 존재가 아닌 오직 나'인 것이다. 이러한 존재는 누구로부터의 간섭을 배제할 수 있는 절대적 자유를 지님과 동시에 오직 나 혼자라는 근원적인 고독감과 불안감을 수반하고 있다. 소외와 불안으로부터 극복하려는 의지는 자기 선택과 자기 책임을 수반한다.

(3) 자아정체성의 위기

정체성 위기(identity crisis)는 전 생애 가운데 어떤 단계에서도 나타날 수 있지만, 특히 청소년기에 가장 많이 그리고 심각한 수준으로 나타난다. 청소년기에 와서 정체성 위기가 가장 크게 문제시되며, 정체성 확립이 중요한 이유는 다음과 같은 여러 가지 요인들이 그들의 정체성 위기를 유발하기 때문이다(정미라 외, 2003: 283).

첫째, 청소년기에 들면서 내적 충동의 질적 양적 변화가 일어나기 때문이다. 청소년들은 사춘기의 시작과 더불어 신체발달과 성적 성숙의 급격한 발달이 이루어진다. 이러한 양적 변화와 함께 신체 내부에서는 여러 가지 질적인 변화가 일어난다.

둘째, 청소년들이 경험하는 상충적인 사회적 요구 때문이다. 청소년들은 아이도 성인도 아닌 이른바 주변인으로서의 존재적 특정 때문에 많은 양가적인 상황에 처하게 된다. 가정에서 그들은 경제적 독립이 성취되기 전인만큼 어쩔 수 없이 부모에게 의존적일 수밖에 없으며 다른 한편으로 어른들은 나이와 신체적 변화에 걸맞게 독립적이기를 기대하고 책임 있는 행동을 요구한다. 이와 같은 양극적인 상황적 자극과 요구에 부딪히게 되면서 청소년들은 갈등을 겪게 된다.

셋째, 청소년기가 되면서 선택을 강요받게 된다는 점이다. 즉, 진학을 할 것인가, 포기할 것인가, 진학한다면 어떤 전공을 택할 것인가 등의 선택적 상황을 자주 경험한다. 이와 같은 상황에서 청소년들은 잠정적인 결정이든 최종적인 결정이든지 간에 자기 스스로 결정을 내려야 하며 스스로의 선택에는 책임이 수반될 뿐만 아니라 미래의 삶의 방향이 좌우될 수 있다는 점에서 불안감과 초조감을 가진다. 이와 더불어 자신의 일생을 스스로 지혜롭게 결정 내릴 수 없는 자신의 무능력과 미숙함을 자각하고, 정체감 위기를 겪게 된다.

넷째, 청소년기에 증대되는 인지 능력이 또 하나의 원인이 될 수 있다. 인지적 능력 현 발달은 자기 자신에 대한 탐색 과정, 즉 자신의 위치, 역할, 가능성, 가치 및 이념 등에 대해 검토하며, 확인하게 된다. 이 시기의 청소년들은 자신의 문제를 다면적으로 예리하고 심도 있게 검토하게 되는데, 이러한 특성으로 인해 청소년들은 자아정체감 확립 과정에서 더 많은 고민과 갈등을 경험한다고 할 수 있다.

다섯째, 동일시 대상의 변화를 들 수 있다. 청소년들은 지금까지 자신의 심리적 참조 체계로서 간직해 왔던 이전의 동일시 대상들이 그 유용성을 상실하게 되면서 새로운 대상을 동일시 대상으로 삼으려 하거나 이전 동일시 대상들을 새로운 참조 체제로 통합하게 된다. 청소년기가 되면서 좋아하는 인물이나 의미 있는 대상이 크게 바뀜으로써 정체감의 위기를 경험하게 되는 것이다.

2. 청소년기의 부정적인 특징들

변화와 불안에 의해 청소년기는 여러 위험들이 드러나는 시기가 될 수 있다. 이 시기 청소년들이 부딪힐 수 있는 세 가지 위험으로는 극단주의, 과잉 위축, 현실로부터의 도피가 있다(Bregger, 1998: 395-400).

1) 극단주의

청소년에게서 어느 정도의 극단주의(extrem-ism)는 당연하다. 새로운 역할과 사고방식의 검증은 건강하고 꼭 필요한 실험이다. 그러나 아동기에 가졌던 정체성의 상실은 어떤 사람들에게는 극심한 불안을 유발할 수 있다. 이런 불안은 미숙하고, 극단적인 정체성으로의 도피를 초래할 수 있다. 독립－의존, 관능적 욕구－포기, 공격－복종 등등은 모두 극단적 해결에 의해 혼란에 빠질 수 있다.

의존에 관한 갈등은 때때로 과장되게 독립을 주장하는 것으로 나타날 수 있다. 흔하게는 부모로부터 분리되어, 부모에게 없는 속성들을 가진 혁명적 영웅과 같은 다른 모델을 선택한다. 또는 의존하기엔 화가 나고, 떠나기에는 너무 불안한 청소년은 집에 남아 '무위도식하는 하숙생'이 되기도 한다. 다른 경우에서는 오직 부모에 대한 증오와 경멸만 나타내기도 한다. 마치 약간의 사랑과 의존 욕구조차도 허용하면 자신이 위험해지기라도 하는 듯이 여긴다.

극단주의의 또 다른 형태는 성욕이 발달하기 시작하면서 주요 갈등과 불안이 발생하는 청소년에게서 보인다. 이런 경우 종종 금욕주의적 방법으로 해결하려 한다. 터져 나오려는 관능적 충동을 피하고자 쾌락을 부정하고, 자위행위에 대한 충동과 싸우고, 종교적이고 청교도적인 인생 계획을 세워나간다.

쾌락주의적 극단으로도 나타날 수 있다. 후기 청소년은 종종 의미 없어 보이는 도덕적 법칙들에 회의를 보이며, 그러한 규율들의 제한으로부터 벗어나려고 시도한다. 성 경험, 여러 감정들을 항진시키는 약물의 사용, 직업 윤리, 경력,

중류 계급의 목표 등의 포기는 모두 쾌락주의의 극단에 속할 것이다.

이 시기에 부모와 관계를 끊고, 새로운 이데올로기, 새로운 가치관, 새로운 삶의 방법을 시도하는 것은 병적인 게 아니라는 것을 부모는 이해해야 한다. 도리어 그것들은 어떤 사회나 개인이 정체되지 않고, 개혁을 이루는 원동력이 된다. 병적인 것은 의존적이고, 관능적이며, 기타 다른 불안을 유발하는 인격의 요소들을 거부하고 부인하려는 성향이 극단적일 때이다. 청소년은 자신의 인격을 다방면으로 실험한다. 지금은 금욕주의적인 수도자, 다음에는 어린아이, 그다음에는 아버지와 남편 그리고 자신의 환상 속의 극단들이 갖는 성격들을 자유롭게 실행해 본다. 그런 실험을 통해 결국 안정된 성인의 정체감을 발전시킨다.

2) 과잉 위축

극단주의자가 자신의 반항적 독립에서 안정감을 찾고, 그렇게 함으로써 불확실한 정체감에서 오는 불안을 피하려 한다면, 과잉 위축(over-constriction)된 청소년은 자신의 역할이 사회적으로 용납되는 성인의 역할에 너무 빨리 순응함으로써 안정감을 찾는 경우이다. 자유와 권위 사이의 갈등이 반복되면 그런 사람들은 전형적으로 너무나 자주 권위에 굴복하거나 너무 빨리 권위를 내재화한다.

과잉 위축 반응 뒤에는, 권위에 대항하거나 멸시하는 의미의 자기주장을 내세우는 것에 대한 엄청난 불안이 숨어 있음을 발견할 수가 있다. 지나치게 위축되는 것의 가장 큰 위험은 자유로운 실험을 방해하는 데 있다. 이것은 자신의 잠재력과 타인의 기대를 결합시킨 새로운 정체감의 창조에 필수적인 다양한 역할 탐색과 실험을 방해한다. 과잉 위축된 사람은 너무 자신의 욕망과 특히 분노감이나 반항심을 비밀스러운 꿈의 세계 속에 감추어, 사회와의 상호교류를 통한 조정 효과를 받지 못하게 된다.

3) 현실 도피

많은 청소년들은 사회 구성원으로서 불편함을 느낀다. 그들은 자신의 신체에 어색해하고, 성욕에 쑥스러워하고, 자기 성찰에 몰입한다. 이런 요인으로 해서 사회적 교류를 피하려 한다. 그들은 현실을 피해, 로맨스와 스포츠 또는 사회적 성공에 대한 공상을 한다.

현실 도피는 비록 그것이 많은 젊은이의 발달에서 정상적인 면이라 해도, 사회적 불안이 극심하고 불안정한 사람들이 꿈과 상상의 세계 속으로 도피할 가능성이 크다. 그렇게 함으로써 그들은 다른 사람들과 접촉함으로써 예상되는 불안, 공포, 그리고 고통을 피하고자 한다.

현실 도피는 여러 형태를 가진다. 많은 청소년들이 정상적인 사회 활동의 위축을 보인다. 일시적인 '현실 도피'나 외부와의 '단절', 약물로의 도피, 극단으로 정신분열성 정체감의 형성, 이 모든 형태에서는 현실에 맞게 자기를 조정하는 것보다 자신이 상상한 자기로 현실을 동화시키는 것이 우세하다. 불안이 극심한 경우 도피는 점차 영구적인 생활 방식이 된다. 이런 일이 생기면, 타인으로의 접근은 불안을 더욱 가중시킨다. 현실도피는 깊은 고독감을 가져온다. 이러한 사람은 대인 관계에서 오는 불안을 피하기 위해 모든 것을 희생한 것이며, 그런 선택은 만족스러운 성인의 정체감에 도달하는 유일한 길이 결코 될 수 없다.

청소년이 성인으로 성장하는 동안 젊은이는 다양한 역할을 시도하고, 갈등을 해리시키거나 갈등에 직면하며, 집단에 가입하거나 위축되어 고립되기도 하고, 친구를 사귀거나 단절되며, 성욕을 실험한다. 이런 모든 경험에서부터 정체성이 형성되고, 해가 거듭될수록 안정되어 간다. 계속되는 선택들, 계속되는 역할 시도들이 모두 어떤 사람이 될 것인가에 추가적으로 작용한다. 우리는 우리가 흉내 낸 인물이 되어가는 것이다.

청소년기에 시작하는 추상적 사고 능력은 정체감의 개념을 가능한 한 넓혀준다. 청소년기는 전환기이다. 이전의 모든 것을 다시 해보고, 만들고, 생각하는 기회이며, 인생을 미래 지향적으로 생각하게 한다. 이 가능성들은 앞으로의 인생을 살면서 현실화된다.

3. 청소년기 주요 쟁점

청소년기 발달에 영향을 주는 주요 쟁점들인 성(性), 유해 매체물, 유해 약물, 학교폭력, 자살 등에 관해 살펴보면 다음과 같다(신명희 외, 2016b: 328-53 참조).

1) 성(性)

각종 통신매체가 발달하면서 누구나 손쉽게 성에 대한 정보를 접할 수 있게 되었다. 더욱이 왜곡된 성문화로부터 보호받아야 할 청소년까지 성에 대한 무분별한 노출이 이루어지고 있다. 일부 청소년의 왜곡된 성행동은 온라인상에서 그치는 것이 아니라 오프라인, 즉 실생활에서까지 나타나고 있다.

청소년의 잘못된 성적 일탈 행동을 일부 청소년의 문제로 국한시킬 수만은 없는 것은 일반 청소년조차 인터넷 등을 통하여 성적 유해환경에 쉽게 노출되고 있기 때문이다. 특히 '19세 미만 이용불가 게임'은 해마다 뚜렷한 증가 추세를 보이고 있다.

한편, 우리나라 청소년의 연간 성교육 경험은 64.5%로 비교적 높은 편이다. 청소년은 주로 인터넷, 잡지, 비디오, 영화 등의 대중매체나 학교에서 실시하는 성교육을 통해 성 지식을 얻게 된다. 이에 비해 가정에서 성교육이 이루어지는 비율은 낮았다.

성교육의 내용에 있어서는 건전한 이성 교제, 순결, 결혼, 성윤리, 생식 구조 등에 대해서 성교육을 받은 것으로 나타났으며, 남자 청소년이 여자 청소년에 비해 성경험은 높지만 성교육에 있어서는 여자 청소년이 남자 청소년에 비해 더 자주, 더 다양하게 받는 것으로 나타났다. 또한 남자 청소년의 경우는 부모로부터 받은 성교육이 성행동을 감소시키지만, 여자 청소년의 경우는 부모로부터 받은 성교육이 성행동에 유의한 영향을 미치지 않는 것으로 나타났다.

성을 주제로 한 자녀와의 대화

부모는 자녀에게 성에 대해서 말하기를 두려워하고 부끄러워하며, 자신들이 그것에 대해 충분히 알고 있는지도 확신하지 못한다. 그러나 의외로 부모의 대답은 간단한 대답이면 된다. 자녀에게 끝까지 모든 것을 다 가르쳐 줄 필요는 없다. 중요한 것은 자녀가 계속해서 질문을 해 오게끔 분위기를 유도하는 것이다. 그리고 자녀에게 부모의 사랑을 전달하는 것, 무슨 일이 있건 부모가 자신 곁에 있을 것이라는 점을 알려 주는 것이 중요하다.

- 초경이나 몽정에 대해서 미리 알려 준다.
- '성이 곧 섹스는 아니다.'라는 것을 알려 준다.
- 자신이 원하지 않는 성 표현을 분명히 이야기하도록 한다.
- 자신이 원하는 성 표현의 수위를 분명히 표시하도록 한다.

성교육, 10대의 눈높이를 찾아라

2010년, 영국 정부 통계에 따르면 이미 성경험이 있는 16~18세 청소년 절반 이상이 부모역할에 대해 아쉬움을 표현했습니다. 만약 부모에게 안전한 피임법과 올바른 정보를 배울 수 있었다면 보다 안전한 행동을 했을 것이라고 대답한 것입니다.

실제로 평균 나이 15세 청소년 2만 5,000명을 대상으로 실시한 25개 연구를 분석한 결과 부모와 성에 관해 대화를 나눈 경험은 10대 성 인식에 큰 영향을 미쳤습니다. 부모에게 성교육을 받은 경험이 있는 10대는 첫 성관계 시기가 늦었을 뿐만 아니라 피임 등 안전한 성관계를 중요하게 여겼습니다. 특히 아빠보다는 엄마와 대화했을 때, 아들보다는 딸에게서 더 긍정적인 효과를 불러일으켰습니다.

그렇다면 성에 관한 첫 대화를 언제 시작하는 것이 좋을까요? 전문가들은 10~14세 사이에 본격적인 성교육을 시작하라고 조언합니다. 늦어도 자녀가 15세가 되기 전에 성에 관한 첫 대화가 이루어져야 한다는 것입니다. 자녀가 15세 이상이 되면 신체가 발달하고 부모와 심리적 격차가 커져 대화를 꺼리기 때문입니다.

(출처: EBS뉴스G 학교의 내일을 묻다, 2021)

2) 유해 매체물-온라인 게임

한국지능정보 사회진흥원(NIA, 2014)의 우리나라 청소년의 인터넷 과의존과 관련하여 조사한 결과에 따르면 청소년의 인터넷 과의존율은 청소년이 12.5%, 성인이 5.7%, 유아동이 5.6%로, 청소년 과의존 위험군이 성인보다 2배 정도 높은 것으로 나타났다. 특히 청소년의 경우 30.6%가 스마트폰 중독자로 분류되었고 심지어 0세에서 9세까지의 영유아 아동들의 경우 17.9%가 스마트폰 과의존 위험군으로 분류되어 성인의 16.2%에 비해서도 높았다. 과기부 · 한국정보화진흥원의 실태조사(2019)에 따르면 청소년의 스마트폰 중독비율은 2018년 29.3%로 감소했다가 2019년에는 다시 30.2%로 증가 추세로 전환된 것으로 나타났다. 초등학생의 경우 스마트폰으로 이용하는 콘텐츠 중 게임 이용률이 92.8나 되는 것으로 조사되었다. 해마다 스마트폰 과의존자들은 계속 상승추세에 있으며 특히 청소년의 경우에는 매우 심각한 것으로 나타났다.

컴퓨터 게임 후 나타나는 증상과 관련해서 일반청소년은 '적당하게 게임을 하기 때문에 문제가 되는 경험을 한 적이 없다.'(31.4%)라는 응답이 가장 많았고. 다음으로 '계속 게임만 하게 되어 부모에게 혼나는 경우가 많다.'(31.2%), '시력약화, 수면부족 등 건강이 나빠졌다.' (27.2%) 등의 순으로 나타났다. 위기청소년은 '계속 게임만 하게 되어 부모에게 혼나는 경우가 많았다.'(31.9%)라는 응답이 가장 많았고, 다음으로 '시력약화, 수면부족 등 건강이 나빠졌다.'(30.4%) 등의 순으로 응답하였다.

청소년의 인터넷 사용에 대한 개입과 조절이 점점 어려워지는 현실에서 부모의 관심과 교육은 중요하다. 먼저 부모는 함께 일관된 태도를 가져야 한다. 어머니는 자녀의 게임을 말리는데, 아버지는 자신이 옛날에 게임을 하던 생각만 하고 "게임 좀 하는 것 가지고 뭘 그래." 한다면 자녀에게 혼란만 일으킬 뿐이다. 다음으로 부모와 자녀가 메일을 주고받거나 인터넷 서핑 등을 함께 하면서 서로의 문화에 대해서 공유하는 시간을 가진다. 부모와 자녀 간의 대화가 적거나 대화의 만족도가 떨어지는 청소년일수록 인터넷 게임 중독에 걸리는 비율이 높은 것을 볼 때 부모의 관심과 애정이 이러한 중독을 예방하는 가장 좋은 방법이다.

3) 유해 약물

약물 남용이란 중추신경계에서 작용하는 약물의 비의학적, 불법적 사용을 의미한다. 약물을 남용하는 습관은 한번 시작되면 좀처럼 중단하기 어렵고, 신체뿐만 아니라 정신의 파괴를 가져올 수 있다. 약물 남용은 우울증, 품행 장애, 주의력 결핍, 과잉 행동장애, 불안장애 등과 같은 다양한 심리적인 장애와 공존한다.

청소년이 주로 사용하는 약물은 니코틴(담배), 암페타민(필로폰 등), 코카인, 아편, 모르핀, 헤로인, 코데인, 술, 수면제, 진정제, 신경안정제, 흡입제(본드, 가스) 등이 있다.

청소년의 음주는 인지적인 측면에서 기억력, 공간 지각력, 언어능력 등에 영향을 미쳐 학습과 관련된 능력을 저하시킨다. 또한 음주로 인한 폭력 행위, 기물 파손과 같은 행동 문제를 비롯하여 좀 더 위험한 약물 사용의 가능성을 높일 수 있다.

니코틴은 흡연에 대한 중독을 야기하는 주요 물질이다. 담배를 피우는 이유는 니코틴이 일시적으로 중추신경을 흥분시켜 정신적 안정감과 긴장감을 해소해 주기 때문인데, 니코틴은 한 번 접하기 시작하면 내성을 일으키고 육체적, 정신적으로 니코틴에 의존하게 되어 없으면 못 견디는 상황이 나타난다. 이와 같이 니코틴에 대한 지나친 의존은 선호나 취향의 문제가 아니라 정신과적 장애인 물질 관련 장애로 간주 되고 있다.

청소년기 흡연은 성인보다 성장기에 있는 청소년에게 더 유해한 것으로 알려져 있다. 청소년기는 뇌세포를 비롯한 모든 세포가 성장 및 성숙하는 시기인데, 흡연을 하게 되면 세포의 성장을 저해할 뿐 아니라 노화가 촉진된다. 또한 청소년 흡연을 하게 되면 세포의 성장을 저해할 뿐만 아니라 노화가 촉진된다. 또한 청소년 흡연은 만성 폐쇄성 질환 및 관상동맥 질환의 발병 위험성 증가 및 발생 연령의 저하, 각종 흡연 관련 암 발생 위험 증가 등 성인기 질환의 위험성을 증가시킨다.

청소년의 흡연 요인에 관한 연구에서는 부모의 영향이 친구 못지않게 청소년의 흡연에 중요한 영향을 미치는 것으로 나타났다. 한 연구는 청소년의 흡연 시작에 미치는 영향은 부모와 친구의 흡연이 비슷하다고 밝히고 있다. 실제로 청소년 흡연자를 대상으로 한 설문조사를 보면 흡연자인 부모가 장난처럼 피워 보라는 말을 듣고 흡연을 시작했다는 비율도 10%로 나타났다. 또한 집 안에 방치된 담배꽁초를 주워 피워 보았다는 답변도 있었다. 이와 같은 연구 결과를 볼 때 청소년의 흡연 동기에서 '가족 또는 친구' 가 차지하는 비중이 크다는 점을 알 수 있다.

4) 학교폭력

학교폭력은 목격자의 신고가 없고, 또래에 의한 폭행이 공포감과 수치감을 더하며, 가해자 처벌이 약해 피해자는 신고해도 소용없다고 자포자기하는 것이 특징이다. 대부분의 학교 폭력이나 집단 따돌림은 교사에게 잘 보이지 않는다. 피해 청소년은 마음속으로 구조를 요청하지만, 그것이 전달되지 않아 도움을 받을 수 없다고 생각할 경우 결석을 할 가능성이 커진다. 교사는 결석 당일에 부모와 연락하고 주변 친구에게 결석이유나 학교폭력 여부를 확인하기 위한 활동도 필요하다.

교사의 노력에도 불구하고 청소년 사이에 집단 따돌림이 발생한다면 불가피하게 그 문제의 원인이 무엇인지 확인하고 해결방법을 찾아야 한다. 교사는 어떤 청소년이 친구 사이의 사소한 다툼으로 오해가 생겨서 따돌림을 받는 것인지, 아니면 청소년의 성격적 문제, 전학 등으로 친구와 어울리지 못하는 경우인지 등 집단 따돌림의 이유를 먼저 파악해야 한다. 만약 집단 따돌림이 청소년 간의 사소한 다툼으로 인한 오해에서 시작된 경우라면, 우선 가해 청소년과 오해를 풀 수 있는 방안을 모색해야 한다. 집단 따돌림의 경우는 가해 청소년이 다수인 경우가 많기 때문에 누구를 대상으로 교정을 해야 할지 문제가 될 수 있다. 이때는 먼저 따돌림을 주도하는 청소년이 누구인지 알아내어 해당 청소년을 집중 지도할 필요가 있다. 한편 지나치게 소극적이거나 내성적인 성격으로 집단 따돌림을 당하는 청소년의 경우에는 자기주장 훈련이나 사회성을 발휘할 수 있는 프로그램 등에 참가할 기회를 제공해 주어야 한다.

5) 자살

청소년이 자살을 생각하는 이유는 다양하다. 일반적으로 가정이나 학교에서의 인간관계 문제, 성적에 대한 압박감 및 학업 스트레스, 개인의 성격 문제 등이 청소년에게 자살 생각을 만드는 요인으로 알려져 있다.

자살하려는 사람을 돕기 위해서는 긴밀하게 대화할 수 있는 장소에서 충분한 시간을 가지고 그 사람의 말을 경청하는 것이 필요하다. 또한 욕구 좌절, 불신, 희망의 상실 등을 치유하는 기술을 배우기 위해 전문가에게 도움을 청하도록 설득한다. 청소년의 경우는 이와 같은 치료 및 교육 과정에 부모가 함께 참여하는 것이 중요하다.

청소년이 보내는 자살 신호

① 언어로 나타나는 단서

죽음, 내세, 자살하려는 의사를 표현하는데 직접 말로 표현하거나, 일기, 편지, 작문 중에도 표현될 수 있다(예:'아무도 나의 삶과 죽음에 관심을 갖지 않는다.' '만약 내가 없다면 사정은 아마 나아질지도 모른다.').

② **행동으로 보이는 단서**

- 몸에 이상이 없는데도 신체적 이상을 자주 호소한다.
- 지나치게 외모에 대해 무관심하다.
- 식사량이 지나치게 많아지거나 적어진다.
- 행동이 갑자기 명확히 변한다(예: 활달한 성격이 위축됨).
- 학업 및 행동 문제가 나타난다(예: 성적이 더 떨어짐).
- 갖고 있는 소유물을 포기한다(예: 유언장을 작성함. 자신이 가장 소중히 여기는 물건을 남에게 줌).
- 알코올 및 약물을 남용하는 일이 갑자기 증가한다.
- 사람들의 모임을 피하고 위축되어 간다.
- 우울의 증후가 나타나거나 불안감을 나타낸다.
- 수면의 식생활이 불규칙해지고 잠을 못 자고 피곤함이 뚜렷이 나타나고 몸이 편치 않고 병이 생긴다.

③ **환경상의 단서**

- 중요한 인간관계가 끊어진다(예: 직계 친족 또는 배우자의 사망, 친한 친구와의 다툼, 헤어짐).
- 가정에 큰 변화가 생긴다(예: 경제상의 어려움이 생기고 이사를 함).
- 환경 적응의 어려움을 표현하며 이로 인하여 자신감을 잃게 된다(예: 학교에 가기 두려워하고, 자주 학교에 가지 않으려 함).

4. 청소년기의 부모역할

청소년기는 질풍노도의 시기라고 할 만큼 신체적으로나 정서적, 인지적으로 변화의 기복이 심한 시기이며 아동과 성인의 이행과정에서 보이는 여러 불안정한 생각과 행동을 하는 시기이다. 특히 발달상의 큰 변화의 과정을 통해 자아정체성을 만들어 가는 매우 중요한 시기이기도 하다. 청소년기 자녀의 건강한 발달을 위한 바람직한 부모역할의 원칙을 정리해 본다(정옥분 · 정순화, 2016:

329-31; 이숙 외, 2004: 82-3; 정미라 외, 2003: 288-90 참조).

1) 성숙된 인격체로 인정한다

부모로부터 독립하고 정서적 의존에서 벗어나고자 하는 청소년이 부모와 갖는 관계는 아동기 때 가졌던 부모와의 관계와는 다르다. 청소년의 급속한 신체적 성장은 부모의 체벌이나 통제를 어렵게 만든다. 부모의 권위는 도전을 받게 되고, 지금까지의 부모-자녀 관계를 수정해야 하는 상황이 초래된다. 또한 형식적·조작적 사고가 가능한 청소년은 부모가 설정한 규칙이나 가치관에 대해 논리적 모순을 발견하고 의문을 제기한다. 즉, 증대된 인지적 기술로 인해 청년은 이제 더 이상 무조건 부모가 시키는 대로 따라 하지 않는다.

그럼에도 자녀가 청소년이 되었음에도 불구하고 부모의 자녀에 대한 인식이나 양육행동은 어릴 때처럼 아기 취급하는 경우가 있다. 부모의 양육행동도 자녀의 성장 발달에 따라 변화해야 한다. 자녀는 하나의 인격체이기 때문에 그들의 생각과 느낌을 존중해 주어야 하며 대등한 대화의 상대자로 여기고 자녀의 입장에서 생각하며 공감해주는 부모가 되어야 한다.

2) 청소년의 불안감과 불만을 수용한다

많은 청소년들은 부모로부터 독립하고 싶어하는 동시에 자신이 실제로 얼마나 부모에게 의존하고 있는지를 깨달으면서 끊임없이 갈등을 느낀다. 청소년들의 이러한 양면적인 느낌은 종종 부모들 자신의 양변성과 일치한다. 자녀가 독립하기를 원하는 동시에 그들이 계속해서 의존해주기를 바라기 때문에 부모들은 종종 십대 자녀들에게 '이중적인 메시지'를 전달한다.

일반적으로 부모와 청소년 자녀 간의 갈등은 청소년 초기에 사춘기의 시작과 더불어 증가한다(Juang & Umana-Taylor, 2012). 사춘기의 생물학적 변화, 논리적 추론과 같은 인지적 변화, 독립과 정체감을 수반하는 사회적 변화 등 신체적, 심리적으로 많은 변화를 경험하는 청소년기는 안정보다는 불안정으로 기울어 있는 시기라고 할 수 있다. 청소년은 아동이나 어른 가운데 어느 한쪽에 속하지는 않지만, 성인기를 향해 한발 두발 나아가는 존재이다. 이러한 과정에서 그들은 어떤 일에 대한 확신이 없고, 자신의 능력을 의심하며, 어려움을 갖기도 한다.

이러한 상황에서 부모에게 요구되는 것은 청소년 자녀의 불안함이나 불만 그 자체를 수용하려는 자세이다. 따라서, 자녀가 우울해 보이고 뭔가 걱정이 있어 보일 때, 부모는 조용히 지켜보는 것이 바람직하다. 대부분의 경우, 시간이 지나면 그들은 아무 일도 없었던 것처럼 행동하는 경향이 있다.

3) 간섭하기보다 믿고 기다려준다

청소년기 자녀의 부모가 가장 많이 행하는 잘못된 양육방식은 '지나친 지시와 간섭'이다. 청소년의 입장에서 볼 때, 부모의 도움은 일종의 간섭으로 여겨지고, 부모의 관심은 자신을 아이 취급하는 것으로 인식되며, 또한 부모의 조언은 어른으로서 지시하는 것에 불과하다. 청소년 자녀로서는 자신에게 자율성을 부여하는 부모를 원한다.

부모는 자녀의 행동에 잦은 간섭을 하기보다는 스스로 선택하고 결정할 수 있도록 격려해 주는 것이 바람직하다. "네가 스스로 선택해보렴.", "난 네가 올바른 결정을 하리라는 것을 믿는다." 이러한 말은 청소년들에게 부담을 주는 것 같지만, 실제로 청소년은 자신을 믿어주는 부모의 말을 통해 자신감을 갖게 된다.

4) 자신을 발견할 수 있도록 다양한 경험을 제공한다

'제2의 탄생'이라고 할 만큼 정서적·정신적 변화가 큰 사춘기 청소년기는 자아에 대해 가장 많은 고민을 하는 시기이다. 자신의 정체성을 잘 찾아가고 만들어가는 일이 청소년기의 가장 큰 과제이기도 하다. 다만 자신이 누구인지는 명상을 통해 발견되는 것이 아니라 다양한 경험과 도전을 통해서만 자신을 이해하고 발견할 수 있다는 점이다. 따라서 부모는 청소년기 자녀의 학업성취에 너무 치중할 것이 아니라 자녀가 자신을 발견하고 성찰할 수 있는 다양한 경험의 기회를 제공해야 한다.

5) 운동할 수 있는 기회를 최대한 준다

청소년기는 신체 능력이 비약적으로 발전하는 시기이기도 하며 청소년들이 신체활동에 대한 욕구를 왕성하게 가지는 시기이기도 하다. 특히 남학생들은 성인 못지않은 강인함과 운동능력을 기르고자 하고 근력을 발달시키는 데에도 큰 관심을 갖는다. 이와 더불어 청소년기는 불안정한 시기이기에 청소년들은 학업성취를 비롯해 자아정체성과 교우관계 등등과 관련된 적지 않은 스트레스를 받으며 생활한다. 이처럼 청소년기의 신체발달 관련 욕구나 여러 스트레스를 해소할 수 있는 좋은 길은 운동을 하는 것이다. 적극적으로 꾸준히 하는 운동은 내면의 불안이나 스트레스를 해소해 줄 뿐만 아니라 학업성취 향상에도 큰 도움을 준다. 따라서 청소년 자녀의 부모는 자녀가 다양한 운동을 적극적으로 할 수 있는 기회를 제공하면서 운동을 지지하고 격려하여야 할 것이다.

6) 상담자로서의 역할을 한다

청소년은 자신의 고민을 상담할 수 있는 대상은 부모나 교사보다는 또래 친구들인 것으로 밝혀지고 있다. 또래 친구와의 관계가 원만하고 또래들로부터 정서적 지원을 받을 수 있는 경우에는 큰 어려움이 없겠지만, 또래들로부터 배척당하거나 따돌림당하는 경우 자신의 고민을 털어놓고 상담할 수 있는 대상은 현실적으로 부모밖에는 없는 것이 우리의 실정이다. 더욱이 부모는 가치관이 확고하게 수립되어 있으며 인생경험이 풍부하고, 자녀에게 따뜻한 관심과 지지를 보여줄 수 있으므로 자녀 입장에서 자녀의 상황을 이해하는 상담자로서의 역할을 잘 감당할 때 청소년에게 커다란 도움이 될 수 있다.

부모의 권위에 대한 청소년의 이해

– 청소년들은 어떻게 영유아와 다르게 부모의 권위를 지각하는가?

부모는 대게 자녀가 성장함에 따라 더 많은 자율성을 부여하지만 어린 청소년들은 특정 영역에 있어서의 부모 통제에 대해 불만을 토로한다. 한때는 부모의 통제하에 있는 것으로 보였으나 지금은 개인의 관할하에 있는 것으로 보이는 문제들이 점차 늘어남을 느낀다. 식습관, 영화나 TV 프로그램 그리고 사회 활동들, 옷 입는 것, 외모, 교우 선택 등이 그러한 문제에 포함된다.

스메타나(Smetana, 1988)는 10~18세 사이의 102명의 청소년과 그들의 부모를 면담하여 그들이 부모 권위의 영역들을 어떻게 보는가에 대해 연구하였다. 그녀는 청소년기 전(preadolescence) 및 초기 청소년기 아동을 둔 부모들은 자녀 생활의 모든 일상적 사건들이 자신들의 관할 하에 있다고 생각함을 발견했다. 그러나 스메타나는 자녀들이 성숙함에 따라 부모들은 교우 관계, 의상, 음악 등의 개인적인 문제에 관해서는 통제를 감소하고, 다른 사람에게 해를 입히는 잘못된 행동 등의 도덕적 문제나 당연히 준수해야 할 관습적 문제에 대해서는 통제를 줄이려 하지 않는다고 지적하였다.

아동들과 청소년들은 자신들이 성인이 되기 전까지는 부모들이 도덕적이고 관습적인 문제에 관한 권한을 가져야 한다는 것에 동의했다. 그러나 교우 관계와 같은 문제가 개인적인 것인지 관습적인 것인지에 관해 청소년들은 부모와 견해를 달리하였다. 스메타나에 의하면, 어머니들은 정의나 공평함에 대해서 더 많이 이성과 논리를 사용하는 반면, 아버지들은 책임감에 대해서 더 많이 그러하였다(Jaffe, 2000: 182–3).

9장

아버지 역할

9장 아버지 역할

부모역할의 양분화 현상은 무엇 때문인가? 어떤 사람들은 정신분석학 이론가들이 어머니가 자녀에게 미치는 영향을 너무나 강조하였기 때문에 어머니의 자녀양육 책임이 지나치게 확대된 것이 아닌가 하는 지적을 하기도 한다. 또한 어떤 이론가들인 모든 사회가 남자와 여자에게 각기 다른 역할을 부과하기 때문이라며 문화적인 경향 때문에 전통적인 성역할 분화가 이루어졌다고 주장한다. 한편으로 인류학, 행동심리학, 비교심리학, 동물생물학, 심리생물학 등의 영향력이 있는 분야에서 학자들이 주장하는 것은 부모역할과 책임에 대한 정통적인 분화를 문화의 산물로 간주하지 말아야 한다고 주장한다. 그 대신에 그들은 이 전통적인 역할분화가 적어도 생물학적인 경향 때문이라고 설명한다(이경희, 2001: 274).

연구자들이 아동에게 영향을 미치는 아버지 역할에 대해 관심을 갖게 된 시기는 놀랍게도 20세기 중반에 들어서서이다. 그 이유로 여러 가지를 지적할 수 있지만 여러 학자들이 아버지 역할의 중요성과 앞으로 아버지가 되기 위한 준비를 강조하게 되면서 관심이 촉발되었다고 볼 수 있다.

특히 남아들의 경우 성장하면서 아버지 역할에 대해 제대로 배우는 것이 여아들에 비해 대단히 빈약하다. 여아들은 남아에 비해 부모역할에 대해 어릴 때부터 배운다. 여아는 인형을 가지고 놀고, 집에서 어머니를 돕고, 학교에서 가정시간에 어머니의 역할을 학습함으로써 어머니의 역할을 습득하게 된다. 그러나 남아들을 위해서는 이에 부응하는 부성에 대한 훈련시간이 없다. 이런 이유로 남아들의 경우 바람직한 아버지 역할을 배우는 것이 필연적으로 요청된다고 할 수 있다.

1. 아버지 역할의 중요성

1960년대 말경에 여러 사회과학자가 예견했듯이 아버지에 대한 관심에 집중하게 되었고 이러한 변화가 나타난 것에는 다음과 같은 몇 가지 이유가 있다(Katz & Konner, 1981).

첫째, 어머니-유아와 어머니-아동 간의 관계에만 초점을 맞추다 보니 너무 극단적이 되었고 불균형적이어서 연구자들은 아버지가 진실로 아동의 사회화에 무관한 존재라고 생각할 수 있는가라는 질문에 당면하게 되었다.

둘째, 전통적인 가족구조 그 자체가 운명적 해체 위험에 처하게 되어 아동양육 환경에 있어서 최근 변화속도와 영향력으로 말미암아 사회과학자들은 전통적인 사회구조의 장점과 약점을 재평가하게 되었고 발생하는 변화의 결과를 고려하기 시작하였다. 불행히도 사회과학자들은 그들이 가족의 영향에 대해 아는 것이 별로 없다는 것을 발견하였다. 게다가 아버지-아동의 관계가 가장 많이 달라졌음에도 불구하고 아버지-아동 간의 관계에 대해서 거의 알려진 것이 없었다.

셋째, 현대 아버지들은 아동의 생활과 사회화과정 속에서 주변적인 인물이 되기를 원치 않는나는 것이 섬점 분명해지고 있다. 대부분의 젊은 아버지들은 아동과 여러 가지 면에서 관련되기를 원한다. 여성해방 운동은 남성과 여성 모두의 의식을 한 단계 높이게 되었고, 여성들이 가정 밖에서 자신의 소망을 추구할 수 있도록 남편들이 가족 내에서 좀 더 적극적인 역할을 하도록 요구하게 하였다. 최근의 자료들은 취업모 남편들이 가사에 더 많이 참여하고 있음을 지적하고 있다. 물론 그들은 여전히 아내에게 주된 책임을 전가하나 아동 양육과 가사 일에 점점 더 많이 참여하는 경향은 부정할 수 없다.

넷째, 비취업모가 직장을 다니는 아버지보다 확실히 아동과 더 많은 시간을 보내기는 하지만 어머니와 아동 간의 상호작용 정도를 과장하는 경향이 있다. 어머니와 어린 아동이 같은 방에 있을 때조차도 두 사람 간의 상호작용은 계속 일어나지 않을 수 있으며, 아프리카 문화에서는 어머니가 아기를 계속 데리고 다닐 때에도 두 사람 간의 상호작용이 거의 발생하지 않음이 보고되기도 하였다.

다섯째, 인지발달 및 사회성 발달 연구자들은 성인이 아동과 보내는 시간의 양이 많다고 해서 아동에게 미치는 양이 무조건 더 크다고 생각하지 않으며, 시간의 양과는 전혀 관계가 없을지도 모른다고 생각한다. 부모와 함께 보낸 시간의 양이 유아와의 관계의 질을 예견하지 못한다는 것이 경험적인 연구들에 의해 지적되었다. 이에 대한 가장 좋은 증거는 탁아기관에 가는 아기들은 어머니와 매일 헤어지게 되는데 이와 같은 경험이 유아–어머니 간의 애착을 붕괴시키지 않는다는 것이다. 그러므로 유아가 직장에 다니는 아버지와 매일 헤어진다고 해서 유아–아버지 간의 관계가 더 많이 나빠진다고 할 수 없다. 상호작용의 질과 성인의 행동이 그 양보다 훨씬 더 중요하다.

여섯째, 아버지들은 아동에게 직접적인 영향을 미치는 것뿐만 아니라 간접적으로 영향을 미친다. 가족 내에는 관계망들이 존재하기 때문에 아버지들은 어머니와의 관계를 통해서 자녀들에게 영향을 미치는 것이 가능하다. 이렇게 아버지들이 아이들과 거의 상호작용하지 않을 때조차도 여전히 간접적으로 의미 있는 영향을 미칠지 모른다.

일곱째, 아동에 대한 개념, 특별히 유아에 대한 개념이 변하였다. 이전의 이론가들은 유아와 아동들이 사회적 영향을 수동적으로 받아들인다고 조망했지만, 지금 그들은 유아와 아동이 사회적 상호작용을 유도하고 형성하는 데 중요한 역할을 하며, 사회적 세계를 개념화하는 데 적극적인 역할을 하고 있음을 인식하였다. 이러한 사실들이 유아의 사회적 발달을 연구하는 사람들에게 유아가 어머니 이외의 다른 사람과 의미 있는 관계를 형성하는 유아의 능력을 과소평가하지 않았나 하는 의문을 갖게 하였다.

그동안의 많은 연구들은 부모역할에서 어머니 역할의 우월성을 강조하였다. 연구결과 여성은 임신과 출산기간을 통해 다양한 호르몬의 변화를 경험하며 이러한 변화는 모성행동을 촉진시키는 것으로 나타났다(Fleming, Ruble, Krieger, & Wrong, 1977). 그러나 아버지도 임신과 출산 기간을 통해 이러한 호르몬의 변화를 경험하며(Storey, Walsh, Quinton, & Wynne-Edwards, 2000), 부성행동이 시작되고 영아와 접촉을 하게 되면 여성과 마찬가지로 프로락틴은 증가하고 테스토스테론은 감소하며, 특히 프로락틴 수준은 임신 전반부보다 후반부에 증가하고, 코르티솔 수준은 출산 직전에 증가하며 출생 후에는 감소하는 것으로 나타났다.

근래에 와서는 양육자로서의 아버지의 역할이 갖는 중요성이 밝혀지고 있어 주목을 받고 있다. 사회변화로 인해 아버지는 더 이상 가정에 물질적 도움을 주는 부양자로서 존재가 아니며, 어머니 못지않게 자녀의 발달에 중요한 역할을 담당하는 것으로 인식되고 있다. 이처럼 현대사회에서는 양성적인 부모역할이 점차 증가하고 있으며, 자녀 양육에서 어머니와 아버지의 뚜렷한 역할구분보다는 담당하는 역할의 차이가 점차 줄어들고 있는 추세이다(Woodworth, Belsky, & Crinic, 1996). 생물학적 아버지로서의 역할비중은 점차 감소하고, 사회학적 아버지로서의 역할비중은 점차 증가하고 있다.

따라서 현대를 '아버지 역할의 재발견 시대'라고 표현할 만큼 아버지에 대한 관심이 급증하였으며, 램(Lamb)은 그 이유를 아동 발달적 측면과 가족 및 사회 · 경제적 측면으로 대별하여 설명하고 있다(유안진 · 김연진, 1993: 32). 우선 아동과 발달적 측면에서 볼 때 아버지의 양육 행동이 어머니의 양육 행동과는 질적으로 다르며 유아는 부모 모두에게 애착 행동을 보인다는 것이 밝혀짐으로 인해 아버지의 능력을 새롭게 인식하게 되었고 아버지의 영향력을 중시하게 되었다. 또한 가족 및 사회 · 경제적 측면에서 볼 때 오늘날 사회경제 구조가 경제적인 공급자로서 여성의 역할도 강조하게 되어 어머니의 가정 밖에 있는 시간이 많아지자, 아버지들이 자녀 양육에 대한 관심이 증가함으로써 아버지 역할이 중요하다고 생각하게 되었다. 최근에는 아버지는 자녀 양육의 중심인물로서 더 이상 사회화 과정에서 부차적인 인물로 간주되지 않으며 아버지도 성역할과 사회성 발달 등에서 어머니 못지않은 영향을 미친다.

아빠의 특별한 육아 능력, 아빠 효과

과격하고 시끄럽고 때로는 위험해 보이는 아빠의 놀이 방식이 도마에 오를 때가 있다. 하지만 호주의 한 연구진은 아빠들의 다소 무모하고 과격한 놀이가 아이들의 성장에 큰 도움이 된다는 연구 결과를 발표했다. 30개월~5세 아이들과 놀아주는 아빠들을 대상으로 한 연구에 따르면 아빠와 몸을 부대끼는 놀이는 아이들의 신체 발달뿐만 아니라 감정과 생각을 조절하는 능력도 키워준다는 것이다. 아빠와의 놀이에서 이긴 아이들은 거대한 상대를 물리쳤다는 성취감을 맛보며 자아존중감을 높이는 중요한 수단이 된다는 것이다.

또한 엄마가 즐겨 하는 규칙이 정해진 놀이와 달리 아빠와의 규칙 없는 놀이를 통해 아이들은 예상할 수 없는 상황에서 감정을 통제하는 방법 또한 배운다. 아빠가 지켜볼 때 아이들은 더 활동적이고 새로운 시도를 많이 한다. 엄마보다 더 멀찍이 적당한 거리를 두고 자녀를 관찰하는 아빠의 태도 덕에 아이들은 모험심을 키우고 스스로 위험을 극복하는 법을 배운다는 것이다. 아울러 가정 내에서 규칙을 강조하면서도 적당한 자율성을 부여하는 아빠들의 태도가 자녀들에게 끈기를 가르친다고 한다.

아빠의 역할이 빛을 발하는 건 놀 때만이 아니다. 설거지와 빨래 등을 돕는 아빠들이 딸의 장래희망 선택에 큰 영향을 미친다는 연구 결과도 있다. 연구진은 가사노동을 분담하는 아빠를 둔 딸의 경우 우주비행사, 지질학자, 축구선수 등 전통적으로 여성의 직업으로 간주되지 않는 미래를 꿈꾼다고 한다. 또한 식습관 형성에도 아빠의 역할의 중요하다. 아빠가 가족과의 저녁 식사를 얼마나 중요하게 여기느냐에 따라 자녀의 식습관이 달라졌다. 아빠가 외식보다 집밥을 좋아하면 자녀들 역시 외식과 패스트푸드를 멀리했다.

만약 손가락 까딱하기도 피곤한 아빠라면 좀 더 쉬운 방법이 있다. 바로 아빠의 목소리다. 엄마와는 또 다른 아빠만의 언어 세계를 경험하기 때문이다. 아빠가 구사하는 역동적인 단어들과 함께 눈높이에 대한 배려가 없는 어려운 용어들이 오히려 언어의 폭을 넓혀 준다는 것이다. 이처럼 아빠의 육아는 엄마와 똑같을 필요가 없다. 육아에 지레 겁먹지 말고, 아빠라는 존재 자체가 아이들의 삶을 균형 있게 만들어준다는 사실을 잊지 않는 것이 중요하다.

(출처: EBS뉴스G 학교의 내일을 묻다, 2021)

2. 아버지 역할지지 이론

아버지 역할의 중요성을 정신분석이론, 애착이론, 파슨스의 이론 및 사회학습이론의 관점에서 살펴본다(이경희, 2001: 278-83 참조).

1) 정신분석이론

아버지–유아 관계의 특성에 대해 프로이트의 정신분석이론(psychoanalytic theory)은 설득력 있는 설명을 제시하고 있다. 유아들은 양쪽 부모 모두를 동일시한다고 했지만, 남녀아 모두 어머니에게 먼저 가장 중요한 관계를 형성한다고 주장하였다. 프로이트(이후에는 볼비)는 어머니–유아 관계가 이후의 모든 사랑하는 관계의 원형이라고 명백히 기술하였다. 어머니–유아 관계가 상당히 의미 있는 관계라고 믿는 이유는 어머니들이 전형적으로 일차적인 양육자의 역할을 떠맡고 있다는 사실에서 출발한다.

아버지가 자녀에게 미치는 영향은 프로이트의 오이디푸스 콤플렉스에 의해서 설명될 수 있다. 3~5세경의 남아는 어머니가 자기뿐 아니라 아버지를 사랑한다는 것을 깨닫고 아버지를 어머니의 애정을 빼앗는 적으로서 바라보기 시작한다. 더욱이 거의 동시에 남아들은 양성 간의 해부학적 차이를 깨닫게 된다. 아버지가 자신의 마음을 들키게 되면 아버지가 자신의 성기를 제거해 버릴지도 모른다는 공포심을 갖는다. 이것을 막기 위하여 남아는 어머니에 대한 애정을 감추고 아버지와 동일시하게 된다. 그렇게 함으로써 어머니의 계속적인 사랑을 확신하며 아버지에 대한 공격을 감소시키기 원한다. 즉, 어머니가 이비지를 사랑하니까 정말 내가 아버지 같다면 어머니는 나를 사랑할 것이고, 아버지는 자기와 같은 자신을 제거하지 않을 것이라고 생각한다. 정신분석학 이론에 따르면 이와 같은 동일시는 성에 적합한 역할과 이후의 동일시 발달에 결정적인 역할을 하며, 또한 초자아의 형성과 내면화를 가져오는데 이는 도덕성 발달의 선행조건이 된다. 따라서 유아기 남아의 경우 아버지의 역할이 발달에 중요한 영향을 미치게 된다.

2) 애착이론(attachment theory)

프로이트 이후 정신분석의 여러 학파 중에서 대상관계 이론가들(object relations theorists)은 인생의 초기 몇 달이 가장 중요하며, 어머니-유아 관계를 강조한다. 이들 중 볼비(1969)와 에인스워스(1973)와 같은 애착이론가들은 유아는 자기를 보호하기 위해 성인에게 접근하고 접촉을 추구하는 경향이 있는데 이것은 생물학적으로 타고난 것임을 제시했다. 그 후 볼비는 유아는 어떤 특별한 개인에게 접근추구 행동을 하며, 바로 그가 주된 애착 대상이 된다고 하였다.

애착 이론가들에 따르면 유아와 성인 간 관계의 질이나 안정성에 개인차가 있는 것은 유아의 신호에 민감하고 적절하게 반응하는 성인의 성향이 다양하기 때문이라고 한다. 안정된 관계를 가진 유아는 자라서 다른 사람과 상호작용할 때 협동성과 사회성을 일반화하며, 반면에 불안정한 애착을 가진 유아는 화를 내거나 회피하는 행동을 일반화한다(Ainsworth, Blehar, Waters, & Wall, 1978). 현재 애착 이론은 어머니-유아 관계 및 아버지와 유아 관계의 안정적 애착 정도가 유아의 사회적 능력에 영향을 미치며, 따라서 아버지-유아 관계에 많은 관심을 갖는다.

3) 파슨스의 이론

파슨스(T. Parsons)는 동일시에 대한 프로이트의 이론을 정교화시키는 성격발달 이론을 제시하였다. 그러나 이 이론은 심리학자들에게보다는 사회학자와 가족사회학자들에게 더 많은 영향력을 미쳤고, 이것은 예측이나 가설을 내세우기보다는 인과관계를 설명하는 데 자주 언급되었다.

파슨스에 따르면 아버지는 아동에게 활발하고 행동적으로 접근을 하고 훈육과 통제를 통해서 자녀를 사회화시킨다. 가정에서 아버지는 권위자, 훈육자, 중립자이며, 가족의 목표를 설정하고 건전한 판단을 내리도록 기대된다. 또한 아버지는 가족체계와 가족 밖의 사회체계 사이를 연결해 주는 주인공으로 보인다. 이러한 입장에서 볼 때 아버지는 아들에게 좀 더 넓은 세계의 성역할 규범을 소개하고, 세계에 적응하는 데 필요한 능력을 획득하도록 격려하고 또한 사회의 가치와 도덕을 전하는 책임이 있다.

4) 사회학습이론

반두라(Bandura, 1977a)는 자신에게 직접적인 보상이나 벌이 없이도 관찰에 의해 발생하는 학습의 중요성을 강조한다. 사회학습 이론가들은 아버지가 아들에게 성취욕과 남성적인 모델이 된다는 점에서 아버지의 중요성을 강조하면서 성역할 발달의 중요한 과정으로서 관찰학습을 제시하였다. 관찰학습이 이루어지는 과정을 보면 아동은 다른 사람의 행동을 관찰함으로써 새로운 행동을 학습하게 되는데, 이 새로운 행동을 수행할 것인지의 여부는 여러 요인에 의해 영향을 받는다. 가장 중요한 요소는 그 행동을 했던 모델이 어떤 결과를 얻느냐에 달려 있다. 만약 모델이 벌을 받거나 특별한 결과를 얻지 못했다면 모델이 보상을 받는 것을 볼 때보다 그 행동을 모방할 가능성은 줄어든다.

예컨대, 아버지가 어머니에게 꽃을 주니까 어머니가 아버지에게 사려 깊다고 칭찬하는 것을 남아가 관찰하였을 경우, 그 아동은 강화 받은 행동을 좀 더 모방하려 할 것이다. 그러나 어머니가 아버지에게 무엇을 숨기려고 이런 행동을 하느냐고 빈정거린다면 남아는 그 행동을 모방할 가능성이 줄어든다. 또한 아동이 모델의 행동을 모방할 때 그 결과(벌, 상, 중립적인 것)는 아동이 그 행동을 반복할 가능성에 영향을 미친다. 예컨대, 남아가 아버지의 좋지 못한 어떤 행동을 모방할 때 어머니가 벌을 준다면 그 행동은 반복될 가능성이 줄어든다.

한편 인지이론가들은 관찰학습이 일어나는 과정에서 사회학습 이론을 비판하면서, 아동이 먼저 자신의 성을 인식할 때 관찰하고 모방할 동성의 모델을 찾는다고 주장하였다. 또한 아동이 먼저 자신의 성에 대한 인식을 하고 4~8세 동안에 남성과 여성에 대한 기본적인 성역할 고정관념을 발달시킨다고 한다. 따라서 남아의 경우 자신의 성을 인식하고 남성의 역할에 매력을 느낀 후에 동성의 사람 특히 아버지를 동일시하기 시작한다고 주장한다.

딸의 경우에 아버지의 행동을 모방하는 것이 딸의 성역할 발달에 어떠한 영향을 미치는지 아들의 경우처럼 명백하지는 않으나, 사회학습 이론은 아버지가 딸에게 의존적인 여성적 행동을 보상하고 남성적인 행동을 하지 못하게 함으로써 여아의 여성적인 경향을 촉진시킨다고 믿는다. 덧붙여, 아버지들은 딸들이 자신에게 부족한 보충적인 것을 배우도록 남성적인 모델을 제공한다. 이와 같이 사회학습 이론가들은 아버지가 여아보다 남아의 성역할 발달에 더 큰 영향을 미친다고 생각한다.

[남자들은 왜 아버지가 되는가?]

맥케이, 화이트, 그리고 데이(Mackey, White, & Day, 1992)는 지역사회의 대학생인 90명의 남성을 대상으로 아버지가 되는 10가지 이유를 순서대로 적게 했다. 그들은 또한 136명의 여학생들에게 남성들의 대답을 예측해 보도록 하였다. 미국에서 남성들은 심리적 · 사회적 보상에 기초한 정서적인 이유로 인해 아버지가 된다고 조사되었다. 남성이 아버지가 되는 것을 찬성한 이유는 ① 자녀가 사랑과 정서적 만족을 가져다준다, ② 자녀가 가계를 계승한다, ③ 자녀가 즐거움을 가져다준다였다. 대부분의 남성들은 사회적 기대와 경제적인 이득을 경시하였다. 흥미 있게도 여성은 남성들의 응답을 정확하게 예측하였다.

와이스(Weiss, 1990)는 아버지됨의 의미를 다음과 같이 요약하였다.

① 아버지됨은 남성들로 하여금 삶의 의미를 갖도록 도와준다.
② 아버지됨은 결혼의 부가적인 의미를 갖도록 도와준다.
③ 아버지됨은 부모, 조부모, 형제(삼촌, 이모, 고모가 되는 사람들)간의 새로운 연계를 갖게 한다.
④ 아버지됨은 아버지들 간의 연대감을 통해 남성들의 우정을 변화시킨다.
⑤ 아버지됨은 가족의 남성으로 남성을 변화시키며, 더 안정적이고 책임감 있게 하며, 더 많은 짐을 부과한다.

3. 아버지 양육 참여의 필요성

오늘날 많은 유아들이 유아교육 프로그램에 참여하고 있으며 그 수는 점점 더 증가하는 추세에 있다. 우리나라의 경우 2004년 유아교육법이 통과되면서 과거 유아교육의 혜택을 받지 못하던 많은 유아들이 그 혜택을 받을 수 있게 되었다. 유아 교육기관은 유아가 취학할 때까지 부모와 정기적으로 접촉을 할 수 있는 가장 유일한 기관이라 할 수 있다. 최근에는 유아교육에 있어 가정 특히 부모와 학교와의 관계가 동반자적 관계임을 강조하고 있다. 나아가 아버지가 다양한 역할을 하도록 요구하는 가정체계의 변화는 우리가 가정－학교 관계에서 아버지의 역할을 보다 심도 있게 다루어야 함을 시사한다.

파건과 팜(Fagan & Palm, 2004)은 가정－학교의 동반자 관계에서 아버지 참여에 대해 관심을 갖는 이유를 다음과 같이 들고 있다(유효순 외, 2004: 354).

(1) 아버지 참여는 자녀의 문제행동을 예방한다

유아의 교육과 양육에서 아버지 참여는 후에 부모－자녀 관계의 어려움이나 유아의 문제행동 발생을 방지할 수 있다. 아버지 참여는 자녀에게 긍정적인 영향을 줄 수 있도록 한다. 대부분의 아버지가 자녀를 사랑하며 자녀의 삶에 관여하기를 원한다. 유아 교육프로그램은 바로 아버지 참여를 적극 권장할 책임이 있으며 또한 아버지에게 참여할 기회를 제공해야 한다.

(2) 아버지 스스로 부모로서의 경험을 통해 보다 자신을 이해하게 된다

아버지가 자녀와 시간을 보냈을 때 개인적 책임, 성숙도 그리고 사회성 기술이 향상되었다는 연구 결과들이 있다. 아버지－자녀의 관계는 아버지나 자녀 서로에게 도움이 되는 관계로서 이는 어머니와 가정 그리고 지역사회에 뚜렷한 긍정적인 영향을 제공한다. 아버지가 유아의 조기교육 프로그램에 참여할 때 아버지는 유아로부터, 그리고 유아와 함께 배울 수 있는 기회를 갖게 되며, 이 경우 아버지는 자신의 어린 시절로 돌아감으로써 유아뿐만 아니라 아버지로서의 자신을 더욱 이해하게 된다.

(3) 자녀양육 책임을 수행하면서 성역할에 대하여 변화를 가져올 수 있다

성역할 기대에 대한 변화는 아버지 참여에 대한 기대의 변화와 동시에 이루어지게 된다. 자녀의 성역할발달에서 아버지는 특히 여아보다 남아의 발달에 큰 영향을 미치며, 시기별로는 동일시가 강하게 이루어지는 남근기(phallic stage)에 가장 큰 영향을 미치게 된다.

(4) 아버지의 양육기술을 발달시킬 수 있다

대부분의 아버지들은 자녀는 깊이 사랑하지만 자녀의 조기학습에 관여하거나 관심을 나타내는 방법을 모른다. 이처럼 어머니 혼자서 수행하기 어려운 자녀의 발달을 위해서만이 아니라 자녀의 양육과 교육에 대한 지식을 아버지가 습득하도록 하기 위해서 아버지 양육에 대한 관심이 증가하고 있다.

또한 유아교육에 있어 아버지의 참여는 긍정적인 효과를 가져오는데, 아버지가 참여했을 때 유아들이 더 많이 배우려 하고, 유아 교육기관 내에서 더 나은 역할을 수행하려 하며 건전한 태도를 보여주게 된다. 이것은 아버지 양육에 대한 관심이 증가하는 또 다른 이유이다.

몇몇 연구에서는 아버지들이 어머니들이나 선생님들보다 좀 더 긍정적으로 유아교육 프로그램에 참여하는 태도를 가지고 있다고 인식하고 있음을 보여준다. 또한, 많은 아버지들은 부모역할을 수행하는 단계들 중 아버지의 참여가 그들 자신과 유아들에게 아주 중요한 것으로 인식하고 있다.

4. 아버지가 발달에 미치는 영향

부모역할의 차이를 인정하는 학자들은 아버지와 어머니는 상이한 경로를 통해 아동의 발달에 영향을 미치며, 가장 뚜렷한 차이는 놀이와 양육에 대한 참여 정도나 형태에서 나타난다고 하였다. 아버지는 어머니에 비해 자녀양육에는 덜 참여하지만 놀이 활동에는 더 많은 시간을 보내며, 영아와의 놀이는 아버지의 가장 일상적인 활동이다. Lamb(1977)의 연구에서도 아버지는 단순히 놀아주기 위해서 아이를 안아주지만, 어머니는 양육적인 목적으로 안아주는 경우가 많은 것으로 나타났다. 어머니와 아버지의 차이는 단순히 놀이시간의 양뿐만 아니라 질에서도 차이를 보인다(Power & Parke, 1986). 아버지는 어머니보다 밀거나 들어 올리는 놀이를 많이 하며, 특히 남아와는 더욱 그러한 경향을 보이는 것으로 나타났다.

이처럼 아버지는 어머니와 다른 방식으로 자녀와 상호작용하면서 자녀의 발달에 영향을 미친다고 할 수 있다. 아버지의 양육 참여가 자녀 발달에 미치는 영향을 발달의 여러 측면에서 살펴본다(최혜순, 2011: 70-72; 유효순 외, 2004: 358-62; 이경희, 2001: 284-9; 김광웅 · 박성연, 1995 참조).

1) 애착 형성

아버지가 자녀의 애착관계 형성에 미치는 영향과 관련, 아버지들은 자녀가 태어난 처음 3일 동안 자녀들과의 결속을 다져나가기 시작한다고 한다. 이는 아버지가 자녀와의 애착관계 형성을 생의 초기부터 도와주고 있음을 보여준다. 일반적으로 유아를 쓰다듬어 주고, 놀아주는 사회적인 자극이 유아의 애착 형성에 중요한 역할을 하는데, 아버지는 어머니와 마찬가지로 유아와의 상호작용을 통해 애착관계를 형성할 수 있으며, 간접적으로는 어머니를 도와줌으로써 어머니가 휴식을 취한 후 여유를 갖고 자녀와 애착관계를 형성해 갈 수 있게 하므로 아버지의 역할은 중요하다.

애착

우리는 아버지와 어머니가 자녀와 어떻게 애착하는지에 대한 차이점과 유사점을 찾아낼 수 있다(Cox, Owen, Henderson, & Margand, 1992). 아버지와 어머니에게 있어서 영아와의 긍정적이고 애정적인 상호작용은 애착 안정성을 향상시킨다(예를 들어 Belsky, 1996). 어머니에게 있어서 (아버지의 경우는 제외하고) 자녀와 함께 보내는 시간의 양은 매우 좋은 애착 안정성의 지표이다(Jaffe, 2000: 112).

왜 아버지와 자녀가 보내는 시간의 양은 지표가 되지 않는가? 어머니가 일할 때, (아버지가 원하든 원하지 않든) 아버지가 자녀와 더 많은 시간을 보내는 것은 어떤가? 어머니의 경우에서보다 아버지의 경우에, 영아와 부모됨에 대한 태도는 영아와의 애착 안정성에 있어서 중요한 지표가 된다. 아버지는 보통 일차적 양육자가 아니기 때문에, 그리고 어머니보다 자녀와 시간을 적게 보내기 때문에, 자녀와 부모역할에 대한 아버지의 만족감과 자녀에 대한 태도는 아버지와 자녀 간의 관계에서 중요한 요인이 된다. 어떤 경우라도 대부분의 아동은 전 생애에 걸쳐 부모에게 똑같이 애착하고 애정을 느낀다(Barnett, Marshall, & Pleck, 1992).

2) 사회성 발달

어머니는 자녀와의 상호작용에서 수유를 하고 보살펴 주는 데 대부분의 시간을 보냄으로써 타인에 대한 신뢰감을 형성하는 데 보다 큰 영향을 미치는 반면, 아버지는 놀이를 통해 자녀에게 타인과 적절하게 상호작용하는 방법을 습득하게 한다(Hammer & Turner, 2001). 전형적으로 영아와 아버지의 관계는 애착욕구보다는 사교적인 욕구와 관련이 있으며, 사회화의 대상이나 놀이친구로서 아버지는 자녀에게 가족 이외의 사람과 어떻게 잘 지낼 것인가를 가르쳐 준다.

아버지가 따뜻하고 민감하게 행동할 때 아버지는 유아와 안정된 애착 관계를 형성할 수 있다. 어머니의 경우와 마찬가지로 아버지-유아의 안정된 관계는 다른 사람과 긍정적인 관계 능력을 길러준다. 즉, 아버지와 아들의 따뜻한 관계는 아들의 사회적 능력과 관계가 있다고 보고되었다. 아버지가 따뜻할 때 남아는 높은 자기 존중감을 가지며, 성격조절도 쉽다고 한다. 아버지가 양육적일 때 여아는 이성 관계에 적응하기 쉽고 행복감을 느끼며, 소원한 관계일 때는 부적응을 보인다.

아버지-아동의 관계가 좋지 않고 동성 부모에 대한 동일시가 이루어지지 못했을 때 병리적인 현상을 보인다. 어떤 연구자들은 문제가 있는 아버지 아동의 관계가 동성애를 낳게 한다고까지 설명하고 있으나, 부모 모두가 심리적 적응에 공헌함은 중요하다. 적응을 가장 잘한 성인은 아동기 때부터 행복한 결혼생활을 하는 어머니, 아버지와 따뜻한 관계를 맺어온 사람이라는 것을 제시하는 연구들도 있다.

아버지는 아이가 사회적으로 잘 적응하여 부모 이외의 다른 어른들과도 좋은 애착관계를 유지하도록 아이를 도와주는 능력이 있을 뿐만 아니라 아버지는 남아에 있어 사회적 적응과 정서안정에 많은 도움을 준다. 아버지가 아이에게 미치는 영향은 긍정적인 사태에서보다는 부정적인 사태, 즉 아버지가 없거나 잘못된 아버지 모델인 경우에 더 두드러지게 나타난다.

아버지가 존재하여도 아버지가 양육에 대한 무관심한 태도나 행동을 보이는 가정에서 자란 유아나 불안정한 성격을 소유한 아버지가 있는 유아 역시 사회성이 낮고 성격적으로도 부적응을 보이게 되며 반사회적인 행동을 유발하게 된다. 이는 아버지가 자녀와의 접촉을 계속적으로 하지 않고 자녀와의 관계가 좋지 못하면 유아의 사회성 발달을 저해할 뿐만 아니라 사회적으로도 문제가 되는 행동을 보여주게 된다는 것을 의미한다.

3) 성역할 발달

여러 이론들은 아버지가 아동의 성역할 발달과 성 동일시에 주된 영향을 미친다고 주장한다. 어떤 연구들은 아버지가 어머니보다 더 엄격하게 문화적 규준을 따르도록 요구하나, 대부분의 연구들은 아동이 자연스럽게 아버지를 모방하거나 동일시함으로써 아버지의 영향을 받는다고 강조하고 있다.

모방을 주장하는 이론가들은 자녀의 동일시 정도는 아버지의 양육방식에 따라 다양하다고 주장한다. 아버지가 남성적이거나 벌을 주는 것과 관계없이 따뜻하고 양육적이어서 아동양육에 능동적으로 참여할 때, 남성적인 아들과 여성적인 딸을 갖는다고 한다. 반대로 아버지-아동의 관계가 긴장 관계일 때 아버지와 아동의 남성성은 부적인 관련이 있다고 보고되었다. 그러므로 아버지와 아들 간의 남성성을 예측할 수 있는 변인은 그들이 어떤 관계를 형성하고 있는가 하는 것이며, 아버지가 남성적인지 아닌지는 크게 관련되지 않는다.

케이건(Kagan)은 남자다움을 동일시하는 데는 다음의 세 가지 조건이 필요하다고 주장하였다. 첫째, 모델(아버지)은 아동에게 양육적인 사람으로 인식되어야 한다. 둘째, 모델은 아동이 원하는 목표와 권력을 가지고 있고 통솔력이 있는 사람으로 아동이 중요하다고 생각하는 일에 대해 유능한 존재로 지각되어야 한다. 셋째, 아동이 자신과 아버지 사이에 기본적인 유사성을 지각해야 한다(Rogers, 1990).

남성의 성역할이 여성의 성역할보다 좀 더 빠르고 분명하게 제한되고, 아버지들은 아들에게 좀 더 큰 영향을 미치는 것을 목표로 하지만, 여성성 발달연구에 의하면 아버지는 딸들의 수동적이고 의존적인 여성적 특성에 애정을 가지고 보상해 줌으로써 딸들의 여성성을 강화시킨다는 것이다. 아버지의 남성성과 딸의 여성성 간의 유의미한 상관이 보고되었으며, 아들과 마찬가지로 아버지와 딸의 관계도 그 두 사람과 관계의 질과 따뜻함에 의해 절대적인 영향을 받는다.

많은 연구자들은 아버지는 아들에게, 어머니는 딸에게 전통적으로 바람직하다고 생각되어 온 성역할 행동을 가르쳐 준다고 본다. 부모의 애정적인 태도는 딸의 여성역할을 증진시켜 주는데, 여기서 어머니와 아버지의 관계가 중요하며 특히 아들은 가정에서 의사 결정권이 누가 더 우세한가에 따라 영향을 받는다. 어머니의 의견이 강한 가정의 아들은 아버지를 자신의 남성적 모델로 삼지 않으려는 경향이 있다. 여아의 성역할 습득과 관련, 유아기의 여아는 남성에 대한 관심과 남자와의 친밀한 관계를 배우는 기회를 아버지로부터 제공받기 때문에 아버지는 여아의 성역할 발달에 중요하다. 아버지는 여아가 남아들과의 자연스러운 상호작용을 갖도록 도와주는 역할을 하는 것이다.

일하는 엄마, 집안일 하는 아빠

아빠처럼 바쁘게 일하는 엄마와 엄마처럼 집안일을 도맡아 하는 아빠.

부모의 이런 모습이 커가는 자녀들에게 어떤 기억으로 남을까요?

24개 국가를 대상으로 실시한 연구 결과에 따르면 워킹맘을 가진 자녀들은 공통적으로 '엄마의 부재'라는 시련을 겪으며 성장했다고 밝혔습니다. 그러나 또 다른 공통점도 있었습니다. 일하는 엄마 밑에서 자란 딸들은 평균보다 높은 교육을 받았고, 직장에서 받는 임금도 더 많았습니다.

그렇다면 일하는 엄마를 보고 자란 아들은 어떤 어른으로 성장했을까요?

워킹맘 밑에서 자란 남성은 직장에서 여성에 대한 편견이 적고, 결혼한 후에도 가족과 함께 보내는 시간은 물론 가사노동에 참여하는 시간이 더 많았습니다.

엄마가 일하는 모습을 보고 자란 아이들은 오히려 성공적인 사회생활을 할 가능성이 높다는 게 연구진의 결론입니다. 세상과 부딪히며 열심히 일하는 엄마의 모습 하나하나를 자녀들은 놓치지 않고 보고 배웠던 셈입니다.

그렇다면 집안일을 열심히 하는 아빠의 모습은 어떤 영향을 줄까요?

캐나다 연구진에 따르면 설거지하는 아빠의 모습이 딸의 꿈을 키워주고 미래를 성공적으로 이끌어준다고 합니다. 집안일을 공평하게 분담하는 아빠를 보고 자란 딸들은 남녀평등에 관한 의식과 미래에 대한 포부가 남달랐을 뿐만 아니라, 장래희망 또한 성별에 대한 고정관념 없이 다양했습니다.

일하는 엄마와 집안일 하는 아빠가 자녀에게 미치는 영향력은 특히 남녀 평등지수가 낮은 사회일수록 커졌습니다. 남녀 평등지수가 낮은 사회일수록 일하는 엄마와 집안일 하는 아빠의 비율이 낮고, 그들을 바라보는 사회의 시선 또한 보수적이었습니다.

일을 마친 뒤 아이들과 어떤 모습으로 만나고 있습니까?

내 일을 사랑하는 당당한 모습.

성별 고정관념 없는 자연스러운 모습.
부모가 자연스레 보여주는 모습.
그 자체가 아이들의 미래를 그리는 거울 아닐까요?

(출처: EBS뉴스G 학교의 내일을 묻다, 2021)

4) 도덕성 발달

아동의 도덕발달을 위한 아버지의 역할에 대한 연구는 아동 양육에 대해 긍정적인 아버지는 자신을 동일시하고 자신의 도덕성을 내면화하는 아들을 갖는다고 보고하였다. 다른 연구들도 양육적인 아버지와 아동 양육에 보다 더 적극적으로 참여하는 아버지는 자녀에게 이타주의와 관대함을 길러준다고 하였다. 남아의 도덕 판단은 양쪽 부모를 동일시한 결과이나, 여아의 경우는 아버지와 동일시하면서 형성되는 것으로 보고되었다.

아버지가 사랑 지향적(love-oriented)인 훈육을 할 때 자녀의 도덕성에 긍정적인 영향을 미친다. 여러 연구들은 비행소년이 반사회적이며 감정이입(感情移入)적이지 못하고 적대적인 아버지를 둔 가정에서 나온다고 보고하였다. 어머니와 아동의 관계가 정상적일 때조차도 아버지−아동의 좋지 않은 관계가 비행의 선행조건이 됨을 발견하였다.

5) 인지발달

아버지는 자녀의 인지발달에도 중요한 역할을 한다. 아버지와 어머니는 각각 유아의 인지발달에 도움을 주지만 그 방법에서는 차이가 있다. 예를 들면 아버지는 자녀의 놀이 상대로서 물리적인 기술을 통하여, 어머니는 목소리와 천부적인 재능인 돌봄을 통해서 자녀의 인지발달을 돕는다. 아버지의 양육 태도가 아들에게 미치는 영향에 관한 연구를 수행한 결과 애정적인 아버지는 아들들의 인지능력을 높였으나 냉정한 아버지는 인지능력을 낮추는 것을 밝혀냈다.

아버지와 아들 사이의 유대는 딸보다 강해 남아의 지적 성장에 분명한 영향력을 미치지만, 어느 정도의 따뜻한 상황에서 딸과 시간을 보내거나 격려를 하는 아버지의 행동은 딸의 인지능력과 문제해결 능력에도 영향을 미치게 된다. 특히 아버지와 밀접한 접촉을 하는 딸은 아버지의 남성적 사고방식을 따르게 되며 이는 수리 능력에 영향을 미쳐 분석력과 수학적인 능력을 발달시키기도 한다.

가정 내에서 아버지가 자녀와 어떠한 상호작용을 하며 양육과 보호 및 교육에 어떤 자세를 가지고 임하는지가 유아의 인지능력에 더 많은 영향을 미치게 된다. 또한, 5세 이전에 시작된 아버지의 부재는 남아의 지적 기능에 가장 해로운 요인으로 아버지의 부재 형상이 유아들의 인지적 결핍에 영향을 준 것으로 보인다.

결론적으로 아버지가 자녀에게 보이는 행동, 자녀에게 취하는 태도, 아버지의 가정 내 위치, 자녀에 대한 아버지의 목표와 아버지의 양육방식이 유아의 인지능력에 영향을 미칠 수 있으며 아버지가 유아의 지적능력을 자극하고 격려하는데 중요한 역할을 수행한다는 것을 보여준다.

6) 성취와 지적 발달

성취동기에 관한 일부 연구는 학업 · 직업 · 경제생활 등 여러 면에서 유아에게 가장 큰 영향을 주는 사람은 아버지라고 보고하였다. 즉 아버지는 자녀의 교육적 · 직업적 · 경제적인 포부와 열망에 중요한 영향을 미친다. 양육적인 아버지의 남아들은 아버지 동일시를 통해서 지적인 과제에서 진보된 능력을 보여주었고, 또한 하류계층의 남아보다는 중류계층 남아의 경우에 그 현상은 두드러지게 나타났다.

아버지가 아주 특별히 딸의 양육에 참여했을 때 딸의 인지발달에 놀랄만한 영향을 미치지만, 보통의 경우는 거의 영향을 미치지 못한다는 연구들이 있다. 지적수행에 대한 아버지의 격려는 성취 욕구를 증가시키지만, 아버지가 지적 수행을 격려하지 않을 경우 성취 욕구를 떨어뜨린다. 더욱이 딸의 지적 수행을 강조하지 않는 양육적인 아버지는 딸의 성취를 뒤처지게 만든다.

또 다른 연구들은 성공한 전문직 여성들이, 지지적인 아버지와 특히 친밀한 관계를 갖고 있다고 보고하였다. 또한 지적 발달에서 높은 수행을 보인 사람들은 낮은 수행자보다 아버지와의 관계를 가치 있게 여기고 아버지와 자신을 비슷하다고 지각하였다. 아버지에게 쉽게 접근했던 남아가 인지적으로 더 유능하였다. 아버지와 아들이 친밀한 관계이고 또한 아버지가 지배적이면서도 민주적일 때 남녀 아이 모두 높은 성취동기를 갖게 된다. 반대로 성취동기가 낮은 남아들은 아버지와 부적절한 관계를 가지고 있고, 자신의 아버지를 적의적인 사람으로 생각하였다.

7) 아버지 부재

아버지 부재에 관해 연구했던 많은 연구들은 성역할 발달에 초점을 맞추어 왔고, 대부분의 연구는 아버지 부재가 아동의 남성성 · 여성성에 부정적으로 영향을 미침을 보고하였다. 아버지 없이 자라난 남아는 덜 남성적이거나 남성적이지 못함을 보상하기 위해서 과도하게 남성적이거나 공격적이었다. 이들 연구에서는 아버지 부재 시 아동의 연령을 주목하였는데, 아동기 초기에 아버지와 헤어진 남아는 아버지의 부재로 인하여 그의 남성성에 상당한 영향을 받았다. 여기에서 아동기 초기란 4세 연령까지를 말하며 성역할 개념이 3세 이후에는 변하기 어렵다는 가정을 인정하여 남성성 발달에 결정적 시기가 있다는 가능성을 지지하였다.

아버지 부재와 관련, 5세 이전에 아버지의 결손을 경험한 남아는 의존적인 성향을 보이며, 축구나 권투와 같은 거친 활동보다는 독서나 그림 그리기, 퍼즐 등과 같은 비신체적이며 비경쟁적인 놀이를 선호하는 것으로 나타났다. 그러나 6세 이후에 아버지의 결손을 경험한 남아는 이러한 특성을 보이지 않았는데, 이는 연령이 증가함에 따라 아버지를 대신할 다른 남성 모델을 접하게 되기 때문이다(Parke, 1996).

아동의 연령이 증가함에 따라 가족 이외의 사회화 변인이 점차로 중요하며 더욱이 가족 내에서 아버지 이외의 남성 모델(예, 형)의 존재는 아버지 부재의 부정적 영향을 억제시킨다는 것이 보고되었다. 가정 내에 아버지가 존재하지 않으므로 아버지를 동일시할 수 없었던 미취학 아동들은 가정 밖에서 자신이 좋아하는 남성들의 관심을 끌려고 하는 것이 관찰되었다.

여아에게 아버지 부재는 남성과의 상호작용에 어려움을 느끼는 것으로 그 영향이 나타난다. 아버지 부재 여아는 여성성을 받아들이지 않는다고 하며, 영아기 초기의 아버지 부재는 해로운 영향을 준다. 그러나 동성의 모델 즉, 어머니가 존재하기 때문에 남아에 비해 아버지 부재로 인한 악영향이 덜하다.

아버지 부재의 영향은 상황에 따라 아동에게 다양한 영향을 미친다. 즉, 아버지 부재가 시작되기 전에 아버지가 아동 및 어머니와 어떤 관계였는지에 따라, 아버지의 부재 원인 및 기간에 따라, 또 아버지 부재 시 아동에게 제공될 수 있는 다른 성인 모델이 있느냐에 따라 다르게 영향을 미친다. 또한 아버지 부재의 영향은 아버지 부재가 시작되었을 때의 아동의 연령 뿐만 아니라 다른 발달적 문제가 있는지, 출생순위 및 형제의 성별에 따라서도 다르게 나타나며, 아버지 부재시 어머니의 행동과 가족의 사회경제 계층에 따라 다양하게 나타난다.

일찍이 듀발(Evelyn Duvall, 1977)은 전통적인 개념과 진보적인 개념이라는 두 가지 면에서 아버지의 역할이 어떻게 개념화되었는지를 〈표 9-1〉처럼 보여주고 있다.

〈표 9-1〉 좋은 아버지에 대한 전통적 개념과 진보적 개념

전통적 개념	진보적 개념
1. 자녀를 위해 목표를 세운다.	1. 자율적인 자녀의 행동을 강조한다.
2. 자녀를 위해 일하고, 무엇인가 해주는 것을 강조한다.	2. 자녀와 그 자신에 대해 이해하려고 노력한다.
3. 자녀에게 무엇이 좋은 것인지를 안다고 스스로 생각한다.	3. 자녀와 자신의 개성을 인식한다.
4. 아버지는 항상 옳고 강하다.	4. 자녀의 의견을 존중할 수 있다.
5. 자녀가 순종하기를 요구한다.	5. 자녀의 성숙된 행동을 증가시킨다.
6. 의무감으로 부모가 된다.	6. 부모가 되기를 선택한다.

즉 전통적인 개념의 좋은 '아버지'는 가족 집단의 지배자로 존재하지만, 진보적인 개념에서는 아버지가 자신의 발달은 물론 자녀의 자율성이나 자기 조절의 발달에 관심을 갖는다. 아버지의 역할 중 '좋은 것(goodness)'과 '나쁜 것(badness)'을 유치원 어린이의 지각을 통해 분석한 결과에 의하면 좋은 아버지란 아동을 위해 좋은 일을 하는 사람, 안아주거나 키스해 주는 등 사랑을 의도적으로 표현하는 사람, 자녀들과 함께 노래를 부르며 일을 하는 사람을 말한다. 나쁜 아버지는 좋은 아버지와 반대로 멋이 없고, 어머니와 자녀를 버리고, 담배를 피우며, 신문만 읽고, 때리며, 일찍 잠을 재우는 사람이라고 말했다. 그리고 자녀가 예의에 어긋난 행동을 해도 그래도 두거나 야단치지 않는 아버지를 나쁜 아버지로 생각한다고 하였다(Bigner, 1979).

아버지(부모) 역할의 재생산

우리가 자녀를 다루는 방식이 우리의 부모가 우리를 다루었던 방식과 정확하게 똑같은 것은 아니지만 강도 높은 교육이 없다면 우리는 주위 가족에서 우리가 관찰하고 연습한 기본적인 관계 유형을 자녀와 재생산하려는 경향을 가진다. 예를 들면 학대하는 부모 밑에서 양육된 아동은 종종 그들이 부모가 되었을 때, 학대하는 부모 노릇을 반복한다는 것이다. 다른 한편으로는 아동기에 따뜻하고 지지적인 부모됨을 경험한 사람은 부모됨이란 '기쁘고, 즐

거운 일'이라는 것을 배우며, 이러한 메시지는 그들의 자녀를 또한 그렇게 양육할 가능성을 높인다(Simons, Beaman, Conger, & Chao, 1993).

부모가 논쟁하고 다른 사람에게 상처 주는 것을 지켜보는 것은 밀접한 관계에서 언어적 · 물리적으로 공격하도록 우리에게 가르쳐 준다. 자주 아버지 또는 어머니(우리의 일차적 권위자인)가 손으로 거칠게 다루는 것은 다른 사람이 나에게 싫은 것을 할 때 우리가 어떻게 해야 하는지를 가르쳐 준다. 청소년기에 우리가 밀접한 관계를 형성하기 시작할 때, 우리는 아마도 우리가 자랄 때 배워서 잘 아는 방법을 사용할 것이다(Jaffe, 2000: 102).

10장

양육과 훈육

10장 양육과 훈육

일반적으로 '양육'은 아이를 돌보고 보살펴서 잘 자라게 하는 것을 뜻하는 매우 포괄적인 말로서 정서적인 분위기, 가치관, 태도 등이 내포되어 있으며, 여기에는 소극적인 돌봄과 적극적인 돌봄 모두가 포함되어 있다. 이에 비해 '훈육'은 적극적인 돌봄의 범주에 있다고 할 수 있으며 행동수준에 초점을 두어 아이의 행동을 바람직한 방향으로 변화시키려는 부모의 행위 전체를 일컫는 말이라고 할 수 있다. 부모의 양육유형과 양육방식에 따라서 아이는 다르게 길러지며 부모의 훈육 방식이 무엇이냐에 따라서 훈육의 질과 효과가 결정된다.

1. 부모의 양육유형

부모는 아이를 출산하는 그 순간부터 끊임없이 아이를 보살피고 교육한다. 젖을 먹이고, 기저귀를 갈아주고, 재우고, 놀아주는 부모의 양육행동은 다양한 방식으로 이루어지지만 보편적인 공통성이 존재한다. 양육행동의 보편적인 공통성은 일반적으로 양육유형으로 대표된다. 부모의 양육유형은 자녀의 사회화 과정에 중요한 영향을 미치는 요인으로 자녀가 소속된 사회의 유능한 구성원으로 자라나게 하는데 요구되는 지식, 기술, 특성을 습득하는 데 영향을 미친다. 그러므로 부모의 양육은 창조적인 예술활동과 같은 특성을 지닌다(최혜순, 2013: 61).

가정의 분위기가 어린이의 성격형성과 행동에 미치는 영향은 크다. 특히, 부모의 양육태도는 어린이의 성격형성에 절대적인 영향을 미친다. 부모의 양육태도를 처음으로 이론화한 사람은 시몬즈(Symonds, 1949)인데, 그는 부모의 양육태도를 과보호적, 우세적, 거부적, 복종적으로 분류하였다. 시몬즈의 이론은 어머니의 양육태도를 체계화하려 했다는 점에서 공헌한 바 있으나, 어머니의 양육태도를 정상적인 규정에 의거 설명하는 데는 실패하였다. 즉, 어머니의 양육태도가 부정적으로만 설명되었고, 일상생활에서 일어날 수 있는 건전한 태도에 대해서는 언급이 없었기 때문이다(이현섭 외, 2007: 189).

부모의 양육유형을 일찍이 제시한 바 있는 쉐퍼(Schaefer)는 애정－적대 차원과 자율－통제 차원이라는 준거를 가지고 양육을 유형화 했으며 보다 보편적인 유형을 제시한 바움린드(Baumlind)는 권위적이고 민주적인 부모, 권위주의적이고 독재적인 부모, 허용적인 부모의 세 유형으로 부모유형을 체계화시켜 제시하였다.

1) 쉐퍼 양육유형

쉐퍼(Schaefer, 1959)는 부모의 양육행동은 30년 이상의 종단 연구자료를 토대로 애정－적대(love-hostility), 자율－통제(autonomy-control)라는 차원에서 설명될 수 있다고 하였다.

애정－적대 차원에서 애정 차원은 칭찬이나 애정표현 또는 아동의 요구에 민감한 것이지만 적대 차원은 비난하거나 애정도 표현하지 않는 등 애정 차원과는 다른 행동을 말한다.

자율－통제 차원은 부모의 통제를 측정하는 데 연구자 간 차이를 보이기 때문에 애정-적대 차원이 자녀의 발달에 미치는 영향력만큼 명백한 영향력을 제시하지 못하는 한계가 있기는 하지만, 부모의 통제를 자녀 행동의 제한 및 자녀의 대인관계 간섭 등으로 정의한다면, 부모의 통제는 자녀의 바람직하지 않은 행동발달에 영향을 미치는 것으로 나타나고 있다. 그러나 부모의 통제를 자녀에게 성숙한 행동을 요구하는 정도로 개념화한다면, 도와주기, 협동성, 이타심, 친절, 자기통제 등과 같은 긍정적 발달에 영향을 미치는 것으로 나타나고 있다.

한편, 자녀발달에 영향을 미치는 자율-통제 차원의 영향력은 부모의 애정-적대 차원의 위치 정도에 따라 차이를 보인다. 예를 들어 부모가 요구적이며, 엄격 또는 자율적이라 하더라도 부모가 애정적이라면 아동은 긍정적 방향으로 성장·발달할 수 있다. 그러나 부모가 자녀에게 요구적이며 엄격할 뿐 아니라 적대적이라면 아동은 위축 행동이나 정서적 불안 행동을 나타낼 수 있다. 이와 마찬가지로 부모가 자녀에게 자율적인 동시에 적대적이라면 자녀는 공격적 행동을 발달시킬 수 있다고 한다.

이상과 같이 쉐퍼의 양육행동 유형이 시사하는 부모의 양육유형은 자녀의 사회 행동만이 아니라 자녀의 성장과 발달에 중요한 영향을 미치는 요인임을 알 수 있다.

2) 바움린드의 자녀 양육 방식 모델

바움린드(Baumrind, 1991, 2011)는 '자녀에 대한 부모의 양육방식과 어린이의 사회적 능력과의 관계'에 대하여 95개의 가정으로부터 유아원에 다니는 아동 103명을 대상으로 연구하였다. 그 결과 부모의 애정과 통제의 수준에 따라 자녀 양육의 세 가지 방식을 구분하였는데, 애정 차원은 부모가 자녀에게 얼마나 애정적이고 지원적이며, 얼마나 민감한 반응을 보이고, 얼마나 관심을 갖고 있는가 하는 것이다. 통제 차원은 아동에게 성숙한 행동을 요구하고, 아동의 행동을 통제하는 것을 말한다.

애정과 통제 차원이 둘 다 높은 경우는 '권위 있는(authoritative)' 부모, 통제 차원은 높지만 애정 차원이 낮은 경우는 '권위주의적(authoritarian)' 부모, 애정 차원은 높은데 통제 차원이 낮은 경우는 '허용적(indulgent)' 부모 그리고 마지막으로 애정과 통제 차원이 다 낮은 경우는 '무관심한(neglectful)' 부모로 명명되었다.

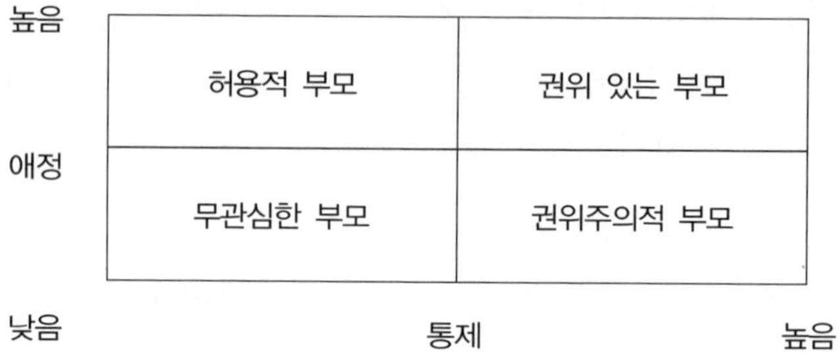

권위 있는 부모, 권위주의적인 부모, 허용적인 부모의 특징을 살펴보면 다음과 같다(이현섭 외, 2007: 190-2).

(1) 권위 있는 부모들(authoritative parents), 또는 민주적인 부모들

이 유형의 부모들은 자녀들의 활동을 합리적으로 이끌어 가며, 대화를 충분히 한다. 그들은 자녀를 지도하는 데 있어서 자신감을 갖고 있으며 동시에 자녀의 의견 그리고 독특한 성격을 존중한다. 또한 그들은 자녀의 독립적인 결정을 존중하고 애정을 표시하지만, 한정된 범위 내에서 벌을 주기도 하고 지속적인 기준을 일관성 있게 지켜나간다. 통제와 격려를 조화롭게 사용한 이들의 자녀들은 사랑받고 있다는 것을 알고 자신에게 무엇이 요구되는지 또한 알며 안정감을 느낀다.

(2) 권위주의적인 부모들(authoritarian parents)

이 유형의 부모들은 자녀의 행동과 태도를 통제하려고 하나 합리적이지 못하고 강압적이다. 즉, 절대적인 기준이나 정해진 틀에 자녀를 끼워 맞추려고 한다. 뿐만 아니라, 절대적인 복종에 가치를 두고 자녀가 부모의 기준에 반대되는 행동을 했을 때는 강하게 벌을 준다. 그들은 자녀에게 온정적이고 애정적이며 동정적인 면을 적게 보인다. 이러한 부모들의 자녀들은 자기 자신을 다소 신뢰하나, 불만이 많고 불안정하며 위축되며 불신하는 경향이 있다.

(3) 허용적인 부모들(non-authoritarian parents)

이 유형의 부모들은 요구를 거의 하지 않고 자녀들이 가능한 스스로 활동해 나가는 것을 허용한다. 그들은 가정을 이끌어 나가는 데 조직적이거나 효과적인 면이 없고, 어린이를 훈육하고 보상을 주는 데 일관성이 없으며, 어린이에게 성숙한 행동을 거의 요구하지 않고, 독립성이나 자기신뢰의 훈련에 관심을 보이지 않는다. 따라서 이러한 부모 밑에서 자란 어린이는 유아원에서도 미성숙하고 독립성, 탐구성, 자기신뢰, 자기통제가 결여되어 있다.

민주적 부모는 온유하고(수용적) 확고하며(통제적) 논리와 설득으로 자녀의 순종을 얻는다. 그들은 규칙을 설명하고 자녀의 언어적 상호작용을 격려하며 한계 설정에 있어서 융통성이 있고, 자녀의 요구에 대해 민감하게 반응한다. 그들은 또한 자녀의 독립적 사고를 권장하며, 상반된 견해에 대해서도 수용적이다. 자녀와 의견이 불일치할 때, 민주적 부모는 자녀에게 '너는 우리가 무엇을 해야 한다고 생각하느냐?' 또는 '어떻게 우리 둘 다 원하는 것을 얻을 수 있을까?'하고 자녀에게 물어본다. 훈육하는 동안에 민주적 부모는 부모의 권력에 의존하기보다는 자녀의 상황에 대한 이해를 도모하고자 한다. 그들은 무조건 허용적이지는 않다. 논리가 통하지 않을 때는 자녀를 순종시키기 위해 필요하다면 기꺼이 힘을 행사하기도 한다.

독재적, 권위주의적, 처벌적 부모는 무엇보다도 순종을 중요시 여긴다. 그들은 자녀에게 여러 가지 규칙을 요구함으로써 자녀의 자유를 제한한다. 또한 처벌적·강제적 수단을 선호하고, 자녀를 순종시키기 위해 주로 부모의 권력을 사용한다. 그들은 질서와 전통 유지를 중요시하며 비타협적이고 자녀와의 언어적 상호작용을 꺼린다. 권위적 부모의 예는 '내가 그렇게 지시하기 때문에 너는 그렇게 해야만 한다'와 같은 문구에서 찾아볼 수 있다.

민주적 부모가 자녀의 잘못된 행동은 자녀 위주의 집중, 기억력 또는 자기조절 능력의 결핍을 반영한다고 가정하는 반면, 권위주의적 부모는 자녀가 고집을 부리는 것으로 생각하고 순종과 비난의 시각에서 훈육의 기호를 조망한다. 그들의 완고하고 제재적인 양육방식은 자신의 관점에 사로잡힌 융통성 없는 사고를 반영하는 것이다.

허용적 양육에는 방종적 그리고 방임적 양육방식, 두 가지 유형이 있다. 방종적 부모는 수용적이나 통제적이지 않다. 그들은 아이들을 상담하고 가족 규칙을 설명하고, 자녀의 자율성을 격려하며, 이성적 방법을 사용한다. 방종적인 부모는 감독과 통제를 회피하는 점에서 민주적 부모와 기본적으로 다르다. 그들은 자녀에게 행위의 기준을 강요하기보다는 자녀를 방종하게 한다.

방임적 부모는 낮은 수용도와 낮은 통제가 결합된 유형이다. 그들은 '나는 포기한다. 네가 무엇을 하든 나는 상관하지 않는다'를 표방하며 훈육을 포기한다. 방임적 부모를 연구한 맥코비와 마틴에 의하면, 이들은 '비참여 부모'이다. 이 유형의 부모는 자녀를 보살피고 사회화하는 데에 최소한의 노력을 기울이며 자녀의 발달에는 거의 관심이 없는 듯하다. 그들은 과자를 달라는 자녀의 요구에 '네가 원하는 대로 하라'고 반응한다. 방임적 부모는 음식이나 안식처와 같은 자녀의 기본 욕구만을 만족시키며 자녀의 사회적, 정서적 요구는 간과한다.

바움린드는 아동의 자기 의존성, 자기통제, 성취, 기분, 공격성의 차이가 양육방식의 차이와 관련이 있다고 결론지었다. 민주적 부모는 온유함과 엄격함을 갖춘 부모로 대체적으로 가장 유능하고 자기 의존적이며, 자기 통제적이며, 사회적으로 책임감이 있고, 성취 지향적(특히 남아의 경우)이며, 친근하고(특히 여아의 경우), 행복한 자녀를 두고 있다.

권위주의적 · 통제적 부모는 네 집단 중 가장 불행하며, 비우호적이고, 두려움이 많으며, 기분 변화가 심한 자녀(특히 남아의 경우)를 두고 있다. 권위주의적 부모의 자녀는 민주적 부모의 자녀에 비해 대체적으로 공격적이고 수줍음이 많다. 양육의 책임을 회피하는 방종적 부모의 자녀는 잘 적응하나 지나치게 또래 지향적이며, 학교 교육이나 성취에 몰두한다(특히 남아의 경우). 우리가 예측할 수 있듯이, 방임적 부모의 자녀는 어떤 경우에는 심지어 2세에서도 가장 미약한 사회적, 인지적, 정서적 발달 결과를 나타낸다.

〈표 10-1〉 **양육 방식과 아동 행동**

부모 유형	아동 행동
허용적-방임적 부모 • 규칙이 강요되지 않음 • 규칙이 분명히 의사소통되지 않음 • 자녀의 울음, 떼씀, 강압에 순응 • 비일관적인 훈육 • 성숙된 독립적 행동에 대한 요구나 기대가 거의 없음 • 잘못된 행동을 간과하거나 허용함 • 성급함, 분노, 성가심을 숨김 • 온유한 정도가 보통임 • 충동과 욕구의 자유로운 표현을 칭찬함	**충동적-공격적 아동** • 어른에게 반항적, 불순종함 • 낮은 자기 의존도 • 낮은 성취 지향 • 자기 통제의 결여 • 공격적 • 쉽게 화내고 좋은 기분으로 빨리 회복됨 • 충동적 • 목적이 없거나 낮은 활동을 지향함 • 지배적
권위주의적 부모 • 규칙을 엄격히 강요함 • 나쁜 행동을 처벌함 • 분노와 불쾌감을 보임 • 규율이 분명히 설명되지 않음 • 통제되지 않은 반사회적 충동에 의해 지배되는 존재로 아동을 봄 • 자녀의 욕구와 의견을 고려하지 않음 • 반대와 강압에 직면했을 때 규칙을 일방적으로 강요함 • 가혹하고 처벌적인 훈육 • 온유하지 않고 긍정적인 참여도가 낮음 • 문화적 행사나 자녀와의 활동을 계획하지 않음 • 교육적 요구나 기준이 없음	**갈등을 많이 일으키고 화를 잘 내는 아동** • 두려움이 많음 • 기분의 변화가 심하고 불행하다고 느낌 • 수동적 · 적대적이며, 스트레스를 받기 쉬움 • 공격적, 비우호적 행동과 수줍어하는 행동을 번갈아 함 • 목적이 없음

부모 유형	아동 행동
민주적 부모 • 규칙을 단호히 행사 • 아동의 강압에 순응하지 않음 • 불순종적 자녀에 대응함 • 자녀의 나쁜 행동에 불쾌감을 표현함 • 자녀의 건설적 행동에 대해 즐거움을 표현하고 지지함 • 규율이 분명히 의사 소통됨 • 아동의 희망과 의견을 고려함 • 대안을 제공함 • 따뜻하고 참여적이며 반응적임 • 자녀의 연령에 적합한 성숙되고 독립적인 행동을 기대함 • 문화적 행사와 자녀와의 공동 활동이 계획됨 • 교육적 기준을 정하고 집행함	**열성적이며 다정한 아동** • 자기 의존적 • 자기 통제적 • 높은 에너지 수준 • 즐거움 • 또래와 친근한 관계를 가짐 • 스트레스에 잘 대응함 • 새로운 상황에 관심과 호기심을 보임 • 어른들에게 협조적 • 온순함 • 목적적 • 성취 지향적

(출처: Jaffe, 2000: 190)

부모의 양육태도가 아동의 성격형성에 커다란 영향을 미친다는 사실은 많은 학자의 연구에 의해서 밝혀졌다. 지금까지의 연구결과들을 종합해 보면, 부모의 양육태도가 기본적으로 수용적 · 허용적이며, 애정이 있고, 합리적이고 민주적일 때 아동의 성격은 바람직한 특성(적극적, 자주적, 우호적, 정서안정 등)과 결부되기 쉽다. 반면에 부모의 양육태도가 거부적이며, 방임적이거나 과보호 또는 기대과잉일 때 아동의 성격은 불건전한 행동적 특성(적응곤란, 신경증적, 공격적, 반항적, 의존적, 정서불안정 등)과 결부되기 쉽다. 부모의 양육태도가 일관성이 없어서 때로는 수용적이고, 때로는 거부적일 때 아동들은 정서불안과 자신감을 상실한다.

2. 부모의 양육 태도에 영향을 주는 요인

부모의 자녀양육 기술이나 유형은 여러 요인들에 의하여 영향을 받는다. 가장 큰 범주로 요인들을 추론할 때 문화적 요인을 들 수 있다. 예를 들어 하류층에서는 잘못에 대하여 체벌을 많이 사용하는 경향이 있으나, 중류나 상류층에서는 체벌을 자주 사용하지 않는 경향이 있다. 아동의 발달단계에 따라서도 부모의 자녀양육 태도가 달라진다. 일반적으로 신체적 체벌은 자녀가 성장해감에 따라 감소하며 애정과 특권의 박탈로 바뀐다. 또한 아동의 언어발달이 이루어짐에 따라 부모는 언어적 지도나 설명을 많이 사용한다. 이처럼 부모의 자녀양육 태도에 영향을 주는 여러 요인들을 부모, 아동, 사회의 측면에서 각각 살펴본다(유효순 외, 2004: 81-4 참조).

1) 부모의 특성과 신념

부모의 양육형태나 훈육은 주 보호자의 성격특성과 신념 체계가 불가피하게 반영된다. 성숙하고 적응을 잘하는 부모는 그렇지 못한 부모보다 자녀의 신호나 욕구에 대해 민감하게 애정적으로 반응을 한다. 이러한 유형의 양육은 자녀에게 신뢰감과 독립성, 사회성의 발달, 지적 성취 등을 촉진한다. 부모의 자아확신, 타인에 대한 신뢰적인 태도, 자신에게 일어나는 일을 통제할 수 있다는 신념은 자녀와의 관계에 있어 애정과 수용, 도움과 관계가 깊다. 또한 좌절감을 느끼는 부모는 자녀의 발달에 부정적 영향을 주어 혼란스럽고 거부적이며 적대적인 가정환경을 조성한다.

부모의 양육태도는 아동관에 따라서도 차이가 있게 된다. 만약 부모가 자녀는 건설적이며 실험을 통하여 지식을 추구하는 자발적인 학습자라고 생각한다면 이들은 자녀에게 많은 질문을 함으로써 자녀로 하여금 생각하고 추론을 하게 한다. 반대로 아동은 수동적인 학습자라고 생각하는 부모는 지시적이며 명령적이다. 더 나아가 아동이 본래 능력이 있으며 빠른 학습자라고 생각하는 부모는 자녀에게 지시를 비교적 적게 하며 제한하지 않는다. 그러나 아동이 능력이 별로 없다고 생각하는 부모는 지시적이며 제한적이다.

부모의 사회적 오리엔테이션, 즉 일반적인 타인에 대한 개념 또한 자녀와의 상호작용에 영향을 준다. 대인 관계에서 외모, 직업, 사회에서의 지위를 강조하는 부모와는 달리 주로 심리적 특성, 동기, 정서 등을 강조하는 부모는 아동 중심 훈육을 사용한다. 이들은 자녀에게 타인의 감정이나 동기에 주의를 기울이도록 하며 자녀에게 자신의 행동과 정서를 반영하도록 한다. 이러한 훈육은 자녀에게 타인에 대한 이해와 개인적 책임에 대한 인식 그리고 자율성을 발달하게 한다.

2) 아동의 성격과 행동

부모와 자녀와의 관계는 일방적인 것이 아니라 양방적인 것이다. 부모의 성격과 신념이 자녀에 대하여 영향을 주듯, 아동의 기질과 태도는 자신이 받는 보호의 양과 질에 영향을 준다. 잠을 잘 안 자고 까다로운 아기는 보호자에게 매우 좌절감을 주어 적대적으로 반응하게 하며 이것은 다시 아기가 까다롭게 굴도록 한다. 아기가 다루기 힘들다고 생각하는 부모는 그렇지 않은 부모보다 아기의 울음에 덜 반응한다고 알려져 있다.

부모와 자녀의 상호작용에 대하여 생각할 수 있는 방법 중 하나가 자녀의 행동에 대하여 부모가 가지는 행동수용의 상한계와 하한계이다. 아동의 행동이 이러한 수용의 상한계나 하한계를 넘어설 때 부모들은 그 행동을 변화시키려 한다. 예를 들어, 매우 공격적인 아동이 부모의 공격성에 대한 수용의 상한계를 넘어설 때, 부모는 자녀에게 벌을 줌으로써 자녀의 공격적 충동을 제한하려 한다.

3) 사회적 맥락

부부의 결혼관계가 만족스럽고 서로 지지적일 경우 부모역할을 보다 잘 수행하게 되며, 안정되고 만족스러운 부부관계는 보다 민감한 자녀양육을 하게 하여 부모와 자녀 간에 안정된 애착을 형성하게 한다. 예를 들어 학령기 아동을 가르치는 데 있어 자신의 결혼관계에 대하여 만족하지 못하는 아버지는 결혼관계를 만족스럽게 생각하는 아버지에 비해 자녀에게 긍정적 피드백(feedback)을 덜 해주며 자녀가 배우고자 하는 노력을 오히려 방해한다. 그러나 자신의 결혼관계에 대하여 만족하지 못하는 엄마는 만족하는 엄마나 아버지에 비해 자녀에게 긍정적 교수방법을 더 사용한다. 아마도 자녀에게 더 개입함으로써 자신의 만족스럽지 못한 결혼관계를 보상하고자 하거나 남편보다 더 나은 양육을 하고자 하기 때문일 수도 있다.

부모의 직업에 따라 부모의 태도에 차이가 있음을 알 수 있다. 노동계층의 아버지는 자녀에게 권위에 복종할 것을 강조하는 반면, 중류층 아버지는 자녀에게 주도권을 보다 더 주며, 다소 위험이 있더라도 자녀에게 경쟁과 독립성 훈련을 하고자 한다. 신체적으로나 정신적으로 고도의 에너지를 요하는 직업을 가진 아버지는 자녀와 함께 보낼 시간이 많지 않다. 따라서 이들은 자녀에게 죄의식을 느끼고 자녀를 대하는 데 있어 인내심이 적고 화를 잘 내어서 자녀의 정서적·사회적 적응에 부정적 영향을 준다.

3. 유능한 부모의 조건

우리는 부모 유능성을 자녀와 어떻게 상호작용 하는지에 기반하거나 혹은 자녀가 어떻게 되었는지와 관련된 결과에 기초를 두어 정의할 수 있다. 그럼에도 부모됨이 자녀가 어떻게 될지를 결정하는 유일한 요인이라고 보기는 힘들다. 높은 질의 부모됨을 보인 가정들에서 몇몇 아이들이 심각한 적응 문제를 가지고 있기도 하다. 소위 회복력이 큰 아동은 유기되거나 학대받았는데도 잘 적응한다. 궁극적으로 부모됨의 연구에는 생애의 다른 요인들을 받아들여야 하며. 그리고 무엇보다도 '모든 부모 자녀 관계는 독특하다'라는 사실이 전제되어야 한다. 더 나아가 부모됨은 아주 느린 과정이고 시간이 지날수록 부모도 변하고, 자녀도 변하고, 관계도 변화한다는 점이다.

유능한 부모됨은 심리적 성숙과 따뜻함, 공감하는 능력, 안전한 자기 이미지를 포함하는 부모의 바람직한 개인적 자질과 관련되어 있다. 자신의 심리적인 문제에 사로잡혀 있는 개인은 객관화할 수 있는 능력이나 부모에게 의존적인 영아의 관점을 조망하기 어렵다. 이해할 수 있는 심리적 자원, 영아나 어린 자녀에 대한 절망과 일상적인 요구에 대한 계속적인 인내 없이, 부모는 효과적인 부모됨이 요구하는 반응성이나 민감성, 인내를 표현하기 어렵다(Jaffe, 2000: 90).

1) 부모의 정서적 상태와 표현력

대부분의 부모가 추구하는 한 가지 중요한 목적은 자녀의 건강한 사회 정서적 발달을 증진시키는 것이다. 우리는 우리의 자녀가 스스로나 다른 사람을 좋게 느끼길 바란다. 애정이나 애착에 대한 느낌을 포함하여 정서를 표현하고 경험하는 능력은 밀착된 관계를 형성하는 데 중요한 역할을 한다.

부모가 자신의 유년기를 돌아볼 때, 자신의 부모가 애정과 적대감의 연속선상 중에서 어디에 있었다고 보는가? 얼마나 자주 뽀뽀하고, 안고, 불평을 듣고, 돌봄을 받지 아니하였는가? 당신은 부모에게 받아들여지고 사랑받고 있다고 느꼈는가 아니면 거절당하고 사랑받지 못하고 있다고 느꼈는가? 많은 연구자들이 부모의 애정이 건강한 부모 자녀 관계에 중요한 역할을 한다고 확신한다(Bronstein, 1994; MacDonald, 1992; Rohner, 1994).

아동기에 애정적이고 애착된 부모를 두었던 성인은 행복한 결혼과 자녀 양육을 수행하고, 중년기에는 그들의 결혼 관계 외에 친구 관계에 상대적으로 오랫동안 몰입한다. 차갑고 거리감 있는 부모의 자녀는 자주 우울함을 느낀다고 보고하고, 성인으로서 성공하기 어렵다고 느끼며, 자신이 무가치하다고 느낀다고 한다(Lasko et al., 1996).

의사소통하며 부모의 요구에 응답하고자 하는 아동의 욕구는 따뜻하고 정서적이고, 표현적인 환경을 제공한 부모의 능력에 부분적으로 의존한다고 보고된다(Gottman, Katz, & Hooven, 1996; Herman & Mchale, 1993). 따뜻하고 동정적인 어머니들은 공감을 잘하고 남을 잘 도와주며 타인을 정서적으로 잘 지지해 주는 자녀(특히 딸)를 둔다(Fabes, Eisenberg, & Miller, 1990). 얼굴 표현이 풍부한 어머니의 자녀는 차갑고 적대적인 어머니보다 정서적 얼굴 표현을 다양하게 할 줄 알고 인식할 수 있다.

부모에 의해 부정적인 감정을 경험하는 것이 반드시 나쁜 것은 아니다. 때때로 부모가 그들의 분노나 실망 등을 온건하게 표현하는 것은 아동에게 그들의 행동이 다른 사람의 느낌에 영향을 미친다는 것을 알게 하는 아주 중요한 교훈이 된다. 그러나 자주 혹은 강하게 분노나 적대감을 부모가 표현하는 것은 비생산적이고, 효과적인 사회화를 방해한다.

2) 부모의 상호작용 유형

놀이와 교육적인 상호작용은 부모가 자녀가 관심을 가지는 활동이나 대상에 초점을 맞추고, 자녀에게 흥미 있는 질문을 하고, 자녀의 응답에 지속적으로 긍정적이고 적절하게 대답할 때, 더 부드럽게 진행된다. 또한 대부분의 아동은 부모가 넘치지도 모자라지도 않는 적절한 수준의 자극과 지도를 제공할 때 더 잘 수행한다.

놀이와 지도를 하는 동안 아동과 성공적으로 상호작용 하는 방법에 대한 딱

딱하고 빠른 규칙이 있다고 생각하지 않는다. 그러나 대부분의 아동은 자녀와 협동하고 지지하는 행동을 부모가 할 때 더 잘 배우고 고분고분하다.

3) 부모의 훈육 유형

유능한 부모는 자녀의 행동을 과다하게 통제하지 않고 지도하려고 노력한다. 그들은 가정환경을 잘 구조화하는 것이 중요하다는 것을 알기 때문에, 아동이 공간을 탐색하고, 안전하게 흥미 있는 물건을 조작할 수 있게 한다. 그들의 자녀가 도전적일 때, 반응적인 부모는 위협하거나 비판하는 등 강제적인 방법을 사용하지 않는다. 대신 협동적이고 융화적이 되는 방법으로 자녀의 행동을 지도한다.

자녀가 부모의 지도에 따르는 것을 거절할 때, 사려 깊은 부모는 협상하고, 타협하고, 납득시켜며, 자녀가 따를 만한 협동적인 과정의 행동을 하게 하는 방법을 고안해낸다. 이와 같이 연결된 결과는 부모와 자녀가 서로에 대해서, 활동에 대해서 긍정적인 감정을 갖게 한다는 것이다. 부모는 만약 자녀와 협동적인 상호작용을 통해서 상호 만족적인 행동과 결과가 나타났을 때, 덜 부정적이고 더 긍정적인 감정을 경험한다.

부모가 아동의 요구에 민감할 때 부모의 요구에 대해서도 저항이 덜 하다. 더 나아가 자녀가 바람직한 대상과 행동에 주의를 집중하도록 지도하고, 잘못된 행동을 예측할 수 있는 부모는 문제행동의 발달을 피할 수 있고, 더 많은 협력과 순종을 얻어낼 수 있다.

4) 부모의 일관성과 유연성

일관성과 유연성은 유능한 부모됨의 두 가지 중요한 조건이다. 일관적이라는 것은 아동이 안정적이고 예측할 수 있는 환경에서 더 기능적이라는 점에서 중요하다. 한계를 설정하고, 그것을 끝까지 지키지 않는 부모는 자녀를 혼란스럽게 하고 자신의 신뢰를 떨어뜨린다. 영아기이든 청소년기이든, 주어진 발달 시기 동안 부모됨의 가치와 유형이 일관된다는 것은 바람직하다.

유연성과 변화는 일관성만큼이나 중요하다. 대부분의 부모들은 자녀가 성장함에 따라 그들의 부모됨 유형을 그에 맞게 적응한다. 자녀가 자람에 따라 그들은 통제와 감독을 점점 덜 필요로 하고 더 많은 자율(자기 규제)을 요구하게 된다. 어린 아동에게 물리적인 통제가 때때로 필요한 반면(예를 들어 못 움직이게 하기와 안아 올리기), 나이 든 자녀는(특히 10대) 추론이나 설득, 협상과 동의, 절충 등이 더 낫다. 부모됨의 가치는 시간이 지남에 따라 일관되더라도 그 방법은 상황이나 자녀의 성숙에 맞추어야 한다(Jaffe, 2000: 96).

5) 부모의 자아효능감

반두라(Bandura, 1982; 1986)는 과제 수행과 문제해결을 할 수 있는 감각 중의 하나를 표현하는 자아효능감이라는 개념을 소개했다. 어떤 사람들은 다른 사람들에 비해서 자신의 문제해결 능력에 더 자신감을 보인다. 특별한 영역에서의 뛰어난 성취는 보통 미래의 성공에 대한 기대를 증가시킨다. 반면에 실패에 대한 인식은 자아효능감을 약화시킨다. 반두라는 우리의 유능함에 대한 신념이 우리의 행동이나 성격, 특히 위험을 기꺼이 감수하고자 하는 것, 도전을 받아들이는 것, 어려운 목표를 계속 추구하는 것에 중심적인 역할을 한다고 주장하였다.

양육자로서 능력이 있다고 믿는 부모는 더 잘 수행할 수 있다. 다시 말하면 성공적인 부모됨은 부모의 자아효능감을 강화시킨다. 자신이 할 수 있다고 믿는 어머니들은 그들의 자원을 잘 정리하고 까다로운 아기를 다룰 때 기회를 잘 포착한다. 스스로를 의심하는 어머니들은 자주 의기소침하며, 덜 창조적이고 자원을 활용하지도 못한다. 경험이 가장 큰 스승이라는 것처럼 우리는 나이 많은 아동의 부모와 다수의 자녀를 둔 부모가 경험이 없는 부모보다 자기 확신을 더 가지리라는 것을 예견할 수 있다.

6) 부모역할 스트레스 관리

스트레스는 삶에서 피할 수 없는 것이다. 특히 부모됨에 있어서는 그러하다. 부모됨이란 다른 사람을 돌보기 위해 그 사람의 즉각적인 요구와 필요에 응답하는 것이기 때문에, 욕구 불만을 일으키는 역할이다. 특별한 욕구를 지닌 아동이나 별난 기질을 가진 아동을 양육하는 것은 특별한 도전이다.

그러나 문제는 아동 양육이 스트레스를 주는지 여부가 아니라, 부모됨의 역할을 유능하게 수행하는 데 필요한 사회적 지지나 개인적 자원을 소유했는가 아닌가 하는 것이다. 개인적인 특질이나 상황으로 인해 만성적인 스트레스를 받는가 또는 아닌가 하는 것은 부모가 자녀를 어떻게 다루는가에 영향을 미친다. 불안한 부모는 안정된 부모보다 그들의 증가하는 긴장 수준에 미리 압도된 나머지 자녀의 욕구나 행동에 관심을 덜 기울인다.

스트레스에 대처하는 것은 유능한 부모됨의 중요한 구성 요소이다. 긴장을 해소할 수 있도록 지혜로운 다양한 노력을 부모는 할 수 있어야 한다.

부모의 교육 수준

교육받은 부모가 아동 양육에서 유리한 점은 무엇인가?

교육은 삶의 자원으로서 아주 가치있는 것이다. 지식은 우리가 일상 생활의 문제를 해결하도록 도와준다. 또한 우리 자신과 세계에 대해 이해하고 올바르게 평가하는 것을 도와준다. 비교문화적 연구에서 교육받은 부모는 아동 양육의 영역에서 특히 자녀와 언어적으로 상호작용 하는측면에서 뛰어났다(Hortascsu, 1995; Rich-man, Miller, & Levine, 1992).

교육받은 어머니는 교육받지 않은 어머니보다 자녀를 더 협동적이고 민감한 존재로 보았다(Greenberg & o'Neil, 1992). 교육받은 부모는 자녀를 더 잘 이해했고 자녀 양육에 관한 책략에 대해 더 많은 정보를 얻었다(Fox, Platz, & Bentley, 1995). 그들은 자신의 부모됨과 대처 기술을 향상시키기 위해서 사회적 지지 체계와 자원을 더 잘 창조하거나 발견할 수 있었다(Cochran, 1993). 또한 교육받은 부모는 자녀에게 성취나 책임, 좋은 작업 습관, 직업적 고취에 관하여 좋은 역할 모델을 제공할 수 있었다(Jaffe, 2000: 103).

4. 효과적인 양육의 원칙

자녀가 자율적이며 바람직한 행동을 스스로 하게 하는 양육 또는 훈육의 원칙을 다음과 같이 정리해 볼 수 있다.

1) 부모는 다정하고 서로 북돋아 주며 관심 어린 분위기를 만들어야 한다

아동에게 가정은 근원적인 안정과 편안함을 제공하는 공간이면서 아동의 근본적인 욕구인 비조건적인 사랑과 인정의 욕구가 적절히 충족되는 공간이어야 한다. 이런 가정 공간을 만드는 주체가 바로 부모이기 때문에 부모는 자녀에게 자상하고 세심한 관심과 배려를 할 수 있어야 하며 자녀가 부족한 모습을 보여도 꾸중보다는 격려를 통해 자녀 스스로 긍정적인 자아의식을 키워나갈 수 있는 양육의 분위기를 부모는 만들어가야 한다.

2) 아동이 행동과 그 결과 간의 관련성을 파악하고 평가할 수 있도록 한다

아동은 자신의 행동이 어떤 결과를 가져오는지 인지하게 되면 자신의 행동을 스스로 평가할 수 있게 되며 이는 스스로 행동을 조절하는 힘을 갖게 되는 중요한 과정이 된다. 따라서 부모는 아동이 잘못된 행동을 했을 때 그 행동이 어떤 결과로 이어지는 지를 아동이 스스로 성찰할 수 있는 시간을 주는 기다림의 교육을 할 수 있어야 한다.

3) 훈육 시 언어적 추론으로써 바람직한 행동이 무엇이며 그 이유가 무엇인지를 알게 한다

아동에게 특정 행동을 요구할 때 부모는 그 행동이 왜 필요하며 그 행동을 해야 하는 이유를 아동에게 언어적으로 잘 설명하여 아동을 납득시키게 되면 아동은 부모가 시키니까 할 수 없이 하는 행동이 아니라 자발적으로 그 행동을 할 수 있는 내적인 동기를 갖게 되며 이는 아동이 자율적인 인간으로 성숙하는 중요한 기초가 된다.

4) 일관성 있게 훈육한다

부모의 가르침이 일관성이 없게 되면 아동은 무엇이 바람직한 행동인지 혼란을 느끼게 되어 바람직한 행동을 내면화할 수 없게 된다. 어제는 허용되었던 행동이 오늘은 이유 없이 금지되는 행동이 된다면 아동은 어떤 행동이 해도 되는 행동이며 하지 말아야 하는 행동인지 혼란스러울 수밖에 없다.

5) 훈육을 할 경우에는 연령에 맞는 성숙한 행동을 요구한다

아동은 각 나이에 도달해야 하는 성숙한 행동이란 것이 있으며 훈육은 그런 성숙한 행동을 하도록 이끄는 과정이 되어야 한다. 자녀를 사랑한다는 이유로 지나치게 허용적이 되면 아동은 배워야 하는 성숙한 행동을 제때에 배울 수 없게 된다.

6) 아동이 성공적으로 자기조절을 하면 적극적으로 칭찬한다

칭찬은 아동에 대한 긍정이고 그 존재에 대한 인정의 성격을 갖고 있기 때문에 아동이 행동을 잘 했을 경우에는 즉시 적절히 칭찬해야 아동의 자아존중감과 자아효능감이 증대되게 된다.

7) 부모는 바람직하지 않은 행동을 제거하기보다는 바람직한 행동을 길러주는 방식으로 훈육해야 한다

잘하는 행동을 더 잘하게 하는 것이 잘못하는 행동을 잘하게 하는 것보다 더욱 용이하며 그 효과는 훨씬 크다고 할 수 있다. 반드시 고쳐야 하는 크게 잘못된 행동이 아니라면 초점을 잘하는 행동에 맞추어야 하며, 잘하는 행동이 부각될수록 아동의 자아존중감 또한 높아지게 된다.

8) 부모는 불필요한 세력 행사적 훈육을 피해야 한다

부모가 힘의 우위에 있다는 이유로 힘을 행사하여 훈육을 하는 것은 모든 방법을 다 사용하고 나서 마지막에 등장하는 훈육방식이어야 한다. 대화와 설득이 아닌 힘으로 아동을 훈육할수록 아동은 자기 삶의 주도적이고 자율적인 주체로 성장하기 어려워진다.

9) 부모는 자녀에게 모범이 되도록 행동해야 한다

자녀에게 훈계한 것을 부모 먼저 스스로 실천해야 한다. 부모도 하지 않으면서 자녀에게만 하라고 한다면 그 말의 권위가 서지 않으며 그러한 요구가 자녀에게 받아들여지기는 어려운 것이다. 일례로 부모는 시간만 나면 TV 시청을 하면서 자녀에게는 책을 읽으라고 한다면 자녀가 책 읽기를 습관화하는 것은 거의 불가능하다.

당신은 어떤 엄마를 원하십니까?

아이 주변을 뱅뱅 맴돌며 위험을 감시하는 헬리콥터 부모. 아이들이 실패와 마주치는 것을 두고 보지 않고, 어려움에 빠지기 전에 통제하고 간섭하며 아이들을 구조합니다. 이 용어가 처음 등장한 것은 1969년이었습니다. 아동심리학자 하임 기너트(Haim G. Ginott)가 지은 〈부모와 10대 사이〉에서 비롯된 용어는 수십 년이 흐른 현재에도 '자녀를 지나치게 간섭하고 보호하는 부모의 양육 태도'를 고집하는 무수한 신조어와 함께 존재합니다.

헬리콥터 부모 기질이 있는지 가늠해볼 수 있는 간단한 실험이 있습니다. 12개월 된 아기들과 엄마들에게 장난감 하나가 주어졌습니다. 연구자는 아기가 장난감을 가지고 노는 동안 옆에 있으라는 말을 남기고 자리를 떠납니다. 연구자에게 똑같은 말을 들었지만 엄마들은 저마다 다르게 행동했습니다.

한 부류의 엄마들은 연구자의 말을 아기가 장난감을 제대로 가지고 놀 수 있게 하라는 말로 받아들였습니다. 이 엄마들은 아기에게 우선 장난감 사용법을 알려주고 아기가 노는 동안 계속 간섭했습니다. 연구자들은 이들은 '통제형 엄마'라고 불렀습니다.

또한 부류의 엄마들은 아기 곁에 있으라는 말을 도움을 청할 때 도와주라는 뜻으로 받아들였습니다. 이들은 아기 혼자 놀도록 내버려 두다가 곤란한 신호를 보낼 때 놀이에 끼어들었습니다. 이들은 '자율형 엄마'입니다.

엄마와의 실험이 끝나고 아기만 남았습니다. 연구자는 12개월 된 아기들에게 좀 어려운 놀잇감을 주었습니다. 그러자 통제형 엄마를 둔 아기들은 놀잇감에 금세 흥미를 잃고 놀이를 포기한 반면, 자율형 엄마를 둔 아기들은 계속 놀잇감을 탐색했습니다. 연구자는 통제형 부모들이 아이들의 타고난 능력과 하고자 하는 동기를 꺾어버린다고 결로 내렸습니다. 아이를 통제하다 보면 곧 과잉보호로 이어집니다.

최근 연구에 따르면 부모의 과잉보호에 따른 부작용이 10~11세 때 비만과 과체중으로 나타난다고 합니다. 호주에서 2,600여 명의 아이들을 4세부터 11세까지 추적 관찰한 결과 부모의 과잉보호 수치가 높을수록 과체중 아이들의 수는 13퍼센트가 더 많았고, 체중으로 인한 질병에 걸릴 확률은 27퍼센트나 높았습니다. 연구진은 아이들의 등교부터 시작되는 부모의 과잉보호가 아이들의 신체 활동 기회를 박탈하기 때문이라고 분석했습니다.

(출처: EBS뉴스G 학교의 내일을 묻다, 2021)

5. 훈육의 개념

훈육(discipline)의 어원적 정의는 라틴어 disciplina에서 유래되어 지시하거나 가르치는 것을 의미하고 영유아의 행동을 변화시키거나 통제하는 모든 행동이나 말을 지칭한다(Marion, 2010). 한편 희랍어 'docere'에서 온 '훈육'은 '따르다, 배우다, 가르치다'라는 의미로, 규율과 질서만 강조하는 가르치는 것이 아니라 영유아 스스로 따르고 배우는 과정을 경험하게 하는 것이다(Van Manen, 2002/2016: 88). 가르치며 기른다는 뜻을 가진 훈육(訓育)의 동양적 의미는 '이치와 도리에 따르도록 가르쳐 기른다'로 해석할 수 있다(박병량, 2002). 동서양의 이러한 어원을 통해 훈육이란 부모나 교사를 포함한 성인이 무엇인가를 가르치며 인도하는 행위인 동시에 스스로 따르고 습득하는 자율적 과정을 내포하는 말임을 알 수 있다.

훈육은 아동의 문제행동을 바로잡기 위한 구체적이고 직접적인 양육 행동의 하나로 구체화된다. 이는 양육 행동의 일부인 돌봄(nurturing)과 구분될 수 있는 것으로, 돌봄은 부모-자녀 관계를 위한 긍정적인 분위기와 아동의 정서적 발달을 제공하는 측면에 초점을 맞추고 있는 데 반해, 훈육은 좀 더 긍정적인 아동의 행동을 성취하기 위한 방법 측면에 초점이 있다고 할 수 있다(Locke & Prinz, 2002; Chamberlain & Patterson, 1995). 한마디로 효과적인 훈육 방식과 비효과적인 훈육 방식을 정의하기는 어렵지만 가장 뚜렷하게 나타나는 훈육의 특징은 아동의 잘못된 행동을 바로잡아 주기 위한 부모의 직접적인 반응방식을 의미한다는 점이다.

이처럼 성인이 아동의 행동을 통제 혹은 변화시키려는 모든 형태의 시도를 지칭하는 훈육의 개념을 둘러싸고 다양한 정의가 시도되어 왔다.

훈육은 "영유아가 자신의 행동에 대한 책임을 지는 것을 배우고 스스로의 힘으로 옳고 그름을 도덕적으로 판단할 수 있도록 돕는 것"이라고 정의를 내리기도 하고(Marjorie & Debby, 2006), 일찍이 헐록(Hurlock, 1964)은 건전한 훈육은 아동에게 세상은 질서 있는 방법으로 적응해야 한다는 것을 가르치고, 어떤 행동에 벌이 따른다는 것과 적절한 수준의 복종이 필요하다는 것을 가르치며, 아동이 자기통제(self-control)와 자기 훈육(self-discipline)을 잘 하도록 도와주는 것이라고 제시하였다. 즉, 훈육은 그 문화가 요구하는 가치 체계에 아동의 행동을 적응시키는 하나의 수단인 동시에 아동 스스로 자신의 행동을 통제할 수 있도록 학습의 기회를 제공해주는 역할을 하는 것이라 할 수 있다(Socolar, 1997; Maccoby & Martin, 1983).

국내에서도 훈육의 개념을 둘러싸고 다양한 정의가 이루어져 왔다. 조은영(2009)은 부모가 양육과정에서 바람직한 행동에 대해 규준을 정하여 자녀를 가르치고 안내하는 양육 행위라고 정의하였으며, 김명희(2011)는 넓은 의미에서의 훈육은 양육자가 유아를 대하고, 가르치며 돌보는 과정에서 나타나는 태도와 행동이며 좁은 의미에서의 훈육은 유아의 행동을 중재하고 변화시키기 위한 양육자의 의도적인 행동이라고 정의하기도 하였다.

훈육의 개념을 보다 넓게 정의한 김선혜(2006)는 '휴머니즘'을 훈육의 기본전제로 하여, 훈육 개념을 '자기발전과 성장을 위한 과정'으로 정의하였다. 박봉주(2018)도 훈육을 '아이들 스스로 자기통제를 통한 자기훈육을 하도록 돕는 것'이라 하였는데, 아이들이 자율적으로 행동하도록 부모나 교사는 돕는 위치에 있어야 하며, 아이들로 하여금 스스로 바람직한 행동을 하도록 이끄는 것을 훈육의 목적으로 본다.

특히 영유아는 자신의 경험을 토대로 인간의 존엄성을 이해하고 타인에 대한 존중을 배워나가기 때문에 '존중'의 경험은 영유아의 성장과 발달에 매우 중요한 의미가 있다(황은비, 2016). 훈육이 교육의 목적을 이루는 교수방법으로 반드시 필요하지만, 훈육으로 인한 '인간존중'을 외면하는 행위는 훈육의 정당성은 물론이고 훈육의 진정한 의미를 잃어버리게 한다. 이에 훈육은 '유아존중'을 경험할 수 있는 가르침의 활동이라는 '훈육'에 대한 명확한 인식과 실천이 필요함을 강조하기도 한다(박봉주, 2018).

결국 훈육의 목적은 유아로 하여금 자기통제와 자기조절을 통해 사회적으로 바람직하다고 용인되는 행동을 스스로 내면화하도록 하는 사회화에 있으며 그 방식과 과정은 부모의 일방적인 이끌어감이 아니라 유아 내지는 아동의 자기훈육이 중심이 되어야 한다. 생애 초기, 유아는 옳고 그름의 개념이 거의 없는 무도덕의 단계에 있지만, 차츰 자신의 행동을 수정하고 점검해주는 외적 조절의 단계를 거치게 된다. 이 외적 조절의 단계에서는 성인의 통제, 즉 옳고 그름에 대한 기준과 바람직한 방식을 가르치는 외적 훈육이 이루어진다. 이러한 과정을 통해 유아는 바람직한 행동과 바람직하지 않은 행동을 구분할 수 있는 가치가 내면화되고 점차 자기조절을 통해 스스로 행동을 조절하는 자기훈육[1]이 이루어지는 것이다.

1) 바움린드(Baumrind)와 동료들(2010)의 연구, 펠드만과 클라인(Feldman & Klein, 2003)의 연구, 바조니와 후앙(Vazsonyi & Huang, 2010)의 연구에서도 온화하고 애정적이지만 수용되는 행동에 대한 한계 설정이 명확한 부모들의 훈육 스타일이 자녀의 자기조절과 관련이 있다는 것을 증명함으로써 바람직한 자녀 양육 내지는 훈육에 있어서 부모의 역할과 양육태도가 얼마나 중요한지를 잘 설명하고 있다.

6. 훈육의 유형

1) 힘의 행사, 애정철회, 이끌기

훈육(discipline)이란 부모가 자녀의 부적절한 행동을 감소시키고 적절한 행동을 증가시키기 위해 사용하는 기술로 정의되어 왔다(Locke & Prinz, 2002). 부모들이 사용하는 많은 훈육방식들이 있는데, 일반적으로 권력 행사(Power assertion), 애정 철회(love withdrawal), 그리고 이끌기(induction)의 세 가지 유형으로 나누어 볼 수 있다(Barnett, Quackenbush, & Sinisi, 1996; Hoffman, 1963).

바넷(Barnett, 1966)에 따르면, 권력 행사(power assertion)는 자녀의 행동을 변화시키기 위해 물리적 처벌, 힘, 위협, 권리나 물질적 소유물 박탈 등을 사용하는 것을 포함한다. 지나친 물리적 처벌은 아동의 분노를 자극하고 폭력적 행동을 불러일으키기 쉽다. 일반적으로 물리적 방법에 의해 통제되는 아동들은 유혹당하기 쉽고, 비행을 범한 후에도 죄책감을 느끼거나 잘못을 고백할 가능성이 작다. 이러한 아동들은 단지 외적 단서인 처벌 여부에 의해 행동을 통제하는 경향이 있다(Maccoby & Martin, 1983).

애정 철회(love withdrawal)는 행동변화를 일으키기 위해 자녀에게 직접적으로 싫어한다고 말하기, 무시하기, 격리시키기, 자녀와 말하기를 거부하기 등을 포함한다(Barnett, 1996). 애정 철회는 비물리적 형태의 처벌방법이지만, 아동에게 지나치게 위협적일 수 있으며, 체벌을 사용하지 않더라도 처벌적인 훈육 방식으로 분류될 수 있다.

이끌기(induction)는 자녀의 행동을 변화시키기 위해 설명해주기, 행동의 분명한 기준 전하기, 의도와 감정, 배상에 대해 강조하기 등을 포함한다(Barnett, 1966). 아동으로 하여금 자신의 행동이 타인에게 어떠한 영향을 주는지 이해하도록 하고 자신의 행동에 대한 통제를 높일 수 있도록 하는 방법으로, 아동의 행동이 다른 사람에게 주는 영향을 설명해주기 때문에 아동의 감정이입을 불러일으키게 된다.

2) 통제/요구적인 훈육과 수용적/반응적인 훈육

훈육(discipline)은 종종 일관된 양육방식(parenting style) 맥락에서 이행된다. 부모가 자녀에게 행하는 훈육은 양육 태도의 일종으로 자녀를 교육하고 지도하기 위해 구체적인 상황에서 부모가 나타내는 행동이나 태도로 정의할 수 있다. 양육방식은 훈육이 부모에 의해 자녀에게 전달되는 방법과 분위기로서 개념화될 수 있다(Renk et al., 2005).

일관된 양육방식으로서의 훈육은 두 가지 차원으로 나누어진다. 한 가지는 요구성/통제(demandingness/control)인데, 이것은 부모가 자녀에게 내리는 규칙 혹은 감독의 양을 나타낸다. 통제/요구적인 부모들은 이러한 규칙들을 자녀들이 잘 따르고 있는지를 확인하기 위하여 자녀들의 행동을 적극적으로 알아보거나 여러 가지 요구를 함으로써 자녀들의 표현의 자유를 제한하게 된다.

다른 한 가지는 수용성/반응성(acceptance/responsiveness)인데, 부모가 자녀에게 제공하는 지지와 애착의 크기를 의미한다. 수용적이고 반응적인 부모들은 자녀에게 자주 웃음을 보이고 칭찬하며 그리고 격려를 해주고 나아가 많은 온정을 보여준다(Shaffer, 1999).

3) 수동적 훈육, 단호한 훈육, 공격적 훈육

실버만과 휠런(Silberman & Wheelan, 1980)은 자녀훈육방법을 수동적, 단호한, 공격적 훈육방법으로 분류하였다.

수동적 훈육방법은 부모가 자녀의 주장대로 이끌리거나 자녀의 투정이 귀찮아서 또는 자녀의 환심을 사기 위해 그들의 무리한 요구를 들어주는 식으로 자녀를 훈육하는 것이다.

반면 단호한 훈육은 부모가 확고한 자녀훈육방침을 정해 놓고 그것을 단호하게 시행하되 강압적인 방법이 아닌 상호이해를 토대로 자녀를 훈육하는 것이다.

마지막으로 공격적 훈육은 부모가 자녀의 요구를 무시한 채 화나 위협을 이용하여 자녀의 무조건적인 복종을 유도하는 방법이다.

이상의 훈육 유형 중 단호한 훈육은 부모가 자녀 훈육 방침을 확고히 정하고 그것을 강압적이 아닌 설득 및 상호이해를 통해 아동에게 전달하기 때문에 가장 좋은 방법이라고 할 수 있다. 반면 공격적 훈육은 자녀의 좌절과 적개심을 초래하여 부모-자녀 관계의 갈등이 더 심화되는 부정적 효과를 야기할 수 있으며, 수동적 훈육 또한 자녀의 올바른 행동을 형성하지 못하기 때문에 좋지 않은 훈육으로 평가된다.

4) 부정적 훈육과 긍정적 훈육

일반적으로 대화, 격려, 수용, 도움 제공 등의 민주적 훈육방식을 사용한 훈육행위를 긍정적 훈육행위라고 명명한다면, 강압적, 방임, 영유아의 문제행동에 대해 방관, 비난하기, 체벌, 권위주위적 교수방법, 통제적 훈육방식을 주로 사용하는 비효율적인 훈육방식을 부정적인 훈육행위라고 구분하고 있다(김명희, 2011). 이들 두 가지 유형의 훈육방식에 대해 자세히 살펴본다.

(1) 부정적 훈육의 특징

① 부정적 훈육은 적절한 행동을 학습하는데 필요한 충분한 정보를 주지 않는다.

부정적 훈육은 자녀와의 언어적 상호작용을 통해 자녀가 습득해야 하는 바람직한 행동에 대한 이해와 설득의 과정이 매우 부족하기 때문에 자녀는 부모가 요구하는 행동에 대한 충분한 정보를 받을 수 없게 된다.

② 강압적으로 아동이 어떤 방식으로 행동하게끔 한다.

부정적 훈육은 주로 부모가 물리적이고 언어적인 강압을 통해 아동의 행동을 변화시키려고 하기 때문에 아동은 부모의 힘에 순응해서 행동을 하게 되고 자발적인 행동 수정을 하기 어렵게 된다.

③ 아동에게 두려움을 주며 인간관계에 대한 부정적 교훈을 가르친다.

부정적 훈육은 꾸중과 처벌에 대한 두려움을 아동에게 심어주게 되며 이러한 두려움은 두려움을 주는 상대와 자신에 대한 증오심으로 이어지기 때문에 타인과의 긍정적이고 진정한 인간관계를 맺기 어렵게 하며 타인을 힘으로 조종할 수 있다는 그릇된 인간관계에 대한 생각을 무의식적으로 갖게 한다.

④ 성인이 원하거나 필요로 하는 것에 중점을 두며, 아동의 필요를 훈육의 중심에 두지 않는다.

부정적인 훈육은 부모가 아동과의 상호작용 과정을 통해 훈육을 하는 것이 아니라 부모의 일방적인 요구에 의해 진행되기 때문에 아동의 생각과 요구는 무시되는 경향이 있으며 이는 아동이 자발적으로 바람직한 행동을 선택하고 습득하는 것을 어렵게 한다.

(2) 부정적이거나 도움이 되지 않는 훈육의 예

① 신체적 고통을 가하기

예) 윤희는 여동생의 팔을 꼬집었다. 그러자 윤희의 엄마는 윤희를 꼬집고, "어때? 너도 아프지?"라고 말했다.

② 위협

예) 소연이의 어머니는 소연이가 학교를 파한 후 곧바로 집으로 돌아오길 원했다. 소연의 어머니는 "학교가 끝나는 대로 곧장 집으로 오너라. 늦으면 어떻게 되는지 알지?"(소연이는 늦는다면, 그날 저녁 식사를 먹지 못할 것을 알았다.)

③ 거짓말

예) 윤미의 부모들은 윤미가 말을 안 들으면 경찰 아저씨가 와서 혼내줄 거라는 말을 종종 한다.

④ 유머를 이용한 공격

예) 아버지는 그날 아침 도시락을 잊고 간 민호에게 '재미있는 이야기'를 말하여 교훈을 가르치려고 하였다. 아버지는 민호가 어떻게 도시락을 잊고 갔는지, 그리고 아버지가 민호의 교실에 들어갔을 때 민호가 얼마나 작은 어릿광대처럼 보였는지에 대해서 아주 우스꽝스럽게 설명했다. 아버지는 민호를 자주 놀렸다.

⑤ 애정 철회

예) 진웅이는 돌아와 저녁 식사하는 것에 늦었는데, 가족은 이미 저녁 식사를 시작했다. 진웅이가 식사를 할 때 아버지가 입을 다물고 아무 말도 하지 않았기 때문에 진웅이는 아버지가 화가 났다는 것을 알았다. 아버지는 가끔 진웅이를 응시하거나 고개를 절레절레 흔들었지만 아무 말도 하지 않았다.

⑥ 처벌

예) 10세인 정미는 대문을 열어 놓고 닫지를 않아서, 강아지가 나가 버렸다. 정미는 강아지를 이웃집 대문 앞에서 쉽게 찾았지만, 정미의 어머니가 그 사건을 들었을 때 어머니는 몹시 화를 내었다. "그러면 그렇지! 네가 무슨 일이든 제대로 하리라고 생각할 수 없어. 그 개는 키울 수도 없을 테니까 다른 사람에게 줘버리고, 토요일에도 친구 집에 놀러 갈 수 없을 줄 알아라!"

⑦ 적절한 규제를 설정하지 않거나 유지하지 않는 경우

예1) 희진이는 허락도 없이 뜰에서 놀자고 친구를 초대했기 때문에 어머니가 화를 냈다. 그러나, 희진의 어머니는 희진에게 허락을 받아야 한다고 말한 적이 없다.

예2) 도훈의 어머니는 도훈이에게 그림책을 본 후에는 제자리에 두어야 한다고 말했다. 그러나 도훈이가 책상을 아무렇게나 어질러진 채로 내버려 두자 한숨을 쉬면서 혼자서 정리했다.

⑧ 대안적인 행동방식을 가르치지 않거나 격려하지 않는 경우

예) 선미의 엄마는 집안에서 "진흙을 가지고 놀면 안 된다."라고 말했으나, 진흙 대신에 가지고 놀 다양한 것들을 제공해주지는 않았다.

⑨ 잔소리

예) 우성이의 어머니는 우성이에게 거의 끊임없이 '손을 씻어라', '장난감을 치워라', '어지르지 말아라', '똑바로 앉아라', '밥을 천천히 먹어라' 등을 말하면서 잔소리를 한다.

⑩ 변덕스럽거나 일관성 없는 훈육

예) 유미의 선생님은 친구를 때려서는 안 되기 때문에 친구를 때리면 따로 격리시킨다고 말한다. 그러나 유미가 누군가를 때릴 때마다 그 방법을 사용하지는 않는다.

(3) 부정적이고 해로운 훈육의 영향

① 부정적인 훈육은 자기 통제력을 저해한다.
② 부정적 훈육은 수용할 수 없는 행동을 막지 못한다.
③ 성인들은 부정적 훈육을 사용함으로써 부적으로 강화된다.
④ 부정적인 훈육은 아동학대로 발전할 수 있다.
⑤ 부정적 훈육은 아동의 공격성을 조장한다.
⑥ 부정적 훈육은 아동학대를 아동에게 사회화시킨다.
⑦ 아동들은 거칠게 훈육하는 성인을 피하려 한다.
⑧ 부정적 훈육은 자아존중감을 손상시킨다.

체벌 대신 명상의 시간

"잘했어요. 호흡 좋아요. 들이마시고…. 여러분이 사랑하는 사람을 떠올려봐요. 진정으로 아끼는 사람을요."

잘못을 저지른 아이에게 무거운 벌 대신 요가와 명상 시간을 제공하는 학교가 있습니다. 흔히 '방과 후 1시간 이상 격리'라는 벌을 내리던 학교는 왜 이런 선택을 한 것일까요? 학생들에게 뭔가 새로운 기회를 줘야 한다고 생각했어요. 마음을 치유하고, 삶이 변화하는…. 말썽을 피운 아이에게 가장 필요한 건 갈등이 생길 때 능동적으로 소통하는 방법이라고 생각해요.

포트 워싱턴 초등학교 교장 선생님은 체벌 대신 요가와 명상 수업을 마련한 까닭을 이렇게 설명합니다. 전문 강사가 진행하는 실제로 아이들에게 큰 도움을 주고 있습니다. 화를 다스리는 데 도움을 준다. "집에서도 짜증이 나거나 스트레스를 받으면 요가를 한다." 차분하게 나를 돌아볼 수 있는 시간을 통해 아이들은 조금씩 변화했습니다.

(출처: EBS뉴스G 학교의 내일을 묻다, 2021)

(4) 긍정적 훈육의 특징

① 긍정적 훈육이란 아동의 인격을 존중하는 훈육방식이다

긍정적 훈육의 전제는 아동을 하나의 인격체로서 부모의 뜻대로만 움직이는 대상이 아니라 아동 자신도 스스로의 고유한 생각과 의지를 가진 존재로서 존중되어야 하는 대상이라는 점이다. 따라서 훈육은 부모가 일방적으로 이끌어 가는 것이 아니라 아동과의 수평적인 상호작용의 과정에서 진행된다.

② 성인이 원하는 것이 아니라, 아동이 필요로 하는 것에 초점을 둔다

긍정적 훈육은 부모가 아동에게 기대하는 행동에 초점이 있다기보다는 해당 발달단계에서 아동이 습득하여야 할 적합한 행동 내지는 습관에 초점이 있다. 따라서 중요한 것은 부모의 일방적인 요구가 아니라 아동의 발달 연령에 따른 적합성 여부이며 이를 위해 부모는 아동발달에 대한 충분한 지식과 아동 자신의 고유한 개별성을 깊이 이해하여야 하며 이를 바탕으로 훈육을 진행해야 한다.

③ 처벌보다는 가르치는 것에 초점을 둔다

처벌은 하지 말아야 할 행동에 대한 제지를 목적으로 하기 때문에 그 자체가 바람직한 행동을 직접적으로 배우게 하지는 않는다. 긍정적 훈육의 초점은 아동이 습득하여야 할 바람직한 행동을 어떻게 아동이 억지로가 아니라 기꺼이 자발적으로 배우게 하는 것이며 이를 위해 부모는 힘의 행사가 아니라 언어적 상호작용을 최대한 활용할 수 있어야 한다.

④ 아동이 배우는데 필요한 적절한 정보를 충분히 제공한다

아동은 해야 하는 행동을 스스로 이해할 때 자발적으로 행동할 수 있다. 따라서 긍정적인 훈육은 아동에게 가르치고자 하는 행동에 대한 충분한 정보를 제공함으로써 아동 스스로 배워야 하는 행동을 이해할 수 있게 한다. 즉, 요구되는 행동을 왜 해야 하는지, 하지 않으면 어떤 결과가 생기는지, 반대로 그러한 행동을 했을 때 어떤 유익함이 있는지 등등을 아동이 이해하게 되면 아동이 요구되는 행동을 내면화하는 것은 훨씬 용이해진다.

⑤ 긍정적인 훈육을 하는 성인은 민주적이며, 양육적이고 지지적이다

긍정적인 훈육의 주체는 부모이며 부모가 권위주의적인 양육방식이 아니라 민주적인 양육방식을 이해하고 실천하는 가정에서 긍정적인 훈육은 가능하다. 즉, 부모가 자녀와의 수직적이 아닌 수평적인 관계 속에서 부모의 뜻만큼, 아니 그 이상으로 자녀의 뜻을 존중해주고 자녀에게 경청하며, 양육에 부모 모두 적극적으로 참여하고 자녀를 기본적으로 신뢰하고 격려하며 지지하는 가정 분위기에서 긍정적인 훈육이 자연스럽게 진행될 수 있다.

(5) 긍정적인 훈육방법

① 적절한 규제를 하기

가. 좋은 규제는 아동의 건강과 안전을 지켜준다.

예: 철저한 손 씻기, 음식물의 청결한 취급, 장난감과 다른 기구의 세척과 소독

나. 좋은 규제는 자기통제력을 가르친다.

다. 좋은 규칙은 의미 있는 것이다.

예: 건강과 안전, 자기통제, 공평성에 대한 규칙

라. 좋은 규칙은 발달적으로 적절하다.

마. 좋은 규제는 단호하고 긍정적이며, 아동을 존중하는 내용이다.

② 아동에게 성인의 기대를 분명하게 말해주기

예) 정훈이의 아버지는 13세 된 아들 정훈이에게 청소기로 카펫을 청소한 후 청소기를 깨끗이 정리해서 제자리에 갖다 둘 것을 기대했다. “정훈아, 카펫을 청소한 후에는 깨끗이 정리해서 창고에 갖다 두렴.”

③ 규칙과 제한에 대한 이유를 설명해주기

예) 할아버지는 매우 편찮으셔서 잠을 주무셔야 한다. 나는 네가 방해되지 않게 거실에서 놀았으면 좋겠다.

④ 상황을 바꾸기

예) 민성의 아버지는 3세 된 민성이가 예배시간 동안 계속해서 조용히 앉아 있지 못한다는 것을 알았다. 처음에는 민성이에게 조용히 하라고 강요했으나 나중에는 민성이에게 너무 길다는 것을 깨달았다. 그래서 민성이를 교회의 탁아실에 맡겨 놓음으로써 상황을 바꾸었고, 예배에 참여할 수 있게 되었을 때 다시 데려왔다.

가. 선택의 범위를 늘리기

예) 선미의 어머니는 청소를 하는 동안에 선미가 블록을 가지고 놀았기 때문에 환경을 바꾸어야겠다고 깨달았다. 선미의 어머니는 선미를 데리고 채소가게에 가서 저녁 식사를 위한 장보기를 했다. 선미의 부모는 선미를 데리고 집 근처로 짧은 외출을 한다.

나. 선택범위를 줄이기

예) 윤희의 어머니는 윤희가 외출할 때 두 종류의 옷을 꺼내주고, 둘 중에서 입고 싶은 옷을 선택하도록 한다.

⑤ '어떤 상황으로부터 물러서기(time-out)'를 가르치기

가. 어떤 상황에서 물러서는 목적

아동이 통제력을 잃고, 극단적으로 화날 때 그 상황을 모면하는 방법을 가르치는 것이며 이는 아동이 특정 상황에서 유발된 자신의 흥분된 감정을 가라앉히고 자신의 행동을 돌아볼 수 있는 심리적 상태를 갖게 한다.

나. 특정한 상황에서 물러서도록 아동을 가르치는 지도법

- 문제 행동을 한 가지 정하고 그 행동에만 초점을 두고 가르친다.
- 아동에게 부모가 왜, 그리고 언제 물러서도록 요구하는지를 미리 가르쳐준다.

  "네가 소리 지르면 함께 있는 사람들을 방해하게 된다. 네가 소리 지른다면, 나는 너에게 '혼자 생각하는 시간(time-out)'을 줄 것이다."
- 아동이 그 과정을 이해할 수 있도록 설명하고, 가르친다.

  예) "네가 너무 불만스러워서 소리를 지를 때 '혼자 생각하는 시간'을 보낼 좋은 장소를 정하자. (아이와 엄마는 수족관 옆으로 그 장소를 정한다) 이 시간을 3분으로 정한다. (부모는 아동이 그 시간이 얼마만큼 인지 알 수 있도록 시간을 잰다.)

  그 시간이 끝나면, 내가 너에게 본래의 자리로 돌아가 하던 일을 끝마치겠는지 물어보마."
- 그대로 실행한다.

  아동이 문제가 되는 행동을 할 때 이를 인식하도록 도와준다.

  예) 지수가 공작 테이블에서 동생과 놀다가 소리를 지르자, 옆방에 있던 엄마는 재빨리 일어나 공작 테이블로 왔다. 엄마는 지수와 단둘이 말할 수 있도록 허리를 굽히고는 "소리를 질렀구나, 지수야. 소리를 지르면 '혼자 생각하는 시간(time-out)'을 보내야 한다고 말한 것을 기억하지? 지금 그렇게 해라."

- 문제가 되는 행동을 할 때마다 그 방법을 꾸준히 사용해야만 도움이 된다.
- 문제가 되는 행동이 나타나자마자 곧 물러설 수 있도록 가르친다.
- 시간 조절이 중요하다. 학령 전 아동은 2~3분이면 충분할 것이다. 이보다 더 긴 시간으로 하면 이와 같은 긍정적인 방법을 벌로 만들어버린다.
- 아동이 '혼자 생각하는 시간'에서 원래의 활동으로 되돌아오면 보다 적절한 행동을 가르치고 격려한다.

(6) 긍정적 훈육의 영향

① 긍정적 훈육은 아동이 안전함(safe)을 느끼게 하고 안정감(secure)을 느끼게 한다.
② 긍정적인 훈육은 아동을 책임 있게 만든다.
③ 긍정적인 훈육은 자아통제력을 키운다.
④ 긍정적인 훈육은 아동이 사고하게 하고 감정이입을 하게 한다.
⑤ 긍정적 훈육은 자아존중감을 길러준다.
⑥ 긍정적 훈육은 아동을 유능하게 만든다.

체벌, 돌이킬 수 없는 결과

한때 자녀 체벌을 당연하게 여겼던 스웨덴, 부모의 양육 태도를 획기적으로 바꾼 계기는 '가정 내 체벌 금지법'이었습니다. 1979년 세계 최초로 '자녀 체벌 금지'를 법에 명시한 스웨덴은 부모의 훈육과 징계 범위에 체벌은 포함되지 않는다는 것을 명확히 선언했습니다.

1979년에 스웨덴을 시작으로 유럽 대부분 국가와 뉴질랜드, 2020년 법이 시행된 일본까지 자녀에게 체벌을 법으로 금지한 나라는 60개국에 달합니다.

자녀에게 가혹한 발언을 한 적이 있습니까?

체벌뿐만 아니라 부모가 무심코 내뱉은 악담 또한 매 못지않게 아이들 마음에 생채기를 남깁니다. 13~14세 자녀를 키우는 미국 부모들에게 질문해본 결과 어머니 45퍼센트, 아버지 42퍼센트가 가혹한 발언을 한 적이 있다고 답했습니다. 게으르다, 어리석다, 모자라다…

이런 말을 듣고 자란 아이들은 비행을 저지를 가능성이 높았습니다. 자녀의 잘못된 행동에 부모가 악담으로 반응하면 또다시 잘못된 행동을 낳는 악순환이 거듭되는 것입니다.

부모에게 일주일에 이틀 이상 악담을 들은 아이들은 결국 부모 말대로 스스로를 가치 없다고 느끼며 우울증에 빠질 확률도 높았습니다. 25년 동안 이러한 환경에 놓인 아이들을 추적 조사한 연구에 따르면 43세 중년이 된 이들의 삶은 10대 시절 경험한 감정과 밀접한 연관이 있었습니다. 고등학교 시절에 미처 치유하지 못한 우울과 분노가 평생 따라다니며 직업, 결혼, 자녀 문제까지 인생의 결정적인 시기에 영향을 미쳤습니다.

연구진은 청소년기에 어떤 말을 듣고, 어떻게 성장하는가에 따라 25년 후 행복에 절대적인 영향을 미친다고 말합니다. 부모에게 지속적인 언어폭력을 당한 이들은 뇌에서 기억을 처리하는 해마 용량이 줄어들고 위축돼 쉽게 불안해지고 우울증에 시달릴 확률이 높다는 것입니다.

부모의 사소한 말 한마디가 자녀들에게는 평생을 좌우하는 비수가 되는 까닭. 그것은 부모라는 존재가 아이들에게 최초의 어른이며 가장 가까이 있는 삶의 롤모델이기 때문은 아닐까요?

(출처: EBS뉴스G 학교의 내일을 묻다, 2021)

11장

부모와 자녀의 효과적인 상호작용

11장 부모와 자녀의 효과적인 상호작용

토마스 고든(Thomas Gorden)은 부모와 자녀의 관계를 애정과 존경에 바탕을 둔 따뜻하고 절친한 관계이어야 한다고 했으며, 부모-자녀 간에 원활한 의사소통을 하게 되면 자녀는 사회적으로 생산적이고 협동적이며 책임감 있는 인간이 될 수 있다고 보고 이러한 시민을 길러내는 것이 부모의 중요한 역할이라고 하였다. 이를 위해 고든이 제시한 상호작용 방식이 나-전달법(I-message)이며 이는 부모-자녀 간의 일방적인 대화 방식인 너-전달법(You-message)과 크게 대비된다.

1. 너-전달법(You-message)

나-전달법(I-message)은 고든에 의하여 창시된 용어로서 높은 효과를 가져오는 의사소통의 한 방식이다. 이는 일상적인 소통 방식인 너-전달법(You-message)과도 크게 구별된다. 부모들은 대체적으로 부모-자녀 관계를 평등관계가 아닌 수직관계로 보는 경향이 많으며, 이 때문에 부모와 자녀 사이에 너-전달법으로 대표되는 성인중심의 대화 형식이 주류를 이루게 되어 일방적이고 지시적이며 통제적인 형태의 경직된 의사소통이 되기 쉽다.

1) 너-전달법의 형식들

부모와 자녀 사이에 원활한 소통이 이루어진다면 바람직한 자녀교육의 중요한 조건이 만들어진 것이지만 현실에서는 부모들의 부정적인 언어 사용은 부모 자녀 간의 언어 소통에 걸림돌로 작용하게 된다. 부모들이 부정적인 언어 사용 행태를 고든은 다음과 같이 12가지로 정리하였다(고든, 2001: 128-9).

① 명령, 지시, 강요
"네 방으로 가거라."
"그만 좀 시끄럽게 해라."

② 주의, 협박, 경고
"그 짓을 그만두지 않으면 넌 매를 맞을 거야."
"엄마를 방해하면 화를 낼 테다."

③ 도덕적 훈시, 설교
"사람이 이야기하고 있을 때 방해해선 안 돼!"
"항상 고맙다는 말을 하거라."

④ 충고, 제안이나 해결책 제시
"친구네 집에 가서 노는 게 어떻겠니?"
"네 옷을 좀 치울 수 없겠니?"

⑤ 가르침, 논리적 설득
"칼을 그런 식으로 사용하는 것은 예절에 어긋나는 거야."
"책은 집어던지라고 있는 게 아니라 읽으라고 있는 거다."

⑥ 판단, 비판, 비난
"너는 몹시 조심성이 없구나."
"너는 나쁜 아이야."

⑦ 칭찬, 부추김
"너는 언제나 친구들에게는 매우 친절하더구나."
"그렇게 사려 깊지 않은 것은 너답지 않다."

⑧ 욕설, 조소, 창피 주기
"너는 남의 일에 참견이나 하는 놈이로구나."
"그렇게 유치한 짓을 하다니 창피한 줄 알아라."

⑨ 해석, 진단, 심리분석
"형에게 질투심을 느끼는가 보구나."
"내가 피곤할 때면 항상 넌 날 괴롭히는구나."

⑩ 안심시키기, 동정, 지지
"내 감정에 대해선 걱정하지 말아라."
"난 시끄러운 소리에 별로 불편을 느끼지 않는단다."

⑪ 캐묻기, 심문
"왜 그런 짓을 했지?"
"네가 무슨 짓을 했는지 아니?"

⑫ 빈정대기, 돌려 묻기, 후퇴
"텔레비전에서 그런 쓸데없는 것을 보는 것보다 책을 읽을 수는 없겠니?"
"밖에 나가서 노니까 얼마나 좋은지 한 번 봐라."

이상의 언어소통 걸림돌을 살펴보면 각각의 문구는 '너'라는 단어를 포함하고 있다. "너는 그렇게 하는 것을 그만두어라.", "너는 그것을 해서는 안 된다.",

"너 혹시 이렇게…. 하지 않았니?", "네가 그 짓을 그만두지 않는다면, 그때는…"

이러한 이유에서 이러한 메시지를 너-전달법이라고 불러왔다.

부모들이 가장 쉽게, 또 많이 사용하게 되는 '너-전달법(You-mesage)'은 일방적으로 자녀의 문제 행위를 지적하고 꾸짖는 내용으로 채워진다. 즉. "네가 하는 짓을 그만 중지해라", "너는 매를 맞아야겠다", "너는 마치 두 살 먹은 아이처럼 행동하는구나" 등등이 너-전달법의 예인 데, 부모가 너-전달법을 쓰게 되면, 이 메시지 방식을 통해서는 자녀들의 비수용적인 행위의 결과에 대해 부모들이 어떻게 느끼는지 밝혀지지 않는다. 그것은 다만 명령이나 위협, 자녀들을 억누르는 말 혹은 너-중심의 메시지를 쏟아내는 것 이외에는 아무것도 아니게 된다.

2) 너 전달법의 효과

자녀에게 미치는 너-전달법의 효과는 예견할 만한 것으로 다음과 같은 부정적 효과를 낼 확률이 매우 높다(고든, 2001: 130).

① 자녀들은 어떤 일을 하라고 명령을 받거나 위협을 받을 경우 그들의 행동을 변경시키는 것에 저항감을 갖는다.
② 자녀들은 도덕적 훈시나 설교, 강의, 지시를 하는 부모를 외면한다.
③ 너 전달법은 "네가 나를 도와줄 수 있는 방법을 찾을 수 있으리라고는 생각지 않는다"는 것을 전달하게 된다.
④ 자녀들이 부모의 욕구를 들으면 자녀들은 죄책감을 느낀다.
⑤ 자녀들을 억누르는 듯한 평가나 욕설을 들으면 자녀들은 죄책감을 느낀다.
⑥ 비판적이고 비난적인 메시지는 자녀들의 자존감을 깎아내린다.
⑦ 자녀들이 얼마나 '나쁜' 아이들인가 하는 식의, 즉 그들이 '어리석다'거나

'분별이 없다'거나 혹은 '경솔하다'는 등의 메시지를 들으면 자녀들은 거절 당했다는 느낌과 함께 사랑받지 못하고 있다는 느낌을 갖는다.

⑧ 너－메시지는 반발적인 행위를 유발하여 자녀들이 말대꾸할 수 있는 메시지를 전달하게 된다. 즉 "너는 항상 피곤하다고 하는구나!", "넌 항상 네 옷을 정리하지 못하는구나!", "넌 언제나 투덜대기만 하는구나!" 그리고 "너를 기쁘게 할 수 있는 건 아무것도 없구나!"와 같은 말이다.

2. 나-전달법(I-message)

자녀의 행위(당신에게 비수용적인 행위)가 당신을 어떻게 느끼도록 만들며 또한 그 행위의 결과가 당신에게 어떤 영향을 미치는가를 자녀들에게 알려주는 것, 이것이 바로 나－전달법(I-message)이며 이 전달법은 위와 같은 효과를 줄일 수 있는 방법이 된다.

1) 나-전달법의 구성

나－전달법의 예들은 다음과 같다.

"집에서 시끄러운 소리를 내면 나는 낮잠을 잘 수가 없단다."
"내가 깨끗이 청소해 놓은 부엌을 더럽히면 난 정말 실망하게 된다."
"전화 통화를 할 때 시끄럽게 해서 상대의 말을 알아들을 수 없게 만들면 난 당황한단다."

완전한 나－전달법은 다음과 같이 1) 비수용적 행위에 대한 기술, 2) 부모가 느낀 감정, 3) 부모에게 미치는 구체적인 영향(혹은 결과)으로 구성된다.

〈표 11-1〉 **나-전달법의 구성**

1) 비수용적 행위	2) 감정	3) 구체적인 영향
네가 연락도 하지 않고 너무 늦게 집에 왔구나	나는 매우 걱정했고 기분도 좋지 않았다.	왜냐하면 나는 너무 걱정되어서 다른 어떤 일도 할 수 없었단다.

나-전달법과 너-전달법을 비교하면 다음의 〈표 11-2〉와 같다.

〈표 11-2〉 **나-전달법과 너-전달법 비교**

	나-전달법(I-message)	너-전달법(You-message)
정의	• '나'를 주어로 하는 표현 ("내가 생각하기에…") • '나'를 중심으로 하여 상대방의 행동에 대한 자신의 생각이나 감정을 표현하는 방식	• '너'를 주어로 하는 표현 ("네가 그런 식으로 나오니깐 참…") • '너'를 중심으로 상대방이나 상대방의 행동에 대해 표현하는 방식
예시	[예] 약속시간에 매우 늦은 친구에게… "나는 네가 늦어도 이렇게 늦으리라고는 생각을 못 해 혹시 사고라도 나지 않았나 걱정되더라" (부탁하고 동의를 구하고 존중하는 말 ⇨ 수용적, 긍정적이 되고 친근감을 주고 관계가 밀접해진다)	"대체 지금 시간이 몇 시냐? 어떻게 이렇게 늦을 수가 있냐?" (무시당하고, 추궁받고 공격받는 느낌을 주는 말 ⇨ 불쾌감, 거부감을 주고 공격적으로 만들며 관계 단절을 가져옴)
효과	• 상대방에게 나의 입장과 감정을 전달함으로써 상호이해를 도울 수 있음 • 상대방에게 나의 솔직한 감정과 생각을 전하기 때문에 오해나 심리적 불편함을 줄일 수 있음 • 상대방에게 건설적인 방향으로 문제해결을 할 수 있도록 함	• 상대방에게만 전적으로 문제가 있다고 생각하게 하기 때문에 상호관계가 파괴적으로 이끌어질 수 있음 • 상대방에게 일방적으로 공격, 강요, 비난하는 느낌을 줄 수 있음 • 상대방으로 하여금 변명, 반감, 저항, 공격적인 반응을 갖도록 하기 쉬움

나-전달법을 보내는 총체적인 이유는 자녀들이 당시에 하고 있는 행동을 변경시키는 데 영향을 끼치려는 것임을 기억해야 한다. 대개의 경우 당신에게 비수용적인 행위를 기술하고 당신이 그것으로 인해 당황했다거나 화가 났다거나 혹은 좌절되었다고 얘기하는 것만으로는 충분하지가 않다. 아이들은 이유를 알아야 한다. 부모가 자녀들의 행위를 수용할 수 없는 구체적 이유를 말해줌으

로써 완전히 세 부분의 나-전달법은 구체적인 영향을 끼치게 되고 그 때문에 감정이 상한다는 것을 말해줌으로써 자녀들은 자신의 행동을 변경시킬 수 있는 가능성이 높아지게 된다.

그렇지만 부모들이 나-전달법을 사용할 때 '구체적인 영향'을 전달하려고 하나, 때로는 전혀 구체적인 영향이 없다는 것을 발견하게 되기도 한다. 한 어머니가 이에 대해 다음과 같이 말했다.

"나-전달법은 자녀들과의 관계에서 제가 얼마나 제멋대로였는지를 깨닫게 해준 귀중한 방법이었습니다. 제가 완전한 세 부분의 나-전달법을 사용하려고 할 때, 저는 아이들의 행위가 저에게 어떤 영향을 끼치는지 생각해보게 되고 결국은 '음, 아무런 이유도 없군'하고 결론을 내리게 되지요. 제가 '집 근처에서 그렇게 시끄럽게 굴면 난 정말 참을 수가 없단다'라고 말한 후에 '왜냐하면'이란 부분에 이르러서는 저는 사실상 전혀 괴롭힘을 받지 않고 있다는 것을 깨닫게 되는 것입니다. 그러면 저는 제 자신에게 '내가 그것 때문에 어떤 괴롭힘을 받는가?'라고 물어봅니다. 그리고서도 제게 미치는 아무런 영향을 발견하지 못하게 되면, 제가 너무 제멋대로라는 생각이 들어 아이들에게 '내가 지금 한 말을 무시해도 좋다'라고 말하곤 하지요. 이것은 아주 간단합니다. 보통의 경우 반 정도는 저도 적당한 이유를 발견하지 못합니다." (고든, 2001: 140)

2) 나-전달법의 성공 요인

나-전달법이 항상 효과를 볼 것이라는 생각을 하였다면 그것은 잘못된 관념이거나 이해 부족일 것이다. 나-전달법은 단순히 상대의 행동이 당신에게 문제를 야기시키고 있다는 것을 알리는 방법 중 가장 좋은 방법일 뿐이다. 또한 이것은 상대가 죄책감이나, 억눌림 그리고 분개를 가장 최소한으로 적게 느끼도록 만들 수 있는 방법이다. 그러나 나-전달법을 사용한다고 하여 상대가 당신의 입장을 고려하여 그의 행위를 즉시 그리고 기꺼이 수정하리라고 보장해

주는 것은 아니다. 인간관계가 그렇게 단순하지만도 않거니와 인간에 대해 그처럼 단순하게 예언이 가능한 것도 아니다.

나-전달법의 성공과 실패에 영향을 끼칠 수 있는 요인은 나-전달법 자체의 요소이다. 자녀의 행위가 부모에게 미치는 확실하고 구체적인 영향을 나-전달법으로 제대로 전달하느냐 그렇지 않느냐가 문제 된다. 이외의 요인은 다음과 같다(고든, 2001: 144-50).

① 자녀가 문제를 소유하고 있었을 때 부모가 대체적으로 그 문제에 경청을 해줬다고 어린이가 느끼는가.

② 메시지의 힘(혹은 적합성)이 명확한가.

③ 부모가 보낸 나-전달법에 대해 자녀가 저항할 때 부모는 어떻게 반응하는가.

④ 나-전달법이 해결책을 전달하고 있는가.

⑤ 부모가 얼마나 힘과 권위에 의존하고 있는가.

이상의 다섯 가지 요인들에 대해 각각 구체적으로 살펴본다.

① 당신은 자녀의 문제를 경청하는가?

부모가 자녀들의 문제에 제대로 경청해주지 않는 가정에서는 나-전달법이 제대로 작용되지는 않는다. 이것은 아주 간단한 원리이다. 아이들이 당신에게 경청해주기를 바란다면(당신이 문제를 소유했을 때), 당신 역시 아이들에게 경청하고 있다는 것을 아이들은 느낄 수 있어야만 한다.

나-전달법은 도움을 요청하는 직접적인 방법이라고 보아야 한다. "난 이 텔레비전 쇼 프로를 보고 싶은데 시끄러운 소리 때문에 이 프로를 즐길 수가 없단다" 하는 식이어야 한다. 이러한 메시지는 자녀에게 당신을 기꺼이 좀 도와달라고 청하는 것과 같다. 우리는 부모들이 자녀들과 직면하여 자녀들이 그들에게 경청하기를 기대하기에 앞서 그들 자신이 먼저 효율적인 경청자가 되어야 한다.

② 당신의 나-전달법은 얼마나 힘이 있는가?

때때로 몇몇 부모에게는 나-전달법이 효과를 보지 못한다. 이는 자녀에게 미치기에는 너무 약한 나-전달법을 쓰기 때문이다. 나-전달법이 제대로 효력을 발휘하려면 몇몇 상황에서는 자녀의 주의를 먼저 끌어야 한다. 영향을 끼칠 만큼 강한 나-전달법의 메시지를 보냄으로써 주의를 집중시켜야 한다는 것이다.

가장 효율적인 나-전달법은 부모가 경험한 감정과 보내는 메시지가 진실되게 조화를 이루어야 한다. 이렇게 하려면 과녁에 미치지 못하게 약하게 쏘아도 안 되고, 과녁을 지나치도록 너무 세게 쏘아도 안 된다. 자녀들이 옷을 아무 곳에나 벗어놓아 성가시다면, "나는 정말 미치겠다"라고 말하지 말고 "나는 성가시게 느껴진단다"라고 말하라. 그러나 6살 난 아이가 날카로운 칼을 거실에, 그것도 어린 젖 먹이 아이 옆에 놓아둔 것을 당신이 보고 끔찍하게 놀랐을 때, "나는 약간 걱정이 됐단다"라고 말하지는 말아라. 그것보다는 더 정확하게 당신이 놀란 것에 일치할 수 있는 표현을 해야 한다. 즉, "내가 칼을 보았을 때, 나는 정말 끔찍하게 놀랐단다" 왜냐하면 아기가 그 칼에 찔려 상처를 입게 될지도 모르고 그러면 얼마나 슬픈 일이 될까 해서야."와 같이 말해야 한다.

③ 기어 변경의 중요성

나-전달법이 아무리 좋은 것이라도 아무도 그 메시지를 듣고 싶어 하지는 않는다. 사랑하는 사람에게 문제를 야기했다는 것을 알고 불편해하지 않을 사람은 없을 것이다. 그러므로 가장 훌륭한 나-전달법이라고 해도 수신자로부터 종종 방어적인 반응을 보이게 마련이다. 자녀들의 경우는 특히 그러하다. 자녀들은 부모의 반대에 부딪히지 않고 자신들이 하고 싶은 대로 하고, 자신들의 욕구를 충족시키고 싶어한다.

우리는 나-전달법이 아이들에게 유발한 저항감을 부모가 민감하게 경청하는 것이 중요한 일임을 강조한다. 우리는 이것을 '기어 바꾸기'라고 부른다. 즉 맞서는 자세에서 경청의 자세로 변경하는 것이며 다음의 사례가 이것을 어떻게 하는지 보여준다.

어머니 : 바깥은 아주 춥단다. 외투를 입지 않고 바깥에 나가면 넌 아마 감기에 걸리게 되고 그러면 의사 선생님한테까지 가야 한다. 그러면 돈도 많이 써야 한단다.

아이 : 싫어요! 난 아프지 않을 거예요.

어머니 : 네가 병에 걸리지 않을 거라고 생각하는구나.

아이 : 네.

이러한 대화가 있고 난 직후, 아이는 옷장으로 가서 외투를 꺼냈다고 이 어머니가 보고했다.

기어 바꾸기를 한다고 하여 항상 이렇게 즉각적인 효과를 보는 것은 아니다. 그러나 많은 경우에 있어 부모가 나-전달법에 대한 자녀들의 반응을 인정하게 되면 자녀들은 부모의 말을 따르게 된다. 모순처럼 보이기도 하지만 자녀들은 부모가 그들의 힘든 점을 이해해 준다고 느낄 때 행위를 변경시키기가 쉬운 것이다.

④ 해결책을 담은 메시지는 나-전달법이 아니다

몇몇 부모들은 자녀들의 비수용적인 행위가 안겨주는 문제들에서 벗어나고자 사실상 자녀들에게 정확하게 이러저러하게 하라고 말하면서도 그들은 나-전달법을 사용했다고 생각한다. 그 메시지는 다양한 단어의 조합으로 되어 있으나 어쨌든 명령이나 혹은 매우 강한 제시 또는 해결책으로 판명이 나게 된다.

그러한 해결책을 담은 메시지는 대개 자녀들에게 그들의 행위를 변경시키는데 저항감을 조장한다. 사람들은 이러저러하게 하라고 지시받는 것을 좋아하지 않는 법이다. 한 어머니가 해결책이 담긴 메시지를 보내는 그녀의 습관에 대해 다음과 같이 이야기한다.

"저는 아이들에게 내가 느끼는 감정과 어떻게 하기를 제가 원하는지 알게 해주기만 했지요. 그러나 그것은 나-전달법의 형태로 보낸 것이 아니었어요. 예를 들면, 하루는 제가 모든 아이들을 집으로 들어오게 하였습니다. 테이블이 아이들의 숙제 시험지로 온통 뒤덮여 있었기 때문이지요. 저는 '나는 너희들이 집안으로 들어와서 테이블을 정돈하기를 원한다'라고 말했습니다."

저항감을 좀 덜 느끼게 할 수 있는 메시지는 "테이블이 종이로 가득 차 있으면, 정리하기가 싫을 뿐만 아니라 내가 저녁 식사를 차릴 수도 없단다."였다. 이런 식의 나-전달법은 자녀들이 저항감을 느낄 수 있는 확률을 줄일 뿐만 아니라, 자녀들로 하여금 어머니를 도와줄 행동을 해야 한다는 책임감을 부여하기도 한다.

⑤ 힘과 권위에 의존하고 있지는 않은지 숙고한다.

나-전달법이 바람직한 결과를 가져오지 않을 때 부모들은 부모의 권위에 의존하고 싶은 유혹을 느끼게 된다. 5살 된 민수의 부모가 보고하듯이 몇몇 부모는 그 유혹에 넘어가기도 한다.

"아이는 나-전달법에 대해 개의치 않습니다. 아이는 엄청난 방어의 벽만을 쌓아놓고 있지요. 제가 '민수야, 네가 거실에서 그렇게 껑충껑충 뛰어다니고 소리를 지르면 텔레비전을 볼 수가 없단다. 텔레비전에서 하는 말을 들을 수가 없어'라고 하면 아이는 '응'이라고 말하고는 자기가 하는 짓을 계속해서 한답니다. 제가 '민수야, 거실에서 나가거라'라고 말을 하면 그때에서야 아이는 재빨리 뛰어나가지요."

비록 어머니의 명령으로 민수가 뛰어나가긴 했으나, 장기적 안목에서 볼 때 아이가 나-전달법을 들을 때는 자신의 행동을 변경시킬 필요가 없고 오직 어머니가 자신에게 명령을 할 만큼 화가 났을 때에만 자신의 행동을 수정하면 된다고 가르치는 것이다.

나-전달법이 실패했다고 하여 힘을 쓰는 것은 자녀들에게 "내게 지금 문제가 있는데 네가 좀 도와주기 바란다. 그러나 만약 네가 도와주지 않는다면, 나는 어떻게 해서든지 네가 날 돕도록 만들겠다!"라고 말하는 것과 똑같다. 이것은 자녀가 부모의 요구를 고려하여 부모의 뜻을 따르고 싶은 욕구를 조장시키는 것과 같은 종류는 아니다.

3) '나-전달법'의 이점

나－전달법의 이점은 다음과 같다(문미옥 외, 2001: 389-90).

① 자녀를 비난하지 않고서 다만 부모가 자녀의 행동에 대해서 느끼는 바를 말하게 한다.
② 부모가 위협적으로 말하지 않기 때문에 자녀는 부모의 이야기를 훨씬 더 잘 경청한다.
③ 자녀의 행동이 야기한 결과로써 부모가 느끼게 된 감정에 대하여 자녀가 분명히 알게 한다.
④ 자녀의 행동을 변화하라고 강조할 뿐이지 자녀의 성격을 지적하지는 않는다.
⑤ 부모가 원하는 행동이 무엇인가에 대해서 자녀에게 분명한 정보를 제공한다.

4) 효과적인 '나-전달법'을 위한 지침

부모를 위한 효과적인 '나－전달법'의 실행을 위한 몇 가지 지침을 다음과 같이 제시할 수 있다(고든, 2001: 151-2).

① 나－전달법의 사용으로 효율적인 부모가 될 수 있는가 하는 것은 총체적인 부모 · 자녀 관계의 질이 어떠냐에 달려 있다. 자녀들이 문제를 소유했을 때, 당신이 자녀들의 문제를 많이 경청해주었다면 당신이 문제를 지녔을 때 당신의 메시지에도 자녀들이 건설적으로 반응할 확률이 높다. 도와주고 싶다고 느끼는 마음은 오랫동안 한쪽에서만 일방적으로 되는 것이 아니라 쌍방 간에 오가는 것이다.
② 당신의 진정한 감정과 접하도록 훈련하라. 만약 당신의 나－전달법이 주

로 화난 것만 전달한다면, 당신은 자녀들이 당신에게 문제를 야기할 때 당신이 겪고 있는 감정을 정확하게 잘 모르고 있는 경우가 많다. 당신 자신에게 '난 무엇을 두려워하고 있는가?'라고 물어보라. 왜냐하면 대부분의 경우 당신이 수용할 수 없다고 생각하는 행위가 어떤 점에서는 당신이 필요한 것을 상실할 것에 대해 위협을 느끼는 것이기 때문이다.

③ 자녀들의 비수용적 행위에 대한 확실하고 구체적인 영향을 자녀들에게 말해줄 수 없다면 자녀들이 그들의 행위를 수정하기를 기대하지 말아라. 자녀들에게 진정한 이유를 말해 주어라. 왜냐하면 그들은 그들의 행동을 수정해야 할 훌륭하고 논리적인 이유가 있다는 확신을 받고 싶어 하기 때문이다. 그렇지 않다면, 그들이 왜 행동을 변경시키겠는가? 훌륭한 나-전달법은 세 부분으로 구성되어 있다는 것을 늘 기억해야 한다

④ 모든 나-전달법이 효과를 보리라고는 기대하지 말아라. 당신 역시 친구나 배우자와의 관계에서 항상 당신의 행동을 변경시키고 싶지는 않을 것이다.

⑤ 당신의 자녀들이 너무 연약하여 쉽게 상처를 입는다고는 생각하지 말아라. 당신의 나-전달법이 가장된 너-전달법이 아니라면 당신이 느낀 감정만큼 강하게 나-전달법을 사용하라. 그렇다고 자녀의 정신에 손상을 입히지 않을까 걱정할 필요는 없다.

⑥ 첫 번째의 나-전달법이 효력을 발생하지 않는다면, 더 강하고 당신이 무시당했을 때 느낀 감정에 더욱 일치하는 나-전달법을 다시 한번 시도해 보아라.

⑦ 자녀들과 직면할 때 당신이 유발한 자녀들의 방어에 주의 깊게 경청하라. 반영적 경청으로 되돌아오라. 그리 하게 되면 또 다른 나-전달법을 사용할 수 있을 것이다.

⑧ 자녀들에게 그들의 행위가 왜 당신에게 문제를 야기하는지 말해주어라. 그러나 문제해결을 위해 자녀들이 무엇을 해야 할지 얘기하는 것은 잘못이다. 자녀들이 당신을 위해 도움을 줄 수 있는 사람이 될 기회를 주어라.

⑨ 나-전달법은 힘을 쓰지 않고 당신이 원하는 것을 얻을 수 있는 기술이다. 그러므로 이 강력한 기술을 명령이나 물리적 힘 혹은 위협이나 벌과 함께 섞어 쓰지 말아야 한다.

5) 반영적 경청

반영적 경청(reflective listening)은 문제되는 사람이 자녀일 경우 사용하는 방법이다. 부모가 자녀의 문제를 해결해 주는 것이 아니라 반영적 경청의 방법을 통해 자녀가 스스로 문제를 해결해 나갈 수 있도록 도와준다.

상대방의 말을 진심으로 들어주기란 쉬운 일이 아니며, 특히 자녀의 문제 같은 경우 쉽게 흥분하고 부모가 더 평정을 잃어버림으로써 자녀의 문제에 대해 제대로 경청하지 못한다. 그러나 부모는 반영적 경청을 통해 문제 자체가 누구에게 있는지 직시하고 자녀가 더 많은 말을 하도록 유도하여 적절한 반응을 보여주는 것만으로도 자녀는 자신의 문제에 대해 책임을 갖게 되며, 자아존중감도 높아진다.

반영적 경청은 다음의 세 단계로 구성되어 있다(이선애 외, 2016: 104-5).

- 1단계: 자녀의 말이나 얼굴 표정, 신체적 표현을 통해서 문제를 가지고 있다는 메시지를 전달한다.
- 2단계: 부모는 자녀가 던진 메시지를 해석하여 자녀가 겪고 있는 느낌이나 생각에 대해 피드백한다.
- 3단계: 자녀는 부모의 피드백에 따라 계속 긍정하여 진행하거나 더 확실한 메시지를 보내고자 한다.

반영적 경청이 효과를 거두기 위해서는 다음과 같은 사항을 고려해야 한다(정옥분 · 정순화, 2016: 353).

첫째, 부모가 자녀의 문제를 진심으로 이해하려는 태도로 경청해야 한다. 단순히 자녀의 말을 앵무새처럼 되풀이하는 형식만 갖춘 반영적 경청이 아니라 진심으로 자녀의 감정을 이해하고 정확하게 반영해 주는 것이다. 그러므로 부모는 감정을 읽는 훈련이 필요하다.

둘째, 시간적인 제약을 고려한다. 자녀가 애써 마음의 문을 열고 전달하고자 하는 내용을 꺼내려고 할 때 부모는 시간이 없으면 성급히 이야기를 종료시킨다. 만약 시간이 없을 때에는 다시 약속시간을 정해 충분한 시간적 여유가 있을 때 시작하는 것이 바람직하다.

셋째, 반응하는 말은 되도록 "~한 것 같구나"와 같이 탐색적이어야 한다. 자녀의 마음을 모두 읽은 것과 같은 단정적인 어투는 삼가는 것이 바람직하다.

넷째, 지나친 반영적 경청은 오히려 역효과를 가져올 수 있으므로 적절하게 개입하는 시점이 중요하다.

다섯째, 잘못된 행동목표를 강화시키는 경우도 있다. 자녀가 관심 끌기를 목적으로 계속 유사하거나 동일한 문제를 화제로 삼으면 부모는 "엄마(아빠)는 너 스스로 그 문제를 잘 해결하리라 믿는다"와 같이 반응을 보임으로써 자녀가 스스로 문제를 해결하려고 애쓸 때만 부모가 도와준다는 사실을 알게 한다.

여섯째, 반영적 경청을 했다고 효과가 바로 나타나는 것은 아니다. 특히, 사춘기 자녀에게 시도할 경우 거부반응을 보일 수도 있기 때문에 반영적 경청은 되도록 짧게 해 주는 것이 바람직하다.

일곱째, 부모가 특정 목적을 두고 하는 경우 효과를 기대하기 어렵다. 부모들이 자녀를 조정하기 위한 수단으로 반영적 경청을 사용할 경우 그 효과를 기대하기는 어렵다고 볼 수 있다.

가족이 함께하는 저녁 식사가 불러오는 힘

SNS 같은 공간에서 자녀를 위해 중요한 프로젝트를 시작했다고 밝히는 가족들이 있습니다. 이 가족들이 반드시 실천하겠다고 약속한 것은 자녀와 함께하는 저녁 식사입니다. 모든 가족이 한자리에 둘러앉아 식사를 준비하고, 이야기를 나누는 과정 자체가 가장 효과적이고 확실한 교육 투자라고 믿기 때문입니다. 가족이 함께하는 식사가 불러오는 마법은 수많은 연구를 통해 입증됐습니다. 그중 가장 흔하게 언급되는 주제는 아이들이 건강한 식습관을 가지게 된다는 것입니다.

'가족 식사'의 효과는 건강에만 그치지 않습니다. 아이들의 어휘력을 향상시키는 가정환경에 대해 연구했던 하버드 대학 연구진은 의외의 결과를 얻은 바 있습니다. 부모가 책을 읽어 줄 때보다 함께 식사할 때 아이들은 훨씬 다양한 단어와 어휘를 익힌 것입니다.

가족과 함께 식사하는 횟수가 학교 성적을 예측하는 강력한 지표라는 연구도 있습니다. 가족과 저녁 식사를 함께하는 횟수가 일주일에 5~7회인 청소년은 2회에 불과한 청소년보다 A학점을 받을 가능성이 2배 높았습니다. 반면 흡연과 음주를 할 확률은 낮았습니다. 마찬가지로 가족과 함께 식사를 자주 할수록 우울한 감정에 빠지거나 위험한 행동을 일으킬 가능성도 적었습니다. 미래에 대해 긍정적인 시각을 품게 된 것은 덤입니다.

가족 식사를 통해 확실한 교육 효과를 얻으려면 식탁에 반드시 놓여야 할 메뉴가 있습니다. 바로 즐거운 분위기와 대화입니다. '저녁 식사 함께하기' 프로젝트를 시작한 가족들은 재미있는 저녁 식사를 위해 다양한 아이디어를 공유합니다.

가족과 함께하는 식사는 아이들이 학교에 다닐 만큼 자란 뒤에도 큰 힘을 발휘합니다. 최근 캐나다에서 '사이버 왕따' 피해를 줄일 수 있는 연구가 발표되었습니다. 피해 예방책은 놀랍게도 가족과의 저녁 식사였습니다. 12~18세의 청소년 1만 8,000여 명을 대상으로 한 이번 연구는 가족과의 저녁 식사 횟수와 사이버 왕따 경험 사이의 상관관계를 밝혔습니다.

가족과 저녁 식사를 전혀 하지 않는 학생은 가족과 저녁 식사를 하는 학생에 비해 사이버 왕따 경험이 7배나 높았고, 주 4회 이상 가족과 저녁 식사를 하는 경우에는 4배나 적었습니다. 사소할지 모르는 가족과의 저녁 한 끼가 아이들 입장에서는 가족들에게 자신의 문제를 스스로 드러내고 의논할 수 있는 유일한 시간이라는 것입니다.

영국에서는 가족과의 저녁 식사는 다른 어떤 교육보다 중요하다는 연구가 발표되었습니다. 가족과 함께하는 저녁이 자녀들의 SQ(social Quotient)를 높인다는 건데요, IQ, EQ에 비해 생소한 용어인 SQ는 다른 사람의 감정을 이해하고, 타인과 어울릴 수 있는 사회성 지수입니다. 6~11세 아동들을 대상으로 한 이 연구에 따르면 일주일에 적어도 4번 이상 부모들과 화목한 저녁 식사를 한 아이들은 학습 태도가 좋았을 뿐만 아니라, 폭력과 지각 같은 문제를 일으키는 빈도도 낮았습니다.

연구진은 자녀들은 식사 자리에서 부모의 언어적 사회적 능력을 고스란히 습득한다고 말합니다. 따라서 식사 때는 더욱 신경을 써서 모범을 보일 필요가 있다고 강조합니다. 특히 가족과의 저녁 식사가 위력을 발휘하는 이유는 바로 '따뜻한 분위기에서 이루어지는 대화'에 있습니다.

(출처: EBS뉴스G 학교의 내일을 묻다, 2021)

12장

부모교육 이론

12장 부모교육 이론

한 인간의 성장과 발달에 가장 지대한 영향을 미치는 존재는 바로 부모이며 따라서 아이의 조화로운 발달을 위해 부모역할이 대단히 중요하다는 인식이 지난 심리학의 발전과정에서 밝혀졌다. 다만 바람직한 부모역할은 단지 부모가 된다는 것으로 가능한 것이 아니라 부모 자신이 교육되어야 한다는 사실이며, 이런 시각에서 건강한 부모-자녀 관계를 형성하는 데 도움이 되는 여러 부모교육 이론들이 개발되고 실행되어 왔다. 여기서 살펴보는 부모교육 이론들은 부모-자녀 간의 의사소통능력을 향상시키고 효과적인 상호작용 방법을 제시하며 아동과 부모의 자아 상태 이해에 기여하는 데 주안점을 두고 있다. 이들 부모교육 이론들이 강조하는 바는 저마다 다르지만 상호존중하는 평등한 부모-자녀 관계를 기반으로 아동의 행동을 수용하고 아동의 자기조절 능력을 향상시키는 것을 공통적으로 지향하고 있다.

1. 민주적 부모교육이론

민주적 부모교육이론은 아들러(Alfred Alder, 1870~1937)의 개인심리학 이론에 기초하여 드라이커스(Dreikurs)가 민주적 양육방식을 자녀에게 적용할 수 있도록 체계화시킨 부모교육이론이다. 민주적 양육방식은 사고, 행동, 가치관, 습관, 책임감 등이 형성되도록 부모가 자녀에게 자율성을 길러주는 양육방식이다. 드라이커스의 민주적 부모교육의 원리와 과정을 살펴본다(한성심 외, 2008: 55-62 참조).

1) 부모-자녀 관계에 대한 견해

민주적 부모교육이론에서의 부모-자녀 관계는 평등관계이다. 모든 인간은 연령, 사회적 지위, 자원의 소유 등을 고려한 종속적인 관계가 아니라, 평등한 인간적 가치를 지닌다는 것이다. 모든 인간은 평등하기 때문에 평등한 관계를 유지하기 위해서는 서로의 권리를 인정하여 상호 존중하는 태도를 가져야 한다는 관점에서 부모-자녀 관계에서도 민주적인 태도를 가져야 한다고 보는 입장이다.

부모교육의 목적은 성인과 아동이 평등하다는 가정하에 부모와 자녀 사이의 상호작용이 적절히 이루어지도록 부모를 교육시키는 데 있다. 그러나 평등과 동등의 개념 사이에 혼돈이 생길 수 있다. 아동은 외형적으로 어른과 비교할 수 없으나 그들의 가치에 있어서는 사회적으로 평등한 것이다(이강숙, 1984). 이와 같이 부모교육의 목적은 성인들로 하여금 평등사상에 기초하여 부모답게 되기 위한 방법을 가르치는 것이다. 아동에게 벌을 주기보다는 올바른 길을 제시하여 격려하는 부모의 역할이 그 예라 할 수 있다.

2) 부모교육 원리

(1) 아동의 심리적 목표를 파악한다

심리적 목표는 직접적 목표(immediate goals), 중간적 목표(intermediate

goals), 장기적 목표(long range goals or final fictional goals)로 나눌 수 있다. 이 세 종류의 심리적 목표는 자신의 위치를 발견하고자 하는 시도인데 상황이 일어날 때마다 설정하는 목표는 직접적 목표이고, 중간적 목표는 심리적 신체적 편안함, 다른 사람을 기쁘게 하기, 다른 사람을 조정하기, 다른 사람보다 우세하기, 삶의 의미 찾기 등을 추구하는 것이며, 장기적인 목표는 모든 상황에서 주의 집중을 받아 중심이 될 수 있도록 목표를 설정하고 그것을 위해 조정하려고 노력하며 항상 좋은 사람이 되려고 하는 것이다. 아동들은 심리적 목표를 정하고 인생의 계획을 하기 때문에 부모들은 무엇보다도 아동의 심리적 목표 또는 행동전략이 무엇인지 파악해 내야 한다.

드라이커스의 민주적 부모교육에서 부모역할에 대한 전략은 다음과 같은 가정에 기초를 둔다.

① 행동에는 목적이나 원인이 있다. 즉, 행동은 우연히 일어나지 않는다.
② 행동은 사회적인 배경에서 이해할 필요가 있다.
③ 행위의 목적은 행동을 설명해 준다.
④ 아동의 행동을 이해하려면 아동이 경험한 사건에 대해 스스로 설명하게 하고 경청할 필요가 있다.
⑤ 연령이 많고 적고 간에 상관없이 누구나 사회집단에 속하려는 기본 욕구가 있다.
⑥ 아동을 포함해서 인간은 누구나 자신의 행동에 대한 지침(비록 이런 지침들이 그릇된 가정에 기초를 두었다 하더라도)으로 인생의 계획을 세운다.

심리적 목표 설정을 위한 일반적인 양육 원리는 다음과 같다.

첫째, 아동의 사회적 욕구와 관심의 발달은 또래 안에서 서로 밀접한 접촉을 통해서 이루어진다. 교육은 아동이 사회인으로 성장하도록 돕는 과정이므로 게임의 규칙과 질서를 따르고 존중하도록 가르쳐야 한다.

둘째, 아동에게 자신이 혼자라는 느낌이 들게 하는 갈등은 부모–자녀 관계에 손상이 되므로 이러한 갈등을 해소하기 위해서 부모는 자녀에게 강압적으로 하거나 불화를 조장하지 않도록 한다.

셋째, 아동은 성장과정에서 자신을 인식할 수 있어야 한다. 그리고 신중함을 배워야 한다. 자신감, 강건함, 사회적 흥미, 자기 의지 등을 발달시킬 수 있는 용기가 체계적으로 주어져야 성공적인 생활을 할 수 있다. 아동에게 용기를 주는 것은 생산적인 영향력을 주는 것과 같으므로 계속적으로 용기를 주도록 한다.

(2) 아동의 잘못된 행동을 이해한다

아동의 행동에는 목적이 있으며 이는 사회적 적응과 통합을 향한 노력이라고 볼 수 있다. 부모는 아동의 행동을 이해하여야만 좋은 관계를 증진시켜 나갈 수 있다.

드라이커스는 아동의 잘못된 행동(misbehavior)의 원인에는 다음 네 가지의 직접적 목표가 있다고 설명한다. 즉 관심 끌기(attention or service), 힘 행사하기(power or defiance), 보복(revenge or retaliation), 부적절함의 표시(inadequacy or deficiency)로 직접적 목표는 구분된다. 이런 잘못된 행동목표를 아동들이 쓰는지 안 쓰는지는 10세 이하의 아동에게서 쉽게 관찰된다. 연령이 증가함에 따라 직접적 목표는 중간적 목표 및 장기적 목표로 바뀌게 된다. 따라서 드라이커스의 양육원리는 아동들의 행동목표를 잘 이해하고, 그들의 목표를 향하여 나아가는 것을 주의 깊게 관찰함으로써 그들이 설정하는 목표를 제대로 파악하여 대처하는 것을 중요하게 다루고 있다.

① 관심 끌기

다른 사람의 관심을 끌어야만 안전한 위치를 차지할 수 있다는 생각을 하고, 잘못된 행동을 해서라도 관심을 끌려고 하는 행동을 말한다. 주로 어린 아동에게 생기는 관심 추구 행동의 유형이나 방법이다. 주의를 끌기 위해 잘못된 행동을 하려는 자녀를 다루기 위해서는 부모가 자녀의 잘못된 행동에 반응을 보이지 말고 건설적인 행동에 관심을 보여야 한다.

② 힘 행사하기

힘 행사하기란 부모, 친척, 이웃과의 관계 속에서 아동 자신이 원하는 문제를 해결하는 방법 중 하나로, 자기가 하고 싶은 대로 해버리는 행동을 말한다. 아동 자신의 힘으로 부모나 자신을 돌보는 사람에게 통제와 조절을 한다. 바라는 것을 거절당했을 때 주로 힘 행사하기 현상을 나타낸다.

힘 행사하기를 하려는 자녀를 다룰 때 부모는 화내지 말아야 하고, 주도권을 누가 잡느냐에도 초연해야 한다. 힘 행사하기를 하려는 자녀의 노력에 대항하여 억누르고자 힘(권력)을 사용하는 것은 자녀로 하여금 힘의 가치를 실감하게 하여 더욱더 힘 행사하기를 하게 만든다. 만일 부모－자녀 관계에서 힘 행사하기에 대한 투쟁이 계속되어 일단 자녀가 이길 수 없다고 생각하게 되면 자녀는 힘 행사하기에 대한 생각을 바꾸어서 세 번째 목표인 보복을 추구하게 된다.

③ 보복

아동은 부모로부터 불공평한 대접을 받았다고 느끼게 되면 부모에게 상처를 주고자 하는 행동을 한다. 보복은 적개심의 결과로서 아동은 자기 자신이 사랑스럽지 못하다고 생각하고 자신을 증오하고 미워하면서 자신의 위치를 찾는다. 즉, 그는 자신이 상처받았으므로 그만큼 다른 사람에게도 상처를 줄 수 있다고 생각한다. 더 이상 관심 끌기나 힘 행사하기는 하지 않고 폭력이나 미운 감정을 가지고 행동을 하게 되는 것이다.

보복의 형태는 도둑질, 폭력의 사용, 잔인한 행동 등으로 나타나기도 하며 이를 통해 자신의 잘못된 행동을 합리화하기도 한다.

보복하려는 아동의 부모 역시 깊이 상처받게 되며, 부모 또한 무의식적으로 자녀에게 앙갚음하게 된다. 그렇게 되면 자녀는 좀 더 못되게 굴거나 또 다른 무기를 골라 역습하여 대항하며 다시 보복한다. 이럴 때 부모는 자녀의 앙갚음 행동은 좌절에서 시작되는 것이라는 점을 재빨리 인식해야 한다.

복수심을 가진 자녀를 도우려면 부모는 보복하지 말아야 한다. 오히려 부모는 선의를 보여주면서 침착하게 부모－자녀 관계를 개선해 나가야 한다. 드라이커스는 아동의 보복 행동에 대해 부모의 벌은 크게 효과가 없다고 주장한다.

④ 부적절함 보이기

위의 세 가지 행동목표가 제대로 효과를 거두지 못하게 되면 자녀들은 실제로 또는 가상적인 부적절성을 나타낸다. 쉽게 포기하거나, 사회적 상호관계나 책임을 피해 퇴행함으로써 자신의 위치를 확보하려고 한다. 자녀들이 좌절하거나 마치 두 손을 들고 항복하듯이 매사를 포기한다면, '무능함'을 보이려는 것임을 알아차려야 한다. 자녀가 반응한다 해도 그 반응은 수동적이거나 미미한 반응에 그치게 된다. 자녀는 전보하려고 하지 않는다. 자신이 무능하다고 느끼는 아동을 돕기 위해서는 우선 비난하지 않아야 한다. 대신 부모는 아동의 특기나 장점에 관심을 집중하여야 하고, 자녀가 자신을 개선시키고자 하는 노력이 엿보이면 그것이 아무리 작은 것이라 할지라도 칭찬해 주고 격려해주어야 한다.

(3) 민주적인 훈육방법을 익힌다

아동의 잘못된 행동목표를 통해 문제행동이 발견되면 그의 해결을 위해 한계가 분명하고 일관성 있는 일반적인 규칙을 적용해야 한다. 드라이커스(Dreikurs, 1972)는 가족의 민주적인 분위기가 아동의 바람직한 행동을 형성하는 데 큰 영향을 준다고 하였다. 민주적인 가정에서는 서로 존중하여야 하며 서로 간의 지나친 행동은 피하며 과잉보호나 너무 지나친 관대함은 피하여야 한다고 하였다.

아동에게 책임감을 발달시키는 민주적인 훈육방법을 소개하면 다음과 같다.

① 인식반응 보이기(recognition reflex)

인식반응 보이기란 아동이 자신이 선택한 잘못된 행동목표를 갑자기 깨달았다는 뜻을 나타내는 신호로서 미소를 짓는다든지, 눈을 깜박거리며 왜 자신이 그런 식으로 행동했었는지를 이해하기 시작한다는 것이다. 인식반응이 일어나도록 하기 위해서는 비난하거나 꾸짖는 어조가 아니라 가정적인 말로 대해야 하며 심각한 갈등 상황이 아닐 때 가능하다.

② 자연적 귀결(natural consequence)

자연적 귀결이란 아동이 자기가 한 행동의 결과를 보고, 해도 되는 행동과 해서는 안 되는 행동을 배우게 되는 방법을 말한다. 자연의 법칙처럼 원인에 따른 결과가 자연스럽게 일어나는 것을 의미한다. 예를 들면, 아침에 늦게 일어나서 학교에 지각하거나 준비물을 챙겨가지 못해서 꾸중이나 벌을 받아 본 경험이 있는 아동은 그다음 날 일찍 일어나거나 준비물을 꼭 챙기려고 신경을 쓰게 되는데, 이러한 행동은 자연적 귀결에서 비롯되는 것이다.

자연적 귀결은 자녀가 취한 행동과 그 결과를 자연스럽게 경험하게 함으로써 부모와의 불필요한 힘겨루기를 하지 않는 것을 말한다. 자녀가 일상생활에서 쉽게 자연적 귀결을 경험하고 그것의 피드백(feedback)을 통해서 자신이 스스로 행동을 통제하거나 수정하도록 하기 위해서는 부모가 어떠한 형태로든지 개입하지 말아야 한다.

③ 논리적 귀결(logical consequence)

논리적 귀결은 어떤 행동의 결과가 아동 자신의 행동에서 비롯된 결과만이 아니고 성인이나 부모에 의해 야기된 결과를 받아들여 아동이 스스로 자신의 행동을 조절하게 하는 훈육방법을 말한다. 행동의 결과에 대해서 부모와 성인 자녀와 합의하여 논리적으로 규칙을 정하는 방법이다. 예를 들면, 식사시간을 정해놓고 그 시간이 아니면 자신이 차려 먹거나 그것도 싫으면 식사는 할 수 없도록 하는 식의 규칙이 적용되는 방법이다. 규칙을 정할 때는 민주적인 원칙이 적용되어야 하며 자녀뿐만 아니라 부모를 포함한 모든 가족구성원의 합의하에 정한 규칙을 성원 모두가 동등하게 지켜야 한다.

드라이커스의 민주적 부모교육이론에서 강조하고 있는 자연적 귀결과 논리적 귀결의 원리를 정리하면 다음과 같다.

- 부모는 보다 일관성 있는 행동을 한다.
- 말을 적게 하고 행동을 많이 한다.
- 자녀와 함께 책임의식을 나눈다.
- 자녀의 행동목표와 정서를 이해한다.

- 엄격하면서도 친절해야 하지만 동정심은 보이지 않아야 한다.
- 자녀에게 최대한의 자율성을 부여하는 태도를 가져야 한다.
- 자녀와 같이 싸우거나 힘 행사하기를 하지 않아야 한다.
- 자녀들이 좋아하는 태도만을 가지는 좋은 부모가 되기보다는 책임 있는 부모되기에 노력한다.
- 주변의 다른 사람들의 생각에 예민하게 반응하지 말아야 한다.

2. 인본주의 부모교육이론

기넛(H. Ginott)은 아동심리치료사, 부모상담가, 임상심리학자로서의 다양한 경험을 통하여 부모와 아이 간의 상호작용과 갈등을 이해하게 되었고, 이를 해결하기 위해 임상적 방법을 부모교육에 응용하게 되었다(Orgal, 1980). 인간의 내부에는 자아실현에 대한 강한 욕구가 있기 때문에 자신의 문제는 자신이 해결할 수 있는 능력이 있다는 매슬로(Maslow), 로저스(Rogers)의 이론을 이은 액슬린(Axline)의 인본주의 심리학에 기초하여 기넛은 아동중심 부모교육을 정립하였다. 기넛의 인본주의 부모교육의 기본 원리와 특징을 살펴본다(신은영, 2018: 119-137 참조).

1) 부모-자녀 관계에 대한 견해

기넛은 다양한 환경에서의 경험을 통해 부모와 자녀 간의 갈등은 부모가 자녀를 이해하지 못한 탓에 발생한다고 주장했다. 기넛은 자녀의 이야기를 잘 경청하는 방법 그리고 자녀의 이야기 속에 감추어진 '숨은 뜻'을 읽어내는 방법을 부모에게 알려 주어 부모가 자녀들의 치료적인 상담자역할을 할 수 있도록 돕고자 하였다.

기넛은 인본주의 심리학에 기초를 둔 기넛의 아동에 대한 견해는 '아동은 자기 자신을 이해하고 자신의 행동을 조정하며 적절히 통제할 수 있는 능력의 소유자'라는 것이다. 그러므로 부모는 자녀의 성별, 인성, 지능을 불문하고 자녀를 있는 그래도 수용해야 한다. 부모가 자녀의 감정과 행동을 있는 그대로 수용할 수 있어야 부모역할을 잘 수행할 수 있다.

효율적인 부모역할을 위하여 부모는 자신과 자신의 느낌에 대해 잘 알아야 하며 자기 확신이 있어야 한다. 부모가 자기 자신을 인식할 수 있을 때 자녀의 상태가 어떠하든지 간에 자녀의 이야기를 들어줄 수 있다.

아동중심적 사고를 가지고 자녀와 감정과 생각을 주고받는 부모는 부모-자녀 간에 문제가 발생했을 때 그 문제에 감정적으로 반응하지 않고 합리적으로 문제를 해결할 수 있는 습관을 형성할 수 있다. 따라서 원만한 부모-자녀 관계를 유지할 수 있다.

2) 자녀양육의 원리

기넛의 자녀양육 원리, 즉 부모와 자녀 사이의 대화를 촉진시키기 위한 전략과 자녀행동 지도 내용은 다음과 같다.

(1) 자녀와의 대화

① 말의 숨은 뜻

기넛에 따르면 아이들과의 대화는 하나의 예술과 같다. 아이들의 말은 그 의미와 법칙이 특이하다. 아이들의 말에는 '숨은 뜻'이 있다. 그래서 아이들의 말을 이해하는 데에는 암호를 해독할 때와 같은 기술이 필요하다.

어느 날 어린 아들이 아버지에게 "이 도시에는 고아가 몇 명이나 있죠?" 또는 유치원에 처음 방문한 여자아이가 큰소리로 "누가 이렇게 보기 싫게 그림을 그

렸어? 엄마! 이 장난감은 누가 부순 거야?"하고 질문을 했다. 어린 아들이 갑자기 사회 문제에 흥미를 가지게 되어 도시 고아들의 숫자가 궁금해졌을까? 또 어린 여자아이가 그림을 못 그린 친구가 누구인지, 장난감을 망가뜨린 아이가 누구인지 정말 궁금했을까?

도시의 고아에 대해 질문을 한 아들은 고아들에 대한 동정심에 관심이 있는 것이 아니라 자기도 버림을 받을지도 모른다는 두려움 때문에 질문을 하였고, 자기는 버림받지 않을 것이라는 확인을 하고 싶었던 것이다. 유치원에 처음 방문한 여자아이는 그림을 못 그린 친구, 장난감을 부순 친구가 누구인지 궁금한 것이 아니고 그림을 못 그리면 어떻게 되는지, 장난감을 망가뜨리면 이 유치원에서는 어떤 벌을 주는지가 궁금했던 것이다.

② 대화의 새로운 방법

아이와의 대화를 나누는 새로운 방법은 인격을 존중하는 태도와 대화의 기술이 필요하다.

첫째, 부모 자신의 자존심만큼 자녀의 자존심도 존중해야 한다.

둘째, 아이에게 충고나 지시를 할 때 부모는 먼저 아이가 처한 상황과 아이의 마음을 충분히 이해하고 난 다음에 전달해야 한다.

아이가 어떤 감정에 사로잡혀 있을 때는 야단을 치거나 충고의 말은 도움이 되지 않는다. 이해만이 필요할 뿐이다. 아이는 자신의 마음속에 무엇이 일어나고 있는지를 알아서 달래주기를 원한다.

아이가 "오늘 나 선생님에게 꾸중 들었어"라고 했을 때 "왜 무슨 일을 했기에 꾸중 들었니?", "야단맞을 짓을 또 했겠지" 같은 말은 쓸데없는 말이다. 부모가 해 주어야 하는 것은 아이가 경험하는 속상함과 수치심, 분노에 대한 이해이다. 이해받았다고 느낄 때 송곳 같은 감정은 점차 완화되어 간다.

③ 대화의 기본 원리

자녀와의 대화에서 기본 원리는 자녀가 어떤 사건에 대해 말을 하거나 질문을 할 때 사건 자체보다 사건이 암시하는 것이 무엇인지, 사건에 대한 자녀의 감정이 어떤지를 알고 반응을 해야 한다.

아이들이 친구가 선생님 혹은 자신에 대해 불평을 할 때는 사건의 진상이나 잘잘못을 판단하기보다 아이의 감정을 읽고 이해해 주어야 한다. 때로는 자녀가 느끼는 감정뿐만 아니라 그 감정이 뜻하는 것까지도 이해해 주어야 한다.

밖으로 표출되는 행동은 좋다 나쁘다 판단할 수 있고 비난할 수도 있지만, 느끼는 감정은 비난해서도 판단해서도 안 된다. 감정을 판단하거나 상상을 비판하는 것은 자유로운 사고와 정신건강을 해치는 결과를 가져온다. 우리는 살아가면서 환희, 즐거움, 기쁨, 행복, 분노, 노여움, 두려움, 슬픔, 번뇌, 경멸 등의 감정을 느낀다. 그러나 많은 사람들이 자신이 느끼는 감정이 무엇인지 모를 때가 많다. 감정에 대한 교육은 아이들로 하여금 무엇을 느끼는가를 알게 해 준다. 아이들에게 '왜 느끼는지'보다 '무엇을 느끼는지'를 가르치는 것이 중요하다.

부모는 아이들에게 감정의 거울과 같은 역할을 해 주어 아이들 스스로가 자신의 감정을 알도록 도와주어야 한다. 거울의 역할은 있는 그대로 비춰 준다. 감정을 비춰주는 거울 역할은 비난하지 않고 느끼는 감정을 그대로 보여주는 것이다.

(2) 칭찬과 비판, 분노

부모는 자녀의 행동을 지도하기 위해 칭찬과 비판을 자주 하게 된다. 기넛은 칭찬과 비판을 사용할 때 지켜야 할 규칙이 있다고 주장하였다.

① 칭찬하는 법

칭찬에도 원칙이 있다. 칭찬이나 강화는 아이의 노력과 행동에만 주어져야 한다. 인성에 대해 평가를 해서는 안 된다.

많은 부모들이 자녀에게 똑똑하다 또는 착하다는 칭찬을 많이 한다. 똑똑하다는 칭찬을 많이 듣는 아이는 똑똑하게 보이기 위해 혹여 실수라도 할까 봐 어떤 도전도 시도하지 않게 된다. 착하다는 칭찬을 듣는 아이는 자신의 이미지를 지키기 위해 거짓말이나 부정행위를 하게 된다.

적절한 칭찬은 자녀가 실제로 노력하고 성취한 만큼의 행동을 구체적으로 말해 주는 것이다. 칭찬하는 말은 아이를 위하여 아이가 이룬 성취를 그대로 비추어 주는 거울이 되어야 한다. 예를 들면, 현관의 신발을 정리한 아이에게 "참 착하구나"라고 칭찬을 하는 것은 아이가 한 일과는 아무런 관련이 없는 칭찬이다. 대신 "네가 현관에 널려있는 신발을 정리하니 현관이 깨끗해져 집안이 환하고 넓어 보이구나. 그동안 엄마는 다른 일을 할 수 있었네"라고 말해준다. 아이는 자신이 한 행동이 엄마에게 도움이 되었으며, 자신이 집안을 넓어 보이게 마법을 부린 것 같아 스스로를 대견해 한다.

어머니의 말들을 아이가 자신의 노력을 기쁘게 생각하고, 아이가 이루어놓은 일에 대해 자랑스럽게 생각하도록 만들었다. 아이의 자아존중감을 향상시킬 수 있는 칭찬이다.

칭찬은 아이의 개성과 인성에 관련해 말해서는 안 된다. 아이의 노력과 행동, 성취 등의 진가에 대해 명확하게 말해 주어야 한다. 그리고 아이가 자신에 대해 긍정적으로 결론지을 수 있게 해야 한다.

② 비판, 분노하는 법

아이의 행동을 비판하고자 할 때 행동의 한계를 제시하고, 아이 행동의 결과가 무엇인지와 어떻게 행동하는 것이 좋은지를 이야기해 주어야 한다. 이때 아이의 인성에 관한 부정적인 비판은 절대 하지 말아야 한다.

예를 들면, 아이가 들고 있던 우유 한 컵을 쏟았다. 이때 부모가 "아직 컵 하나를 바로 들 줄 모르냐? 조심하라고 몇 번이나 말했니!"라고 말했다. 아이는 우유 한 컵을 쏟았는데, 부모로부터 조롱을 받았고 무엇보다도 더 중요한 자아존중감을 다치게 되었다. 이 상황에서 엄마가 "우유가 쏟아졌구나, 자, 여기 행주 있다"라고 말하며 새로 우유 한 산을 건네준다면 아이는 엄마에게 감사한 마음을 가지게 될 것이다.

그리고 자녀를 양육하면서 부모가 화를 내야 할 때가 있다. 부모가 화를 내야 할 때 침묵해버리면 자녀는 그것을 선의로 받아들이기보다 오히려 부모의 무관심으로 받아들인다.

부모의 분노도 감정이다. 감정을 하찮게 취급해서는 안 된다. 분노의 적절한 표현은 부모 자신에게 고통을 덜어 주고, 아이에게 반성의 기회를 줄 수 있다. 하지만 분노로 인해 싸우거나 상처를 주는 일이 있어서는 안 된다.

분노의 감정을 적절하게 표현하고 평화스러운 마음 상태를 얻기 위해서는 우선 다음 세 가지 사실을 인정해야 한다. 첫째, 자녀들은 부모를 화나게 할 수도 있다. 둘째, 죄의식이나 부끄러움 없이 분노의 감정을 표현한다. 셋째, 느끼는 대로 감정을 표현한다.

분노는 세 단계를 통해 처리할 수 있다.

첫 단계는 꾸중들을 짓을 한 자녀의 이름을 큰 소리로 부르는 것이다. 잘못을 저질렀거나 주의를 들어야 할 자녀에게는 좋은 경고가 된다.

두 번째 단계는 설명 없이, 짤막한 말로 감정을 표현하는 것으로 자녀의 그릇된 행동을 고칠 수 있다. 예를 들면, "화나게 하지 마라", "그렇게 하니까 너무 화가 나", 라고 말하면 자녀는 부모가 화가 난 것을 알고 행동을 수정하고자 한다. 두 번째 단계에서 자녀행동이 수정되지 않으면 세 번째 단계를 취해야 한다.

세 번째 단계는 부모가 화가 난 이유와 그것으로 인한 마음 상태와 자녀들이 어떻게 행동하면 좋을지를 말한다. 예를 들면, "식사를 하라고 불렀는데 네가 바로 오지 않으면 엄마는 무지 속상해. 화가 날 때도 있어. 맛있는 음식을 준비하느라 애썼는데 맛있게 먹어 주면 얼마나 좋을까"라고 말한다.

3단계를 통한 분노 감정 처리는 누구도 상처입지 않고 분노를 해결할 수 있으며, 자녀들에게 분노를 해소시키는 방법에 대한 모델을 제공하게 된다.

(3) 부모가 흔히 저지르는 실수

자녀양육이 서투른 부모들은 아이와 힘겨루기를 하다가 아이에게 지는 경우가 많다. 이때 자신의 패배감을 모면하려고 여러 가지 방법들을 사용하게 된다. 예를 들면, 위협, 약속, 빈정대는 말, 거짓말이나 도둑질에 대한 설교 투의 훈계, 논리적으로 따지며 가르치는 것이다. 이런 방법으로 자녀를 훈육하게 되면 자녀에게 좋지 않은 영향을 줄 수 있다.

(4) 책임감 형성 돕기

부모는 자녀들이 책임감 있는 사람으로 성장하기를 바란다. 책임감과 같은 가치 있는 행동은 직접 배울 수가 없다. 아이들은 존경하고 좋아하는 사람을 닮으려 하면서, 즉 존경하는 이를 모델링해서 자신의 인격을 형성해 나간다. 부모의 태도와 행동은 아이들의 책임감을 형성하는 결정적인 요인이 된다. 부모는 자신의 감정을 자녀들에게 솔직하게 보여주어야 한다. 그리고 자녀의 모든 감정의 표현과 행동을 수용할 수 있어야 한다.

부모가 자녀의 감정이나 요구를 이해하려고 애쓸 때, 자녀는 스스로 자신을 변화시켜 나간다. 부모가 제공하는 특별한 경험들로 인해 자녀들의 인격이 형성된다. 책임감은 부모가 가르치기보다 아이 자신의 노력과 경험에 의해 커 간다.

아이는 스스로 선택함으로써 책임지는 것을 배우게 된다. 선택지를 제공하는 것은 책임 있는 부모의 역할이며, 어느 하나를 선택하는 것은 아이의 책임이다. 아이가 자신의 생활을 영위하기 위해 무엇을 결정하고 선택하는 경험은 책임감뿐만 아니라 자아존중감도 높일 수 있다.

(5) 훈육방법

아이들을 훈육할 때 아이들이 이해할 수 있는 범위 내에서 그 한계까지 합리적으로 주어질 때 규율과 책임감 등 좋은 습관을 형성시킬 수 있다. "~하지 마라"라는 명령은 수용되지 않는 행동이 무엇인지 알려 주지만, 수용되는 행동이 무엇인지 알려 주지는 않는다. 그러므로 아이의 행동을 제지할 때는 대안까지 제시해 주어 아이가 선택하도록 한다. 예를 들면, "네가 무엇인가 던지고 싶다면 책을 던지지 말고, 공을 던지는 것이 좋겠다" 또는 "화가 나면 책을 던지지 말고, 네가 얼마나 화가 났는지 말로 이야기해라"라고 말해줄 수 있다.

아이의 행동을 제지할 때는 분명한 말로 구체적으로 어떤 행동은 허용되지만, 대신 어떤 행동은 받아들일 수 없다고 말해야 한다. 제지를 할 때는 단호히 "해서는 안 된다"고 해야 한다. 부모가 주저하면서 아이에게 호소하는 제지는 오히려 아이에게 갈등만 일으키게 한다.

3) 부모교육과정 단계

성공적인 부모교육과정은 이야기하기 단계(recitation phase), 민감성 높이기 단계(sensitization phase), 개념형성 단계(concept formation phase), 기술 익히기 단계(skill learning phase)로 구성되어 있다(Ginott, 1972; Orgal, 1980).

(1) 이야기하기 단계

이 단계에서 지도자들은 부모들이 자녀들과 생활하면서 부딪히는 여러 가지 문제들과 이러한 문제들을 해결하기 위해 사용하였던 상호작용에 대해 솔직하게 말할 수 있도록 격려한다.

이러한 과정을 통해 부모들은 다른 사람들의 고민과 자녀문제를 공유하면서 감정이입의 경험을 갖도록 한다. 그러면서 지나치게 허용적인 부모와 지나치게 제한적인 부모의 입장에서 서로의 공통점과 차이점에 대한 경험을 나눈다.

(2) 민감성 높이기 단계

두 번째 단계에서는 문제행동을 보이는 자녀들의 느낌에 초점을 두게 된다. 부모의 고민보다 자녀의 느낌이 어떠했을지를 자녀 입장에서 감수성 깊게 생각해 보는 단계이다. 자녀의 느낌과 행동 사이에 어떤 원인과 결과가 작용하는지에 대해 부모가 집중적인 관심을 가지도록 한다. 이유는 "어린이는 감정이 상했기 때문에 미운 짓을 한다".

자녀의 문제행동만 문제로 보고 그 행동에 내포된 자녀의 감정을 무시한다면 자녀의 문제행동을 고칠 수 없다. 그래서 이 단계에서 부모들에게 감정탐색을 하도록 격려한다.

(3) 개념형성 단계

부모로서 자신의 행동에 대해 분석해 보고, 나아가 부모로서의 행동이 향상될 수 있는 개념을 형성하도록 돕는다. 부모로서 자녀와의 갈등을 다루는 데 왜 실패했는지 그 원인을 파악하고 평가 분석하여 자녀양육에 대한 새로운 지식과 개념을 갖게 된다.

감정과 행동의 차이를 인식하고, 자녀들이 감정을 표현하는 것이 발달적으로 바람직하다는 것을 배운다. 자녀들의 감정과 행동을 수용하는 기술과 자녀가 감정을 건설적으로 표현하도록 도와주는 기술을 배우게 된다.

(4) 기술 익히기 단계

프로그램에 참여한 부모들이 안고 있는 문제를 해결하기 위해 양육기술을 실제 상황에 적용해 보도록 하는 과정이다. 지도자는 참여한 부모들에게 그들이 겪고 있는 문제에 대해 도움이 될 만한 적절한 기술을 제시한다. 부모들은 자신의 문제에 대해서는 주관적이고 정서적으로 반응하지만 다른 부모의 문제에 대해서는 보다 객관적이고 통찰력을 가지고 접근한다. 배운 이론을 가정에서 적용해 본 후 그 결과에 대해서 다시 토의하여 새로운 양육기술과 지식을 익히게 된다.

3. 상호교류분석이론

상호교류분석(Transactional Analysis: TA)은 부모-자녀 간 의사소통과 상호교류방법을 개선하려는 목적에서 에릭 번(Eric Berne)에 의해 개발된 이론이다.

교류분석은 개인의 성장과 변화를 위한 성격이론이며 체계적인 심리치료 이론으로서 성격이론, 의사교류이론, 아동발달이론, 심리치료이론 등을 내포하고 있다. 교류분석 이론의 원리와 특징을 살펴본다(이선애 외, 2015: 93-100; 이경화 외, 1999: 75-7 참조).

1) 부모-자녀 관계에 대한 견해

번은 인간을 다른 사람과의 사회적 상호관계를 이해하고, 환경과의 상호작용을 통해서 자신을 변화시키는 자율적 존재로 보았다. 인간은 다른 사람과의 상호교류를 통해 욕구를 충족시키며 또 성장함에 따라 사회적으로 상호작용 하기를 원한다는 것이다. 그는 인간의 기본적인 욕구에는 자극의 요구(stimulus hunger), 인정의 욕구(recognition hunger), 자세의 욕구(position hunger), 구조의 욕구(structure hunger) 등이 있다고 주장하고, 이러한 욕구는 다른 사람과의 의사소통과정에서 채워지기도 하고 채워지지 못하기도 한다고 하였다.

자극의 욕구는 다른 사람과의 피부 접촉을 통해 해결되는데 부모와의 접촉과 언어적 자극 및 반응으로 해결될 수 있다. 어린 유아일수록 부모로부터 자극의 욕구가 충족될 수 있도록 피부를 만지고 쓰다듬는 접촉이 필요하다. 번은 이러한 자극의 욕구를 만족시켜주는 행동을 스트로크(stroke)라고 한다. 스트로크는 비언어적 상호교류로 상대방을 인정하는 데 사용하는 행동으로, 언어, 표정, 몸짓, 감정 등을 표현한 모든 것을 내포한다.

자세의 욕구란 인간의 생활 자세를 바람직하게 형성하려는 것을 의미하는데 부모들이 자녀를 대하는 태도, 즉 제한, 명령, 수용, 억제 등이 자녀의 생활 자세 형성에 영향을 미치게 된다. 부모가 자녀의 행동에 어떻게 반응하느냐에 따라 아동의 생활 자세가 긍정적 혹은 부정적으로 형성된다는 것이다. 유아기의 생활 자세는 그들이 살아가야 할 인생각본(life scripts) 형성과정의 기초로서, 성장하면서 긍정적인 방법과 문제해결을 통해 바람직한 결과를 나타내게 된다.

구조의 욕구란 한 개인이 살고 있는 환경에서 자신이 좋아하는 방법으로 다른 사람과 기쁘고 즐겁게 시간을 보내는 것을 생각하여 시간을 구조화하는 것을 의미한다. 시간을 구조화하는 데는 일반적으로 회피, 관습, 활동, 시간 보내기, 게임, 친밀감 등 6가지 방법을 사용한다고 본다.

2) 부모교육 원리

(1) 인성의 자아구조

번은 인간의 성격은 사회적 상호작용과 관련 있다고 보고 이를 근거로 인간관계의 의사소통이나 상호교류방법에 역점을 두고 이론을 정립하였다. 즉, 개인의 인성은 성장과정에서 형성된 개인의 행동양식으로서 부모자아, 아동자아, 성인자아라는 세 가지 자아 형태로 구성되어 있다. 세 자아는 개인의 인성 내에서 형태 간의 교류를 통해 개인을 변화시키고 더 나아가 인간 상호 간의 갈등을 감소시킬 수 있다고 보았다.

① 자아 상태의 구조

한 개인의 자아 상태는 부모자아, 아동자아, 성인자아의 세 가지 자아 형태로 구분할 수 있다.

가. 부모자아

부모자아(Parent ego: P)란 아동이 자라면서 환경 내에서 영향을 받는 부모나 형제 또는 주 양육자를 통해 배워 온 행동, 예절, 가치관을 내면화한 것으로 '가르침을 받은 생활개념'이다. 부모자아는 보살핌과 관련된 양육적 부모자아(Nurturing Parent ego: NP)와 비난이나 제재를 가하는 비판적 부모자아(Critical Parent ego: CP)로 구분할 수 있다.

양육적 부모자아 상태는 부모가 아동의 성장을 도와주는 기능을 하며, 아동을 통제하기보다는 보살펴 주고 격려해 주었을 때 발달하는 양육유형으로 원만한 대인관계의 초석이 되고 건전한 인성을 형성하게 된다. 반면 비판적 부모자아 상태는 통제적이고 명령하고 지시하는 것과 같은 지배적인 태도로 아동의 의사보다는 부모의 주장대로 키웠을 때 발달하는 양육유형으로 양육적 자아 상태보다 바람직하지 못하다.

나. 아동자아

아동자아(Child ego: C)란 어린 시절 느끼고 행동했던 것과 같은 감정이나 행동을 내면화한 것으로 '느껴진 생활개념'이다. 아동자아는 즐겁고 자유로운 감정 상태인 자유로운 아동자아(Free Child ego: FC)와 부모에게 순응하는 감정 상태인 순응적 아동자아(Adapted Child ego: AC)로 구분할 수 있다. 자유로운 아동 자아는 아동이 일상생활에서 좋거나 싫은 자신의 감정 상태를 자유롭고 창의적인 면에 반영하는 것으로 호기심이나 창조적인 힘의 원천이 된다. 반면 순응적 아동자아는 아동 스스로가 자율적이기보다는 부모의 기대나 의견을 중요시하여 그들의 주장에 순응하려는 경향으로 사회생활하는 데 용이하다.

다. 성인자아

성인자아(Adult ego: A)란 아동자아의 느껴진 생활개념과 부모자아의 학습된 생활개념에서 얻은 자료들을 기초로 어떤 일을 스스로 해낼 수 있는 능력을 갖게 됨으로써 형성된다. 성인자아 상태는 울고, 웃고, 걱정도 하는 부모자아 상태나 아동자아 상태가 하는 일 등은 하지 않고 감정이 결여된 논리적인 처리가 가능하므로 감정보다는 논리적 기능을 발휘한다. 그러므로 성인자아는 사실에 근거하여 정보를 분석하고 이에 근거하여 적절한 해결방법을 탐색하는 능력의 근간이 된다.

우리가 한 사람의 자아 상태를 직접 관찰하기란 어려운 일이지만 상대방의 말이나 행동을 통해 개인의 자아 상태를 파악하는 것은 가능하다.

〈표 12-1〉 자아 상태를 나타내는 언어적 · 행동적 단서

자아 상태	언어적 단서	행동적 단서
양육적 부모자아	"그래, 해 줄게" 동정적이고 부드럽고 순한 말투	껴안아 준다. 어깨를 두드린다.
비판적 부모자아	"안 돼, ~하지 않으면 안 된다" 설교적 · 비판적 · 강압적 · 단정적인 말투	시비조로 말한다. 손가락질한다. 지시한다.
자유로운 아동자아	"야아, 신난다, ~하고 싶다" 밝고 명랑하고 개방적이고 자유로운 말투	잘 웃는다. 활발하다. 유머가 풍부하다. 씩씩하다.
순응적 아동자아	"~해도 되나요? 괜찮습니다." 자신감이 없이 중얼거리는 말투	타인의 표정을 살핀다. 한숨을 쉬고 불안해하고 두려움을 보인다.
성인자아	"~라고 생각한다" '누가, 언제, 어디서, 무엇을, 어떻게, 왜'라는 논리로 말한다. 침착하고 냉정하고 기계적이고 낮은 말투	상대방과 눈을 맞춘다. 주의 깊게 듣는다. 바른 자세로 듣는다.

(출처: 이선애 외, 2016: 96)

(2) 교류분석

교류분석은 사회적 의사소통의 기본 단위를 교류라 하고, 의사소통을 하기 위해 한 사람이 자극을 주면 다른 한 사람이 반응하는 것이다. 교류분석은 부모자아, 아동자아, 성인자아를 응용하여 상호 의사소통 형태를 분석한 것으로 번(Berne)은 의사소통 유형을 상보교류, 교차교류, 암시교류로 구분하고 있다(정옥분 · 정순화, 2008).

① 상보교류

상보교류(complementary transaction)란 동일한 두 개의 자아 상태가 발신자가 보내는 메시지에 대한 반응을 수신자가 기대한 반응을 보임으로써 자극과 반응이 평행을 이루는 형태를 의미한다. 상보교류에서는 기대한 반응이 수평적으로 돌아오기 때문에 상호 간의 충돌이 최소한으로 줄어들고 원만한 상호작용의 결과를 가져오게 된다. 다음의 대화는 상보교류의 예를 보여준다.

- 어머니: 너 오늘 피아노학원 몇 시에 가지? (성인자아)
- 자녀: 3시에 가요. (성인자아)
- 어머니 A: 요즘 아이들은 어른을 보면 왜 인사를 안 하는지 모르겠어요.

(부모자아)

- 어머니 B: 맞아요. 우리 클 때에는 그렇지 않았잖아요. (부모자아)

② 교차교류

교차교류(crossed transaction)란 의사소통에서 주고받는 자극과 반응이 상대방에게 기대했던 반응과는 달리 예상외의 반응이 오는 것으로 자극과 반응이 서로 교차하는 것을 의미한다. 교차교류가 일어나는 경우 발신자가 예상했던 반응이 일어나지 않으므로 의사소통이 일어나지 않거나 갈등을 경험하거나 때로는 무시당했다는 느낌을 받아 싸움으로까지 확대되기도 한다. 다음의 대화가 교차교류의 예라고 볼 수 있다.

- 어머니: 방학이 언제부터 시작하니? (성인자아 → 성인자아)
- 자녀: 가정통신문에 나와 있잖아요. (부모자아 → 아동자아)

③ 이면교류

이면교류(ulterior transaction)란 외부로 나타나는 대화내용과는 달리 이면에 숨겨진 메시지의 교류를 의미한다. 이때 외부로 표현되는 자극과 반응을 사회적 메시지라고 한다면, 내부에서 표현되는 자극과 반응을 심리적 메시지라고 한다. 이면교류는 상보교류나 교차교류와는 달리 동시에 2개 이상의 자아 상태를 포함하여 교류하는 가장 복잡한 교류 형태이다.

〈표 12-2〉 이면교류의 메시지 형태

	사회적 메시지	심리적 메시지
1	어머니: 벌써 10시란다. 이제 잘 시간이구나. (성인자아) 자녀: 지금 꼭 자야 해요? (성인자아)	어머니: 네가 얼른 자야 나도 조용히 드라마를 볼 수 있거든(아동자아) 자녀: 나는 엄마랑 같이 자고 싶은데… (아동자아)
2	어머니: 기말고사가 언제부터니? (성인자아) 자녀: 금요일이에요! (성인자아)	어머니: 기말고사가 얼마 남지 않은 것 같은데 왜 공부를 안 하는 거니? (아동자아) 자녀: 나도 실컷 놀고 싶다고요. (아동자아)

(출처: 이선애 외, 2016: 99)

(3) 각본 분석

번은 인간이 생존을 위해 필요로 하는 자극의 욕구가 있는데, 특히 아동이 필요로 하는 자극의 욕구를 쓰다듬기(stroke)로 보았다. 일반적으로 모든 아동은 긍정적인 쓰다듬기를 원하며 이것이 충족되지 않았을 때는 생명을 유지하기 위해 부정적인 관심 끌기로 유인하여 부정적 쓰다듬기의 자극이라도 받고자 한다.

번은 자신의 환경 내에서 다른 사람들과의 교류를 통해 인간관계나 문제해결의 긍정적 또는 부정적 생활 자세를 형성하게 되는데 이처럼 아동이 형성할 수 있는 네 가지 유형의 생활 자세는 다음의 표와 같다.

〈표 12-3〉 상호교류 분석에 근거한 네 가지 유형의 생활 자세

생활 자세	내용	특징
자기부정 / 타인긍정 I'm not ok / You're ok	• 타인에 대한 긍정 및 자기에 대한 부정 • 출생 후 영아기에 흔히 발견되며, 부모를 긍정적으로 지각하여 전적으로 의존	• 열등감, 죄의식 • 감정적 도피, 타인을 기치 • 타인에 대한 불신
자기부정 / 타인부정 I'm not ok / You're not ok	• 유아기에 흔히 나타남 • 무능력감을 경험하여 자기를 부정하거나 생을 자포자기하는 경향	• 버림받았다고 지각, 반항하고 자기를 부정함 • 모든 사람에게 분노하는 감정이 있음 • 의욕 상실
자기긍정 / 타인부정 I'm ok / You're not ok	• 생후 2~3년 특징 • 부모로부터 학대를 경험한 아동의 특징 • 부모에 대한 부정과 타인을 무시하는 경향 • 자기긍정 경향을 보이나 불안정한 생활자세를 보임	• 자립하려는 강한 욕구 • 자만심 및 자기방어 • 극심한 불식, 비난, 증오 및 편집증적 자세
자기 긍정 / 타인 긍정 I'm ok / You're ok	• 건강한 심리 자세 • 자기 자신 및 타인 존중 • 성장기 부모의 바람직한 자세전수	• 긍정적 사고 • 자기성장을 위한 노력

(출처: 이선애 외, 2016: 100)

4. 행동수정이론

행동수정이론은 인간의 행동은 타고난 것이 아니라 주위 환경과의 상호작용을 통해 학습된 것임을 전제로 하고 있다. 또한 행동수정이론에서는 정신분석 이론이 무의식이라는 모호한 개념, 그리고 꿈이나 자유연상과 같은 비과학적 방법에 치중하고 있다는 사실을 비판하고 인간의 행동을 설명할 수 있는 과학적인 접근방법을 제시하였다. 행동수정 이론의 전개와 특징을 다음과 같이 살펴본다(정옥분 · 정순화, 2016: 370-81 참조).

1) 부모-자녀 관계에 대한 견해

행동주의 이론에서 아동이 바람직하지 못한 행동을 하는 것은 아동에게 적절하게 결과를 제시해주는 사람이 존재하지 않았거나 적절한 결과를 제시해주지 못했기 때문으로 본다.

행동주의 이론에서의 부모의 역할은 모델로서의 역할이다. 좋은 모델이 제시될 때 모델링에 의해 행동이 좋은 방향으로 형성된다는 것이다. 부모-자녀 관계에서 보는 모델링을 통해 자녀의 바람직한 행동이 형성되는 결과라는 것이다. 자녀의 행동이란 그 행동이 발생하기 이전, 현재, 앞으로 처할 환경에 의해 영향을 받기 때문에 부모-자녀 관계에서 부모는 대단히 중요한 환경이다.

행동주의 부모교육이론에서는 긍정적인 자극이나 부정적인 자극을 통해 행동을 변화시키거나 좋은 모델링을 통해 행동의 변화를 가져오는 데 그 목적이 있다고 할 수 있다.

조작적 조건형성이론(operant conditioning theory)에서는 부모가 자녀의 행동을 변화시키기 위해 인위적으로 자극과 반응을 조정하는 것으로 바람직한 행동에 대해서는 칭찬과 격려를, 바람직하지 못한 행동에 대해서는 불쾌한 경험 등으로 소거시킨다. 사회학습이론(modeling theory)에서는 모방을 통한 학습으로 부모의 행동이나 형제자매의 행동을 보면서 바람직한 행동을 배워 나가도록 해서 행동의 변화를 가져오게 한다.

2) 행동수정이론의 발전과정

인간의 행동이 주위 환경과의 상호작용을 통해 습득된 것임을 전제로 하고 있는 행동수정이론에서는 인간의 학습과정을 파블로프(I. Pavlov)의 고전적 조건형성이론과 스키너(B. Skinner)의 조작적 조건형성이론, 반두라(A. Bandura)의 사회인지학습이론 등을 통해 다음과 같이 설명하고 있다.

(1) 고전적 조건형성이론

고전적 조건형성(classical conditioning)이론은 러시아의 생리학자 파블로프(I. Pavlov, 1927)의 연구에 그 기초를 두고 있다. 파블로프는 개의 타액 분비량이 자동적으로 기록되도록 한 실험연구를 통해 처음에는 개에게 침을 분비하게 하는 것과는 전혀 관련이 없는 중성자극이라도 침의 분비를 유발하는 자극과 지속적으로 짝지어 제시하게 되면, 결국에는 중성자극에 대해서도 침을 흘리게 되는 반응이 일어난다는 사실을 증명하였다.

파블로프의 고전적 조건형성의 원리는 인간의 행동에 적용시킨 왓슨(Watson)은 인간의 행동도 자극과 반응 간의 연합을 통해 이루어진다고 하였다. 왓슨과 라이너(Rayner)는 알버트(Albert)라는 소년을 대상으로 흰쥐를 보여주는 것과 동시에 아동에게 선천직으로 두러움을 주는 큰 소리를 함께 들려줌으로써 지금까지 전혀 공포반응을 보이지 않았던 흰쥐에 대한 공포반응을 형성하는 데 성공하였다.

(2) 조작적 조건형성

스키너는 인간의 행동은 자극에 따라 반응을 하는 수동적인 형태가 아니라 오히려 자신이 한 반응 이후에 제시되는 자극의 종류에 따라 결정된다고 주장하였는데, 이를 조작적 조건형성(operant conditioning)이론이라고 한다. 즉, 대부분의 행동은 선행되는 자극에 따라 수동적으로 반응이 이루어지는 것이 아니라, 반응 이후에 어떠한 자극이 제시되는가에 따라 행동이 결정된다는 것이다. 만약 반응 이후에 제시되는 자극이 긍정적인 것이라면 이후의 반응은 증가할 것이고, 반대로 혐오감을 주는 것이라면 이후의 반응은 감소할 것이다. 이후에 제시되는 자극이 이후의 바람직한 행동을 증가시키는 경우 이를 정적 강화자극(positive reinforcement stimulus)이라고 하며, 특정한 혐오자극을 철회함으로써 바람직하지 않은 행동이 일어날 확률을 감소시키는 경우 이를 부적 강화자극(negative reinforcement stimulus)이라고 한다. 조작적 조건형성이론은 강화자극을 적절하게 조절함으로써 바람직한 행동은 증가시키고 바람직하지 못한 행동은 감소시키는 행동수정이 이루어질 수 있다고 본다.

(3) 사회학습

반두라와 그 동료들은 인간의 행동은 외부로부터 직접적으로 주어지는 자극이나 강화를 통해서 학습이 이루어지는 것이 아니라, 직접적으로 경험하지 않고도 단순히 타인의 행동을 관찰하고 모방함으로써 간접적으로도 학습이 이루어질 수 있다고 하였다. 단순히 모방만으로 학습이 이루어진다는 점에서 이를 사회학습(social learning)이론이라고 한다.

3) 행동수정의 목표와 원리

행동수정은 상벌의 방법을 사용하여 바람직하지 못한 행동을 수정하는 것을 그 목표로 한다. 즉, 외현적으로 표현되는 구체적인 행동을 변화시키는 것이 행동수정의 목표이다.

행동수정 기법은 크게 바람직하지 못한 행동을 감소시키는 방법과 바람직한 행동을 증가시키는 방법으로 구분할 수 있다.

(1) 바람직하지 못한 행동을 감소시키는 방법

① 처벌

처벌(punishment)은 혐오자극을 제시함으로써 행동이 일어날 확률을 감소시키는 방법이다. 그 가운데 가장 논란의 여지가 많은 대표적인 방법이 체벌이다. 체벌은 행동수정의 전통적인 도구로서 널리 사용되는 방법이지만 동시에 여러 가지 측면에서 그 부작용 또한 문제점으로 지적되고 있다. 첫째, 체벌은 아동으로 하여금 모방학습을 통해 공격성을 증가시킨다는 점이 문제점으로 지적되고 있다. 둘째, 체벌을 받는 상황을 피하기 위해 더욱더 바람직하지 못한 행동을 유발할 수도 있다. 셋째, 체벌은 그 효과가 일시적이며 재발 가능성이 크다. 넷째, 벌을 준 사람이나 장소를 싫어한다. 다섯째, 체벌만으로는 바람직한 행동을 가르칠 수 없다는 문제점을 가지고 있다.

② 소거, 관심중단

소거(extinction)는 일단 학습된 행동도 그 행동에 대한 강화가 지속적으로 이루어지지 않는다면 점차 소멸된다는 원리에 근거한 것이다. 아동이 바람직하지 못한 행동을 했을 때에 부모나 교사가 이러한 행동에 대해 체벌을 가하는 것 자체도 관심을 보여주는 것이라고 볼 수 있다. 그러므로 아예 이러한 행동에 대해 관심을 보이지 않고 무시함으로써 문제행동을 감소시키는 방법이 소거의 방법이다.

③ 일시 격리

현재 아동이 처해 있는 상황이 문제행동을 유발하는 요인이라고 판단이 될 경우 아동을 문제행동이 일어나는 즐거운 상황으로부터 일시적으로 격리시키는 방법이 일시 격리(time out)이다. 일시 격리의 방법을 사용하는 과정에서 유의해야 할 점은 다음과 같다.

첫째, 현재 상황이 고립되는 것을 싫어할 만큼 즐거운 상황이어야 한다. 둘째, 일시 격리되는 곳에는 아동이 좋아할 만한 장난감이나 물건을 두지 말아야 하며, 일시 격리되는 동안의 행동도 엄중하게 통제되어야 한다. 셋째, 아동의 연령에 따라 일시 격리되는 시간을 고려해야 한다. 유아의 경우 고립되는 시간은 5~10분 정도를 넘지 말아야 하며, 그 이상이 되면 효력을 상실하게 된다.

④ 포만

포만(satiation)은 아무리 좋은 것도 지나치면 싫증이 난다는 원리에 근거한 행동수정방법이다. 예를 들어, 신문을 계속 찢어놓는 아동에게 신문지를 많이 주고 싫증이 날 때까지 실컷 찢게 함으로써 그 행동을 더 이상은 하고 싶지 않게 만들어주는 방법이다.

⑤ 반응대가

반응대가(response cost)는 아동에게 즐길 수 있는 권리를 미리 준 후, 약속을 어길 경우 주어진 권리의 일부를 박탈함으로써 잘못된 행동을 수정하는 방법이다. 이를 권리박탈이라고도 한다. 예를 들어, 자녀에게 귀가 시간을 저녁 10시로 정해준 후, 이를 어겼을 경우 다음 일주일간의 귀가 시간을 일정 시간 앞당기는 방법이다.

⑥ 대체행동 강화

대체행동 강화(reinforcement of other behavior)는 바람직하지 못한 행동과 상반되거나 동시에 수행할 수 없는 다른 행동을 강화함으로써 문제행동을 수정하는 방법이다. 대체행동의 강화가 효과적으로 이루어지기 위해서 고려해야 할 점은 다음과 같다.

첫째, 어떠한 대체행동을 선정하였건 아동이 대체행동을 잘 수행하였을 경우에는 강화를 해주어야 한다. 둘째, 대체행동이 바람직하지 못한 행동을 강화해서는 안 된다. 대체행동이 바람직하지 못한 행동을 강화한다고 판단될 경우에는 다른 대체행동을 찾도록 해야 한다.

⑦ 체계적 둔감법

체계적 둔감법(systematic desensitization)은 뚜렷한 이유 없이 특정한 대상에 대해 불안반응을 보이는 아동에게 불안의 대상이 되는 자극에 점차적으로 노출시킴으로써 불안반응을 감소시키는 방법이다.

(2) 바람직한 행동을 증가시키는 방법

① 정적 강화와 부적 강화

강화는 특정한 보상을 제시해줌으로써 행동의 발생빈도를 높이는 것을 의미한다. 그 가운데 정적 강화(positive reinforcement)는 바람직한 행동을 했을 때 칭찬이나 강화물을 제공해줌으로써 바람직한 행동의 빈도를 증가시켜 나가는 방법이다. 반면, 부적 강화(negative reinforcement)는 바람직한 행동을 했을 때, 화장실 청소를 면제해주는 것과 같이 혐오자극을 제거해줌으로써 바람직한 행동의 빈도를 증가시켜 나가는 방법이다. 강화와 관련된 보상은 〈표 12-4〉와 같이 물질적 보상, 사회적 보상, 간접적 보상이 있다.

〈표 12-4〉 **보상의 종류**

구분	개념	보상물
물질적인 보상	자녀가 바람직한 행동을 할 때 물질적인 것을 제공하여 계속 습관화시키기 위한 방법으로 사용되는 보상으로, 이는 즉시 제공되어야 하며 자녀의 연령이 고려되어야 함	• 자녀가 좋아하는 음식 또는 간식 • 장난감 등 선물 • 옷, 신발 등 의류
사회적인 보상	자녀 스스로 바람직한 행동에 대해 물질적 보상뿐 아니라 언어적 칭찬 등을 통해 행동을 습관화시키는 됨	• 칭찬 및 인정 • 미소지어줌 • 만져주고 안이줌
간접적인 보상	바람직한 행동에 대해 상징적인 표시 또는 점수를 주는 강화로, 이러한 보상은 구매력을 지님	• 스티커, 동전, 칩, 표 등

(출처: 김명희, 2006: 255)

② 행동형성과 행동연쇄

행동형성(shaping)은 한 번에 도달하기 어려운 새로운 행동을 가르칠 때에

목표행동에 점차적으로 접근하도록 강화물을 제시하는 방법이다. 아동에게 책을 읽게 하는 행동을 가르치는 과정에서 처음에는 5분, 다음에는 10분, 15분 정도로 점차 시간을 늘려 가며 강화물을 제공해주는 방법이다. 행동형성의 방법은 목표 행동이 단일계열의 행동이면서 양적으로 증가시킴으로써 도달할 수 있는 경우에 널리 사용되는 방법이다.

반면, 행동연쇄(chaining)는 학습할 행동을 여러 단위행동으로 단계별로 나누어서 가르치는 방식이다. 즉, 단일 행동계열이 아닌 여러 행동계열로 구성되어 있는 행동을 단계별로 세분화하여 처음부터 마지막까지 단계별로 목표행동에 점차적으로 접근하도록 강화물을 제시하는 방법이다.

③ 토큰 강화

그 자체만으로는 강화물로서의 효과를 기대하기 어렵지만 다른 강화물과 적절하게 짝지어짐으로써 강화력을 얻은 자극을 조건 강화자극이라고 한다. 즉, 실제 강화물 대신에 스티커나 플라스틱 조각 등을 일정한 양을 모으면 자신이 원하는 물건이나 활동 등과 교환하게 되는데, 이러한 종류의 조건 강화자극을 토큰(token)이라 하며, 토큰과 교환되는 물건을 후속(토큰) 강화자극이라고 한다.

토큰 강화의 방법은 행동이 일어난 즉시 제공할 수 있으며, 사용하기가 간편할 뿐만 아니라 모은 토큰을 통해 자신의 행동이 개선되고 있다는 사실을 알게 됨으로써 동기유발 효과가 크다는 장점을 가지고 있다. 또한 이는 장기간 저축함으로써 더욱 값진 물건으로 교환할 수 있으므로 쉽게 포화가 형성되지 않는다는 이점도 가지고 있다.

아이들과 놀아주지 않는 부모를 고발합니다

2018년 6월, 학술지 〈소아과학연구〉에 게재된 논문에 의하면 부모가 디지털 기기에 과도한 시간을 보내면 자녀 행동에 부정적인 영향을 미치는 것으로 나타났다. 논문 저자인 일리노이 대학과 미시간 의과대학 연구진은 '다른 사람과 함께 시간을 보낼 때 디지털 기기에 방해받는 것'을 뜻하는 '테크노퍼런스(Technoference)' 현상에 주목했다. 5세 이하 자녀를 둔 183쌍의 부모를 대상으로 한 이 연구결과에 따르면 부모가 자녀와 있을 때 스마트폰 사용이나 텔레비전 시청에 많은 시간을 보내면 아이는 정서적 지지나 긍정적인 피드백을 받지 못해 좌절을 더 느끼고, 과잉행동을 더 하며, 분노 발작을 더 보인다고 지적한다. 게다가 아이의 문제행동에 스트레스를 받은 부모는 디지털 기기에 더 의존하게 돼 악순환이 반복된다는 것이다.

2018년 9월 독일 함부르크 거리. 150여 명의 아이들과 학부모가 피켓을 들고 행진을 펼쳤다. 이들이 거리로 나선 이유는 부모가 스마트폰만 보느라 자녀와 놀아주지 않기 때문이었다. 최근 연구에 의하면 부모가 텔레비전이나 컴퓨터, 태블릿 PC나 스마트폰에 사용하는 시간이 하루 중 평균 9시간에 달하는 것으로 나타났다.

이 시위를 주최한 일곱 살 에밀 루스티게(Emil Rustige)는 평소 아빠와 놀거나 이야기하고 싶을 때 아빠가 스마트폰만 봐서 무시당한다는 느낌을 받았다고 목소리를 높였다. 아빠의 관심을 끌기 위해 스마트폰과 경쟁해야 하는 게 더는 싫고, 그래서 아빠에게 자신의 감정을 얘기했고 시위를 열기로 결정한 것이다. 에밀의 부모는 아들을 도와서 온라인에 시위 계획을 알렸고, 수많은 사람이 관심과 지지를 보였다. 에밀은 "이 시위 이후로는 어른들이 스마트폰에 너무 많은 시간을 쓰지 않았으면 좋겠어요."라고 강조했다.

아이들은 부모의 모습을 고스란히 담아내는 거울이다. 아이들의 잘못된 행동을 다그치기 전에 부모가 어떤 모습으로 하루를 보내는지 먼저 되돌아보면 어떨까?

(출처: EBS뉴스G 학교의 내일을 묻다, 2021)

부록

유대인의 자녀교육

부록 유대인의 자녀교육

1. 왜 유대인 자녀교육인가

20세기에 가장 큰 영향을 미친 3명의 위인으로 일컬어지는 사람들은 아인슈타인, 프로이트, 그리고 마르크스로 널리 알려졌으며, 이들의 또 다른 공통점은 이들이 모두 유대인이라는 사실이다. 인류사에 큰 발자취를 남긴 저 인물들이 공교롭게 모두 유대인이라는 사실이 경이롭게 느껴지지만 더 놀라운 점은, 이처럼 막강한 유대인 파워가 과거의 일이 아니라 현재도 여전히 진행 중이라는 사실이다. 오늘날 유대인은 전 세계 인구의 0.2%이고 미국 인구의 2%밖에 안 되지만 하버드대 등 아이비리그 대학생들의 20% 이상, 노벨상 수상자들의 30% 이상을 그들이 차지하고 있다. 게다가 그들은 우리가 익히 들어본 수많은 내로라하는 기업들을 비롯하여 미국의 정치, 언론, 영화, 금융, 산업, 학문 등에 막강한 영향력을 행사하고 있다.

이런 믿기지 않는 유대인들의 성공은 어디에서 비롯된 것일까? 머리가 타고난 민족일 거라고 추측할 수도 있지만 전혀 그렇지 않다. 핀란드 헬싱키 대학이 2002년 세계 185개 나라 국민들의 IQ를 조사한 결과, 이스라엘 국민들의 평균 IQ는 95(26위)로 한국(106 · 2위)이나 미국(98 · 19위)보다 낮았다. 실리콘밸리의 유대인 국제변호사 앤드류 서터도 유대인의 성공법칙을 담은 책《더 룰〈The Rule〉》에서 "유대인의 성공비결을 유전자나 생물학적인 특성이라고 간주하는 건 환상에 불과하다."라고 지적한다.

그렇다면 유대인 성공의 진짜 비밀은 바로 '교육'에 있다. 유대인의 우수성은 그들의 독특한 교육법에 기인하며 핵심은 지식교육과 인성교육의 균형, 즉 흔히 말하는 전인교육(全人教育)이다. 유대인들은 전인교육을 실제로 일상생활을 규범으로 실천한다. '자녀교육은 신에 대한 의무'라는 종교적 열정이 더해지면서 더 강제성을 부여하고 있기 때문이다.

한국인과 유대인의 교육열은 둘째가라면 서러워할 정도로 막상막하이다. 한국의 부모들은 자식 교육을 위해 목숨을 건다고 해도 과언이 아니다. 유대인 부모들도 유사하다. 그런데 교육 성취도를 놓고 보면 유대민족이 압도적으로 뛰어나다. 전 세계에 흩어져 있는 유대인은 세계 인구의 0.25퍼센트(약 1,700만 명)에 불과하지만, 역대 노벨상 개인(조직 및 단체 제외) 수 상자의 22퍼센트를 점한다. 인터넷 사이트 '유대인정보(www.jinfo.org)'에 따르면 1901년부터 2009년까지 유대인 노벨상 수상자는 180명으로, 개인 수상자 5명 중 1명꼴이다. 게다가 2004년~2007년의 유대인 수상자 비율은 33퍼센트까지 올라간다. 인구 비례로 따지면 다른 민족의 몇백 배 수준이다. 또한 미국 아이비리그 학생의 4분의 1, 미국 억만장자의 40퍼센트가 유대인이다.

유대인들은 자녀들을 '사브라'라고 부른다. 사브라는 선인장 꽃의 열매 이름이다. 선인장은 생명이 살기 어려운 악조건에서 자라는 식물이다. 사막의 혹독한 환경에서도 꽃을 피우고, 열매를 맺기까지 10년이라는 세월을 참고 인내한다. 지정학적으로 이스라엘은 처해 있는 척박한 환경 속에서 꽃을 피우고, 열매를 맺으려면 오래 참고 인내해야만 하는 나라다. 유대인들이 자녀를 사브라로 부르는 이유가 여기에 있다. 어려서부터 대가 없는 성공에 대한 환상을 내려놓고, 심는 대로 거두는 인생의 법칙을 가르치는 유대인들의 지혜라고 할 수 있다. 어느 한철 찬란히 피어나는 선인장 꽃은, 모든 잎을 가시로 바꾸면서까지 끝끝내 지켜온 선인장의 꿈이듯이, 유대인의 자녀교육은 피맺힌 가시들을 고스란히 품고 인내하여 온전한 순결의 꽃을 피우는 사브라를 닮아가길 꿈꾼다. 어릴 때부터 유대인의 교육은 '하지 마라'가 아니라 사브라처럼 '참아라' 이다. 꽃을 피울 때까지 기다리는 교육이며 그 결과 풍성한 열매를 맺는 교육으로 오늘날까지 이어져 왔다고 할 수 있다.

2. 유대인 자녀교육의 특징

1) 높은 교육열

2000년 전 유대인들의 로마에 의해 나라를 잃고 전 세계로 흩어져 떠돌이 생활을 하면서 유대인들은 교육을 생존을 위한 가장 중요한 수단으로 생각한다. 언제 쫓겨날지 모르는 상황에서 가장 중요한 재산을 교육이라는 것을 깨달은 것이다. 유대인에게 있어 교육은 유대인의 생존, 유대인의 통합, 유대인의 창의성을 위한 수단이어서 매우 의미 있고, 목적 지향적이며, 유대인의 삶과 매우 밀접한 관계를 맺고 있다.

유대인의 강한 생존의식에 바탕을 둔 교육열은 유대인 학교, 유대인 지역사회, 학교로서 기능하는 유대교회당에서 나온다. 또한 유대인의 교육열은 배우는 사회로 만들어 있는 유대인의 능력에서 나온다. 그 사회는 창조적 지적 능력과 창조적 동정심의 힘을 만들어냄으로써 미래를 만들어 간다. 유대인 생존은 단순하게 반복하는 기술자보다는 창조적인 사고력을 가진 사람들, 학자, 예술가들을 필요로 한다. 유대인의 삶은 단순히 조상들이 했던 일을 반복하는 것이 아니라 그들이 느끼고 생각한 것을 새롭게 느끼고 생각하는 것이 중요하다. 생존은 영속이나 지속 이상의 것이며, 끊임없이 새로운 것을 만드는 것이다. 이는 끊임없이 순수한 학문적 연구를 하는 창조적인 노력을 의미한다 (BenHorin, 1973). 이처럼 유대인들의 교육은 지식을 소비하는 교육이 아니라 지식을 생산하는 교육이다.

라피 나흐미아스 텔아비브 대학 사범대 학장과 모쉐 타타르 히브리대학 사범대학 학장은 이스라엘의 절박한 생존 의식이 창의적으로 사는데 크게 기여했다고 밝혔다(김경희 외, 2013: 156). 즉, 유대인이 특별히 다른 민족보다 우수하다기보다는 역사적으로 2000년 동안 디아스포라 생활을 하면서 살아남기 위해서 창의적이고, 남보다 앞서 생각하는 능력을 갖춰야 했기에 교육을 중요시했다는 점을 강조했다.

2) 교육의 중심인 가정교육

유대인의 교육열은 그들의 생활규범이 그러하듯이 유대교의 영향이 크다. 유대인들은 역사적으로, 종교적으로 가족을 매우 소중하게 생각했다. 토라와 탈무드는 유대교에서 가족의 중요성을 강조했다. 가족은 유대교를 번성하게 하기 때문에 토라와 탈무드는 유대인이 어떻게 가족이 되는가에 대해 지도하고 있다. 결혼은 가족이 이뤄지는 기초 단계이기 때문에 유대교에서 결혼은 매우 강조된다. 결혼하지 않은 남자는 완전한 성인으로 인정되지 않는다.

유대인들의 아동관은 자녀의 출산을 완전히 신의 섭리에 의한 신의 선물로 생각했다. 유대인은 생산의 근본을 성경에서 찾았는데, 자식을 신의 축복의 상징으로 여겼다. 그래서 유대인은 아이를 하나님의 것으로 여기고 소중히 양육하고, 하나님의 일꾼으로 만들려는데 정신이 일치되었다. 그래서 아동 교육은 태아 때부터 엄격한 종교교육으로 시작하였고, 굳건한 신앙과 신념의 소유자로 교육시키는 것이 커다란 목적이었다.

유대인 가정에서의 자녀 교육은 고대 시대부터 매우 강조되어왔다. 유대인 가정교육에서 종교교육은 핵심인데, 토라에서 가족은 신앙공동체의 특성을 지녔다. 또한 교육은 대부분 부모에 의한 것이었으며, 부모는 하나님으로부터 가르침을 위탁받은 사람으로서 가정의 유일한 교사이기도 했다. 고대 유대인 가정의 부모들은 자녀들에게 종교교육과 함께 자연스럽게 말과 글을 가르쳤다. 6~7세부터는 학교에서 의무교육을 실시했으며, 회당에서 종교생활과 더불어 자녀교육을 시행하였다(김경희 외, 2012: 145). 유대인은 이같이 어릴 때부터 종교교육을 받아 글을 읽고 쓰는 능력을 갖추었기 때문에 디아스포라시대에 유럽의 일반 대중이 글을 읽고 쓸 줄 몰랐던 것에 비하면 비교 우위에 있었다.

쉬프(Schiff, 1989)에 따르면 유대인은 유대인 가족에 대해 생각할 때 가족의 생존과 지속, 번영, 그리고 유대인 가족과 유대인 지역사회와의 관계 등 두 가지만을 걱정한다. 유대인 가족이 유대인들의 생존에 기여하고, 유대인들의 삶을 좋게 만드는데 어떻게 기여할 것인가를 생각하는 것이다. 유대인 가정교육은 이런 점에서 가장 핵심적인 역할을 해왔다. 그래서 유대인 세계에서 교육이란 단어는 자녀와 청소년을 가르치는 교육 과정을 상징하는 단어다.

이러한 유대인 가정교육의 원칙은 세 가지로 설명된다(Linzer, 1990). 첫째 토라를 공부함으로써 유대인의 역사, 전통, 가치관을 알아야 하며 이를 통해서 유대인의 정체성[1]을 키워나간다. 둘째 삶을 풍부하게하기 위해서는 유대교를 실천해야 한다. 학습보다는 실천이 중요하다. 셋째 유대교의 지식과 실천을 자녀에게 전수한다. 유대인들은 이를 통해서 자신들의 역사를 배우고, 공동체 문화를 체득하게 된다. 샬린(Sharlin, 1999)에 따르면 유대인 가족이 가장 추구하는 이상향은 가족 간 화합이며, 이것은 가족 구성원 간의 상호관계를 주고받는

1) Davey, Fish & Robila(2001)는 48개 유대인 가족에 대한 심층 인터뷰 조사를 통해서 가정이 유대인의 정체성에 영향을 미치는 7가지 특징을 다음과 같이 정리했다. 첫째 가정에서는 남녀 성별에 따라 각자의 역할을 갖고 있다. 예를 들어서 어머니는 자녀가 유대인으로서의 정체성을 갖는 데 핵심적인 영향을 미치고, 유대교의 전통을 가르친다. 둘째 유대인 본가는 분가한 유대인 가족들이 유대교로 뭉치는 데 영향을 미친다. 후손들은 부모들에 비해서 덜 종교적이지만, 부모가 되어서 자녀를 키우면서 종교적 신념이 강해지는 것으로 나타났다. 셋째는 가족은 그들의 종교를 지키기 위해서 노력한다. 넷째 유대인들은 역사적으로 곳곳에서 반유대주의를 경험했기 때문에 유대교가 사라질지 모른다는 두려움을 갖고 있기 때문에 이에 맞서서 유대교를 지켜야 한다는 의식을 공유하고 있다. 다섯째 유대인 가족은 유대교 문화를 배우는 데 있어 중추적인 역할을 한다. 예를 들어 가족들은 유대교에 대해서 깊이 있게 이해하기 위해서 서로에게, 그리고 지역사회의 지도자에게 질문하는 것을 배운다. 여섯째 가족은 의식과 유대교 사회 참여에 의해 영향을 받는다. 일부 유대인들은 의식은 가족을 하나로 묶어주는 등의 사회적 효과가 크기 때문에 중요하다고 생각한다. 일곱 번째 개인들은 그들의 유대인 정체성을 다양한 방법으로 정의 내리고 있다. 일부 유대인들은 소유의 개념, 일부 유대인들은 공동체의 일원, 또는 그들이 수행하는 의식의 구성원 등으로 생각한다.

것(give and take)뿐만 아니라 의식과 신성한 행사를 공동 경험함으로써 이루어졌다.

이상의 유대인 가정교육에서 종교교육은 매우 중요한 위치를 가지고 있음을 알 수 있다. 즉, 종교는 유대인 공동체의 존립을 위한 기능만 하는 것이 아니라 자녀들에게 역사와 삶의 지혜를 가르쳐주는 역할도 하고 있다. 성경에 담긴 지혜에 관한 고대 지식은 이미 역사학자, 고고학자, 변호사, 소설가, 시인, 철학자 등 모든 사람들에게 인정을 받을 정도로 풍부하고, 나아가 교육자, 특히 영재교육과 관련된 교육자들에게 새로운 가치를 부여해준다. 영재를 가르치는 분야에서 문제를 갖고 있는 사람들은 성경을 읽고 해석함으로써 많은 지식을 얻을 수 있다. 종교심은 정치 사회적 관심도와 함께 독창성, 호기심, 예술적 흥미, 모험 감수, 센세이션 추구 등의 창조성과 관계가 깊다(Zysbergm & Schenk, 2013).

유대인의 가정에서 행해지는 자녀교육의 특징을 정원식은 다음과 같이 정리하였다(정원식 외, 1996). 첫째로 지식의 교육보다는 지혜의 교육으로 생각하는 능력을 기르는 데 중점을 둔다. 적은 지식이라도 이를 창의적으로 활용하고 응용할 줄 아는 능력 신장에 노력한다. 아이들이 잠들기 전에 책을 읽어주어 문자학습의 동기를 부여하고 미지의 세계에 대한 호기심을 자극하는 사례를 들 수 있다. 둘째로, 스스로 문제 해결하는 능력과 남달리 생각하는 사고력을 길러주기 위한 교육을 한다. 탐구하고 발견하는 훈련을 통해서 남과 다른 해결방식을 찾도록 유도한다. 셋째로 유대인 긍지와 자부심을 심어주어 남다른 인재가 되도록 노력하도록 교육한다. 창의성 발현에 요구되는 정의적 특성인 독립심과 자부심을 가정교육에서 심어주는 것이다.

3) 질문과 토론문화

유대의 속담에는 '100명의 유대인이 있다면 100개의 의견이 있다.'는 말이 있다. 그만큼 자기주장이 강하고, 다양한 견해가 존재한다는 뜻이다. 유대인의 토론 문화는 기본적으로 종교적인 영향에서 기인한다. 탈무드에서는 인간의 가장 중요한 기관은 '입'이라고 단정한다. 유대인들에게 인생은 하나님과의 대화이며, 학문은 정신과의 대화이다. 유대인은 다른 민족과 달리 이 세계가 말로써 이루어졌다고 확신한다. 하나님의 말 한마디에 해와 달이 생겼고, 우주가 그 모습을 드러냈다 유대인의 관점에서 본다면 혀를 지배하는 자가 결국 세계를 지배하는 셈이다. 그래서 유대인은 '언어의 민족'이라고 일컬어질 만큼 소통에 뛰어나다(김욱, 2005: 104~105).

또한 유대인들은 말이 창의성을 높이는 데 매우 중요하다고 생각한다. 미국 유대인들의 뿌리를 두고 있는 동유럽 유대인 소규모 공동체(shtetl)의 문화는 유대인들의 창의적인 표현을 결정하는데 핵심적인 역할을 했는데, 이들은 고도로 말이 발전한 문화에서는 단어들은 단순한 커뮤니케이션 수단 이상의 역할을 한다고 생각한다. 단어는 그 자체로 힘과 도구이고, 물질을 내포하고 있으며, 단어와 물질에 대한 히브리어 명사 davar는 동시에 물건이나 일을 의미한다. 이 명사에서 동사 말하다 ledabber가 파생된다. 의미론적으로 보면 입으로 말하는 것이 사물을 생성하고 일을 이루는 것임을 나타내는 것이다. 미국의 유대인의 70%를 차지하는 아쉬케나지 가족들은 재정 성공과 교육, 말로 표현하는 성향, 가족은 신성하고 인생의 중심이라는 믿음, 시련을 함께 겪어낸다는 네 가지 가치를 갖고 있다(Krieger, 2010).

유대인은 역사적으로 오랜 기간 성서와 탈무드를 공부해왔다. 유대인은 삶의 첫 번째 목적이 지혜를 얻는 것이라고 단언할 만큼 지혜를 소중히 여기는데, 유대인들이 최고로 자부하는 지혜는 대부분 탈무드에 담겨 있다. 탈무드는 모두 합쳐서 약 63권으로, 12,000여 쪽에 달하며 250만 개가 넘는 단어가 사용된 거대한 학문이다. 탈무드의 가장 큰 특성은 책의 성격을 단정할 수 없다는 데 있다. 토라와 성서는 종교적인 책이지만, 탈무드는 일반적으로 '지혜의 책'으로 불린다. 법률책이 아니면서도 법을 이야기하고, 전기문이 아니면서도 인물을 이야기한다. 또한 백과사전이 아닌데도 어떤 백과사전에서도 찾을 수 없는 내용들을 싣고 있다. 탈무드는 수천 년 동안 입에서 입으로 전하던 유대인의 지혜와 지식을 기원전 500년부터 서기 500년에 거쳐 2,000명이 넘는 랍비들이 집대성한 인생의 숨결이다. 탈무드의 가치는 단순한 지혜서나 실용적인 학문으로 평가될 수 없다. 고난과 역경을 헤쳐 온 유대인이 인생과 삶의 의미를 추구하고 토론하여 얻은 과정과 결과를 기록한 것이라고 할 수 있기 때문이다(김욱, 2005: 141-144).

유대인들은 탈무드를 연구할 때 더 깊이 있는 이해를 위해서 각 문장마다 토론을 하고, 각 문장마다 랍비에 의해 제기되는 실질적인 논쟁거리들을 갖고 있다. 유대인들은 이런 논쟁을 통해서 논리적으로 말하고, 사물의 의미에 대해 질문하고, 사람의 삶이 어떻게 움직이는가에 대해서 배우게 된다. 이는 유대교가 하나님을 믿는 것에 그치는 것이 아니라 하나님의 말씀에 대해 해석을 하고, 이를 통해서 참된 진리를 찾으려는 문화에 근거하고 있기 때문이라고 볼 수 있다. 즉 유대인들은 탈무드 해석을 통해서 자연스럽게 율법 문화에 발달해 있기 때문에 논리적인 사고에 익숙해 있는 것이다. 마골린은 "예로부터 유대인들을 어디서나 탈무드를 펴고 토론을 벌였다. 그래서 탈무드는 유대인 문화의 근간이 되었고, 유대인들은 대대로 탈무드를 통해 자신만의 방식으로 진실을 탐구하는 습관을 기를 수 있었다(Margolin, 2013: 30)."라고 밝히고 있다. 그래서 유대교 전문가들은 유대교는 '학문을 핵심가치로 여기는 종교'라고 주장하고 있으며, 유대교는 학습을 통해서 신에게 다가가는 종교라고 할 수 있다.

에레즈(Erez, 2004)에 따르면 유대인의 창의성은 이와 같은 토론식 탈무드 학습방법 전통에 원천을 두고 있다. 토론식 탈무드 학습방법은 탈무드를 공부할 때 서로가 다양한 해석을 하면서 토론하고 자신의 생각을 정리하는 방식을 말한다. 유대인 어린이들은 어릴 때부터 가정에서 성경과 주석을 읽고, 모든 성경 단어와 구절에 있는 다양한 의미를 접하게 된다. 그런데 이 학습과정에서 강조되는 것은 자신의 통찰력과 개인의 주도적인 생각, 상상력의 실천을 통해서 독창적인 종합적인 사고력을 키우고 특별히 자신만의 문제를 제기할 수 있도록 하는 것이다. 즉 기존의 해석들에 대해 이해를 하고 난 다음에 자신의 생각을 정리해서 자신만의 생각을 갖게 되는 것이다.

학교에서도 학생이 자신의 의견을 말할 수 있는 자유와 다양한 학습 방법이 유대인들의 오랜 교육 방식이었다. 학생이 선생에게 줄 수 있는 가장 큰 기쁨은 학생이 끊임없이, 그리고 효과적으로 선생에게 질문하고 도전해서 선생이 자신의 독특한 논제를 방어할 수 없도록 하는 것이다. 여기에는 지위가 모욕을 당하거나 위협을 받을 것이라는 전제도 없고, 두려움도 없다. 이런 전통을 단적으로 표현하는 유대 속담 중 하나가 '부끄러워하는 학생은 배울 수 없고 엄격한 선생은 가르칠 수 없다'이다. 학생이 선생 앞에서 어떤 이야기나 질문을 해도 괜찮은 분위기가 유대 교육의 바탕이 되어온 것이다. 나아가 배움에는 어떤 계층과도 관계없고, 시작과 끝이 없다고 생각한다.

3. 유대인 자녀교육의 원칙

유대인이 자녀를 교육할 때 그들이 고수하는 원칙들은 그들이 교육에서 중시하는 가치가 무엇인지를 보여준다. 유대인은 다음과 같이 다양한 원칙들[2)]을 가지고 다음 세대 교육을 수 세기에 걸쳐서 진행해 왔다(고재학, 2010; 장화용, 2018 참조).

2) 장화용은 유대인의 교육 십계명을 다음과 같이 정리한 바 있다(장화용, 2018). 1. 배움은 꿀처럼 달콤한 것임을 알게 하라. 2. '남보다 뛰어나게'가 아니라 '남과 다르게' 키워라. 3. 평생 배우도록 하려면 어릴 때 충분히 놀게 하라. 4. 배우기 위해서는 듣는 것보다 잘 말하는 것이 중요하다. 5. 지혜가 없으면 모든 면에서 부족한 사람이다. 6. 몸을 움직이기보다 머리를 써서 일하는 것을 가르쳐라. 7. 아이를 꾸중했어도 잠들 때는 따뜻하게 대하라. 8.자녀교육에 무관심한 부모는 하느님께 죄를 짓는 것이다. 9. 아버지의 권위는 아이에게 정서적 안정을 준다. 10. 남에게 받은 피해는 잊지 말되 용서는 하라.

1) 창의력을 키워준다. 이를 위해 아이의 질문을 최대한 끌어낸다

질문은 아이의 생각하는 힘을 키워주는 지름길이다. 누구나 질문을 받으면 생각을 하기 때문이다. 아이에게 질문을 할 때는 단순한 지식이나 고정관념에서 벗어나 “왜 그럴까?” 하는 의문을 품을 수 있도록 생각의 폭을 넓혀주는 내용으로 하는 게 좋다. 정답 맞히기식 질문이 아니라 합당한 이유와 근거를 댈 수 있는 질문이 돼야 한다.

《탈무드》는 “가르침을 무턱대고 받아들이는 사람은 권력과 자기 자신을 부패하게 한다”고 했다. 유대인은 가르침, 통념, 권위, 관습 따위를 무턱대고 받아들이지 않는다. ‘과연 옳은 생각인가?’ ‘더 좋은 방향은 없는가?’ 유대인 중에 개혁적인 사상가가 많이 나온 것도 기존 권위를 부정하는 엉뚱한 발상에서 혁신적인 개발이나 발명이 가능하다. 사고의 범위를 제한하지 않고, 타인의 생각에 얽매이지 않는 자유로운 사고가 유대인들에게 최고의 성공을 가져오게 했다고 할 수 있다.

2) ‘남들 보다’ 잘하는 것보다 ‘남과 다르게’ 하도록 격려한다

‘형제의 머리를 비교하면 양쪽을 다 죽이지만, 형제의 개성을 비교하면 양쪽을 다 살릴 수 있다.’라는 유대 격언이 있다. 사람은 얼굴도, 성격도, 지적 능력도 모두 다르다. 나름대로 개성을 지닌 존재이다. 그 개성을 최대한 살려주는 것, 그게 유대인 자녀교육의 핵심이다. 세상을 이끌어가는 위대한 인물들은 바로 개성을 정확히 파악하고 그 개성을 살려주기 위해 노력한 교육의 결과물이다. 그래서 유대인 가정은 아이들의 개성을 최대한 존중하고 키워주기 위해 노력한다. “다른 학생과의 경쟁에서 이기라”고 강요하기보다는 “남과 다르게 되라”고 가르친다.

3) 지혜로운 사람이 최고의 부자임을 알려준다

"집이 불타고 재산을 빼앗기는 상황이 왔을 때에도 안전하게 지킬 수 있는 재산이 뭘까? 힌트를 주자면, 그것은 모양도 색도 냄새도 없단다." 유대인 엄마들이 아이들에게 내는 수수께끼다. 아이들은 대개 다이아몬드나 금 같은 보석 종류를 생각했다가, 모양이 없다는 말에 고민에 빠진다. 엄마가 가르쳐 준 정답은 '지성(知性)'이다. 지성은 누구도 빼앗을 수 없고, 자신이 죽음을 당하지 않는 한 항상 몸에 지니고 도망칠 수 있는 가장 유용한 무형의 자산이라고 가르친다.

유대인들의 배움에 대한 신념에는 종교적인 배경도 있다. 유대교에서는 '신의 형상으로 창조된 인간의 전형'을 지성인으로 본다. 따라서 지성인을 만드는 '교육'이야말로 인간의 가장 중요한 의무가 되는 것이다. 유대인들이 세계 최초로 기원전 1세기부터 의무교육 제도를 도입해 고아와 가난한 사람들에게까지 교육의 혜택을 준 이유이다[3].

4) 배움은 꿀처럼 달콤하다는 것을 일깨워준다

아이들의 호기심은 천부적이다. 가르쳐주지 않아도 미지의 세계에 대해 왕성한 탐구욕을 보여준다. 그래서 '배움은 괴롭고 힘든 일이 아니라 즐겁고 재미있는 일'임을 일깨워야 한다. 이 배움의 첫 단계에서 유용한 도구는 재미있는 이야기이며, 처음 사주는 책이 그림동화책인 이유도 여기에 있다.

유대인 교사들은 유치원이나 초등학교에 처음 등교하는 학생들에게 '공부는 사탕과 같이 달콤하다'는 인식을 심어주기 위해 히브리 알파벳 글자 모양의 과자를 꿀에 찍어 먹게 한다. 공부는 꿀처럼 달콤하고 즐거운 일이라는 이미지를

3) 지식이 최고의 재산이라는 사실은, 실제로 거대한 부를 쌓아 올린 수많은 유대인들로 입증되고 있다. 2000~2001년도 조사에 따르면, 미국 유대인 가구의 평균 소득은 약 7만5천 달러로 미국 전체 가구 평균의 약 2배였다. 그런데 대학원을 졸업한 미국의 유대인 비중은 25퍼센트인 반면, 미국인 전체의 대학원 졸업자 비율은 6퍼센트에 불과했다. 대학원을 마친 유대인이 4배 이상 많은 셈이다.

배움 초기부터 심어주는 것이다.

5) 거실에 텔레비전 대신 책장을 놓는다

유대인 가정의 거실에는 대부분 텔레비전이 없다. 그 대신 책이 가득 들어찬 책장, 앉아서 책을 읽고 토론할 수 있는 책상과 의자가 있다. 유대인들이 거실에 텔레비전을 놓지 않는 첫 번째 이유는 시각을 통해 전달되는 강렬한 세속문화를 차단하기 위해서다. 어린 나이에 보지 말아야 할 것은 보지 말아야 하며, 그래야 학업에 정진할 수 있다고 믿는다.

두 번째 이유는 영상매체의 강한 중독성으로부터 아이를 보호하기 위해서다. 어려서부터 영상물에 익숙해진 아이들은 갈수록 더욱 강한 자극과 강렬한 이미지를 원하게 된다. 작은 활자가 빽빽이 들어찬 책을 멀리하는 것은 자연스러운 귀결이다. 학년이 올라갈수록 까다롭고 복잡한 내용의 책을 읽어야 하는데, 독서를 싫어하면 학습 과정에서 낙오될 수밖에 없다.

유대인 부모는 텔레비전을 볼 시간에 자녀들과 《토라》와 《탈무드》를 읽고 토론한다. 어려서부터 독서와 토론을 통해 논리력을 키운다. 유대인이 미국의 학계와 법조계, 언론계를 석권하는 이유가 바로 여기에 있다.

6) 공부는 마라톤, 부모는 페이스메이커

유대인 중·고생들의 국제 학업성취도나 올림피아드 성적은 한국, 싱가포르, 중국, 베트남 등 아시아권 학생들에 비하면 신통치 않은 편이다. 그런데 대학이나 대학원에서의 성취도는 눈부시다. 대학 졸업 후 연구 성과는 더욱 향상된다. 과학·의학 분야의 한국인 노벨상 수상자는 한 명도 없지만, 유대인은 이 분야 노벨상의 3분의 1을 거머쥐었다. 그 이유는 공부를 평생에 걸친 장기 레이스로 보고 교육의 기본부터 차근차근 다지는 것을 중시하기 때문이다.

유대인에게 교육은 삶 자체다. 공부란 학교에서만 하는 것이 아니라 평생을 통해 이어지는 마라톤 경주이다. 따라서 처음에 너무 빨리 달리면 금방 지쳐서 중도에 기권하게 된다. 유대인 문화에 헌책방이 존재하지 않는 것도 책은 평생 함께하는 소중한 자산이고, 내 후손들에게 물려줘야 한다는 생각이 강하기 때문이다. 더욱이 유대인들은 어렸을 때부터 자기가 좋아하는 것을 찾아 스스로 공부하는 방법을 체계적으로 익혔다. 미국 명문대의 교육방식이 대화와 토론 위주로 진행되는 것도 유대인들이 높은 학업 성취도를 보이는 배경이다.

7) 밥상머리 교육을 빠뜨리지 않는다

유대인들이 하루 중 가장 소중하게 생각하는 시간은 가족들이 한자리에 모이는 저녁이다. 웃고 떠들며 대화를 나누는 과정에서 가족 간의 끈끈한 정을 확인하고, 저녁에 대한 밥상머리 교육이 자연스럽게 이뤄진다. 부모가 자녀의 하루 일과를 들으면서 칭찬과 격려를 하다 보면 인성교육이 절로 된다. 케네디 대통령이 웅변과 연설에 능했던 이유도 어린 시절 어머니의 밥상머리 교육 때문이었다.

8) 오른손으로 벌하고 왼손으로 안아준다

엄부자모의 유대식 표현이 '오른손으로 벌하고 왼손으로 안아주라'는 말이다. 유대인 가정에서는 아버지의 권위가 절대적이다. 자녀가 잘못된 행동을 했을 때 주로 아버지가 엄하고 무서운 체벌을 가하는 '악역'을 맡는다. 벌을 준 뒤에는 어머니가 자애로운 손길과 다정한 말로써 기분을 풀어준다. 왜 벌을 받게 됐는지 차분하게 설명해주고, 다시는 그런 잘못을 반복하지 않도록 가르친다. 벌을 주는 것으로 끝나버리면 부모의 권위로 아이를 지배하는 것이 되고, 아이는 개성을 자유롭게 표현하지 못해 위축된다고 보기 때문이다.

9) 지식은 '예술'이라는 한쪽 날개를 달아야 날 수 있다

유대인들은 외국어나 수학, 과학 못지않게 예술 과목을 중시한다. 어려서부터 음악 교육을 받기 때문에 악기 하나 정도는 능숙하게 다룰 줄 안다. 예술에서 활용하는 상상의 도구들은 인문학은 물론 과학에서도 중요한 역할을 한다. 교육의 목적은 모든 학생들이 화가이자 과학자, 음악가이자 수학자, 무용수이자 발명가로 사고하도록 도와주는 데 있으며, 자신의 분야 밖에서 소통할 수 없는 전문가를 양성하는 교양과목과 과학과목은 아무런 의미가 없다는 게 유대인들의 일반적인 생각이다[4].

10) 충분한 놀이로 창의력의 핵심인 우뇌를 키워준다

유대인들은 놀이의 중요성을 알고 있는 민족이다. 율법에 얽매인 규범 속에서 생활하는 유대인 어린이들이 정서적으로 매우 안정돼있는 것은 어릴 때 공부를 강요당하지 않고 마음껏 뛰어놀기 때문이다. 어린이들은 놀이를 통해 평소 엄격한 규제 탓에 억눌렸던 감정을 분출시키고, 친구들과 어울려 놀면서 사회성을 기르고 자신의 의사를 표현하는 방법도 익히게 된다.

놀이교육도 두뇌 발달단계에 맞춰 대략의 체계가 있다. 퍼즐이나 그림 맞추기, 블록놀이, 찰흙놀이, 그림 그리기, 만들기 등은 유대인 엄마가 거의 매일 아이들과 함께 즐기는 대표적인 놀이다. 아이들은 엄마와 끊임없이 대화하고 놀이를 함으로써 새로운 것을 배운다. 유대인 엄마들은 수학, 과학 등 기능적인 교육은 절대 만 3세 이전에 시키지 않는다. 이제 걸음마 뗀 아이들에게 피아노

4) 천재들의 생각 방식을 분석한 베스트셀러 《생각의 탄생》으로 세계적인 명성을 얻은 루트번스타인 부부는 과학 분야의 노벨상 수상자 510명과 보통 과학자(영국왕립협회, 미국국립과학원 회원 등)를 비교한 결과, 노벨상 수상자가 보통 과학자보다 음악가가 될 가능성은 4배 이상, 소설가나 시인이 될 가능성은 25배 이상 높다는 사실을 알아냈다. 실제로 아인슈타인은 음악이 뒤에서 밀어준 덕분에 상대성이론을 구출할 수 있었다고 밝힌 바 있다. 즉, "부모님은 내가 여섯 살 때부터 바이올린을 배우도록 했다. 내 발견은 음악적 지각의 결과물이다." 루트번스타인 부부는 "과학자로 키우고 싶으면 예술을 가르쳐라, 예술가로 키우고 싶으면 과학을 가르쳐라."고 강조한다.

나 바이올린 레슨을 시키는 대신, 다양한 음악을 들려준다. 숫자의 개념과 사칙연산을 알려주는 학습지를 안기는 대신, 그림과 놀이를 통해 수의 개념을 익히도록 돕는다.

11) 베갯머리 독서 15분의 마법을 이용한다

유대인의 독서열은 세계 최고 수준이다. 유대인 부모들의 하루 일과 중 반드시 빼놓지 않는 게 잠자리에 든 자녀에게 책을 읽어주는 일이다. 자녀가 돌을 지날 때쯤부터 베갯머리에서 반드시 동화책을 읽어준다. 책은 아이들의 상상력과 언어능력을 키워주는 가장 중요한 방법이라고 믿기 때문이다.

12) '이중 언어 교육'으로 외국어 능력을 키워준다

유대인은 보통 두 개 이상의 언어를 자유롭게 구사한다. 대학교육을 받은 유대인이라면 3~4개 언어를 구사한다. 유대인이 외국어를 잘하는 비결은 수천 년간 세계 각지를 떠돌며 이산생활을 지속해온 그들의 문화적 전통을 꼽을 수 있다. 고대 로마 시대부터 유대인들이 많이 거주했던 유럽은 수십 개 나라가 서로 밀집해 있어 외국어를 익히기에는 천혜의 지리적 조건을 갖춘 셈이다.

또한 각 나라에 흩어져 있는 친척들이 자주 드나들다 보니 여러 나라의 언어를 자연스럽게 접하며 외국어 학습을 하는 효과도 있었다. 이런 전통은 지금도 세계 각지에서 생활하는 유대인에게 면면히 이어져 오고 있다. 해외 거주 유대인들은 자녀를 두 학교에 보낸다. 현지 학교와 유대인 교육기관이다. 일찍부터 이중 언어를 가르치기 위해서다. 이스라엘에서는 히브리어와 영어를 기본으로 가르친다.

4. 유대인의 대표적인 학습법, 하브루타

하버드 대학교 재학생 중에서 유대인은 30% 정도를 차지하지만, 한국과 중국, 일본계 학생을 모두 모아도 5% 미만이다. 하버드 대학에 재학 중인 한국계 학생은 1% 정도에 머문다. 또 그렇게 어렵게 들어간 아이비리그 대학에서도 중도 탈락률이 한국계 학생은 44%에 이르지만 유대인은 12% 정도에 머문다. 우리 학생들의 중도 탈락률이 유대인의 네 배에 가까운 것이다. 유대인들은 세계 전체 1500만 명도 안 되는 숫자를 가지고, 노벨상 30% 정도를 가져가는데, 우리는 8000여 만의 인구를 가지고도 노벨 평화상 단 1명이 있을 뿐이다. 우리의 교육은 한마디로 듣고, 외우고, 시험 보고, 잊어버리고의 반복이다. 이를 더 줄이면 공부하고, 시험 보고, 잊어버리고의 끊임없는 반복이다. 이에 반해 유대인의 교육은 저마다의 사고력을 키우는데 초점이 있으며 그 중심적 역할을 하는 교육법이 하브루타이다.

1) 하브루타의 뜻과 역사적 배경

'하브루타(havruta)'라는 말은 '친구끼리(friendship) 또는 동료끼리(companionship)'라는 뜻을 의미하는 아람어로서 전통적으로 두 명의 친구가 짝을 이루어 탈무드 교재(text)를 함께 공부한다는 뜻에서 나온 용어이다(Kent, 2010). 즉, 탈무드의 교재를 가지고 친구와 짝을 이루어 함께 질문하고 토론과 논쟁을 하면서 공부하는 학습 방법을 말한다.

하브루타 학습법이 일반적으로 현대 유대 종교학교의 교과과정으로 도입된 것은 리투아니아의 예쉬보트에서부터 시작되었다. 19세기에 리투아니아의 볼로찐 예쉬보트는 가장 큰 유대 종교학교 예쉬바 중 하나로 알려져 있었다. 이 예쉬보트의 학습규율은 다른 예쉬보트와 마찬가지로 매우 엄격했으며 이러한 규율 중 '탈무드를 혼자서 연구하는 것'도 금지했다. 학생들이 전통적인 랍비 훈련 방법보다는 토라학교의 기본 목적인 학생들의 지적인 경험과 개인적 성향을 향상시키는 데 주안점을 두고 학생들이 보다 자유롭게 자기 생각을 표현할 수 있는 교육체제를 도입했으며, 이러한 하브루타 교육의 취지에 의해 학생들 간의 자유로운 토론에 의한 학습이 발달했다.

그 결과, 유대인의 전통교육기관인 예시바에서 수백, 수천 명의 학생들이 둘씩 짝을 지어 토론하고 논쟁하면서 친구가 친구를 가르치는 방법이 하브루타(harvruta)이다. 즉, 하브루타는 보통 2명이 짝을 지어 파트너십으로 공부하는 것(study partnership)을 말한다. 때에 따라 여러 명이 하는 경우도 가끔 있으나, 보통이 두 명이고 거의 6명을 넘지 않는다. 이것은 학생들이 짝을 지어 얼굴과 얼굴을 맞대고 앉아서 서로 가르치고 배우는 논쟁 수업 방식[5)]을 말한다. 친구를 통해 배우는 것이다. 왜 두 명이 기준인가? 그것은 둘씩 짝을 지어야만 각자 말을 할 수 있는 기회가 가장 많기 때문이다.

2) 하브루타 학습 방법의 특징과 효과

하브루타는 함께 이야기를 나누는 것이다. 부모와 자녀가 이야기를 나누고, 친구끼리 이야기를 나누고, 동료와 이야기를 나누는 것이다. 이야기를 진지하게 주고받으면 질문과 대답이 되고, 대화가 된다. 거기서 더 전문화되면 토론이 되고, 더욱 깊어지고 전문화되면 논쟁이 된다.

이러한 하브루타 학습과정의 주요한 특징은 다음과 같다(김경회 외, 2012: 166).

첫째, 하브루타 학습법의 첫째 과정은 교재를 소리 내어 읽으면서 암기하는 것이다. 독서와 암기력에 대한 심리학에 따르면 소리 내서 읽는 것이 이해력과 기억력을 높이는 데 도움이 된다. 소리 내어 읽는 것은 집중력, 숙고하는 힘,

---

5) 하브루타는 원래 '토론을 함께하는 짝', 즉 파트너 자체를 일컫는 말이었다. 그러던 것이 짝을 지어 질문하고 토론하는 교육방법을 일컫는 말로 확대된 것이다.

분석력을 형성하고, 토론하는 힘을 강화시키는 데 효과적이다.

둘째, 하브루타의 인지적 특징은 교재를 이해하고 익히는 기술(textual skill)을 습득한다. 또한 스스로 학습에 중요성과 흥미를 가지고 공부할 수 있는 자세를 배운다. 탈무드에는 "생선을 주면 그에게 하루는 살아가도록 먹이는 것이지만 고기 잡는 법을 가르쳐주면 그에게 평생을 먹여주는 것이다"라는 말이 있듯이 하브루타의 학습법은 고기를 잡는 법을 가르쳐주는 학습기술로 비유한다.

셋째, 하브루타는 일대일 토론식 교육의 특징을 가지고 있다. 하브루타의 토론식 교육은 상대를 비하하거나 인격적 모독을 하지는 않는다. 오히려 자기의 논리를 합리화하기 위해서 주장하고 상대의 주장을 들어 자기가 이해하지 못했거나 생각하지 못했던 점을 발견하게 한다. 학습자는 토론을 통해 자신의 생각이나 정보의 타당성, 합리성을 검증받을 수 있으며, 논리적인 자기주장과 의사전달능력을 기를 수 있다.

넷째, 하브루타 학습은 창의성 계발에 긍정적인 영향을 준다. 리투아니아의 예쉬보트는 하브루타 학습법의 목적을 "학생들의 독립성, 비판적 사고력과 창의성을 계발에 두고 있다"고 밝히고 있다.

이처럼 짝을 이루어 대화하고 토론하는 하브루타가 어떻게 특별한 유대인을 만들어 가는가는 다음과 같이 하브루타가 갖는 교육적 효과에 기인한다(전성수, 2014).

첫째, 하브루타는 뇌를 격동시켜 최고의 뇌로 만들어 주기 때문이다. 왜 그런가? 질문과 토론, 논쟁만큼 뇌를 움직이게 하고 생각하게 하는 것이 없기 때문이다. 토론과 논쟁은 뇌를 계발하는 가장 효율적인 방법이며, 고등 사고력을 기르는 최고의 방법이다. 어렸을 때부터 짝을 지어 토론과 논쟁으로 공부한다면 뇌가 계발되지 않는 것이 이상한 일이다. 질문은 사람으로 하여금 생각할 수밖에 없게 만든다. 토론과 논쟁을 하려면 그 과정에서 치열하게 생각할 수밖에 없다. 하브루타는 세상의 모든 대상과 사물에 대해 치열하게 생각하게 만든다.

둘째, 하브루타는 창의성 계발에 가장 좋은 도구이기 때문이다. 하브루타의 가장 큰 장점은 다양한 견해, 다양한 관점, 다양한 시각을 갖게 한다는 점이다. 창의성이란 다르게, 생각하는 능력이다. 그 창의성을 가장 잘 계발할 수 있는 방법이 하브루타이다. 유대인들은 학생끼리 주로 둘씩 짝을 지어 질문과 토론의 하브루타로 공부한다. 하브루타는 본질적으로 다른 사람과는 '다른 생각', '새로운 생각',을 요구하기 때문이다. 상대방의 의견과는 다른 나만의 견해를 가져야 토론이 가능하다. 일반적인 상식을 가지고 토론에 이길 수는 결코 없다. 그래서 하브루타는 '나만의 생각', '새로운 생각', '남과 다른 생각'을 하게 만든다.

셋째, 하브루타는 의사소통 능력, 경청하는 능력, 설득하는 능력을 기르는 데 가장 효과적인 방법이다. 현대에 들어 소통과 관계의 중요성은 더욱더 부각되고 있다. 아무리 좋은 아이디어와 생각을 가졌다 하더라도 그것을 다른 사람에게 설명하지 못하고 설득하지 못하면 전혀 쓸모가 없다. 하브루타 자체가 대화하고 토론하는 것이기 때문에 의사소통 능력이 저절로 생기게 만든다. 따라서 다른 사람의 말을 경청할 수밖에 없게 만들고, 다른 사람을 설득하는 능력을 저절로 길러준다.

넷째, 하브루타는 비판적 사고력 계발에 최고의 방법이다. 하브루타는 질문으로 시작해서 질문으로 끝난다. 질문이 좋아야 토론이 제대로 이루어질 수 있다. 질문이 좋아야 생각을 날카롭게 할 수 있다. 배움 역시 질문으로 시작된다. 인간은 배우려면 질문을 가져야 한다. 항상 의문을 가지고 질문해야 한다. 의문을 갖는다는 것은 지혜의 출발이다. 알면 알수록 의문이 생기고, 질문이 늘어난다. 그래서 질문은 인간을 성장시킨다. 유대인 엄마들은 아이들에게 어릴 적부터 끊임없이 '왜?'라는 질문을 던지게 한다. 이것이 호기심을 자극하여 창의적인 사고의 틀이 형성된다는 것이다.

마지막으로 하브루타는 평생지기를 만들어 강력한 네트워크를 형성하게 한다는 점이다. 하브루타는 평생의 친구를 얻게 만든다. 회당을 통해 하브루타 친구를 새롭게 만난다 하더라도 그 관계는 길게는 죽을 때까지 지속된다. 유대인들은 하루에 회당을 두 번 가서 세 번의 기도회를 매일 하기 때문에 회당을 통해 하브루타 친구를 매일 만날 수 있다. 그것이 유대인 네트워크의 기본이다. 하브루타는 학생들의 기본 네트워크이며 사회성의 기초가 된다. 그래서 유대인들의 관계가 그 어떤 민족보다 돈독한 것이고, 그 네트워크가 무서운 힘을 발휘하는 것이다.

이처럼 하브루타를 통해 친구를 가르치는 공부는 강의를 듣는 공부보다 18배의 효율성을 갖는다. 유대인의 교육이 우리보다 공부를 덜 하고도 성공하는 이유는 이런 공부의 효율성 때문이다. 우리는 강의와 설명을 듣고, 읽으면서 외우는 수업이 대부분이지만, 유대인은 토론을 하고 직접 해보고 친구와 토론하면서 서로를 가르치기 때문이다.

5. 유대인 자녀교육의 교육적 의미

1) 유대인의 교육은 교육의 본질에 충실한 오래된 교육의 사례라는 점이다

교육은 보편적인 교육내용의 바탕에서 개개인이 가지고 있는 저마다의 고유한 잠재력을 최대한 이끌어내고 계발하도록 돕는 작용이다. 유대인의 중요한 자녀교육 원칙 하나는 '남과 경쟁하게 하는 것이 아니라 남과 다르게 사고할 줄 아는 것'이다. 한마디로 각자의 장점과 가능성을 통해 저마다의 개성을 최대로 발전시키도록 하는 것이 유대인 교육의 초점이다. 아울러 이러한 개성의 발전은 모두가 공유하는 교육의 보편적인 내용, 즉, 토라와 탈무드라는 정신적이고 영적인 토대의 공유 속에서 이루어지고 있다는 점에서 유대인의 교육은 보편성과 개별성이 조화를 이룬 교육의 모범적인 예시를 보여준다.

2) 교수법의 측면에서 유대인 교육은 사고력을 발달시키는 교수법의 기본에 충실하다는 점이다

그들은 다양하고 새로운 교수법을 개발하고 적용하기보다는 소크라테스 시대부터 사용된 교수학습의 오래된 전통을 따라 질문과 토론을 교수법의 핵심으로 사용해왔고 뛰어난 교육적 결과들을 만들어왔다. 이는 오늘날 교육의 효과성 내지는 효율성을 추구하며 다양한 교수법 개발에 중점을 두는 교육공학적 접근에 대해 다시 생각하게 하며, 교실 일상과 생활 속에서 진정으로 아이들의 사고력을 계발하는 교수법, 또는 학습법에 대해 원점에서 재고할 것을 요구한다고 할 수 있다.

3) 배움의 평생 지속성을 가능하게 한다는 점이다

유대인의 자녀교육은 배움의 초기에 아이들이 '배움은 꿀처럼 달콤하다'는 것을 일깨워주며, 이는 그저 하나의 이벤트나 구호가 아니라 그 교육의 과정에서 아이들의 호기심과 탐구심을 키워주는 학습법인 질문과 토론 방식을 통해 아이들이 스스로 지식을 배우는 과정 자체를 즐거움의 과정이 되게 함으로써 평생 배움을 추구하는 유대인들을 길러왔다는 사실이다. 이는 아이들로 하여금 강제적인 학습에 길들여지면서 배움의 즐거움을 상실하게 하는 우리 교육에 대해 다시 돌아보게 하며 아이들 저마다의 수월성과 개성을 개발하지 못하는 우리 교육의 근본적인 문제점을 환기시킨다.

4) 가정교육의 중요성을 일깨운다는 점이다

유대인들에게서 가정은 종교교육을 통한 민족 정체성을 형성하는 역할과 함께 아이들 저마다의 타고난 잠재력과 개성의 발견 및 개발에 필요한 기초교육과 생활습관 교육을 담당하였다. 이를 위해 부모들은 베갯머리 독서교육, 밥상머리 교육을 통해 질문하는 습관, 대화와 토론능력 등등 사고력 발달의 기본이 되는 습관을 형성하게 하였고 아버지가 주체가 되어 히브리어 교육 등도 이루어졌다. 한마디로 가정은 유대인의 인성과 영성, 지성발달의 기초습관을 형성하는 중심 공간이었다. 이는 오늘날 우리 한국사회에서 자녀교육을 학교와 사교육에 거의 내맡기다시피 하면서 경제력으로 자녀교육을 하려는 우리의 가정교육에 대해 근본적인 반성을 하게 한다.

5) 유대인은 자녀교육을 신앙과 결부시킨다는 점이다

유대인은 자녀를 신이 주신 선물로 여기고 신의 뜻에 따라 자녀가 가진 달란트를 최대로 개발하여 신앙인과 더불어 유능한 지성인으로 만드는 것이 부모의 의무라고 생각하고 부모는 자녀의 교육에 헌신한다. 즉, 유대인에게서 자녀교육은 신앙의 차원에서 이루어지는 전인적인 행위라고 할 수 있으며, 이처럼 신앙의 행위로서 교육을 실천하였기 때문에 헌신적인 자녀교육을 사명감을 가지고 할 수 있었고 그러한 탁월한 교육결과들을 만들어 낼 수 있었다. 이는 우리 사회의 기독교가 자녀교육을 단지 특정 교회 신도(churchman)를 양성하는 교리교육의 차원에 머무르고 있는 현실에 대해 재고하게 하면서 참된 신앙과 인간교육의 상관성에 대해서 근본적으로 성찰하게 한다.

참고 문헌

강경미(2013). **발달심리학**. 서울: 양서원.

강봉규(2016). **인간발달과 교육**. 서울: 학지사

교육과학기술부, 한국교육개발원(2012.3.14.). '2012년 학교폭력 실태 전수조사' 결과 중간 발표.

과학기술정보통신부, 한국정보화진흥원(2019). 스마트폰 과의존 실태조사. 2019.

김광웅, 박성현(1996). **아버지 역할과 아동발달**. 서울: 태영출판사.

김달효(2006). 교사의 훈육유형과 훈육효과 분석. 부산대학교 대학원 박사학위논문.

김명희(2011). 보육교사의 성인애착, 효능감, 훈육방식과 유아의 적응 간의 관계. 동덕여자대학교 대학원 박사학위논문.

김선자 외(2005). 민간보육시설의 서비스 수준 향상방안연구. 시정개발연구원 연구보고서.

김선혜(2006). '훈육'의 교육적 의미의 재해석. **열린교육연구, 14**(2), 123-138.

김윤정, 이창식(2005). 부모의 성교육이 청소년들의 성행동에 미치는 영향. **청소년학연구, 12**(2), 250-268.

박병량(2002). **훈육**. 서울: 학지사.

박봉주(2018). 훈육활동과 지도행위의 부적절함에 대한 인식: 어머니와 보육교사의 인식을 중심으로. 인하대학교 대학원 석사학위논문.

박영애 외(2005). **현대인의 자녀양육**. 서울: 학지사.

박영애(1995). 부모의 양육행동, 형제관계와 아동의 자존감과의 관계, 고려대학교 대학원 박사학위논문.

서봉연 외(1985). **발달심리학**. 서울: 중앙적성출판사.

송명자(1995). **발달심리학**. 서울: 학지사. p.224, p.226.

신명희 외(2016a). **유아발달**. 서울: 학지사.

신명희 외(2016b). **발달심리학**. 서울: 학지사

신은영(2018). **부모교육**. 서울: 동문사.

양옥승(1991). **탁아연구**. 서울: 양서원.

연미희, 김진숙(2012). **부모교육 이론과 실제**. 서울: 동문사.

우남희, 김영심, 이은정, 김현신(2009). 저출산시대의 자녀 양육과 교육에 대한 한국 어머니들의 인식 및 실태 조사. **미래유아교육학회지, 16**(3), 297-325.

우남희, 백혜정, 김현신(2005). 조기 사교육이 유아의 인지적, 정서적, 사회적 발달에 미치는 영향 분석: 유치원 원장들의 인식을 중심으로. **유아교육연구, 25**(1), 5-24.

유안진, 김연진(1993). **유아를 위한 부모교육**. 서울: 정민사.

유안진(1992). **인간발달신강**. 서울: 문음사. p.220.

유효순 외(2004). **부모교육**. 서울: 정민사.

이경숙, 신의진, 전연진, 박진아, 정유경(2005). 과도한 영상물 노출 양육이 영유아의 심리적 발달에 미치는 영향: 임상군과의 비교. **한국심리학회지: 발달, 18**(2), 75-103.

이경희(2001). **아동발달과 부모교육**. 서울: 교문사.
이기숙, 장영희, 정미라, 홍용희(2002). 가정에서의 유아 조기 현황 및 부모의 인식. **유아교육연구, 22**(3), 153-171.
이상록, 이관용 역(1985). **성격의 이론**. 서울: 중앙적성출판사. p.185.
이선애 외(2015). **부모교육**. 서울: 정민사.
이숙 외(2004). **부모교육**. 서울: 학지사.
이순형, 이옥경, 김지현(2005). 이혼 가정 아동의 우울과 불안 판별 연구: 자기효능감, 또래애착, 부모 자녀 의사소통을 중심으로. **한국가정관리학회지, 23**(1), 99-111.
이현섭(1987). 아동이 지각한 부모의 양육태도와 귀인과의 관계. **진주농전 논문집, 25집**.
이현섭(2007). **아동발달심리**. 서울: 학지사.
이훈구(2004). 이혼이 자녀에게 미치는 효과에 관한 개관 연구. **한국심리학회지: 사회문제, 10**, 47-53.
정미라 외(2003). **자녀양육과 부모역할**. 서울: 현학사.
정옥분(2013). 아동발달의 이해. 서울: 학지사
정옥분·정순화(2016). 부모교육. 서울: 학지사.
정인숙 외(2009). 아동발달의 이해. 서울: 태영출판사.
정현숙(1993). 이혼과 자녀 문제의 이론적 고찰. 한국가족연구회(편). **이혼과 가족문제**. 서울: 하우.
조성연 외(2010). 아동발달. 서울: 신정.
조복희(1996). **유아발달**. 서울: 교육과학사.
조은영(2009). 부모의 훈육방식과 유아의 양심 간의 관계: 유아의 두려운 기질의 중재적 역할. 이화여자대학교 대학원 석사학위논문.
주정일, 백경임(1987). **성 · 아기 때부터 사춘기까지**. 서울: 샘터.
최경숙(1991). **아동심리학**. 서울: 민음사. p.186.
최혜순(2011). **부모교육**. 서울: 동문사.
표갑수(2006). 한국보육사업의 현황과 발전방안. **한국영유아보육학 총서**(5권). 한국영유아보육학회.
한국교육개발원(2011). 2011 학생표본 건강실태 조사 및 분석(CR2011-81). 한국교육개발원 수탁연구보고서.
한국어린이육영회(1990). **유아를 위한 성교육**. 서울: 동아출판사.
한성심 외(2008). **예비부모교육**. 서울: 공동체.
황은비(2016). 유아교육에서 훈육의 정당성 연구. 부산교육대학교 교육대학원. 석사학위논문.

Ainsworth, M. D. S.(1983). Patterns of infant-mother attachment as related to material care: Their contribution to continuity. In D. Magnusson & V. L. Allen (Eds.), *Human development*. New York: Academy Press.
Ainsworth, M. D. S., Blehar, M. C., Water, E., & Wall, S.(1978). *Patterns of attachment: A psychology study of the strange situation*. Hillsdale. NJ: Erlbaum.
Ainsworth, M. D. S.(1973). *The development of infant-mother attachment*. Chicago:

University of Chicago Press.

Allport, G. W.(1937). *Personality; A psychological Interpretation*. NY: Holt.

Allport, G., Attitudes. C. Murchison(Ed.)(1935). *A Handbook of social psychology*. Worcester, Mass: Clark University Press, 798-844.

American Academy of Pediatrics(AAP) Section on Breastfeeding.(2005). Breastfeeding and the use of human milk. *Pediatrics. 115*, 496-506.

Anderson, B.(1992). Effects of day-care on cognitive and socioemotional competence of thirteen-year-old Swedish schoolchildren, *Child Development. 63*, 20-36.

Andry, R. G.(1960). *Delinquency and Parental Pathology*. London: Methuen.

Apgar, V. & Beck, J.(1974). Is my baby all right?. New York: Pocket Books. Attachment and exploratory behavior of one-year-olds in a strange situation. In B. M. Foss(eds.), *Determinants of Infant Behavior. 4*, London: Methuen.

Ateah, C. A.(2003). Disciplinary Practices with Children: Parental sources of Information, attitudes, and educational need. *Issues in Comprehensive Pediatric nursing. 26*, 89-101.

Baltes, P. B., & Smith, J.(2004). Lifespan psychology: From developmental contextualism to developmental biocultural co-constructionism. *Research in Human Development. 1*, 123-144.

Bandura, A.(1993). Perceived self efficacy in cognitive development and functioning. *Educational psychologist, 28*, 117-148.

Bandura, A.(1986). *Social foundations of thought and action: A social cognitive theory*. Englewood Cliffs, NJ: Prentice-Hall.

Bandura, A.(1977a). *Social Learning Theory*. Englewood Cliffs, N. J.: Prentice Hall.

Bandura, A.(1977b). *Self-efficacy: The exercise of control*. New York: W. H. Freeman.

Barnett, M. A., Quackenbush, S. W., & Sinisi, C. S.(1996). Factors affecting children's, Adolescents', and young adults'perceptions of parental discipline, *Journal of Genetic Psychology*. 411-424.

Bates, J. E.(1987). *Temperament in infancy, Handbook on infant development* (2nd ed.). N.Y.: Wiley.

Baumrind, D., Larzelere, R. E., & Owens, E. B.(2010). Effects of preschool parents' power assertive patterns and practices on adolescent development. *Parenting: Science and Practice. 10*(3), 157-201.

Baumrind, D.(1991). Effective parenting during the early adolescent transition. In Cowan, P. A.(Ed.). *Family transitions*. 111-163. Hillsdale, NJ: Lawrence Erlbaum Associates.

Baumrind, D.(1973). The development of instrumental competence through socialization. In A. Pick (Ed.). *Minnesota Symposium on Child Psychology, 7*. Minneapolis: University of Minnesota Press.

Baumrind, D.(1971). Current patterns of parental authority. Development. *Psychological*

Monograph. 4(1.pt.2).

Baumrind, D.(1967). Child care practice anteceding three patterns of pre-school behavior. Genetic Psychology Monographs,

Belsky, J.(1996). Parent, infant, and social-contextual antecedents of father-son attachment security. Developmental of father-son attachment security. *Developmental Psychology, 32*(5), 905-913.

Bem, S. L.(1974). The measurement of psychological androgyny. *Journal of consulting and Clinical Psychology, 42,* 155-162.

Bem, S. L.(1975). Sex role adaptability: One consequence of psychological androgyny. *Journal of Personality and Social Psychology. 31*, 634-643.

Bem, S. L., & Martyna, W., & Watson, C.(1976). Sex typing and androgyny: Further explorations of the expressive domain. *Journal of Personality and Social Psychology, 34*, 1016-1023.

Benasich, A. A., & Brooks-Gunn, J.(1996). Maternal attitudes and knowledge of child rearing: Associations with family and child outcomes. *Child Development, 67,* 1186-1205.

Berk, L. E.(2001). *Development through the lifespan*. Pearson Education Inc.

Berk, L. E.(2006). *Child Development* (7th ed.). Allyn & Bacon.

Berns, R. M.(1989). Child, family, community(2nd ed.) NY: Holt, Rinehart, & Winston.

Bettelheim, B.(1976). The Use of Enchantment: The meaning and Importance of Fairy Tales. New York: Free Press.

Bialystok, E.(1997). Effects of bilingualism and biliteracy on children's emerging concepts of print. *Developmental Psychology. 33*. 429-440.

Bigner, J. J.(1985). 부모교육입문: 부모-자녀 관계. 이은화 · 이경우 역. 서울: 창지사.

Birdsong, D., & Molis, M.(2001). On the evidence for maturational contraints in second-language acquisition. *Journal of Memory and Language. 44*. 235-249.

Blehar, M. C.(1974). Anxious attachment & defensive reactions associated with day care. *Child Development. 45*. 682-692.

Block, J. H.(1973). Conceptions of sex roles: Some cross-cultural and longitudinal perspectives. *American Psychologist. 28*. 512-526.

Bowlby, J.(1969). Attachment and Loss, Vol. I, Attachment. New York: Basic Books.

Bregger, L.(1998). 인간발달의 통합적 이해. 홍강의 · 이영식 역. 서울: 이대출판부.

Bronstein, P.(1994). Patterns of parent-child interaction in Mexican families: A cross-cultural perspective. *International Journal of Behavior Development. 17*(3). 423-446.

Brooks, J. B.(1991). The process of parenting (3rd ed.). Mountain View. CA: Mayfield.

Brooks-Gunn, J,. & Paikoff, R.(1993). Sex is a gamble, kissing is a game: Adolescent sexuality, contraception,

Buss. A. H. & Plimin, R.(1975). A temperament theory of personality development. NY:

Wiley.

Cardemil, E. V., Revich, K. J., & Seligman, M. E. P.(2002). The prevention of depressive symptoms in low-income minority middle school students.

Clarke-Stewart, K. A., & Fein, G. G.(1983). Early childhood programs. In P. H. Mussen(Ed.). *Handbook of Child Psychology 2*. New York: Wiley.

Clay, R. A.(1996a, February). Beating the 'biological clock' with zest. *APA Monitor. 37.*

Clay, R. A.(1996b, February). Older men are more involved fathers, studies show. *APA Monitor*. 37.

Cocharn, M.(1993). Parenting and personal social networks. In T. Luster and L. Okagaki(Eds.). *Parenting: An ecological perspective*. Hillsdale, NJ: Erlbaum.

Cohn, D. A.(1990). Child-mother attachment of six-year-olds and social competence at school. *Child Development. 61*. 152-162.

Coltrance, S.(1990). Birth timing and the division of labor in dual-earner families. *Journal of Family Issues. 11*(2). 157-181.

Cooney, T. M., Pedersen, F. A., Indelicato, S., & Palkovitz, R.(1993). Timing of fatherhood: Is "on time" optimal? *Journal of Marriage and the Family. 55*. 205-215.

Coopersmith, S., (1967). The antecedents of self esteem. San Francisco: Freeman.

Cox, M. J., Owen, M. T., Henderson, V. K., & Margand, N. A.(1992). Prediction of infant-father and infant-mother attachment. *Developmental Psychology. 28*(3). 474-483.

Cristall, L., & Dean, R. S.(1976). Relational and overt forms of peer victimization: A multiformant approach. *Journal of Consulting and Clinical Psychology. 66*(2). 337-347.

Cristall, L., & Dean, R. S.(1976). Relationship of sex role streotypes and self-actualizzation. *Psychological Reports. 39*. 842.

Daniels, D., & Plomin, R.(1985). Origins of individual differences in human shyness, *Developmental Psychology. 21*. 118-121.

Dion, K. K.(1995). Delayed parenthood and women's expectaions about the transmissions to parenthood. *International Journal of Behavioral Development. 18*(2). 315-333.

Domjan, M., Cusato, B., & Krause, M.(2004). Learning with arbitrary versus ecological conditioned stimuli: Evidence from sexual conditioning. *Psychonomic Bulletin & Review. 11*. 232-246.

Donahue, M. L., Pearl, R., & Herzog, A.(1997). Mothers' referential communication with preschoolers: Effects of children's syntax and mothers' beliefs. *Journal of Applied Developmental Psychology. 18*(1). 133-147.

Dunn, J.(1995). From one child to two. NY: Ballantine Books.

Dunn, J.(1985). Sisters and brothers. Cambridge. MA: Harvard University Press.

Duvall, E. A.(1977). Marriage and Family Development. J. B. Lippincott Company.

Duvall, E. M. & Miller. B. C.(1985). *Marriage and Family development* (6th ed.).

Cambridge. New York; Harper & Row.
Dzurova, D., & Pikhart, H.(2005). Down syndrome, paternal age and education: comparison of California and the Czech Republic. *BMC Public Helath. 5*. 69-78.
EBS뉴스G 제작팀(2021). EBS뉴스G 학교의 내일을 묻다. 서울: 한국교육방송공사.
Erikson, E. H., Erikson, J. M., & Kivnick, H. Q.(1986). *Vital involvement in old age: The experience of old age in our time*. New York: Norton.
Erikson, E. H.(1980). *Identity and the life cycle*. New York: Norton.
Fantz, R. L.(1961). The origin of form perception. *Scientific American. 204*. 459-463.
Febes, R.A., Eisenberg, N., & Miller, P.A.(1990). Maternal correlates of children's vicarious emotional responsiveness. *Developmental Psychology. 26*(4). 639-648.
Feingold, B.(1975). *Why your child is byperactive*. New York: Random House.
Feldman, R. S.(2003). Development across the lifespan (3rd ed,). Upper Saddle Rever, NJ T. F. Hetherington & J. Weinberger (Eds.)(1993). *Can personality change*? Washington, DC: American Psychological Association.
Feldman, R., & Klein, P.S.(2003). Toddlers' self regulated compliance to mothers, caregivers, and fathers: Implications for theories of socialization. *Developmental Psychology. 39*(4), 680-692.
Feldman, R. S.(2003). *Development across life-span* (3rd ed.). NJ: Prentice Hall.
Fleming, A. S., Ruble, D., Kriger, H., & Wong, P. Y.(1997). Hormonal and experiential correlates of maternal responsiveness. During pregnancy and the puerperium in human mothers. *Hormonal Behavior. 31*, 145-158.
Fox, N. A., Kimmerly, N. L., & Schafer, W. D.(1991). Arraignment to mother/attachment to father: A meta-analysis. *Child Development. 62*, 210-225.
Fox, R. A., Platz, D. L., & Bentley, K. S.(1995). Maternal factors related to parenting practices, developmental expectaions, and perceptions of child behavior problems. *The Journal of Genetic Psychology, 156*(4), 431-441.
Freedman, D. G.(1974). *Human Infancy: An evolutionary perspective*. New York: John Wiley.
Goldberg, S.(1972). Infant care and growth in urban Zambia. *Human Development. 15*, 77-89.
Gordon, S., & Wolin, M. M.(1983). *Parenting: A guide for young people*. N.Y.: Oxford Book Company, Inc.
Gordon, T. & Gordon, J.(2001). **부모역할 배워지는 것인가**. 김인자 역. 한국심리상담연구소.
Gottman, J. M., Katz, L. F., & Hooven, C.(1996). Parental meta-emotion philosophy and the emotional life of families: Theoretical models and preliminary data. *Journal of Family Psychology. 10*(3). 243-268.
Greenberger, E., & O'Neil, R.(1992). Maternal employment and perceptions of young children: Bronfenbrenner et al. revisited. *Child Development. 63*, 431-448.
Hagerman, R. J.(1996). Biomedical advances in developmental psychology: The case of

Fragile X syndrome. *Developmental Psychology. 32*, 416-424.

Hall, C.(1954). *A Primer of Freudian Psychology*. New York: Mentor Book(New American Library).

Hamilton, M. L.(1977). *Father's Influence on Children*. Chicago: Nelson-Hall Inc.

Hamner, T. J., & Turner, P.(1985). *Parenting in Contemporary Society*. Englewood, Cliff, NK : Prentice- Hall.

Harlow, H. F. & Harlow, M. K.(1966). Learning to love. *American Scientist. 54*(3), 244-272.

Hart, B., & Risley, T. R.(1992). American parenting of language-learning children: Persisting differences in environments. *Developmental Psychology. 28*(6), 1096-1105.

Hatherington, E. M. & Parke, R. D.(1993). *Child Psychology. 4th*(ed). McGreaw-Hill, Inc.

Hearth, D. T.(1994). The impact of delayed fatherhood on the father-child relationship. *Journal of Genetic psychology. 155*(4), 511-530.

Herman, M. A., & McHale, S. M.(1993). Coping with parental negativity: Links with parental warmth and child adjustment. *Journal of applied Developmental psychology. 14*(1), 121-136.

Hines, M.(2011). Gender development and the human brain, *Annual Review of Neuroscience. Vol.34*. Palo Alto, CA: Annual Reviews.

Hoff-Ginsberg, E.(1991). Mother-child conversationtings. *Child Development. 62*, 782-796.

Hoffman, M. L., & Saltzstein, H. D.(1967). Parent discipline and the child's moral development. *Journal of Personality and Social Psychology. 5*(1), 45-57.

Hortacsu, N.(1995). Parents' education levels, parents' beliefs, and child outcomes. *Journal of Genetic Psychology. 156*(3), 373-383.

Hurlock, E. B.(1964). *Child development* (4th ed.). NY: McGraw-HIll Ltd.

Hurlock, E. B.(1978). *Child development* (6th ed.). Tokyo: McGraw-HIll Kogakusha.

Hyde, J. S. & Linn, M. C.(1988). Gender differences in verbal ability: A meta analysis. *Psychological Bulletin. 104*(1). 53-69.

Isabella, R. A., & Belsky, J.(1991). Interactional synchrony and the origins of infant-mother attachment: A replication study. *Child Development. 62*, 373-384.

Jacklin, C. N.(1989). Female and male: Issues of gender. *American Psychologis. 44*(2), 127-133.

Jaffe M. L.(2000). **부모교육** (공인숙 외 역). 서울: 창지사.

James, W.(1984). *The Principle of Psychology*. New York: Holt.

Jersild, A. T.(1955). *When teachers face themselves*. New York: Teachers College, Columnia University.

Jersild, A. T.(1952). *In search of self.* New York: Bureau of Publications, Teachers' College. Columbia University.

Jonov, A.(1973). *The feeling Child*. New York: Simon Schuster.

Juang, L. P., & Umana-Taylor, A. J.(2012). Family conflict among Chinese-and Mexican-origin adolescents and their parents in the U.S.: An introduction. *New Directions in Child and Adolescent Development. 135*, 1-12.

Kagan, J., & Herschkowitz, N.(2005). *A young mind in a growing brain*. Mahwah, NJ: Erlbaum.

Katz, M. M., & Konner, M. J.(1981). The role of the father: An anthropological perspective. In M. E. Lamb(Eds.), *The Role of the Father in Child Development*. New York: John Wiley & Sons. 155-186.

Kegan, K. Kearsley, R. B., & Zelazo, P. R.(1975). The effects of infant day care on psychological development. Paper presented at the American Association for the Advancement of Science Meeting, Boston, February (ERIC document Reproduction Service No. ED 122946).

Kochanska, G.(1993). Towards a synthesis of parental socialization and child temperament in early development of conscience. *Child Development. 64*, 325-347.

Lamborn, S. D., Mounts, N. S., Steinberg, L., & Dornbusch, S. M.(1991). Patterns of competence and adjustment among adolescents from authoritative, authoritarian, indulgent, and neglectful families. *Child Development. 62*, 1049-1065.

Lasko, D. S., Field, T. M., Gonzalez, K .P., Harding, J., Yando, R., & Bendell, D.(1996). Adolescent depressed mood and parental unhappiness. *Adolescence. 31*(121). 49-57.

Leaper, C.(2013). Gender development during childhood. In P. D. zelazo (Ed.), *Oxford handbook of developmental psychology*. New York: Oxford University press.

Leaper, C., & Bigler, R. S.(2011). Gender. In M. K. Underwood & L.S. Rosen (Eds.), *Social development*. New York: Guilford.

Lin, C. C., & Fu, V. R.(1990). A comparison of child-rearing practices among Chinese, immigrant Chinese, and Caucasian-American Parents. *Child Development. 61*, 429-433.

Lock, L. M. & Prinz, Z. J.(2002). Measurement of parental discipline and nurturance. *Clinical Psychology Review. 22*, 895-929.

Loehlin, J. C. & Nichols, R. C.(1976). *Heredity, Environment and personality*. Austin: Univ. of Texas press.

Maccoby, E.(1980). *Social Development*. New York: Harcourt Brace Jovanvich.

Maccoby, E. E., & Jacklin, C. N.(1974). *The psychology of sex differences*. Stanford, CA: Stanford Univ. Press.

Maccoby, E. E.,& Martin, J. A.(1983). Socialization in the context of the family: Parent-child interaction. In E.M. Hetherington (Ed.), Handbook of child psychology: Vol.4. Socialization, personality, and social development (4th ed.). NY: John Wiley.

MacDonald, L.(1992). Warmth as a developmental construct: An evolutionary analysis. *Child Development. 63*, 753-773.

Mackey, W. C., White, U., & Day, R. D.(1992). Reasons American men become fathers:

Men's divulgences, women's perceptions. *Journal of Genetic Psychology. 153*(4). 435-445.

Magenis, R. E., Overton, K. M., Chamberlin, J., Brady, T., & Lorrien, E.(1977). Parental origin of the extra chromosome in Down's syndrome. *Human Genetics. 37*, 7-16.

Main, M., & Solomon, J.(1986). Discovery of an insecure-disorganized/disoriented attachment pattern. In T.B.Brazelton & M. W. Yogman (Eds.), *Affective development in infancy*. 95-124. Norwood, NJ: Ablex.

Main, M., & Solomon, J.(1990). Procedure for identifying infants as disorganized/ disoriented during the Ainsworth Strange Situation. In M. Greenberg, D. Cicchetti, & M. Cummings (Eds.). *Attachment in the preschool years: Theory, research, and intervention*. 121-160. Chicago: University of Chicago Press.

Main, M., Stadtman, J.(1981). Infant response to rejection of physical contact by the mother. *American Academy of Child Psychiatry. 20*, 292-307.

Mangelsdorf, S., Gunnar, M., Kestenbaum, R, Lang S., & Andreas, D.(1990). Infant proneness-to-distress temperament, maternal personality, and mother-infant attachment: Association and goodness of fit. *Child Development. 61*. 820-831.

Manning, L. G., Davies, P. T., & Cicchetti, D.(2014). Interparental violence and early childhood adjustment: how and why maternal sensitivity is a protective factor. *Child Development. 85*(6), 2263-2278.

Marion, M.(2010). *Guidance of young children* (8th ed.). NJ: Merrill Prentice-Hall.

Matlin, M.(2012). *The psychology of women* (7th ed.). Belmont, CA: Wadsworth.

Moyer, A.(1999). Ultimate attainment in L2 phonology. *Studies in Second Language Acquisition. 21*. 251-286.

Mussen, P. H., & Rutherford, E.(1963). Parent-child relations and parental personality in relation to young children's sex-role preference. *Child Development. 34*, 589-607.

Osofsky, J. D., & O'connell, E. J.(1972). Parent-child interaction: Daughter's effects upon mother's and father's behavior. *Developmental Psychology. 7*, 157-168.

Parke, R. D.(2004). The society for research in child development at 70: Progress and promise. *Child Development. 75*, 1-24.

Pavlov, I. P.(1927). In G. V. Anrep (trans), *Conditioned reflexes*. London: Oxford University Press.

Pederson, D. R, Moran, G., Sitko, C., Campbell, K., & Ghesquire, K., & Action, H.(1990). Maternal sensitivity and the security of infat-mother attachent: A Q-sort study. *Child Development. 61*, 1974-1983.

Phyfe-Perkins, C.(1981). *Effects of Teacher Behavior on Preschool Children: A review of research*. Washington, D. C.: National Institute of Education.

Power, T.G., & Parke, R.D.(1986). Patters of early socialization: Mother- and father-infant interaction in the home. *International Journal of Behavioral Development. 9*(3), 331-341.

Renk, K., McKinney, C., Klein, J., & Oliveros, A.(2005). Childhood discipline, perceptions of parents, and current functioning in female college students. *Journal of Adolescence. 29*, 73-88.

Richman, A. L., Miller, P. M., & LeVine, R. A.(1992). Cultural and educational variations in material responsiveness. *Developmental Psychology. 28*(4), 614-621.

Rogers, C. R.(1970). Encounter groups. New York: Harper and Row.

Rogers, C. R.(1961). On becoming a person. Boston: Houghton Mifflin.

Rogers, D.(1990). 아버지의 역할: 아동발달의 이해. 조복희 · 신화용 편역. 서울: 교육과학사.

Rogers, L. H.(2002). A theory of personality in S. Maddi (Ed.), *Perspectives on personality*. Boston: Little Brown.

Rogler, L. H.(2002). Historical generations and psychology: The case of Great Depression and World WarⅡ. *American Psychologist. 57*(12), 1013-1023.

Rohner, R. P.(1994). Patterns of parenting: The warmth dimension in worldwide perspective. In W.J. Lonner and R. Malpass(Eds.). *Psychology and culture*. Needham Heights, MA: Allyn and Bacon.

Rule, B. G., Nesdale, A., & McAra, M. J.(1974). Children's reactions to information about the intentions underlying an aggressive act. Child Development.

Rutter, M.(1987). Continuities and discontinuities from infancy. In J. D. Osofsky (Ed.), *Handbook of infant development* (2nd ed.). New York: Wiley.

Schaffer, H. R., & Emerson, P. E.(1964). The development of social attachments in infancy. Monographs of the society for research in *Child Development. 29*. Serial No. 94.

Schiff, E., & Koopman, E. J.(1978). The relationship of women's sex role identity to self-esteem and ego development. *Journal of Psychology. 98*. 299-305.

Shaffer, H. H., & Kuller, J. A.(1996). Increased maternal age and prior anenploid conception, In J. A. Kuller, N. C. Cheschier, & R. C. Cefalo (Eds.), *Parental diagnosis and reproductive genetics*. 23-28. St. Louis: Mosby.

Shaffer, D. R.(1999). Developmental Psychology: Childhood and Adolescence (5th ed). An International Thomson Publishing Company.

Siegler, R. S.(1991). Children's thinking (2nd ed.). Englewood Cliffs, NJ: Prentice-Hall.

Silberman, M. L. & Wheelan, S. A.(1980). *How to discipline without feeling guilty; assertive relationship with children*. Champaign, Ill.: Research Press.

Simkin, P., Whalley, J., & Keppler, A.(1991). *Pregnancy, children, and the newborn: The complete guide*. NY: Simon and Schuster.

Simons, R. L., Beaman, J., Conger, R. D., & Chao, W.(1993). Childhood experience, conceptions of parenting, and attitudes of spouse as determinants of parental behavior. *Journal of Marriage and the Family. 55*. 91-106.

Simonson, M., Stephan, J. K., Hanson, H. M., & Chow, B. F.(1971). Open field Studies in offspring of underfed mother rats. *Journal of Nutrition. 101*. 331-335.

Skinner, B. F.(1953). Science and buman behavior New York: Macmillan.

Smetana, J. G.(1988). Adolescents'and parents'conceptions of parental authority. *Child Development. 59.* 321-335.

Spence, J. T., Helmreich, R. L., & Stapp, J.(1975). Ratings of self and peers on sex role attributions and their relation to self-esteem and conceptions of masculinity and feminity. *Journal of Personality and Social Psychology. 32.* 29-39.

Spotz, R. A.(1946). Hospitalism: A follow-up report on the investigation described in Vol. 1. in O. Fenichel, et al., (Eds.), *The Psychoanalytic Study of the Child.* N. Y.: International Universities Press.

Steelman, L. C., & Powell, B.(1985). The social and academic consequences of birth order: Real, artifact, or both? *Journal of Marriage and the Family. 47.* 117-125.

Steinberg, L., Elmen, J., Mounts, N.(1989). Authoritative parenting, psychosocial maturity, and academic success among adolescene. *Child Development. 60.* 1424-1436.

Storey, A. E., Walsh, C. J., Quinton, R. L., & Wynne-Edwards, K. E.(2000). Hormonal correlates of paternal responsiveness in men. *Evolution and Human Behavior. 21.* 79-95.

Sulik, M. J., Blair, C., Mills-Koonce, R., Berry, D., Greenberg, M., & Family Life Project Investigatiors.(2015). Early parenting and the development of externalizing behavior problems: Longitudinal mediation through children's executive function.

Tabors, P. O.(1997). One child, two languages: A guide for preschool educators of children learning English as a second language. Baltimore: Paul H. Brookes Pub.

Teti, D. M., Sakin, J. W., Kucera, E., & Corns, K.M.(1996). And baby makes four: Predictors of attachment security among preschool-age firstborns during the transition to sibling hood. *Child Development. 67.* 579-596.

Thompson, R. A.(1988). The effects of infant day care through the prison of attachment thery: A critical appraial. *Early Childhood Research Quarterly. 3*(3). 273-282.

Thompson, R. A., & Nelson, C. A.(2001). Developmental science and the media. *American Pshychologist.* 56. 5-15.

Unger, R. & Crawford, M.(1992). *Women and gender: A feminist psychology.* NY: McGraw-Hill.

Van IJzendoorn, M. H.(1992). Intergenerational transmission of parenting: A review of studies in nonclinical populations. *Developmental Review. 12*, 76-99.

Vondra, J., Sysko, H., & Belsky, J.(2005). Developmental factors. In T. Luster & L. Okagaki (Eds.), *Parenting: An ecological perspective* (2nd ed.) 35-71.

Watson, J. B.(1970). *Behaviorism* (Rev. ed.). New York: Norton(Original work published 1924).

Weisbroth, S. P.(1970). Moral judgement, sex, and parental indetification in adults. *Developmental Psychology. 2*, 396-402.

Weiss, R. S.(1990). *Staying the course; The emotional and social lives of men who do well at work*. NY: Free Press.

Williams, J. H.(1987). *Psychology of women* (3rd ed.). NY: Norton.

Williams, J. A.(1979). Psychological androgyny and mental health. In O. Harnett, G. Boden, & M. Fuller (Eds.), *Sex-role streotyping*. London: Tavistock.

Wohlwill, J. F.(1973). *The study of behavioral development in children*. New York: Academic Press.

Woodworth, S., Belsky, J., & Crinic, K.(1996). The determinants of fathering during the child's second and third years of life: A developmental analysis. *Journal of Marriage and the Family. 58*, 679-692.

Woolfolk, E.(2010). *Educational psychology* (11th ed.). Pearson educational international. www.aap.org/en-us/advocacy.

Wylie R.(1979). *The Self-concept: Theory and Research on Selected Topicts*(2nd ed.). Vol. 21. Lincoln: University of Nebraska Press.

Zervas, L. J., & Sherman, M. F.(1994). The relationship between perceived parental favoritism and self-es-teem. *Journal of Genetic Psychology. 155*(1), 25-33.

부록 참고 문헌

고재학(2010). **부모라면 유대인처럼**. 위즈덤하우스.

김경회 외(2013). **이스라엘 창의교육에 관한 연구**. 서울: 한국교육개발원.

김기환(1993). 가정을 장으로 하는 종교교육: 유대인의 가정교육을 중심으로. 석사학위 청구 논문. 연세대학교 교육대학원.

김상만(1998). 기독교 가정의 회복을 위한 '기독교적 탈무드' 작성 방향 연구. 석사학위 청구 논문. 장신대학교 신학대학원.

김욱(2005). **세계를 움직이는 유대인의 모든 것**. 서울: 지훈출판사.

김정희(2009). 유대인 어머니 자녀교육을 중심으로 한 어머니 리더십 모형개발. 석사학위청구논문. 숙명여자대학교 사회교육대학원.

장화용(2018). **들어주고, 인내하고, 기다리는 유대인 부모처럼**. 서울: 스마트비즈니스.

전성수(2014). 질문이 있는 수업 하브루타. **서울교육. 56**(3), 통권 216. 16-23.

정원식 외(1996). **이 시대의 자녀교육**. 서울: 교육과학사.

BenHorin, M.(1973). Priorities in Jewish Education. *Journal of Jewish Education, 43*(1), 11-16.

Davey, M., fish< L. S., & Robila, M.(2001). Ethnic Identity in Jewish Families. Contemporary Family Therapy. *An International Journal. 23*(3), 323-342.

Erez, R.(2004). Freedom and creativity: An approach to science education for excellent stucents and its realization in the Israel Arts and Science Academy's curriculum. *The Journal of Secondary Gifted Education. 15*(4), 133-140.

Kent, O.(2010). A theory of Havruta Learning. *Journal of Jewish Education. 76*(3), 215-245.

Krieger, A. Y.(2010). The Role of Judaism in Family Relationships. *Journal of Multi-cultural Counseling and development. 38,* 154-165.

Linzer, N.(1990). A perspective on Jewish family education. *Journal of Jewish Education. 58*(1-2), 26-30.

Margolin, H.(2013). Homo Academicus. 권춘오 역(2013). **공부하는 유대인**. 서울: 일상과 이상.

Shiff, A.(1989). The Jewish Family in socioeducational perspective. *Journal of Jewish Education, 57*(2-4), 42-44.

Sharlin, S.(1999). The family in Jewish tradition. *Marriage & Family Review, 28*(3-4), 43-54.

Zysbergm L., & Schenik, T.(2013). Creativity, Religiosity, and Political attitudes. *Creativity Research Journal, 25*(2), 228-231.

www.jinfo.org

저자소개

■ 박용석

저자 박용석은 연세대학교에서 경제학과를 졸업하고 같은 대학 대학원 과정에서 교육학을 공부하였다(교육학박사). 관심 분야는 대안교육 사상과 실천사례들이며 관련 논문들과 저서를 다수 집필한 바 있다.
현재 안양대학교 교양대학에 재직 중이며 '부모역할과 자녀교육'이라는 교양 강좌를 수년간 진행해오고 있다.

주요 저서로는 「가장 자유로운 학교 이야기」, 「위대한 교육사상가들(공저)」, 「새로운 학교교육 문화운동(공저)」, 「교육학개론(공저)」, 「비권위주의 교육사상」 등이 있다.

발달단계별 부모역할을 중심으로

예비부모교육

초판 1쇄 발행 / 2021년 12월 30일
초판 2쇄 발행 / 2023년 3월 2일

•

저 자 / 박 용 석
발행인 / 이 중 수
발행처 / 동 문 사

•

서울특별시 서대문구 홍제원 1길 12
(홍제동 137-8)
Tel: 02)736-3718(대), 736-3710, 3720
Fax: 02)736-3719
등록번호: 1974.04.27. 제9-17호
가격: 21,000원

•

ISBN: 979-11-6328-384-3(93370)
E-mail: dong736@naver.com
www.dongmunsa.com